SV

WOLFGANG
HILDESHEIMER

MOZART

SUHRKAMP

Bildnachweis

Die Abbildungen 1-5, 8-10, 12, 13, 17 und 18 wurden mit freundlicher Genehmigung des Bärenreiter-Verlages Kassel reproduziert. Aus: Wolfgang Amadeus Mozart, Neue Ausgabe sämtlicher Werke, Serie X, Werkgruppe 32, Mozart und seine Zeit in zeitgenössischen Bildern, begründet von Maximilian Zenger, vorgelegt von Otto Erich Deutsch, Kassel, 1961.
Das Original zu Abbildung 7 ist im Besitz der Internationalen Stiftung Mozarteum.

102.-104. Tausend 1988
Verbesserte Ausgabe 1979
© Suhrkamp Verlag Frankfurt am Main 1977
Alle Rechte vorbehalten
Druck: Wagner GmbH, Nördlingen
Printed in Germany

INHALT

DIESES BUCH *ist die vierte, somit also dreimal und diesmal um ein mehrfaches erweiterte Fassung eines Vortrages aus dem Mozartjahr 1956. Aus den vorbereitenden Überlegungen für eine Auftragsarbeit entstand, zunehmend und sich schließlich potenzierend, eine Art innerer Drang, dessen Fluchtcharakter als Motivation nicht geleugnet werden soll, dessen wahre Wurzeln jedoch in einer niemals nachlassenden aktiven Verehrung Mozarts liegen, in der ich bekanntlich nicht der einzige bin. Bekanntlich bin ich auch nicht der einzige im Wunsch nach Dokumentation dieser Verehrung. Zwar ist Mozarts Größe nicht meßbar, doch ist ihre Wirkung feststellbar; ihr Niederschlag als Interpretation, quantitativ überwältigend, bietet ein augenfälliges Beispiel des ewig Scheiternden: des Versuches, die überragende Gewalt des Werkes eines Menschen zu vermitteln, ihrer Eigenart und Einzigartigkeit deutend beizukommen, ihr Geheimnis zu ergründen.*

Dieses Scheitern ist denn auch das gemeinsame Element zwischen meinem und allen anderen Versuchen, Mozart als Gestalt erstehen zu lassen; nur eben: Ich habe es in meine Arbeit einkalkuliert; sie ist nach drei Anläufen das endgültige Resultat meines Wunsches, zu dem Konzert unterschiedlichster Stimmen beizutragen und es – zugegeben – durch diese eine Stimme zu verändern. Hiernach gebe ich das Thema an die Zunft zurück, dies ist meine letzte Version. Sie macht so wenig Hehl aus der Wiederholung einiger Passagen früherer Fassungen wie aus der Modifikation oder Zurücknahme früherer Thesen. Manche, oft erhebliche, Abweichung gründet auf der inzwischen breiter erschlossenen und kommentierten Primärliteratur, der Erweiterung wissenschaftlicher Forschung und den auf ihren Ergebnissen sich aufbauenden Interpretationsversuchen, deren überwiegender Teil allerdings zu jenem Widerspruch herausforderte, der ein weiteres Motiv meines Versuches ist: Dieses ist nicht zuletzt ein Buch des Widerspruches, eine Antwort auf Herausforderung, Versuch einer Wiederherstellung, der Reinigung eines im Lauf der Jahrhunderte mehrfach übermalten Frescos. Der Restaurator geht nicht systematisch vor, sondern hilft immer dort stückweise nach, wo ein Blatt früherer Schichten sich zu lösen beginnt. Das ist nicht immer einfach, denn die Unhaltbarkeit des Bildes steht meist im Gegensatz zur Haltbarkeit der Materialien, mit denen es übermalt ist.

Mitunter war es nicht leicht, durch die Menge des Materials die Wertgrenze zu ziehen. Im Lauf von bald zwei Jahrhunderten haben sich zwischen den Zäsuren der ›Standardwerke‹ zunehmend Ansammlungen peripherer Detailstudien gebildet, Resultate der Erforschung von Nebengebieten und ihrer Nebengebiete, oft von zweifelhafter Relevanz, dennoch zum Teil lesenswert als Beispiele hingebungsvoller Akribie. Nicht selten bin ich versucht gewesen, einen Essay zu beginnen ›Über die Grenzen des Wissenswerten‹, doch sind diese Grenzen wohl bei jedem nach seiner individuellen Wißbegierde abgesteckt und fluktuieren mit den jeweiligen Ausmaßen persönlichen Engagements.

Vor allem jedoch wurden mir Neufassung und Erweiterung meiner Arbeit durch gewisse Verschiebungen meines eigenen Mozartbildes diktiert, die nur zum Teil auf der Verarbeitung neuer Quellen beruhen. Der Versuch, in das Wesen eines Genies vom Range Mozarts erkennend einzudringen, ist keine Sache des Gelingens oder Mißlingens. Bestenfalls führt er zu Überzeugungen, die, so fest sie sein mögen, nicht mit Gewißheit zu verwechseln sind. Die Grenzen potentieller Erkenntnis sind omnipräsent. Wenn ein erhellender Faktor sie scheinbar irgendwo zurücktreten läßt, so richten sie sich dort, wo dieser Faktor seine dunkle Gegenseite zeigt, um so unerbittlicher auf. Die Beschäftigung wird zum Selbstzweck und natürlich auch zur Selbstbereicherung, bestärkt durch eine Hoffnung, daß sie auch andere bereichere. Je mehr Tatsachen sich erhellen, desto rätselhafter wird das Unbelegte der Begleitumstände und Motivationen: Mozarts Reaktionen auf seine Lebensumstände und Seelenzustände, wie sie sich uns dokumentarisch darbieten, werden durch sein Werk nicht beleuchtet. Sie werden, im Gegenteil, und zwar mitunter von ihm selbst, unbewußt, aber systematisch, verdunkelt. Dies ist eine These meines Versuches und gleichzeitig ein Fazit.

Ich hätte das Wort ›vielleicht‹ *allzu sehr strapazieren müssen – werde es noch oft genug anzuwenden haben – oder durchweg im Konditional schreiben sollen, um meiner Sache bis zu letzter Deut-*

lichkeit gerecht zu werden. Doch das hätte mühsames Schreiben und ermüdende Lektüre ergeben. Daher muß ich dem Leser überlassen, zu ›transponieren‹, das heißt jene Subjektivität zu ermessen und zu bewerten, hinter der die Autorität einer durch Tatsachen gefestigten Überzeugung steht.

Wenn ich nach dieser Feststellung von der ersten Person singular auf die erste Person plural übergehe, so betone ich ein Ziel: Wir meinen damit weder den pluralis modestiae noch – wahrhaftig – den majestatis, sondern wir bezeichnen den gemeinsamen Standpunkt des Autors und des sich mit ihm in seinen Thesen, Ansichten und Folgerungen identifizierenden Lesers. Gewiß, er wird sich mit einer Gestalt der Vorstellungskraft bescheiden müssen, doch keineswegs mit einer Gestalt der Einbildungskraft. Diese Bescheidung sollte ihm allerdings nicht schwerfallen, in der Einsicht, daß kein Forscher oder Biograph dort, wo seine Interpretation über interlineare oder vergleichende Analyse des Werkes oder feststellbare Daten und Fakten des Lebens hinausging, jemals von Mozart als etwas anderem gesprochen hat. Darüber haben sie sich und uns mangelnde Rechenschaft gegeben: Wird alles im gleichen Wortlaut einer in sich ruhenden Autorität vorgetragen, so verwischt sich die Grenze zwischen Fakt und Vermutung. Daher erscheint uns Mozarts Leben meist als ein fiktiver Ablauf, darin seine Gestalt wandelt als domestizierter Held, ein wenig unbändig vielleicht, in berechtigter und niemals unedler Auflehnung, doch immer wieder deshalb faßlich, weil er eben vom jeweiligen Vermittler scheinbar erfaßt wird. Er bleibt konform mit vertrauten Normen mythenbildender Lebensbeschreibung. Daß jedoch gerade er, nämlich der Wiener Mozart, ein Modell geprägt hat, daß er jener exemplarische Fall ist, der das soziologische Register um den Oberbegriff ›Künstlertum‹ erweitert hat, wird ausgelassen oder durch den Gemeinplatz verdrängt.

PLURALIS CONCORDIAE also. Doch werde ich immer dort zum ›ich‹ zurückkehren, wo ich dem Leser den Nachsprung in die Spekulation nicht sofort zumute, sondern erst nach einer, von Bindung und Affekt freien, Prüfung jener Distanz, die den neugewonnenen Standort vom trügerischen Festland trennt. Nah kommen wir Mozart nicht. Und doch: Der zwanghafte, nicht nachlassende

Wille zur Annäherung, die Rekapitulation aller belegter Elemente, der erwiesenen Fakten, synchron zur systematischen Beschäftigung mit dem Werk, lassen uns zwar die definitiven Grenzen unserer Vorstellung erkennen, darüber aber auch Einzelaspekte einer möglichen Wirklichkeit. Nicht etwa, daß Unwahrscheinliches, Unglaubliches plötzlich wahrscheinlich oder schlüssig würde, im Gegenteil: Die Widersprüche zwischen Mozarts Leben und Wirken, seinen – niemals selbst gestellten – Ansprüchen und der Beziehung zu seiner Mitwelt erhärten sich zu unerbittlichen und endgültigen Tatsachen, die durch nichts mehr zu widerlegen sind, und mit deren permanent wiederkehrender Erfahrung wir zu leben haben.

IN FIKTIONEN manifestiert sich nicht zuletzt hinter den Gestalten die psychische und mentale Konstitution des Autors. Doch ist der Grad seiner Objektivität kein Kriterium ihrer Qualität; wer wüßte nicht, daß oft gerade die Neurose dem Werk jene monomane, oft monumentale, Subjektivität verleiht, durch die es seinen einzigartigen Wert gewinnt. In der Biographie dagegen muß dieser Grad als das ausschlaggebende Kriterium gelten. Denn der Leser will die Vermittlung, nicht den Vermittler. Doch auch hier wird er stets nur etwas über das Objekt in der subjektiven Sicht des Darstellenden erfahren, den zu akzeptieren oder abzulehnen ihm allerdings frei steht. Wir sollten ihn aber gerade dort akzeptieren, wo er seiner Subjektivität eingedenk bleibt, wir sollten daher Autorität der Überzeugung als Qualität und als Disziplin anerkennen. Dazu müßte der Autor freilich vorher ein Bild seiner selbst gegeben haben, das Zeugnis einer Einsicht in sich. Denn es ist unmöglich, eine Gestalt der Vergangenheit, geschweige denn ein Genie, zu verstehen, wenn man niemals den Versuch gemacht hat, sich selbst zu verstehen. Da nun aber gemeinhin zwischen der Psyche des Genies und der des Interpreten wenig Affinität besteht, sollte der Interpret die Erkenntnisse der Psychoanalyse, und zwar einer an sich selbst erfahrenen, anwenden. Denn sie hat ihn gelehrt, den Grad seiner Beziehung zu und der Identifikation mit seinem Gegenstand zu bestimmen und zu regulieren, somit den positiven wie negativen Affekt so weit wie möglich auszuschalten. Weiterhin hat sie ihn gelehrt, die typischen Reaktionen der Psyche in all ihren Möglichkeiten bis in die tiefsten Traumata zwar als probates

Werkzeug der Erkenntnis parat zu haben, nicht aber die potentielle Reaktion der eigenen Seele als Maßstab anzuwenden. Dies aber haben im Fall Mozart alle Biographen getan und haben damit die Grenzen zwischen Wunsch und Wahrheit verwischt. Die Darstellung des ›Menschen Mozart‹ fluktuiert zwischen Apologie und Festrede. Wenn Bruno Walter sagt, Mozart sei eine ›offene vertrauende Seele‹, ein ›froher, treuherziger junger Mensch‹ gewesen[1], so drückt er damit nicht nur einen allgemein gehegten Herzenswunsch aus, der überdies unwillentlich die Grenzen seiner psychologischen Einsichten absteckt, sondern auch ein unreflektiertes Entgegenkommen an ein Publikum, dem er sich selbst zuzurechnen hat, und das seinen Mozart gern so haben möchte. Tatsächlich hat es ihn auch immer so erhalten.

DAS EBEN IST DAS ELEND der Trivialbiographie: Sie findet für alles jene eingängigen Erklärungen innerhalb der uns zugänglichen und dem Radius unseres Erlebens entsprechenden Wahrscheinlichkeit. Die Primärquelle ist identisch mit dem Motiv: das Wunschdenken. Die Identifikation des Schreibenden mit dem Helden, seine Fixierung an ihn, machen alles Dargestellte zutiefst unwahrhaftig, denn wir haben es ja unter dem Aspekt der Ungleichheit der Potenzen zu betrachten. Mozart ist nach einem anderen Gesetz angetreten als seine Deuter. Bisher hat jeder die stimmige Bilanz gezogen, daß sich hier ein erbärmliches und entwürdigtes Erdenleben letzten Endes in der entrückten Höhe des Schöpferischen doch noch erfüllt habe. Seine Not habe sich sozusagen ausgezahlt. Die Frage: Für wen? wird nicht gestellt.
Für die Nachwelt jedenfalls haben sich alle Konflikte zu solcher Harmonie geglättet, daß sie als zwar wehmutsvolle, aber heile Schönheit auf die Mitwelt zurückzuwirken scheint. So hat zum Beispiel Bernhard Paumgartner Mozarts Verbleib in Wien nach dem Bruch mit dem Erzbischof 1781 folgendermaßen ausgedrückt: ›Mit mütterlichen Armen umfängt die Stadt an der Donau den sturmbewegten Künstler als Heimat seiner Meisterjahre.‹[2] Dieser Satz denn erscheint uns als ein Schulbeispiel radikaler Verdrän-

1 Bruno Walter: ›Vom Mozart der Zauberflöte‹, Frankfurt 1956, S. 7 und S. 16.
2 Bernhard Paumgartner: ›Mozart‹, Freiburg und Zürich 1945, S. 263.

gung; er demonstriert die gesamte anomale Skala: Den ausschweifenden Ehrgeiz des Autors, der, angesichts des überwältigenden Themas, höher greifen möchte, als die einfache Feststellung es ihm gebieten würde, nämlich: Mozart lebte fortan in Wien; jene Bindung an Umstände, die dem Wunschdenken entspringen: das für den Leser präparierte Bild, darin alles innerhalb der Grenzen des Vorstellbaren zu bleiben hat, oder zumindest des Möglichen, wie es dem Auffassungsvermögen des Autors entspricht und damit dem Leser zu erscheinen hat; das Maßvolle, Plausible als Mutter des Wunsches nach Einordnung, und das Didaktische, Sichere, als sein unumstößlich dominierender Vater; das Denken in nationalen Kategorien, im vorliegenden Fall als Österreicher; das Pathos der Wortwahl als Zeichen des unbewußten Willens zur Angleichung an den Helden. Denn entwirren wir das Bild der ›mütterlichen Arme‹, jener ›Stadt an der Donau‹, jenes ›sturmbewegten Künstlers‹, den sie ›umfangen‹, dazu die ›Heimat von Meisterjahren‹ – denn wohl nur Wanderjahre haben keine Heimat –, so bleibt als Implikation, daß Mozart in Wien Erfüllung und Ruhepunkt fand. Wir können sie nur dahingehend berichtigen, daß bekanntlich das Gegenteil der Fall war.[3]

Überhaupt: Das ›Umfangen‹ als euphemistisches Bild erscheint beliebt. Bei Alfred Orel handelt es sich allerdings weniger um die mütterlichen Arme als um eine totale Besitzergreifung: ›So aber umfing die Donaustadt nunmehr Wolfgang Amadeus mit ihrem geheimnisvollen Zauber und ließ ihn, wie vorher und nachher so viele andere, nicht mehr los.‹[4] Hierzu wäre zu sagen, daß es weniger der ›geheimnisvolle Zauber‹ als Geldnot war, die Mozart nicht losließ, weshalb er sich denn auch nicht, wie er wollte, nach England absetzte, wo er, dem Anschein nach, sein Glück hätte machen können. 1786, nach dem ›Figaro‹, hätte die Donaustadt,

---

3 Eine besondere Blüte doppelter Idolatrie (Mozart + Österreich): ›So ist Mozart für uns Vorbild, Vollendung und Zukunft, völlig zeitlos in seiner Vollkommenheit, zeitfern und zeitnah zugleich, wie alle großen Leistungen der Menschheit. Wen solche Lehren nicht erfreun, verdienet nicht, ein Mensch zu sein; und erst recht nicht ein Österreicher.‹ Aus dem Geleitwort von Joseph Marx zu einer Konkurrenz-Ausgabe des ›Köchelverzeichnis‹, neubearbeitet und herausgegeben von Karl Franz Müller, Wien 1951.
4 Alfred Orel: ›Mozart in Wien‹, Wien 1944, S. 5.

sofern man eine Stadt als kollektiven Willensträger bezeichnen kann, ›Wolfgang Amadeus‹ genauso gern losgelassen, wie sie später Gustav Mahler und Arnold Schönberg losließ. Hier schlägt sich die Kompensation des Traumas in Unwahrhaftigkeit nieder, die sich bis in die Fakten auswirken will und den wahren Sachverhalt verzerrt.

So hat denn das gestörte Verhältnis Wiens zu Mozart eine Legion von Apologeten gefunden, denen ihr Kulturpatriotismus nicht erlaubte, sich mit einem irreparablen Makel abzufinden. Doch sind ihre Retouchen nur symptomatische und unwesentliche Beispiele jener doppelten Fixierung: an den Helden und an die Heimat, die der Wunschdenker mit ihm teilt. Darin akklamiert auch Salzburg einen Teil, der ihm nicht gebührt; denn Mozart hat diese Stadt nun wirklich gehaßt und hat ihre Bewohner bekanntlich mit einem Vokabular bedacht, das an Verbalinjurien grenzt. Darüber freilich hat Salzburg von je hinweggesehen und behauptet seinen ethnischen Anspruch, der ja immer dort herhalten muß, wo das Verhältnis harmonischer Beziehung zwischen Held und Heimat versagt.

Diesen Anspruch hat Hugo von Hofmannsthal in dunkle Worte gekleidet: ›Mozart war da, und hier in diesen Gemarken, wo sich das neue und das alte Europa berühren, an diesem Grenzstrich zwischen römischem, deutschem und slawischem Wesen, hier war die Musik entstanden, die wahre, ewige Musik unseres Zeitalters, die volle Erfüllung, natürlich wie die Natur, unschuldig wie sie.‹[5] Der Versuch, einem solchen Satz kritisch beizukommen, wäre müßig, denn sein Aussagegehalt ist nicht greifbar. Überdies sind unverhältnismäßig wenige der ›großen Werke‹ Mozarts in den Salzburger ›Gemarken‹ entstanden. Weiterhin entsteht große Musik aus keinerlei mythischem Dunkel oder ethnischer Gebundenheit; vielmehr wird sie, im Ineinandergreifen unbewußter Motive mit bewußter Methodik, gemacht, ist daher auch nicht natürlich wie die Natur und keineswegs ›unschuldig wie sie‹, sofern wir uns überhaupt dazu entschließen wollen, der Natur Attribute wie unschuldig oder schuldig zuzuerkennen. Es gilt also, Mozarts Nachleben von dieserlei Ausflüchten zu reinigen. Zugegeben: Es

5 Zitiert nach H. H. Stuckenschmidt: ›Mozart als Europäer‹, im Programm zur Mozartwoche der Deutschen Oper am Rhein, Düsseldorf 1970, S. 11.

handelt sich hier um das ›Wort des Dichters‹, zumal eines, der sich seines Helden ebenbürtig erweisen möchte. Doch handelt es sich ebenso um einen Helden, der, in seiner Funktion als Begründer einer Kategorie, eine andere Behandlung beansprucht als die ›dichterische Freiheit‹ des Schöngeistes.

Auch jene Mozart-Literatur, die redlich ›bei der Sache zu bleiben‹ sich bemüht, baut sich meist auf Konklusionen auf, die nicht nur ihre Prämissen verdecken, sondern Verläßlichkeit und Objektivität zeitgenössischer Zeugnisse, vor allem aber der Selbstzeugnisse, voraussetzen. Wir wissen heute, daß auch die Selbstdarstellung nicht objektiv sein kann, und bei Mozart ist sie alles andere als das. Sie bezeugt die stetig zunehmende Leichtigkeit in der Artikulation einer phänomenalen geistigen Beweglichkeit, doch verschenkt sie die tiefere Essenz dieses Geistes nicht an Worte. Mitunter bezeugt sie auch, wenn die Sache es gebietet, eine durchaus zweckbedingte Wendigkeit: Es stehen dem Schreiber Mozart außer den Seelen in seiner Brust – es sind weitaus mehr als zwei, doch offenbart er sie überaus selten! – die verschiedensten Verkleidungen zu Gebot, die er mit der jeweils dazugehörigen Überzeugung zu tragen versteht. Die Beherrschung der Mittel, die ihn zum größten und geheimnisvollsten Musiker aller Zeiten gemacht hat, kam ihm auch bei seinen verbalen Aufzeichnungen zugute: Er verfügte über ein gewaltiges synthetisch-emotionales Register, hinter dem er vielerlei Gestalten annehmen oder sich gänzlich verbergen konnte, und er hat es ohne jegliche Heuchelei, aber auch ohne jeglichen Drang zu objektiver Wahrheit, angewandt. Wie verschieden er sich auch darstellen mochte: beim Schreiben nahm er die Gestalt des jeweils dargestellten Ichs an. Er schrieb, wie er sich sah, sehen wollte oder sollte, wie er anderen zu erscheinen hatte oder begehrte, und wie er sich die Vorstellung anderer vorstellte. Aber wie er war, das entnehmen wir seinen eigenen Worten nicht mit Sicherheit. Obgleich uns Wesentliches seiner Selbstdokumentation verloren ist, liegen die Primärquellen optimal gesammelt vor[6], Zusätzliches

---

6 MOZART, Briefe und Aufzeichnungen. Gesamtausgabe, herausgegeben von der Internationalen Stiftung Mozarteum Salzburg. Band I bis Band IV: Briefe, gesammelt und erläutert von Wilhelm A. Bauer und Otto Erich Deutsch; Band V und Band VI: Kommentar, auf Grund deren Vorarbeiten erläutert von Joseph Heinz

mag noch zutage treten, Veränderndes wohl kaum. Jedermann also kann Mozarts scheinbare Reaktion auf die Umstände, denen er ausgesetzt war, nach Wunsch und Vermögen deuten und seine Schlüsse selbst ziehen. Ob es jedoch das Verständnis des Phänomens Mozart erleichtert, das sei dahingestellt. Es ist schwer genug, sich etwa ein Bild vom subjektiven Leben und Erleben eines Genies unseres Jahrhunderts zu machen, und vor einem Genie der Vergangenheit versagt unser Vorstellungsvermögen in zunehmendem Verhältnis zu seinem zeitlichen Abstand, seiner Epoche und, nicht zuletzt, seiner Lebensspanne.

ICH BEGEBE MICH ALSO *bewußt in Abhängigkeit vom Leser, nicht nur in seinem Vorstellungsvermögen, sondern auch in seinem Vorstellungswillen. Denn natürlicherweise hört die Macht der Überzeugungskraft dort auf, wo auf der anderen Seite der eherne Wille zum Unverständnis herrscht, das heißt: die automatische Abwehrreaktion vor einer dargebotenen Erkenntnis, bevor diese vom Willen des potentiellen Empfängers geprüft ist. Gehen wir den Ursachen einer solchen rezeptiven Versagung nach, so können wir ihr nur dort Gültigkeit zuerkennen, wo ihr Träger sich mit derselben Materie befaßt hat, aber darin zu einem anderen Resultat gelangt ist. Wir erkennen sie aber nicht an, wo sie als Reaktion dessen erscheint, der sich eben an ein anderes oder gegenteiliges Bild gewöhnt hat, an das er so fixiert ist, daß er sich nun nicht mehr davon trennen kann oder will, und daher jede Korrektur der alten, als schön erkannten, Lösung zurückweist. Es gilt demnach für den Leser nicht nur die Wahrhaftigkeit dieses Versuches zu prüfen, sondern auch seinen eigenen Willen, ein vorgefaßtes Bild abzustreifen.*

MUSIKALISCH AUSGEDRÜCKT: *Wir konfrontieren uns mit einer Partitur von zwei Systemen: der melodieführenden Stimme – Mozarts Musik – und dem Generalbaß – sein äußeres Leben. Die verbindenden Mittelstimmen, die seines Unbewußten, seiner inneren Impulse und Diktate, jene Stimmen also, die auf Movens und*

Eibl; Band VII: Register, zusammengestellt von Joseph Heinz Eibl. Kassel – Basel – London – New York – Tours 1962-1975. Die Zitate im Text sind dieser Ausgabe entnommen.

Agens schließen lassen, fehlen. Denn ein erläuterndes wörtliches Bekenntnis findet sich bei ihm beinah niemals. Wir kennen die Kompositionsaufgabe – auch Mozart hat sie seinen Schülern ad nauseam stellen müssen –, zu zwei vorhandenen Systemen ein drittes, verbindendes, herzustellen. So etwa haben wir das Werk der Biographen zu betrachten: Sie haben das verbindende System zwischen den beiden Existenten, nämlich seinem Erleben und dem – vermeintlichen – Niederschlag in seinem Werk hinzukomponiert. Daher drängt sich der Versuch auf, die Partitur der Existenz Mozarts von dieser Bearbeitung zu befreien, um jenes Ainigma wiederherzustellen, als das Mozart uns zu erscheinen hat, wenn wir uns entschließen, alle Biographie, ja alle Geschichtsschreibung, mit jener Skepsis zu betrachten, die sich im Lauf der Jahrhunderte als angemessen erwiesen hat.

Es GALT DEMNACH, *bestehende Bilder auszulöschen, nicht aber zwischen Leser und Helden zu vermitteln. Es ist, im Gegenteil, die Absicht dieses Versuches, die Distanz zwischen beiden Seiten zu vertiefen, und zwar nicht nur um jene Kluft zwischen den Zeitaltern, die das wahre Verständnis aller Gestalten und aller Seelen zur Zeit des Spätabsolutismus zur Spekulation macht, sondern um eben jene unüberbrückbare Ferne zwischen der Innenwelt Mozarts und unserem mangelhaften Konzept ihrer Art und ihrer Dimensionen. Niemand hat die Unternehmung bewältigt, diese Fremdheit der Erscheinung überzeugend darzustellen. Alle haben sich auf ein Bild verlassen, das biographischer Geläufigkeit und gleichsam ererbter Routine entspringt. In ihm wird das Unheimliche überspielt, das als unwesentlich Betrachtete kurzerhand ausgelassen, das Peinliche hinwegerklärt, und somit wird die Figur nach allen Seiten, nach oben und – vor allem – nach unten abgerundet, geglättet und frisiert, bis sie einem vagen apollinischen Ideal – und Idol – entspricht, das freilich allzu oft aus der Rolle fällt. Man werde ›sich abfinden müssen mit der Tatsache, daß auch Mozart ein Mensch war »mit seinem Widerspruch«‹, sagt Alfred Einstein[7] und fordert*

---

7 Alfred Einstein: ›Mozart. Sein Charakter, sein Werk‹, Zürich-Stuttgart 1953, S. 41. – Im folgenden werden Zitate nur dort mit einer Anmerkung versehen, wo ein Buch oder eine Schrift als Quelle neu eingeführt wird oder wo der Autor dem Leser die Lektüre des Kontextes nahelegt.

somit Verständnis für ausgerechnet eine jener Eigenschaften, die Mozart mit uns allen teilt, die er aber offensichtlich einem Genie nicht konzedieren möchte. Mozart entspricht keinem apollinischen Ideal: Alle seine Äußerungen, Diktion, Duktus und Interpunktion der verbalen Dokumente, Gestik, Mimik, Habitus, wie sie uns überliefert sind, ergeben eher das Bild eines dionysischen Typus, der allerdings als solcher auch wieder aus der Rolle fällt, denn selbst diese – unscharfe – Typologie trifft auf ihn nicht zu, und schon gar nicht auf sein Werk, das sich diesen Kategorien ganz und gar entzieht. Angesichts der Handschriften seiner Partituren stellen wir fest, daß der Aufriß selbst der gewaltigsten musikalischen Panoramen für ihn ein Vollzug äußerster Beherrschung gewesen sein muß: klar, übersichtlich, immer, und zwar bis zuletzt, lesbar, selten von einer Korrektur entstellt – denn die Komposition war ja meist lange fertig, bevor er sie niederschrieb – offenbart sich die subjektive Emotion höchstens hier und dort am schwungvollen Duktus einer dynamischen Bezeichnung. An diesem Werk ist alles von sublimer Fremdheit, alles unheimlich und, objektiv gesehen, alles wesentlich. Um so mehr erleuchten seine Selbstäußerungen nur immer wieder das Faktum, daß sich uns die Gestalt entzieht, indem sie sich hinter ihrer Musik verbirgt, und auch sie ist uns, in ihrer tiefsten Bedeutung, unzugänglich, insofern sie keine außermusikalische Begrifflichkeit zuläßt.

DER NAME MOZART ist, gleich den Namen Beethoven und Haydn, an eine einzige Gestalt gebunden und, ihr entsprechend, in anderer Verkörperung unvorstellbar; undenkbar, daß heute jemand einer solchen Vorgabe gewachsen wäre. Doch eindeutiger als die anderen beiden Namen ruft ›Mozart‹ bei all jenen, die das Prädikat ›musikalisch‹ – was immer es bedeuten mag – für sich in Anspruch nehmen, die Bezeichnung einer besonderen rezeptiven Verfassung hervor, eine Art Verklärung: Hier denn – so etwa lautet die unausgesprochene Begründung eines kollektiven Empfindens – steht eine einmalige und wahrhaft einzigartige Erscheinung unangefochten und für immer auf der Kreditseite des Lebens, so beherrschend und allgegenwärtig, daß sie mit manchem versöhnt, was das Leben uns schuldig bleibt. Ja, Mozart scheint die Versöhnung schlechthin zu sein, eine Art erlösendes Wunder. Diese Erfüllung, die er postum zu spenden vermöchte, hat er selbst natürlich nicht im entferntesten erahnt. So weit hätte er den ›stillen Beifall‹, den er am Ende seines, objektiv gesehen, schwer erträglichen Lebens aus der Reaktion des Wiener Publikums auf die ›Zauberflöte‹ herauszuspüren meinte, niemals ausgelegt. Noch weniger, daß sein Name synonym würde für alles Jenseitig-Schöne und Diesseitig-ahnungsvoll-Beschwingte – um ein Kondensat enthusiastischen Vokabulars anzuschlagen. Wohl war er sich seines Wertes bewußt, vielleicht stand er innerhalb der Skala seiner Wertbegriffe sogar am höchsten, doch war diese Skala, entsprechend seiner Position in seiner Zeit und Welt, relativ. Den Maßstab des Absoluten hätte er in Worten kaum anzuwenden gewußt, wie er ja auch in keiner einzigen seiner dokumentierten Äußerungen erscheint; übrigens erscheint darin auch niemals der Superlativ absoluter Begeisterung. Mozart selbst hielt sich für einen Menschen ›von superieuren Talent‹, das er sich ›ohne gottlos zu seyn, nicht absprechen‹ könne (Brief vom 11. September 1778), freilich als solches allen anderen überlegen, außer dem von ihm verehrten Haydn. Sein ironisch distanziertes Verhältnis gegenüber Popularität – denn er berechnete ziemlich genau, wann er ›popular‹ zu werden hatte, hat es ja auch zur Genüge von seinem Vater nahegelegt bekommen –, seine zunehmende Gleichgültigkeit gegenüber elitären Ehrungen, wie er sie, beinah noch als Kind, auf seinen Italienreisen erfahren hatte, trugen gewiß zu seinem Verhängnis bei, doch bezeugen sie die Souveränität des wahrhaft großen Mannes. Obrigkeitshörigkeit und Servilität waren ihm fremd, Adel und Orden gleichgültig. Die akademischen Diplome, die ihm auf seiner Reise nach Mannheim und Paris 1777-1779 nutzen sollten, vergaß er bezeichnenderweise zu Hause, man mußte sie ihm nachschicken. Er besaß einen höheren päpstlichen Orden als Gluck – Orlando di Lasso war der einzige Komponist, der ihn vorher erhalten hatte –, doch wahrscheinlich hat er ihn, nachdem er auf seiner Pariser Reise von zwei rüpelhaften Augsburger Patriziersöhnen deswegen angepöbelt wurde (Brief vom 16. Oktober 1777), niemals wieder angelegt. Es ist übrigens auch nicht feststellbar, daß sie ihm später jemals etwas genutzt hätten, wahrscheinlich hat er sie selbst vergessen. Jedenfalls wäre es ihm nicht eingefallen, sich ›Ritter von Mozart‹ zu nennen, außer in jenen Briefen, in denen er sich selbst parodierte oder den Titel mißbrauchte, um sich ›Ritter von Sauschwanz‹ zu nennen. Nach den Italienreisen, als Siebzehnjähriger, unterschrieb er einige seiner größeren Partituren mit ›Cavaliere‹ oder ›Chevalier‹, doch gab er das bald wieder auf und nannte sich ›Wolfgang Amadè Mozart‹. ›Amadeus‹ hat er sich niemals genannt, außer im Scherz: Wolfgangus Amadeus Mozartus. Auch im Taufregister steht der Name nicht, er entstammt dem Wunsch der Biographen nach abrundender Perfektion. Seine Briefe unterschrieb er meist mit Mozart, später fügte er Empfehlungen oder Gesuchen den Titel ›Kapellmeister in kaiserlichen Diensten‹ hinzu, doch gewiß nicht um der Geltung willen – die Funktion war bescheiden –, sondern mehr wegen der Bestimmung: Vielleicht meinte er ihn angeben zu müssen, damit der Empfänger überhaupt wisse, wer dieser Mozart sei. Dünkel war ihm fremd; seine Überlegenheit aber spielte er aus, nicht immer ohne maliziösen Nachdruck. Anerkennung brauchte er, zumindest bis zum großen Verzicht in seinen letzten Jahren. Den größten Wert legte er auf das Lob jener, die er selbst hochschätzte, aber das waren wahrhaftig nicht viele, genaugenommen war es nur Haydn, der einzige Zeitgenosse, den Mozart bewunderte. So ist er, der sich gern nur vor Kennern produzierte, der Enthusiasten liebstes Kind geworden.

VERACHTEN WIR DIE SCHWÄRMER NICHT! Ihr Gegenstand adelt die Empfindung selbst dort, wo sie sich nicht anders zu artikulieren vermag als ›aus tiefstem Herzen‹. So vermutet denn der Theologe Karl Barth, daß die Engel, wenn sie unter sich seien, Mozart spielen, und daß ihnen dann auch der liebe Gott besonders gern zuhöre.[8] Ich kenne mich in diesen Sphären nicht aus, aber es bietet sich da ein hübsches Bild: Ich sehe Gott wie Rembrandts Saul, der sich dem Genuß an Davids Harfenspiel hingibt, versunken in den Gedanken, daß man für diesen göttlichen Spieler vielleicht während seines Erdenlebens etwas hätte tun sollen. Auch Konzert-Interpreten haben sich des Gleichnisses mit göttlichen Regionen bedient: ›Andere mögen manchmal mit ihren Werken den Himmel erreichen. Mozart aber, der kommt von dort, der kommt von dort!‹[9] Dieser Ausruf mit seiner rhetorischen Verdopplung demonstriert wohl ebenfalls mehr ein emotionales Verhältnis zum Objekt als eine gültige Aussage; er unterstützt Einsteins Wort, daß Mozart ›nur ein Gast auf dieser Erde‹ gewesen sei. Und doch können wir es nicht leugnen: Auf einer uns noch nicht einmal willkommenen, weil irrationalen, Ebene ahnen wir, was gemeint ist, nämlich das Element des Phänomenalen, dessen Erkenntnis aller Beschäftigung mit Mozart als tiefste Ursache zugrunde liegt, und zwar so tief, daß ihrer Prämisse kein Gedanke mehr gilt. Jedenfalls liegt uns der Versuch fern, mit jenen Äußerungen aufräumen zu wollen, in denen das Kulinarische mit dem Naiv-Frommen und dem Mystischen zu solch inniger Einheit gerät. Die Wortgebung des ›Unsagbaren‹ ist – wer wüßte es nicht! – beinah so konstant geworden wie die unanfechtbare Größe ihres Gegenstandes. Das ›Göttliche‹, das ›Überirdische‹ dieser oder jener ›Stelle‹, das ›Nicht-von-dieser-Welt‹-Sein werden das Walten Mozarts für immer begleiten und stets dafür sorgen, daß eben jener Nimbus des Jenseitigen unberührt erhalten bleibe. Sie verschleiern zwar ihren Gegenstand, doch schaden sie ihm nicht. Sie bleiben ewig die Orientierungspunkte für jene, denen Mozart erst anhand dieser Hinweise gegenwärtig wird. Wer die Noten nicht hört, hört

8 Karl Barth: ›Wolfgang Amadeus Mozart‹, Zollikon 1956, S. 13.
9 Zitiert nach Kurt Pahlen: ›Dem Angedenken Joseph Krips‹ (von dem das Zitat stammt). Programm der Konzertsaison 1975/1976, Gesellschaft der Musikfreunde, Wien.

in ihnen die den Tönen angedichteten Attribute. Verehrung kennzeichnet vornehmlich die Skala der Emotionen des Verehrers, und
wenn sie sich artikuliert, so drückt sie nichts anderes aus als sich
selbst. Nur eben bleibt der Anlaß als konstanter Orgelpunkt:
Mozart.

Mozart als Devotionalie ist eine Erfindung der Romantiker.
Der Verleger Nikolaus Simrock pflegte sein Haupt zu entblößen,
wenn der Name Mozart genannt wurde[10], sein bedeutender Zeitgenosse Kierkegaard wollte gar eine Sekte gründen, die Mozart
nicht nur am höchsten, sondern überhaupt nur ihn verehre.[11]
Freilich bezeichnete er selbst seine Verehrung als ›backfischhaft‹,
und wir wollen dem großen Bekenner darin wahrhaftig nicht
widersprechen.
Nehmen wir an, Mozart blicke, verehrt von Kierkegaards Sekte,
aus Barths Himmel herab, auf seine Domäne – ob echt oder
fehlgeleitet: Im subjektiven Gefühlsgehalt kommt es auf das
gleiche heraus. Er, dem Amt und Rang und Titel nicht den
geringsten Respekt abforderten, beobachte den Gebrauch seiner
Werke zu staatlicher Repräsentation, zu protokollarischem Froh-
sinn, öffentlicher Trauer und ähnlichen Zwecken, die nicht mehr
Verständnis seiner Musik verlangen, als seine Schwiegermutter
Cäcilie Weber aufzubringen imstande war (› – bey der Mama
wirds wohl heissen, die *schauet* die Oper, aber nicht die *hört* die
Oper. – ...‹, Brief vom 9. Oktober 1791). Hoffen wir, daß er
seine Freude daran hat! Das Ungereimte, das Bombastisch-Präten-
ziöse und seine Vertreter haben ihn, den ›Dalk‹, den ›Fex‹ – wie er
sich zwar manchmal nannte, doch nicht von jedem nennen ließ –
oft genug zu ausschweifenden Parodien inspiriert, ja, zu geradezu
schwelgerischen Wort-Orgien; aus mancher dieser Paraphrasen
geht hervor, wie gering er mitunter jene einschätzte, mit denen er
sich, notgedrungen, zu arrangieren hatte.
Doch wie auch immer das Verhältnis zwischen Huldigung und
ihrem Gegenstand sich durch die Geschichte der Künste ziehe: Im

10 ›A Mozart Pilgrimage‹, being the Travel Diaries of Vincent and Mary Novello
in the year 1829, transcribed and completed by Nerina Medici di Marignano, edited
by Rosemary Hughes, London 1955, S. 5.
11 Søren Kierkegaard: ›Entweder–Oder‹, München 1975, S. 59.

Falle Mozart geht die Rechnung nicht auf. Rezeptivität als qualitatives Differenzierungsvermögen ist zeitabhängig, es wandelt sich mit Epoche, Mode und ›trend‹ und erlaubt uns somit, das Objekt jederzeit nach Belieben auszutauschen, wie es geschah und geschieht. Unsere Verehrung bedingt weder Verpflichtung noch Engagement, denn für Vergangenes brauchen wir weder durch persönliche Parteinahme noch unter Verlust einzustehen. Ein zeitloses kollektives Gewissen, wie ausgerechnet Mozart als Freimaurer es hätte fordern müssen – sofern er sich überhaupt jemals mit den Idealen seines Ordens befaßt hat, und wäre ihm nicht jeglicher Gedanke einer Forderung fremd gewesen –, gibt es nicht. Daher nehmen wir uns die Freiheit, seinen Zeitgenossen die Schuld an seinem Elend zuzuschieben, als hätten *wir* ihn in seiner Größe sofort erkannt und ihm alle Hindernisse aus dem Weg geräumt. Und doch: Wer sollte daran schuldig sein, wenn nicht sie, vor allem freilich die Wiener Zeitgenossen! Der Teil allerdings, den er selbst daran trägt, bleibt zu untersuchen.

GEWISS, WIR HABEN KEINEN ABSOLUTISMUS MEHR, jedenfalls keinen formalen oder offiziellen, keine Erzbischöfe als Feudalherren, keine Maria Theresia, die ihrem erzherzöglichen Sohn den Rat gab, sich mit fahrendem Gesindel wie Mozart und Konsorten (›gens inutils ... courent le monde comme de gueux‹, Brief Maria Theresias vom 12. Dezember 1771) keinen Scherereien auszusetzen, sie daher an seinem Mailänder Hof nicht anzustellen. Keinen Grafen Arco, der den Hofmusiker Mozart mit einem Fußtritt aus dem Audienzsaal beförderte, als er um Entlassung aus den Diensten des Erzbischofs Colloredo bat (Brief vom 9. Juni 1781). Für solche Handlungen sollte es eine Art negativen Adel geben, sichtbar wie ein Kainszeichen, das von Nachkommen nur durch gezieltes gegensätzliches Verhalten zu löschen wäre. Doch wenn wir uns die Geschichte der großen Habsburgischen Adelshäuser betrachten, so stellen wir fest, daß sie ihre Titel und ihren Besitz für weitaus Schändlicheres akkumuliert haben, als für den Fußtritt in den Hintern eines großen Mannes.

Aber seien wir diesem Grafen Arco gegenüber gerecht: Auch er war schließlich nur ein Hofschranz, ›Oberküchenmeister‹ des Fürsterzbischofs von Salzburg. Wir haben Anlaß, diesen unwürdigen Auftritt unter einem versöhnlicheren Aspekt zu betrachten, wenngleich es uns befremden mag, daß die Musik – gleichsam als Tafelfreude – der Küche unterstand. Die Szene fand während des Besuches der erzbischöflichen Hofhaltung in Wien statt, und es war dieser Entgleisung des Grafen sein vertrauliches Geständnis vorausgegangen, daß auch er unter dem gemeinsamen Herrn, dem er allerdings an Rang um einiges näherstand, oft zu leiden habe. Vor allem aber äußerte er bei dieser Gelegenheit jene berühmte Mahnung, die sich wenige Jahre später als Prophetie erweisen sollte:

... glauben sie mir, sie lassen sich hier zu sehr verblenden; – hier dauert der Ruhm eines Menschen sehr kurz – von anfang an hat man alle lobsprüche, und gewinnt auch sehr viel, das ist wahr – aber wie lange? – nach etwelchen Monathen wollen die Wiener wieder was neues.

So schrieb Mozart es an seinen Vater (2. Juni 1781), obgleich dieses Negativum nicht im Interesse seiner Absichten lag. Den Vater wird es kaum erstaunt haben, er selbst hatte vom Wiener Publikum, wie wir einem Brief aus dem Jahr 1768 entnehmen, eine schlechte Meinung. – Immerhin scheint der Graf Mozart mit ›Sie‹ angeredet zu haben, das spräche für eine ernst gemeinte Überredungstaktik.

Mozart aber war nicht zu überreden. Ohne Zweifel war auch er von einer Zeitströmung erfaßt worden, deren Wirkung sich in anderen bewußt und kollektiv vollzog: Geist der Rebellion. Ihm teilte er sich als Drang nach Freiheit mit, einer Freiheit, die wenige Jahre zuvor noch niemand für möglich gehalten hätte, außer jenen, die sie schon immer genossen hatten, als Raub der Freiheit anderer. Politische Umwälzung – die Französische Revolution – hat Mozart niemals kommentiert, wahrscheinlich auch niemals als den Anbruch eines neuen Zeitalters zur Kenntnis genommen. Das Zeitgeschehen hat, soweit wir feststellen können, die Ebene seines Bewußtseins niemals erreicht: Wie sollte er seine Gedanken anders äußern als in seiner Musik! Seine Reaktion, nicht als Urheberschaft, sondern als konsequente Nutzung der eigenen Möglichkeiten, war der ›Figaro‹, und er war der Beginn seines Ruins.

Dem Grafen Arco entgegnete Mozart, daß er nicht vorhabe, in Wien zu bleiben: Offensichtlich wirkte der ›geheime Zauber‹ der

›Donaustadt‹ weder damals noch später. Er wollte nach England, und bei diesem Willen blieb es auch, bis er, in seinen letzten Jahren, gar nichts mehr wollte als die Freiheit, seiner selbstgestellten Aufgabe nachzugehen. Vor allem aber wollte er sich dem Dienst beim Erzbischof entziehen, dem ›Menschenfeind‹, dem ›hochmütigen eingebildeten Pfaffen‹, der ihn einen ›liederlichen Kerl‹ genannt und ihn aufgefordert hatte, ›sich weiter zu scheren‹; in gewisser Weise also kam Mozart nur einer Aufforderung nach. Der Erzbischof herrschte ihn an, er ›bekäme hundert, die ihn besser bedienten als er‹ (Mozart). Darin mag Colloredo recht gehabt haben: Mit einem minderen Musiker hätte er sich wohl leichter getan, denn Musik war für ihn ein Gegenstand der Lieferung, Produkt steter Bereitschaft eines, sozial gesehen, niederen Dieners, der am Gesindetisch wenig oberhalb des Küchenpersonals zu sitzen hatte. Colloredo, theoretisch zwar ein Anhänger der Aufklärung, war kein absolutistischer Gewaltmensch, aber immerhin ein Regionalherr, der nicht an seinen Rechten rütteln ließ, sowohl in Salzburg als auch in Wien äußerst unbeliebt. Sein Verhalten Mozart gegenüber trägt alle Anzeichen eines seltsamen zusätzlichen Affektes, einer ständigen Gereiztheit, die wir kaum anders deuten können, als daß Mozart seine latente Aufsässigkeit, bedingt durch seinen Drang nach Entfaltung, ihm gegenüber weder verbergen konnte noch wollte. Gewiß war er ein ›Genie des Gehorsams‹ (Friedrich Heer) gewesen, doch wich dieser Teil seiner Genialität von 1781 an dem erwachenden Gefühl für seinen Eigenwert, bis er schließlich zum Genie eines geheimen Sich-Versagens wurde.

HANDEL UND INDUSTRIE sind heute darauf bedacht, sich ein Alibi zu schaffen, das ihren harten Machenschaften einen Kontrapunkt setzt. Es nagt etwas am kollektiven Gewissen ihrer Exponenten, und so richten sie sich, pro forma et pro statute, in der Welt des ›Schönen‹ ein, indem sie etwas für Kunst und Künstler tun. Der Künstler nimmt das Almosen gern, mit einem trockenen und einem geschlossenen Auge. Wer heute noch in einem Kellerloch haust, will es nicht anders. Er weiß, daß er, wenn er es zugunsten komfortablerer Wohnverhältnisse aufgibt, sich von einem Nimbus trennt, der ihm wie ein Gütezeichen nonkonformistischer Standfestigkeit anhaftet: eben dem Nimbus des armen, dafür aber freien Künstlers, zu dem Mozart, vielleicht nicht der erste arme, aber – zumindest soziologisch gesehen – der erste freie, und zwar durch seine Freiheit verarmte, Künstler unwillentlich, doch nicht unwesentlich, beigetragen hat. Schließlich ist er an dieser Freiheit zugrunde gegangen. Dennoch: In einem Kellerloch hat er nicht hausen müssen. Seine diversen Wohnungen waren zwar räumliche Symbole für seinen sozialen Abstieg – eine der ersten, in der Schulerstraße, heute Domgasse, war beinah ›herrschaftlich‹ –, aber noch zu Zeiten bedrückender Zwangslagen, 1789, boten sie Gesellschaft und Hausmusik Platz, in ihnen feierte er Feste, spielte vor einem selbstgewählten Publikum zusammen mit Haydn und anderen Kammermusik und veranstaltete sogar kleine Opernproben, zu denen er, unter anderen, seinen Hauptgläubiger Puchberg einlud – er wird gewußt haben, warum. In seinem letzten Lebensjahr allerdings blieben Mitspieler und Publikum aus, Haydn war in London, seine Frau Constanze in Baden bei ihren Kuren, die sie bis an ihr Lebensende fortgesetzt hat, der Hausrat kam allmählich ins Leihhaus, er selbst mied seine Wohnung, denn er vertrug das Alleinsein nicht mehr, übrigens eine der wenigen Verhaltensreaktionen, über die er sich selbst im klaren war. Dafür aber hat er seinen etwas starken Appetit (Brief vom 8. Oktober 1791, zwei Monate vor seinem Tod) bis zuletzt befriedigen können, nicht selten sogar mit Delikatessen, die er sich zwar nicht mehr leisten konnte, aber leistete. Wir dürfen seine materielle Misere nicht so sehen, als habe er tatsächlich Hunger gelitten, wenn auch das Nicht-hungern-müssen schließlich teuer erkauft war, mit dunklen Wechsel-Geschäften. 1787, zur Zeit des ›Don Giovanni‹, könnte – zumal in Prag und unter den Freunden dort – die lapidare D-Dur-Tafelfreude seines großen Helden noch an seinem eigenen Wohlgefühl modelliert gewesen sein. 1791 allerdings war der für Tamino und Papageno reich gedeckte Tisch in der ›Zauberflöte‹ wohl kaum noch der seine, zumal damals sein Tafelsilber längst versetzt war; wir wundern uns übrigens, daß er jemals welches besessen hatte. Dennoch entspringt das helle A-Dur des Eß- und Trink-Angebotes durch die drei Knaben gewiß nicht etwa – wie mancher Deuter es zu sehen beliebt[12] – einer Fata-Morgana-

12 ›Spare a thought for Mozart himself, who was weak for want of food as he

artigen Wunschvorstellung, die er hier, das Wasser im Mund, in Musik zu setzen hatte: Es wurde, selbst damals noch, einigermaßen für ihn gesorgt, freilich nicht von Constanze, deren Abwesenheit ihn teuer zu stehen kam. Man lud ihn, wenn auch vielleicht nicht mehr gern, zum Essen ein. Schikaneder mag, schon aus eigennützigem Grund, an seinem Wohlbefinden interessiert gewesen sein; selbst der Logenbruder Puchberg nahm sich als Gastgeber seiner noch an, als die Geldlieferungen versickert waren. Mozart, gleich vielen der großen Künstler, besaß die Gabe, seine tiefe und begründete Seelennot sowohl durch ein Übermaß an Arbeit als auch durch einen immer hektischer werdenden Drang nach Geselligkeit, und zuletzt wahrscheinlich durch Ausschweifung, zu verdrängen. Jedenfalls gelang es ihm, die Einsicht in seine immer hoffnungsärmere Lage, das gesellschaftliche Versagen, die wachsende Isolation, während seines gehäuften Tages vor sich herzuschieben, um sich dann, meist zu später Nachtzeit, notgedrungen, mit ihr zu konfrontieren, nicht länger als der Versuch einer, natürlich immer nur provisorischen, Abhilfe es verlangte. Dann schrieb er, hastig und gequält, seine Bitt- und Bettelbriefe, gleichsam sein Bewußtsein schon wieder von der Notlage abwendend, wie in einer Hoffnung, sie im Akt des Schreibens bereits gebannt zu haben; und dennoch dieser Notlage in eigentümlich schwelgerischer Selbsterniedrigung gehorchend. Ihr artifizieller Stil, der uns das Pathos der Opera seria suggeriert, und dessen er sich, wie wir feststellen werden, nicht nur zur Schilderung seiner Zwangslagen bediente, sondern auch zur Darstellung mancher Schicksalswende, die ihn vielleicht tiefer hätte treffen sollen, als sie ihn tatsächlich traf, geben uns zuletzt Einblick in Kümmernis und Zerrüttung. Wir lesen diese Briefe fast mit belastetem Gewissen, als sei unsere Zeugenschaft in Wahrheit eine unerlaubte Intimität, zu der Mozart uns niemals aufgefordert hätte.

Empfänger war meist eben jener Freund und unzureichende Retter Puchberg, den er mitunter nur wenige Stunden zuvor zu einem kleinen Hauskonzert bei sich gehabt hatte und vielleicht am

wrote this music for us.‹ R. B. Moberly: ›Three Mozart Operas: Figaro, Don Giovanni, The Magic Flute. An altogether new approach to Mozart's scores‹, London 1967, S. 274.

nächsten Tag zu einer Soiree in privatem Kreis wieder bei sich haben würde, Teilhaber also an einem Doppelleben der Not und der Kunst. Allem Anschein nach ist Puchberg auf diese Tragikomödie der Verdrängung als Partner eingegangen: Er brachte das Geld nicht zu den Soireen mit, sondern ließ es durch einen Boten schicken. Ob er es so hielt, weil ihm sein Taktgefühl verbot, das Zusammensein im Zeichen der Musik, bei dem ja auch andere zugegen waren, durch die Demonstration materieller Hilfeleistung zu belasten, wissen wir nicht; wir wissen wenig über den Stand dessen, was wir ›Taktgefühl‹ nennen, zu jener Zeit und in jenen Kreisen. Jedenfalls sieht es hier so aus, als hätten Gläubiger und Schuldner niemals unter vier Augen über Geld geredet, und alles wäre, sozusagen, außer Sichtweite geregelt worden; oder vielmehr, es wurde niemals völlig befriedigend geregelt: Die übersandten Beträge waren immer – und zwar meist um wesentliches – geringer, als Mozart sie erbeten und anfangs wohl noch erhofft hatte. Doch ist anzunehmen, daß er sich in der Angabe des Bedarfs bald auf diese Differenz einrichtete. Freilich darf man auch vermuten, daß Puchberg seinerseits eben dieser Reaktion Rechnung trug und seine Übersendungen entsprechend reduziert hat.

MICHAEL PUCHBERG: Beginnen wir hier und bei ihm mit der Reihe der ›Begleiterscheinungen‹. Diese an sich periphere Gestalt steht still und doch allgegenwärtig hinter der Szene der letzten Wiener Jahre Mozarts; viel erwähnt, doch letztlich nur stellvertretend für alle jene, die eine, manchmal weitaus geringere, Funktion in Mozarts äußerem Leben hatten: Schikanedersche Akteure, Schwäger oder Logenbrüder oder andere aus seinem wenig illustren Kreis, der ihm wahrscheinlich gerade recht war. Er brauchte keine großen Männer um sich, groß war er selbst: Doch das wußten weder sein Kreis noch er, wenn er es wohl auch in seinen letzten Jahren erahnt haben mag. Existenzhelfer während der peinlichsten Notlagen, ist auch Puchberg Gegenstand biographischer Spekulation geworden. Abwechselnd wird sein Geschäftssinn und seine Anhänglichkeit dem ratlosen Schuldner gegenüber hervorgehoben, das eine meist auf Kosten des anderen. Zwar hat er manche Bittbriefe überhaupt nicht beantwortet, doch gewiß ist, daß er Mozart zwischen 1788 und 1791 mit Summen ausgeholfen hat, die nach heutigem Geldwert (1977) etwa DM 38 000 ausmachen. Wäre es nach Mozart gegangen, so wäre die Summe allerdings weit über das Doppelte gewesen; doch war Puchberg nicht sein einziger Gläubiger. Erst einige Jahre nach Mozarts Tod forderte er die Schulden von der inzwischen zur Geschäftsfrau gereiften und wohlhabenden Witwe Constanze zurück und erhielt sie. Immerhin hat er sie fordern müssen. Er war ein respektabler Geschäftsmann – auch Haydn hat ihn mitunter beansprucht –, durfte sich 1792 sogar das Adelsgesuch leisten, das ihm bewilligt wurde, und starb 1822 zwar als Herr von Puchberg, doch verarmt.

[Wien,] Den 12ten Jul. 1789.

Liebster, bester Freund!

und Verehrungswürdiger O. B.

Gott! ich bin in einer Lage, die ich meinem ärgsten Feinde nicht wünsche; und wenn Sie bester Freund und Bruder mich verlassen, so bin ich *unglücklicher und unschuldigerweise* sammt meiner armen kranken Frau und Kind verlohren. – Schon letztens als ich bei Ihnen war wollte ich mein Herz ausleeren – allein ich hatte das Herz nicht! – und hätte es noch nicht – nur zitternd wage ich es schrifftlich – würde es auch schrifftlich nicht wagen – wenn ich nicht wüßte, daß Sie mich kennen, meine Umstände wissen und von meiner *Unschuld,* meine unglückseelige, höchst traurige Laage betreffend, gänzlich überzeugt sind. O Gott! anstatt Danksagungen komme ich mit neuen Bitten! – anstatt Berichtigung mit neuem Begehren. Wenn Sie mein Herz ganz kennen, so müssen Sie meinen Schmerz hierüber ganz fühlen; daß ich durch diese unglückseelige Krankheit in allem Verdienste gehemmt werde, brauche ich Ihnen wohl nicht zu wiederholen; nur das muß ich Ihnen sagen, daß ich ohngeachtet meiner elenden Laage, mich doch entschloß bei mir Subscriptions-Academien zu geben, um doch wenigstens die dermalen so großen und häufigen Ausgaben bestreiten zu können, denn von Ihrer freundschafftlichen Zuwartung war ich ganz überzeugt; aber auch dies gelinget mir nicht; – mein Schicksal ist leider, *aber nur in Wien,* mir so widrig, daß ich auch nichts verdienen kann, wenn ich auch will; ich habe 14 Tage eine Liste herumgeschickt, und da steht der einzige Name *Swieten!* – Da es jetzt doch scheint, daß es mit meinem lieben (den 15ten) Weibchen von Tag zu Tage besser geht, so würde ich doch wieder arbeiten können, wenn nicht dieser Schlag, dieser harte Schlag dazu käme; – man tröstet uns wenigstens, daß es besser gehe – obwohl sie mich gestern Abends wieder ganz bestürzt und verzweifelnd machte, so sehr litte sie wieder und ich – mit ihr (den 14ten) aber heute Nacht hat sie so gut geschlafen und befindet sich den ganzen Morgen so leicht, daß ich die beste Hoffnung habe; nun fange ich an wieder zur Arbeit aufgelegt zu seyn – aber ich sehe mich wieder auf einer anderen Seite unglücklich – freylich nur für den Augenblick! – Liebster, bester Freund und Bruder – Sie kennen meine *dermaligen Umstände,* Sie wissen aber auch *meine Aussichten;* bey *diesem,* was wir gesprochen, bleibt es; *so* oder *so,* Sie verstehen mich; – unterdessen schreibe ich 6 leichte Klavier-Sonaten für die Prinzessin Friederika und 6 Quartetten für den König, welches ich alles bey Kozeluch auf meine Unkosten stechen lasse; nebstbei tragen mir die 2 Dedicationen auch etwas ein; in ein paar Monathen muß mein Schicksal in der *geringsten Sache* auch entschieden sein, folglich können Sie, bester Freund, bey mir nichts riskiren; nun kömmt es blos auf Sie an, einziger Freund, ob Sie mir noch 500 fl. leihen wollen oder können? – ich bitte, bis meine Sache entschieden ist, Ihnen alle Monath 10 fl. zurückzuzahlen; dann (welches längstens in einigen Monathen vorbey seyn muß) Ihnen die ganze Summe mit beliebigen Interessen zurückzuzahlen, und mich anbey noch auf Lebenslang für Ihren Schuldner erklären, welches ich auch leider ewig werde bleiben müssen, indem ich nie im Stande seyn werde, Ihnen für Ihre Freundschafft und Liebe genug danken zu können; – Gottlob; es ist geschehen; Sie wissen nun alles, nehmen Sie nur mein Zutrauen zu Ihnen nicht übel und bedenken Sie, daß ohne Ihre Unterstützung die Ehre, die Ruhe und vielleicht das Leben Ihres Freundes und Bruders zu Grunde geht; ewig Ihr verbundenster Diener, wahrer Freund und Bruder

W. A. Mozart.

Von Haus den 14ten Jul. 1789.

Ach Gott! – ich kann mich fast nicht entschließen, diesen Brief abzuschicken! – und doch muß ich es! – Wäre mir diese Krankheit nicht gekommen, so wäre ich nicht gezwungen, gegen meinen einzigen Freund so unverschämt zu seyn; – und doch hoffe ich von Ihnen Verzeihung, da Sie das gute und *üble meiner Lage* kennen. Das Üble besteht nur in diesem Augenblick, das Gute aber ist gewiß von Dauer, wenn das augenblickliche Übel gehoben wird. – Adjeu! – Verzeihen Sie mir um Gotteswillen, verzeihen Sie mir nur! – – und – Adieu! – – – – – – –

Dieser Brief ist vielleicht der ungehemmteste und dennoch der am stärksten stilisierte von den einundzwanzig erhaltenen Briefen an Puchberg. Bei aller Tragik des Faktischen – es ist wahrscheinlich, daß Mozart das Leiden seiner Frau dramatisiert, sofern sie selbst es ihm gegenüber nicht übertrieben hat – haftet ihm das Element des Recitativo accompagnato an: Erst nach dem Präludium der doppelten Anrede, an den Freund und den Ordensbruder, hebt sich der Vorhang über der trostlosen Szene. Sie beginnt mit dem Ausruf: ›Gott!‹, in dem wir unschwer das ›Deh!‹ der Opera seria erkennen, nach der musikalischen Grammatik der neapolitanischen Schule wäre es ein g-Moll-Akkord. Es ist die Heldin, unverschuldet in Not geraten. Der Schmerz ist echt, die Wirkung auf den Empfänger aber gezielt, bis sich, wenige Zeilen darauf, unter wirren Einschüben, das Deklamatorische auflöst und der unrhetorischen Klage Platz macht, als ausgiebig variiertem Thema.

Es dokumentiert sich auch hier der Modellfall des freien Künstlers in all seiner materiellen Abhängigkeit: Wer entledigte sich des Peinlichen nicht lieber schriftlich als in persönlicher Konfrontation mit dem potentiellen Retter, der Rechenschaft verlangen könnte; und ein wenig Rechenschaft wäre hier vielleicht sogar dem Gläubiger gegenüber von Vorteil gewesen, nämlich über den selbstverschuldeten Anteil der Schulden. Auch lassen sich die Elemente des Rettenden natürlich schriftlich besser aufreihen: die Werke, die das Geld wieder einbringen sollen. Von den sechs leichten Klaviersonaten für die Prinzessin Friederike von Preußen ist nur eine entstanden, in D-Dur (K. 576, Juli 1789), seine letzte Klaviersonate. Sie ist übrigens alles andere als leicht; jedenfalls sieht man keine preußische Prinzessin die Sechzehntelläufe des Allegretto mit der linken Hand so spielen, wie sie zu spielen sind und Mozart sie spielte. Es war nicht das einzige Mal, daß er über einer Komposition den Zweck und den Empfänger vergaß, in der Tat vermuten wir manchmal hinter dieserart Zweckangaben die Ironie des Überlegenen; wenn er zum Beispiel die C-Dur-Sonate (K. 545, 26. Juni 1788) dem unbekannten ›anfänger‹ zueignet, so sehen wir darin, zumindest was das Allegro betrifft, den reinen Hohn.

Von den sechs Quartetten für den cellospielenden König Friedrich Wilhelm II. von Preußen war eines schon geschrieben: K. 575 in D-Dur (Juni 1789). Zwei weitere, K. 589 in B-Dur und K. 590 in F-Dur, entstanden im Mai und Juni 1790, also erst ein Jahr nach dem Brief; vielleicht hatten temporäre Linderungen der allergrößten Notlage, unter anderem das Honorar für ›Così fan tutte‹, die Lieferung weniger dringend gemacht. Bei den drei Quartetten blieb es dann auch. Ob sie den König erreichten, ist nicht bekannt. Der Verleger Artaria erwarb sie für ein Butterbrot. Wahrscheinlich hatte Puchberg es nicht anders erwartet, er schickte nichts. Und erst auf die Mahnung hin, fünf Tage später, übersandte er 150 Gulden.

DOCH HANDELT ES SICH HIER WENIGER um die, retrospektiv gesehen, dienende Gestalt Puchberg, als um die Rolle, die ihm als Mozarts Partner zufällt: gewiß nur eine Charge in der Peripetie des Trauerspiels und nicht mehr zugegen bei der endlichen Katastrophe, aber dem Helden lebensnotwendig. Wir greifen dieser Katastrophe vor, um festzustellen, daß wir hier zum ersten, aber nicht zum letzten Mal in diesem Buch vor der seltsamen Tatsache stehen, daß die Figuren der letzten Lebensjahre Mozarts sich uns nicht erschließen, noch nicht einmal in Relation zu ihm. Sie schweigen uns an. Selbstverständlich gilt dies auch und vor allem für die schon am Wendepunkt aufgetretene Constanze[13]; erst nach seinem Tod wird

13 In der Orthographie der Namen wurde, notwendigerweise, jener Willkür Rechnung getragen, die zu Mozarts Zeiten und in seinen eigenen Aufzeichnungen herrschte. Constanze oder Konstanze, Aloisia oder Aloysia – hier gibt es kein richtig oder falsch, auch in der amtlichen Namengebung und Benennung nicht. Mozart wurde mitunter als Mozard oder Mozhardt oder Motzart registriert. Wir würden uns zum Beispiel vergeblich bemühen, herauszufinden, ob der berühmte Tenor, der erste Idomeneo, Raaff oder Raaf oder Raf oder Raff hieß.

31

sie aktiv und – wenn auch in Maßen – artikuliert, freilich nur, um ihre bestürzende Banalität zu enthüllen.

Doch weiter: Wer waren die Mäzene, die Gönner und Freunde, zum Beispiel die beiden Gottfriede: van Swieten und von Jacquin, außerhalb ihrer bestimmten gesellschaftlichen Stellungen und Funktionen, vor allem aber: außer von Mozart als ›liebe beste Freunde‹ Titulierte und durch großzügige Zueignungen Begünstigte? Gewiß, es war van Swieten, der ihm Bach nahebrachte, aber das kostete ihn nichts, im Gegenteil: Er wurde dafür mit jeder gewünschten Bearbeitung, ja, mit kompletten Programmen für seine sonntäglichen Matineen belohnt. Wie dagegen Mozart seinen Charakter einschätzte, wissen wir nicht; seine Enthaltsamkeit in der Äußerung über Charaktere ist so auffallend, daß wir zu der Vermutung neigen, er habe in seinen Mitmenschen nur das sehen wollen, was ihn unmittelbar anging: die musikalische Seite der Persönlichkeit. Welcher Natur waren seine Bindungen, sofern wir überhaupt von solchen sprechen können? Wer also war dieser ›liebste beste Freund‹ Puchberg, von dem wir zumindest wissen, daß er Mozart in beschränktem Maß, vielleicht auch entsprechend seinen eigenen Verhältnissen, half? Für uns bleibt er der Mann, der Mozarts weitschweifige, oft entwürdigende und unterwürfige Suada nicht beantwortet, sondern sich ausschließlich in Notizen am Rande der erhaltenen Briefe äußert: ›den 23. April 25 Fl geschickt‹, ›den 17 May 150 Fl gesand‹, etc. Ein Automat, nicht völlig befriedigend, doch insofern verläßlich, als er den Bittsteller gerade bei Atem für die nächste Bitte hielt. Immerhin konnte Mozart, wenn auch nur bedingt, mit ihm rechnen. Mit den anderen Freunden konnte er noch nicht einmal das. Wie haben sie Mozarts Freundschaft quittiert? Wir kennen sie nur als Empfänger von Briefen, Widmungen, Dedikationen, Stammbuch-Eintragungen: Er hat sie, wie es seine Art war, großzügig bedient. Doch jede Bestätigung einer Gegengabe ist verschollen. Von dem ›guten Freund‹ Fürst Lichnowsky, der seine Freundschaft später auf Beethoven übertrug, wissen wir, daß dieser sich auf der gemeinsamen Reise nach Dresden, Leipzig und Berlin (April bis Juni 1789) von Mozart hundert Gulden lieh, vielleicht eben jene, die sich Mozart selbst vor der Reise von dem Kanzlisten Franz Hofdemel geliehen hatte. Anscheinend konnte er sie dem Fürsten nicht abschlagen, ›du weist warum‹, schrieb er an Constanze vieldeutig (23. Mai 1789). Wir wissen nicht warum, möchten aber in die Vergangenheit hoffen, daß der Fürst ihm die Summe zurückgezahlt hat. Und völlig dürfen wir natürlich die Möglichkeit auch nicht ausschließen, daß Mozart diesen Pump erfunden hat, um das Geld anderweitig und außerhalb des Kontrollbereiches Constanzes auszugeben. Es wäre, wie wir feststellen werden, nicht das einzige Mal auf dieser Reise gewesen.

Für den Klarinettisten Anton Stadler hat er zwei seiner ›großen Werke‹ geschrieben, das Quintett (K. 581, 29. September 1789) und – wenige Wochen vor seinem Tod, zwischen ›Zauberflöte‹ und ›Requiem‹ – das Konzert (K. 622, Oktober 1791). Dafür hat Stadler wahrscheinlich hinter Mozarts Rücken dessen Pfandscheine verkauft, gewiß aber 500 Gulden, die er ihm schuldete, nicht zurückgezahlt – wir fragen uns, woher Mozart sie genommen hatte. Offensichtlich jedoch hat ihm das Mozart nicht verübelt, nicht nur, weil er menschliche Unzulänglichkeiten nicht gern zur Kenntnis nahm, sondern weil er Stadler als einen hervorragenden Musiker schätzte.

Jedenfalls haben wir von allen diesen Begleitern kaum ein geschriebenes Wort, keinerlei authentisches Zeugnis über die Zusammenarbeit mit seinen Textdichtern da Ponte und Schikaneder, kaum eine Zeile von seinen Schülern, nichts von Constanze, solange sie noch Constanze Mozart war. So bietet sich uns heute das Bild des Mozart der letzten Wiener Jahre in fortwährender und frustrierender Kommunikation mit einer Welt, die ihm gegenüber immer gleichgültiger wurde, bis, in Wechselwirkung, sein Appell erlahmt, und die Mitwelt ihn nicht mehr zur Kenntnis nimmt. Für sie ist er erloschen, sein Kreis wird kleiner, schließlich sind es nur noch die paar, mit denen er, der Überlieferung nach, auf seinem Sterbebett das ›Lacrymosa‹ aus seinem ›Requiem‹ probt, während Constanze und ihre Schwester Sophie ihm Nachtleibchen zuschneiden.

DIE WACHSENDE DISTANZ zur Umwelt seiner letzten beiden Lebensjahre muß Mozart wahrgenommen haben. Wie weit er sie seelisch verarbeitet, wie weit er sie verdrängt hat, wissen wir nicht. Geäußert hat er sich darüber nicht. Er machte weiter, immer weiter, nicht völlig unbeirrt zwar, sondern in steigendem Maße beirrt, aber er arbeitete, als geschähe nichts. Sein Gebaren wurde irritierender, doch seine seelischen Erfahrungen lebte er in sich hinein, wir haben kein verbürgtes Wort darüber. Daher gibt er auch nachträglich nichts mehr heraus. Aus seiner Selbstbeherrschung möchte man lernen, aber was sich uns als solche offenbart, war vielleicht eine gänzlich andere Eigenschaft, die wir mit unseren Deduktionen überhaupt nicht erreichen. Er war nicht nur nach einem anderen Gesetz angetreten, er trat auch nach einem anderen ab. Zudem waren die Gesetze, nach denen er zu leben hatte, anders als die unseren. Mozart als einmaliges Phänomen – von diesem Gemeinplatz kommen wir nicht los. Er sei hier nicht als Ausdruck der Schwärmerei angewandt, sondern im Versuch, einen Standort der Klassifikation zu finden, wobei die Vergeblichkeit des Versuches das Resultat vorwegnimmt. Selbst als didaktisches Modell der Selbstüberwindung wie Beethoven ist Mozart untauglich, denn in seiner Partitur fehlt die Stimme des bewußten Erlebens und seiner Verarbeitung. Gewiß, das hat er mit den meisten der großen Künstler bis zum Ende des achtzehnten Jahrhunderts gemein, nur eben bietet er, durch den scheinbaren Reichtum an Primärquellen, die größere Versuchung der Interpretation. In Wirklichkeit aber bauen sie erst das Rätsel auf.

DER ZUSAMMENFASSENDE VORGRIFF AUF SPÄTE LEBENSSTATIONEN des Helden war nicht Ausdruck antibiographischer Affekte, noch diente er ausschließlich dem antibiographischen Ziel. Gewiß, es kam mir darauf an, Chronologisches zu verwischen; Anhaltspunkte zu skizzieren, vor deren Hintergrund die Betrachtung früherer Stadien erst möglich wird. Zwar ist der Leser mit dem Ausgang der Tragödie einigermaßen vertraut, doch tut er gut daran, diesen dunklen allgegenwärtigen Markstein als Zielpunkt aller Wege und Irrwege des Helden im Auge zu behalten. Auch kommt es mir darauf an, soweit der Wunsch nach Deutlichkeit es mir gestatte, der freien Assoziation zu folgen, ohne Bindung an formalen Aufbau.

ES LIEGT NAHE, die erste Ursache zu seinem frühen Tod in den Anstrengungen seiner Kindheit und Jugend zu sehen; nur eben ist es kaum vorstellbar, daß in diesem Fall die Dekaden zwischen physischem Erwachsensein und plötzlichem Erlöschen, Dekaden höchster Fruchtbarkeit und drängender Energie, so selten von ernsten Krankheiten, von keinen Schüben eines chronischen Leidens oder gar von Symptomen des Verfalls unterbrochen wurden.

Zudem war die Strenge und Härte, die seine frühen Jahre bestimmt haben, weder vom Vater als solche gedacht, noch vom Sohn als solche empfunden; gewiß hat er sich nicht als überansprucht gesehen, er fühlte sich vielmehr von früh auf allen Forderungen gewachsen. Wenn wir hier also einen Fall physischer Benachteiligung haben, so träfe sie nicht nur ihn, sondern viele Tausende angehender jugendlicher Musiker. Überall wurden sie zu Artisten ihres Instrumentes oder ihrer Stimme dressiert. Wir brauchen nicht nur an Haydns wesentlich härtere Jugend zu denken, sondern an die Scharen männlicher und weiblicher Zöglinge italienischer Erziehungsanstalten und Waisenhäuser, aus denen sich die Operntruppen, die Orchester, die Solisten im achtzehnten Jahrhundert rekrutierten, von London und St. Petersburg bis Neapel. Nur hätte man dem aufgeklärten und gebildeten Leopold Mozart mehr humane Vernunft zugetraut als den zeitgenössischen, meist klerikalen, italienischen, freilich oft sehr erfolgreichen, Dresseuren. So drängt sich denn auch der Verdacht auf, daß Mozart, wenn nicht von Geburt, so doch auf Grund einer vom Vater allzu zielbewußt gesteuerten Entwicklung, sein Leben lang physisch benachteiligt blieb. Auch damals spielten, wie man weiß, Kinder im Freien und hatten in der Schule Kontakt miteinander. Aber Mozart kannte wenig andere Kinder, kein Spiel außer dem Klavier- und Violine-Spiel. Dafür allerdings ist nicht ausschließlich Leopold verantwortlich zu machen, sondern er selbst, sofern man Besessene überhaupt für die Folgen ihrer Besessenheit verantwortlich machen kann. Wahrscheinlich war er ab seinem sechsten Lebensjahr von der Musik schwerlich abzulenken, auch wenn jemand den Versuch gemacht hätte, es zu tun. Als wahres Wunderkind machte er es sich schwer, folglich hatte er es schwer. Überdies freilich wurde er, dem Erziehungsprinzip der Zeit entsprechend, zum Erwachsenen trainiert und war denn auch bald ein scheinbarer Erwachsener: en miniature, äußerlich eine Kunstfigur;

wir sehen den ›kleinen Mozart‹ in seiner Gewandung und seiner Aufmachung, mit seinen Symbolen; der halben Violine, der gepuderten Perücke, dem kleinen Zierdegen, kein Requisit fehlt, ein winziger Kavalier, der präsentiert werden kann, der perfekt und verläßlich agiert: ›ein kleiner Mann mit seiner Frisur und Degen‹, so sah Goethe den Achtjährigen im August 1763 in Frankfurt. Tatsächlich sind von Mozart keine Beziehungen zu anderen Kindern bekannt, außer natürlich zu der viereinhalb Jahre älteren Schwester, als Nannerl in die Biographie eingegangen, welchen Namen auch wir beibehalten wollen, und der romantischen Begegnung des Vierzehnjährigen mit dem gleichaltrigen englischen Violinvirtuosen Thomas Linley in Florenz im Frühling 1770, aus der eine kurze intensive Freundschaft entsprang. Zwei halbwüchsige Wunderkinder, die sich mächtig zueinander hingezogen fühlten; beide ›früh dem Tod geweiht!‹, eine poetische Konstellation des Zufalls, und als solche ein für alle Nachwelt glückliches Ereignis. Dem Doppelportrait, das Gainsborough von Linley und seiner älteren Schwester Elizabeth, der späteren Frau des Dramatikers Richard Brinsley Sheridan, gemalt hat, entnehmen wir, daß dieses Geschwisterpaar von aristokratischer, beinah ätherischer Schönheit war. Linley starb 1778, zweiundzwanzigjährig.

WIR WOLLEN LEOPOLD MOZART nicht mehr Schuld aufladen, als er verdient; für das Verdiente hat er gebüßt. Immerhin verdankte ihm Wolfgang[14] eine beachtliche Erziehung, eine hervorragende Ausbildung und alle prägenden Eindrücke seiner Entwicklungszeit. Gewiß kamen manche Erfahrungen zu früh und allzu akkumuliert. Zu früh hat der Vater den Sohn durch die Welt geschleppt, jahrelang wurde das westliche Europa bereist; den dauernden Wechsel der Stationen hätte auch ein robusteres Kind kaum ausgehalten, und schon gar nicht eines, das sich, buchstäblich, überall zu produzieren hat. Doch waren diese Reisejahre auch für den Vater

14 Ich bediene mich ungern der biographischen Unsitte, Mozart beim Vornamen zu nennen, denn es erscheint mir als eine aufdringliche Intimität, Anmaßung einer vorgegebenen Gleichstellung: So als hätten wir ihn geduzt. Wenn ich es dennoch tue, so nicht um Abwechslung in die Wortwahl zu bringen – das schließt die Gleichheit der Vokale ohnehin aus –, sondern um Mozart dort, wo es nötig ist, von anderen Familienmitgliedern zu unterscheiden.

eine Strapaze, und für den weiblichen Teil der Familie erst recht. Angewiesen auf Einnahmen in nicht allzu lockerer Frequenz, mußte man an jedem Standort des Befehls stets gewärtig sein, vor jedem erlauchten Salon aufzutreten. Die Rechnung hatte aufzugehen, Indisposition bedeutete materiellen Verlust. Dazu hing es natürlich von Laune und Willkür des jeweiligen Fürsten oder auch nur der Gutwilligkeit eines Hofschranzen ab, ob Befehl oder Erlaubnis zu einer Vorstellung erteilt wurde. Schönes Wetter, günstige Konstellation zu einer Jagd oder zu einer anderen Lustbarkeit – und ein Konzert wurde kaltblütig abgesagt, das Nachsehen und den Verlust hatten die Mozarts. Für solche Fälle mußten sie sich dann andere Programme einfallen lassen, improvisierte ›Akademien‹, Stegreifvorstellungen, Veranstaltungen bis hinab zu jenen gehirnakrobatischen Vorführungen in Tanzsälen oder Gasthofräumen, die der Reisekasse das Notwendigste zuzuführen hatten. In London mußten das dreizehnjährige Nannerl und der neunjährige Wolfgang im März 1765 täglich von zwölf bis drei Uhr in ›Hickford's Great Room‹ in der Brewer Street – einem Gasthofzimmer, in dem sich übrigens 1746 schon Gluck hatte hören lassen, und zwar auf der Glasharmonika! – vierhändig spielen; wie eine Spieluhr, in die man eine Münze wirft, funktionierten sie für jeden, der dem kassierenden Leopold das Eintrittsgeld entrichtet hatte. Extranummern waren das Spiel mit verdeckten Tasten oder auch das Vom-Blatt-Spielen jeglicher Noten, die ein Zuhörer mitbringen mochte; Aufschlag wurde dafür nicht berechnet. Auf den Ankündigungen setzte Leopold das Alter seiner Kinder je um ein Jahr herab, dem Sensationscharakter mußte noch nachgeholfen werden. In der Tat tragen die Texte den Charakter von Zirkusplakaten.

So zog denn die Familie Mozart durch die Lande, dreieinhalb Jahre lang, wie eine Seiltänzerfamilie, ehrbarer zwar und solide, in einer eigenen Moral ihrer Aufgabe verhaftet, dennoch: fahrendes Volk, angewiesen auf Glück und Gunst, auf Witterung und Gesundheit, abhängig vom Wohlwollen der Großen, deren Privileg es war, Schicksale zu bestimmen oder zumindest zu beeinflussen. Worte wie ›Würde‹ und ›Entwürdigung‹ mußten notwendigerweise aus dem Begriffsschatz solcher Reisender getilgt werden, obgleich Leopold Mozart ihre Bedeutung nur allzu wohl erahnte und Wolfgang sie später so gut erlernte, daß sie ihm inhärent wurde.

Dennoch: Keiner der Beteiligten hat sich über seine Rolle in diesem quartettierenden Zusammenwirken jemals beklagt. Seufzer hören wir höchstens vom Prinzipal Leopold über materielle Frustration, etwa wenn ein Fürst sich dazu herbeigelassen hatte, das Spiel der Mozartkinder zwar anzuhören, die Belohnung aber bei lobenden Worten beließ oder bei einem kleinen Angebinde für das Nannerl. Doch auch solche Enttäuschungen waren im Budget einkalkuliert. Mit einer gewissen Bewunderung über das Maß und die Kühle solcher Kalkulationen lesen wir in Leopolds Briefen an seinen Salzburger Freund Lorenz Hagenauer, der ihm Reisegeld vorgeschossen hatte. Ihm hat Leopold Mozart tagebuchartig berichtet, in hoffender Voraussicht, daß der Empfänger die Briefe bewahren würde: Ein Wunsch, den er mit Recht hegte, und der zu unserem Gewinn erfüllt wurde. Denn es sind Zeugnisse eines zwar amateurhaften, aber wachen Polyhistors, der Information gleichsam im Flug ergattert; Berichte eines hellhörigen – Geistes, das wäre wohl zuviel gesagt, aber – Mannes über eine bestimmte, wenn man so will, internationale, Ebene des Kulturlebens aus der Sicht des Angehörigen einer Schicht, die sich damals sonst schriftlich nicht oder nur sehr spärlich artikulierte. Wir lesen diese Briefe gern. Sie haben etwas Ungebrochenes, Rationales in ihrer nicht-beschönigenden lapidaren Feststellung: So war es, und so ist es, und wir müssen es nehmen, wie es kommt. ›Geduld‹, ruft er sich dann zu. Ohne Selbstmitleid, von Laune nicht beeinflußt, geben sie zwar die Mühe des Reisens wieder, aber auch den Lohn, den Genuß des neuartig Fremden; und vor allem die Befriedigung, wenn ein Konzert programmgemäß zustande kam. Selbst die Beschwerde über die Unbequemlichkeit der Kutschenfahrten ist durch die Einsicht gedämpft, daß er sich schließlich jegliche Unbill selbst zuzuschreiben habe; Fahrten, die für uns heute eine unvorstellbare Tortur wären und der Bestätigung dienen, daß die Physis des Menschen damals um einiges resistenter war. Sie war es noch, als die beiden wackeren Mozartpilger Vincent und Mary Novello – von denen die Rede sein wird – 1829 von London nach Salzburg und Wien fuhren: Eine Reise begann bei Tagesanbruch, endete weit nach Einbruch der Dunkelheit, was aber den kunstbeflissenen

Kulturpilger nicht gehindert hat, sich bis spät in der Nacht dem Genuß der Musik hinzugeben, um am nächsten Tag ebenso früh weiterzureisen.

MAN KÖNNTE SICH VORSTELLEN, daß für ein Kind wie Wolfgang Mozart solche Tagesreisen, solche Abende, an denen seine dauernde alerte Präsenz gefordert wurde, Anlaß zu manchem Trauma gewesen wären. Doch haben wir zu solcher Vermutung keinerlei Anlaß. Im Gegenteil: Er muß sich, zumindest in England, trotz aller Überforderung, glücklich gefühlt haben. Denn die Gedanken gerade an diesen Aufenthalt haben sich in seiner Erinnerung so verklärt, daß er sein Leben lang dorthin zurückkehren wollte; er hat sich später als einen ›erz-engelländer‹ bezeichnet, Englisch gelernt und war in den Jahren 1786 und 1787 nah daran, nach England zu gehen.

Sein Londoner Repertoire schrieb Mozart zum großen Teil selbst. Ihm entstammt, als ein Juwel, die C-Dur Sonate für Klavier zu vier Händen (K. 19d), die er wahrscheinlich mit seiner Schwester am 13. Mai 1765 im Great Room zum ersten Mal gespielt hat. Gewiß ist sie von Vorbildern abhängig – wie hätte es anders sein sollen? –, dazu kommen die, offensichtlich von Vater Leopold geforderten Kunstkniffe, die ein Publikum zu frappieren hätten, Echo-Effekte, Übergriffe, genau berechnete Wirksamkeit. Und doch meldet sich hier ein Wille zur Eigenständigkeit, zu thematischer Erweiterung des bloß Galanten; zu rhythmischer Durchbrechung der durchgehenden monotonen Motorik, die das Allegro noch beherrscht. Im Trio des Menuetts erscheint denn auch, in leichtem rhythmischen Kontrast, wie ich meine, zum ersten Mal, bei ihm jenes Moment einer dem Kind Mozart eigenen Beseeltheit; dieser Anhauch einer Art schöpferischer Unschuld, wie auch er sie natürlich nicht lange wahren konnte; wie nur diese Periode sie enthält; die später nicht wiederkehrt und nicht wiederkehren kann, außer in der Sicht jener, für die Mozart seine Unschuld niemals verloren hat: etwas unerklärbar ›Frühmozartsches‹, nicht durchgehend, nur hier und dort, wie eine plötzliche Zärtlichkeit, als flüchtiger Eigengedanke zwischen Erlerntem und Erfordertem, der ihn von anderen, auch bedeutenden, Vorbildern unterscheidet – auch von dem bewunderten Johann Christian Bach; Vorbildern, die er übrigens im

Rondo dieser Sonate abzustreifen beginnt. Über diesem Werk liegt ein eigentümlicher sanfter, begütigender Zauber, wie ihn wohl nur ein Kind hervorruft, doch wie ihn eben nur ein einziges Kind jemals hat hervorrufen können. Denn es handelt sich um das Werk eines Kindes, so sehr dies auch der Mozartforscher Saint-Foix angezweifelt hat[15], der meint, Wolfgangs Vater habe hier einmal wieder das Entstehungsdatum manipuliert. Das hat er gewiß nicht, wenn auch des ›ehrenwerten‹ (Saint-Foix) Leopolds Behauptung, hier habe sein Sohn als erster der Musikgeschichte eine Sonate für Klavier zu vier Händen komponiert, mit Vorsicht zu betrachten ist.

TROTZ ALLER ANSTRENGUNG ALSO, der ungewohnten Gegebenheiten, der stetig wechselnden Lebensbedingungen, hat der Acht- und Neunjährige, vermutlich aufs höchste angeregt von jeweils neuen Umgebungen, fruchtbar komponiert. In London und Den Haag begann er 1764/65, Sinfonien zu schreiben. Die Erste (K. 16) steht in Es-Dur, was für eine frühe Affinität zu dieser Tonart spricht, vor allem dafür, daß die Bevorzugung nicht erst in seine Freimaurerzeit fällt. Auch hier ist der Anfang des Allegro-Satzes konventionell, die Einübung des Anfängers, dessen Aufmerksamkeit als erstes dem neuen Instrumentarium gilt; doch hier beginnt Mozart bereits beim zweiten Thema, sich freizuschreiben, in offensichtlicher Freude am Prozeß der Entdeckung und simultaner Eroberung des Orchestersatzes. Der Mittelsatz im parallelen c-Moll scheint uns, jedenfalls hier noch, zu bedeuten, daß diese Tonart nicht dem ›schmerzlichen Pessimismus‹ (Einstein) vorbehalten ist. Gewiß gelingt es uns auch schon hier, wenn man so will, den Charakter ›düsterer Vorahnung‹ herauszuhören, doch haben wir einzuräumen, daß diese Stimmung unserer eigenen Gestimmtheit beim Anhören dieser Tonart inhärent ist, unsere Reaktionsmuster sind etabliert. Schon im frühesten Mozart, etwa im Andante der Sinfonie in B-Dur (K. 22) – man sieht: sein Tonartenkreis umreißt sich sehr bald –, komponiert im Dezember 1765 in Den Haag, finden wir Wendungen nach dem entsprechenden g-Moll, die auf uns wie geheime Einführungen in die wesentlichen musika-

15 Théodore de Wyzewa et Georges de Saint-Foix: ›Wolfgang Amédée; Mozart, sa vie musicale et son œuvre. Essay de biographie critique‹, Band I, Paris 1936, S. 526.

lischen Offenbarungen seiner späten Zeit wirken. Niemals zwar wird er uns durch die Wahl seiner Tonarten ›etwas sagen‹ wollen, aber die Tonarten werden uns durch ihn etwas sagen. Einige dieser frühen Sinfonien sind verloren, doch die erhaltenen, vor allem etwa die D-Dur-Sinfonie (K. 19, London Anfang 1765), gehen in ihrer melodischen und vor allem modulatorischen Invention über die mechanistischen Kompositionsweisen der Zeitgenossen hinaus, ja, Mozart verfährt in ihnen mitunter freier als später in Salzburg, da er, siebzehnjährig aus Italien zurück, seine Sinfonien der italienischen Ouvertürenform angepaßt hat.

Auch in den frühesten Werken also taucht die unverkennbare Mozart-Wendung auf – wir warten auf sie, wie Prousts Monsieur Swann auf sein ›kleines Thema‹ wartet –, und sie kommt, unfehlbar, und sei es auch nur als winziger Seitengedanke oder eine plötzliche rhythmische Eingebung, wie etwa die Synkopenbewegung der D-Dur-Sonate (K. 7) oder die chromatischen Figuren der G-Dur-Sonate (K. 9), (beide Paris 1764). Oder als ein ausladender Gedanke von betörender Eleganz wie das zweite Thema im Allegro der – freilich späteren – A-Dur-Sinfonie (K. 114) des Fünfzehnjährigen (Salzburg 1771). Dabei handelt es sich hier weniger um Ausbrüche aus der zeitgebundenen musikalischen Grammatik als um Stimmungsvarianten innerhalb der konventionellen Form: der elegische Charme des D-Dur-Andante und ein Trio in a-Moll, wie eine flüchtige Infragestellung aller späteren Deutungen dieser Tonart bei Mozart.

SELBSTVERSTÄNDLICH IST ES UNS IMMER DARUM ZU TUN, den Finger genau an jenes Element zu legen, das Mozart von anderen unterscheidet. In den späteren Werken fällt es ja auch wahrhaftig nicht mehr schwer. Was ist es aber, das uns schon hier, noch unter naiver Kontrapunktik, kaum vorhandener Polyphonie, über dem oft ermüdenden Ostinato des Basses, den wahren Mozart sofort und genau verrät, wenn auch nur etwa in einem kurzen, plötzlich auftauchenden Gedanken, der unmittelbar darauf wieder verwischt wird? Vielleicht noch nicht einmal das Einmalige, aber schon das Besondere? Können wir es überhaupt erklären, oder handelt es sich um ›das nur in Tönen Sagbare‹ (Arnold Schönberg)?

Wer das Wort ›Unerklärlichkeit‹ von sich weist, wer das ›schöpferische Geheimnis‹ anficht – das die Psychoanalyse als etwas Unerforschtes anerkennt –, der sei aufgefordert, ein Substitut dafür zu finden oder auf seine eigene Art zu erklären, was für ihn an Mozart das Einmalige sei; worin dieses Besondere liege, das auch er ihm zumißt; warum er auch für ihn andauernder Gedankenstoff bleibe. Hier wie immer stoßen wir auf die Frage, warum sich mit seiner Musik und ihrer Wirkungsgeschichte nicht nur einerseits Fachwissenschaftler, andrerseits Trivialliteraten, dazu Esoteriker (und nicht zuletzt alle diese Kategorien vereint) befassen, sondern er als Phänomen allen präsent ist, die über musikalische Aufnahmefähigkeit verfügen. Wie kommt es, daß hier sich ein letztlich unbewältigter, universaler Kulturbesitz als ewig latentes und wahrlich allzu oft in Worte ausbrechendes Gedankengut behauptet, zu dem unverhältnismäßig viele ein dezidiertes Verhältnis haben, und zwar meist ein positives? (Wenn auch nicht immer. Der Komponist Frederic Delius konnte mit Mozart nichts anfangen. Allerdings hätte Mozart vermutlich von ihm auch nicht allzu viel gehalten. Und für Verdi war Mozart nichts als ›un quartettista‹.)

FREUD SAGT: ›Das Denken in Bildern ist ... nur ein sehr unvollkommenes Bewußtwerden. Es steht auch den unbewußten Vorgängen irgendwie näher als das Denken in Worten und ist unzweifelhaft onto- wie phylogenetisch älter als dieses.‹[16] ›Bild‹ bedeutet hier natürlich nicht Kunstwerk, nicht tabula, sondern imago: das von allein sich einstellende, zu Wiedergabe und Mitteilung sich ergebende Abbild als Mittel der Kommunikation. Erst durch einen kreativen Willensakt wird die imago zur tabula (oder pictura) geformt und dadurch zum Kunstwerk sublimiert. Dieser Akt ist zwar ein bewußter Vorgang – das Festhalten der Vision als handwerklicher Vollzug –, doch schließt er begriffliches Denken nicht in sich ein. Die Denker unter den Malern sind denn auch selten; auch die Größten waren weniger Sucher im Abstrakten als Finder im Konkreten; und selbst die Erfinder unter ihnen, die Renaissancekünstler, wurden weniger von gedanklicher Spekulation geleitet

16 Sigmund Freud: ›Das Ich und das Es‹, Studienausgabe der Gesammelten Werke, Band III, S. 290.

als von Wissensdrang: weniger von einem Weltbild als von einem Wunschbild einer – wenn auch nur technischen – Erneuerung.

Das ›Denken in Musik‹ dagegen ist weder onto- noch phylogenetisch ergründbar. Einerseits liegt es dem Denken in Worten ferner als das Denken in Bildern, da es nicht von begrifflichen, geschweige denn stofflichen, Inhalten ausgeht, andrerseits erfordert sein Umsetzen in kreative Aktion – neben einem weitaus komplexeren Handwerk als dem aller anderen Disziplinen – eine gedankliche Dimension sui generis: die Vorstellung seiner zukünftigen Verwirklichung: der Aufführung, also des transitorischen Vorganges dessen, was der Schöpfer als Statisches auf dem Papier vor sich hat. Das Denken in Tönen ist ein Vorausdenken ihrer Wirkung.

IM GEGENSATZ ZUM DENKEN IN WORTEN, das insofern unvollkommen ist, daß es schmerzlich an seine eigenen Grenzen stößt, weil die Sprache nicht ausreicht (›wovon man nicht sprechen kann, darüber muß man schweigen‹: Wittgenstein), baut sich das Denken in Musik ausschließlich auf seinem Material auf; auf keiner außerdisziplinären Begrifflichkeit, sondern auf dem Bestand an, durch Klangfarben bis ins beinah unendliche bereicherten, Tönen. Es formuliert in höchster Differenziertheit und Präzision. Aber *was* formuliert es?

Notwendigerweise werden wir an diese Frage noch mehrmals stoßen, ohne sie im Fall Mozart beantworten zu können. Es mag unserer Rationalität zuwiderlaufen, diese rätselvolle Sphäre, dieses frühere Tummelfeld von Ahnungen, Vermutungen, Deduktionen und Mystifikationen hier nochmals zu berühren. An dieser Stelle gelte die Berührung lediglich der Bereicherung des Geheimnisses durch weitere Facetten; nicht aber der Lösung: Woher kommt es, daß gerade Mozart, in immerwährender Präsenz, dieses Rätsel vertritt? Daß er somit als Thema ewig aktuell bleibt, immer noch Diskussion und Kontroverse auslöst, nicht nur in bezug auf Interpretation und Aufführungspraxis, sondern als exemplarische Erscheinung und damit ›als Mensch‹, als Fleisch und Blut, als Träger von Wille und Gedanke, als geistige Potenz, als gewaltiger Verwandler von Ideen, Verwirklicher von Konzepten? Wie ist die Wirkungsgeschichte zu erklären, die in gleichem Maße Verständnis wie Mißverständnis auslöst und in ihren Folgen nicht davor zurückschreckt, ihn als Therapeut, wenn nicht gar als Heilbringer zu wählen? Moribunde hören lieber Mozart als jede andere Musik; sie gilt als Trost, als Sedativum, als Thymoleptikum und als Geburtshilfe.[17] Art und Abart der Rezeption, vom Vertrauen in tröstende oder heilende Wirksamkeit bis zur Wundergläubigkeit, mögen uns zwar fremd sein, doch allein die Tatsache ihrer Existenz weist auf die besondere Position Mozarts hin. Hier also geht die Musik in Wirkung und Nimbus weit über die Funktion dessen hinaus, was der ›Musikfreund‹ sich von ihr erwartet, sich von ihrem noch so tiefen Erlebnis verspricht oder was er tatsächlich erlebt; hier, so scheint es, wird Kultisches zelebriert bis zu den Grenzen des Absurden, wenn nicht gar darüber hinaus. Doch wie auch immer: Die Ursache beruht auf einem Geheimnis; oder etwa nicht?

KLASSIK UND ROMANTIK haben das subjektive Empfinden als bewußtes Ausdruckselement in die Musik eingebracht. Wenn wir in den Werken der Musikgeschichte und der Biographie lesen, so erscheint es uns, als werde diese neue Gleichberechtigung von Inhalt und Form eindeutig als ein Positivum bewertet; als werde jetzt endlich der ersehnte Einblick in das Innenleben des Schöpfers gewährt, in den ›Genius im Menschen‹, während vorher Objektivität gewaltet habe, die für uns den Schaffensimpuls verschleiere (›Bachs Fugen = Mathematik‹ etc.). Zwar wurde diese Objektivität damit nicht zum vorklassischen Prinzip erhoben, geschweige denn zur primitiveren Stufe dessen erklärt, was die Musik auszudrücken imstande ist, dennoch zeugt sich die Auffassung des erweiterten individuellen Ausdrucks als Implikation fort, bis weit in unser

17 ›Dr. Eric Bloch, 46, Chefarzt der Frauenklinik im schwedischen Halmstad, hat einen klassischen Geburtshelfer entdeckt: Wolfgang Amadeus Mozart. Sobald die Wehen beginnen, wird ein Tonband mit Mozarts Klavierkonzert KV. 467 eingeschaltet, – eine Musik, nach der die werdenden Mütter bereits ihre Entspannungsübungen gemacht haben. Die entspannte Atmosphäre im Kreißsaal soll die Geburt nicht nur schmerzfreier, sondern auch sicherer gemacht haben. In Halmstad liegt die Säuglings-Sterblichkeit weit unter dem Schnitt anderer Kliniken‹ (Süddeutsche Zeitung, 1974, genaues Datum nicht mehr feststellbar). Wir denken, daß es sich um das F-Dur-Andante handeln muß, mit dem beinah durchgehenden Ostinato unter den melodieführenden Stimmen. Auch enthält der Satz keine wesentlichen rhythmischen Kontraste.

Jahrhundert hinein, und dient der Förderung einer Sicht, nach der wir die Musikgeschichte als ein großes Gebäude zu sehen haben, an dem, wie an einem gotischen Dom, zu verschiedenen Zeiten verschiedene Meister gearbeitet haben, die, im Wissen, daß sie den krönenden Höhepunkt nicht mehr erleben würden, mit ihrem Anteil sich bescheiden mußten. In der Musik gilt als dieser krönende Höhepunkt denn auch Beethoven. Zwar wissen wir, daß seine Musik ohne Haydn und Mozart undenkbar wäre – er wußte es selbst –, doch Beethoven als Vollender des von Mozart Begonnenen, daher, zeitbedingt, qualitativ auf einer höheren Stufe stehend, sind wir nicht bereit zu akzeptieren. Denn Musikgeschichte ist für uns nicht Eroberung von Gebieten, die früher Erobertes wertlos macht oder auch nur um Geringes herabsetzt: Dann wäre Dufay durch Orlando di Lasso ersetzt und der durch Sweelinck und so fort, einer hätte den anderen abgelöst bis zur krönenden Hochklassik, nach welcher es ja heute noch für die meisten abwärts geht.

Wenn wir also den Ausruf hören: ›Das ist schon beinah Beethoven!‹ oder den Nebensatz lesen: ›. . . wie es dann bei Beethoven zu höchster Vollendung gelangte‹ – und wir lesen ihn in diesem buchstäblichen Wortlaut in beinah allen Büchern über Mozart, bis und einschließlich Einstein –, so fragen wir uns, welcherlei als objektiv sich gebende Kriterien einer solchen Auffassung wohl innewohnen mögen. Denn genau genommen hätte es ja zu bedeuten, daß es für den musikalischen Gedanken eine objektiv vollkommene Lösung gebe, die freilich erst ›dem Größten von allen‹ vorbehalten geblieben sei.

An sich lohnte es sich nicht, auf derart Unzulässiges einzugehen, nur gibt es uns die Gelegenheit zu konstatieren, daß in der höchsten Rangordnung zwei zeitlich auseinanderliegende Größen nicht zuletzt auch darin inkommensurabel sind, daß ihnen die Gesellschaft verschiedene Positionen und Aufgaben zumißt, die ihre kreative Reaktion und damit ihr gesamtes Schaffen bestimmen. Das heißt: Zu der Verschiedenheit der individuellen inneren Anlagen, der Temperamente, des Zeitstils – man mag ihn als ›Errungenschaft‹ betrachten oder nicht – kommt die Verschiedenheit des Zweckes der Musik.

Man würde annehmen, daß die Epochen dieser wertenden Musik-

ästhetik endgültig vorbei seien, doch sind sie es offensichtlich nicht. Noch immer verleitet der ›Inhalt‹ dazu, eine ›Befreiung‹ dort zu suchen, wo die intendierte affirmative Tendenz eines Musikstückes diesen Schluß nahelegt, Begriffe wie Optimismus und Pessimismus kommen ins Spiel und werden zu Maßstäben. Abert spricht denn auch Mozart den ›Beethovenschen Sieg nach vorangegangenem Kampfe‹ ab, Mozart werde ›der dunklen Schicksalsmächte nicht Herr, im Beethovenschen Sinne‹, ohne anscheinend darüber zu spekulieren, ob es Mozarts Absicht war, im Kampf zu siegen oder irgendwelcher Mächte Herr zu werden. Wir meinen Abert versichern zu können, daß er es *nicht* wollte, da ihm in seiner absoluten Musik jegliches thematische Konzept fern lag. Über Mozarts späte Wiener Zeit sagt Abert: ›. . . jetzt führte ihn am Schluß seines Lebens der Flug seines Genies in ein neues Land, das nicht mehr vom Geschmack einer einzigen, wenn auch noch so gebildeten Gesellschaftsschicht, sondern allein vom Gewissen des Künstlers beherrscht wurde, und an dessen Horizont bereits die Morgenröte *Beethovenscher* Kunst aufleuchtete.‹[18] Gebildet? Kann bei einer Gesellschaftsschicht von ›Bildung‹ die Rede sein, die wirklich jeden Tag ›was neues‹ wollte? Die, außer van Swieten, über der laufenden Lieferung die Lieferanten von gestern vergaß und die Namen von vorgestern noch nicht einmal kannte? Wohl kaum. Darüber war sich Mozart sehr wohl im klaren: ›. . . *nur in Wien*‹, so schreibt er, sei ihm ›das Schicksal‹ so ›widrig‹, daß er ›nichts verdienen‹ könne, ob er diesem ›künstlerischen Gewissen‹ nun folge oder nicht, jenem Gewissen, in dessen Ausbildung und Erkenntnis er, nach Abert, Beethoven vorgearbeitet habe. Die Morgenröte selbst hat also Mozart nicht mehr aufleuchten sehen.
Diese Einschätzung: Die Meinung, daß Mozarts Kunst, zeitbedingt, des Ausdruckes noch nicht so mächtig gewesen sei wie die des neunzehnten Jahrhunderts, und die Wertung dieser Macht als absolute Errungenschaft, hat sich bis spät in unsere Zeit hinein gehalten. Ernst Bloch konzediert Mozarts Opern noch im Jahr

---

18 Hermann Abert: ›W. A. Mozart‹, neubearbeitete und erweiterte Ausgabe von Otto Jahns Mozart; zwei Bände, mit einem Registerband, angefertigt von Erich Kapst, achte Auflage, Leipzig 1973. Band I, S. 836.

1964: ›Gewiß doch, es gibt Stellen, die man nicht vergißt‹[19], aber im ganzen findet er die Musik ›siebzehnjährige Musik‹, ›anmutig‹ gewiß, aber er ist sich mit Richard Wagner einig über den ›Wertcharakter dieses berückenden, aber nicht erschütternden, dieses weltlich klärenden, aber geistlich (!) fast problemlosen Griechentums in der Musik‹. Für Bloch bleibt Mozart letzten Endes ein Märchenopernkomponist, während Beethoven zur Evokation in anderen Tönen herausfordert: ›Wie erhebt sich das Herz, wenn es dich, Unendlicher, denkt!‹[20]
Wir können uns nicht entschließen, diesen Turmbau der Musikgeschichte ernst zu nehmen. Wir sehen gerade in Mozarts gewissermaßen programmatischer Objektivität jenes einzigartige Element des absolut Rätselvollen, wir wissen nicht, wie es entstanden ist und infolgedessen auch nicht, auf welche Weise es wirkt: das Erwecken und das gleichzeitige Stillen einer Sehnsucht, deren Art und Herkunft uns zwar bewußt, aber nicht bekannt wird. Mozarts Musik gibt uns die Erlebnistiefe wieder ohne das Erlebnis, das sie, als Ausdruck des Absoluten, nicht erreicht, weil sie es nicht erreichen will. Seine Sprache versteht jeder anders, in Wirklichkeit versteht sie keiner, aber das wenige genügt uns, um uns selbst den Rest zu suggerieren, dessen Deutung uns überlassen bleibt; stärker als bei anderen Komponisten fordert Mozart das rezeptive Mißverständnis heraus. Es begann bei seinen Zeitgenossen, fand aber erst bei Goethe entscheidenden und bedeutenden Ausdruck.

AM 12. FEBRUAR 1829 äußerte Eckermann im Laufe eines Gespräches mit Goethe die Hoffnung, daß der ›Faust‹ eines Tages eine ihm adäquate Musik erhalte. Wir hätten uns Goethes Antwort etwa folgendermaßen vorgestellt: ›Das kann nicht sein. Denn es ist ein anderes, ob eine Gestalt wie Faust sein Seelenheil im Drang nach höherer Erkenntnis aufs Spiel setze, als wenn eine Gestalt wie etwa Don Juan das seine durch Verwirklichung seines sinnlichen Begehrens verwirke. Fausts Worten würde durch Musik ihr gedanklicher Inhalt entzogen. Don Juan dagegen ist kein Mann der Gedanken. Die Musik läßt ihn von außen erstehen, ohne daß er es weiß; allein, durch sie wird er erst gegenwärtig.‹

19 Ernst Bloch: ›Geist der Utopie‹, Frankfurt 1964, S. 68 f.
20 A.a.O., S. 84.

Das aber sagte Goethe nicht, sondern: ›Es ist ganz unmöglich. Das Abstoßende, Widerwärtige, Furchtbare, was sie stellenweise enthalten müßte, ist der Zeit zuwider. Die Musik müßte im Charakter des »Don Juan« sein; Mozart hätte den »Faust« komponieren müssen.‹

Eine unerwartete und befremdliche Antwort. Offensichtlich meinte Goethe, Musik könne die fundamentale Divergenz zwischen Drang nach Erkenntnis und Unzulänglichkeit des Drängenden vertiefen: also ein menschliches Problem untermalen. Wie Kierkegaard sagt, ist ja Don Juan keiner, der sich selbst reflektiert, sondern einer, der sich nur musikalisch offenbaren *kann,* da das Erotische, aus dem er lebt, sich seinem Bewußtsein und damit seinem bewußten verbalen Ausdruck entzieht. Faust dagegen lebt aus der Übermacht seines Bewußtseins und wird vor allem im Monolog präsent. Wir können uns kaum vorstellen, daß Goethe dieser fundamentale Unterschied entgangen sein sollte. Auch wollen wir nicht annehmen, daß er etwa den Faust-Monolog als eine überdimensionale Tenor-Arie hörte. Eher vielleicht, daß er zwischen Don Juan und Mephisto eine Affinität erkannte, aber auch sie wäre oberflächlich.

Wie dem auch sei: Für uns hat Goethes Aussage einen didaktischen Wert. Darin nämlich, daß zweiundvierzig Jahre nach der Uraufführung des ›Don Giovanni‹, siebenunddreißig Jahre nach Mozarts Tod, der Dramatiker Goethe Mozarts Oper nicht etwa als das Kunstwerk einer Vergangenheit betrachtete, deren zeitgebundenes formales Ausdruckspotential einem neuen großen, niemals formulierten Inhalt nicht mehr gerecht werden könne, sondern daß er, im Gegenteil, ausschließlich *dieser* Musik expressive Qualitäten zuerkannte, die er in der Musik seiner Zeit, also bei Beethoven und dem frühen Berlioz, vermißte. Weder das heitere apollinische Element, das, wenig später, die Romantiker Mozart andichteten, weder die ›griechisch-schwebende Grazie‹, die Robert Schumann der g-Moll-Sinfonie zumaß, noch den ›Licht- und Liebesgenius‹, als den Wagner ihn sah, hat Goethe hier dokumentiert, sondern die scheinbar verlorengegangene Fähigkeit, das ›Abstoßende, Widerwärtige, Furchtbare‹ auszudrücken. Gewiß hörte Goethe auch das objektiv ›Schöne‹, aber offensichtlich hörte er eben mehr: Neben subjektiv Falschem hörte er jene Beherrschung der Gefühlsskala, die es Mozart erlaubt hat, ad libitum über seine Bühnengestalten zu verfügen und somit musikalische Panoramen hinzustellen, die uns die Einsicht in seine Gestalten vermitteln.

SELTSAM UNDIFFERENZIERT erscheint uns übrigens an Goethes Aussage die Vermischung von subjektiver und objektiver Potenz der Musik, wahrscheinlich geht sie zu Lasten Eckermanns; denn diese negativen Attribute soll die Musik ja nicht *enthalten*, sondern *darstellen*. Hier ist man beinah an Mozarts eigene theoretische Äußerungen gemahnt: Am 26. September 1781 schrieb er seinem Vater aus Wien über die Komposition der F-Dur-Arie des Osmin in der ›Entführung‹:

... denn, ein Mensch der sich in einem so heftigen zorn befindet, überschreitet alle ordnung, Maas und Ziel, er kennt sich nicht – so muß sich auch die Musick nicht mehr kennen – weil aber die leidenschaften, heftig oder nicht, niemal bis zum Eckel ausgedrücket seyn müssen, und die Musick, auch in der schaudervollsten lage, das Ohr niemalen beleidigen, sondern doch dabey vergnügen muß, folglich allzeit Musick bleiben Muß, so habe ich keinen fremden ton zum f|: zum ton der aria :| sondern einen befreundten dazu, aber nicht den Nächsten, D minor, sondern den weitern, A minor, gewählt ...

Die Musik, die sich in der ›schaudervollsten lage‹ nicht mehr kennen muß – auch hier die Subjekt–Objekt-Verwechslung. Dennoch, gerade in dieserlei Passagen gewinnen wir einen Einblick in Mozarts geniale Disposition über Ursache und Wirkung, und somit in sein Vermögen der Differenzierung zwischen Darsteller und Dargestelltem. Gewiß: Diese Auffassung ist an ihre Zeit gebunden, eine kurze Spanne in Mozarts Entwicklung. Denn fünf Jahre später hat er sich nicht mehr darum gekümmert, ob er das zeitgenössische Ohr beleidige oder nicht. Allerdings hat er sich auch theoretisch nicht mehr über seine Absichten geäußert. Es hätte ihn ohnehin niemand mehr verstanden.

LEIDER WIRD DAS BEACHTLICHE POSITIVUM der Aussage Goethes durch ihre Fortsetzung beeinträchtigt. Er fügte nämlich hinzu: ›Meyerbeer wäre vielleicht dazu fähig, allein der wird sich auf so etwas nicht einlassen; er ist zu sehr mit italienischen Theatern verflochten.‹ Die Verflechtung Meyerbeers mit italienischen Theatern wollen wir nicht untersuchen, musikalische Stilanalyse war weder Goethes Stärke, noch ist sie unser Thema. Jedenfalls aber offenbart sich in der Mozart–Meyerbeer-Alternative, auf die selbst damals nicht so leicht ein anderer gekommen wäre, Goethes fundamentale Musikfremdheit. Das Genie ist nicht unbedingt auch in seinen rezeptiven Fähigkeiten genial.

EINE MUSIK ZUM ›FAUST‹ können wir uns also nicht vorstellen, und von Mozart schon ganz und gar nicht, denn für uns zählen die vierzig Jahre zwischen ›Don Giovanni‹ und ›Faust‹ als die Epoche einer gewaltigen Stilwende. Für die Vertonung des rein Szenisch-Dramatischen erscheint uns noch heute Berlioz der Rechte, der Einzige. Den aber wollte Goethe nicht, zumal auch sein Freund und musikalischer Berater Zelter offensichtlich nicht viel von ihm hielt. Dennoch zeugt Goethes Urteil – wenn wir es so nennen wollen – davon, daß er Mozart eine tiefere und weitere Bedeutung zumaß als es spätere Generationen bis tief in unser Jahrhundert hinein getan haben. Sie hörten den Zauber, eben jene scheinbar unangestrengte Leichtigkeit, die alle Tragik zu überspielen scheint und sie doch im zart anklingenden Gestus der Versöhnung enthält. Ihnen entging die ungeheuerliche Skala jener Eigenschaften, die dem Analysierbaren, dem interpretatorisch zu Bewältigenden, jenes Element voranstellt, das für uns das Geheimnis der künstlerischen Überleistung ist. Könnten wir es analysieren, so wäre die absolute Bedeutung des Gegenstandes reduziert: Die Analyse hätte ihrem Gegenstand an künstlerischem Wert gleichzukommen, sie machte ihn erreichbar. Mozarts Deuter können den Wert seines Werkes nur umschreiben; an den Kern, die Emotionen auslösende Botschaft, gelangt niemand. Nochmals: Wir sind uns wohl darüber im klaren: all dies klingt vage und ist unwissenschaftlich. Doch haben sich auch die ernsthaftesten Wissenschaftler zu Auslegungen gerade dieses Unerklärlichen verleiten lassen, indem sie beim ›Menschen‹ Mozart jene Bestätigung zu finden glaubten, die ihren metaphysischen Exkurs rechtfertige. Das Rätsel Mozart liegt ja eben darin, daß sich der ›Mensch‹ als Schlüssel versagt. Wie im Leben, so weicht er auch postum auf sein Werk aus; der

Drang, das Unerklärliche zu erklären, muß unerfüllt bleiben, er führt an der anderen Seite der Wissenschaft wieder aus ihr heraus, in ein Gebiet der Spekulation, in dem nicht mehr geprüft, sondern in die Vergangenheit geahnt wird, und in dem es keine gemeinsame Sprache gibt. Selbst die Terminologie des Versagens ist, je nach ihrem Bewußtseinsgrad, bei jedem eine andere.

BEETHOVENS NIMBUS des ringenden Titans, wie er uns, mißtrauisch und erhaben zugleich, aus den Bildnissen anblickt, als habe er für die Nachwelt Modell gesessen, bleibt nach wie vor unerreicht. Von je erschien er als der Phänotyp des Künstlers, der einer verständnisarmen Mitwelt in souveräner Trotzreaktion seine, formal zwar eruptive, wenn nicht gar chaotische, dennoch immer wieder affirmative Antwort entgegenhält; Affirmation, wohlgemerkt, des Weltgesetzes, nicht der Gesellschaftsordnung. Unbewußt hat er die Verkennung gesucht, um ihr seine Sittlichkeit programmatisch entgegenzusetzen. Beethoven wollte ›der leidenden Menschheit helfen‹ – die Gesellschaft verändern, wie heute manche behaupten, und ein Korn Wahrheit ist daran –, und nicht zuletzt in seinem ethischen Wollen liegt seine Größe. Mozart wollte nichts dergleichen. Bis er feststellte, daß seine latente Auflehnung überhaupt ein definierbares Ziel hatte, daß er, das ›Genie des Gehorsams‹, an diesem Gehorsam litt, bis er die ›Gesellschaft‹, in ihrer heutigen Bedeutung des Wortes, überhaupt erfaßte, hatte er sich bereits aus ihr zurückgezogen und sie ihn verleugnet. Das war sein endgültiger Verderb.

So ist die Nachwelt im Versuch, Mozart zu definieren, immer auf seltsame und einschränkende Weise selektiv verfahren, nicht selten in einer Unsicherheit, von der nicht zuletzt sie selbst bestürzt war. Sie sah und sieht ihn in den Perioden des Wunderkindes und des früh dem Tod Geweihten. Die Stadien dazwischen neigen entweder dem Anfang oder dem Ende zu, unbesorgtes kindhaftes Naturburschentum werden bis zur Pariser Reise 1777, Schicksalsergebung und Todesahnung werden bereits ab 1778 registriert, als er die Mutter ›verlor‹; jede ›Molltrübung‹ – wir werden auf diesen Begriff einzugehen haben – ließ die Deuter aufhorchen, bis, wie es heißt, in der ›Zauberflöte‹ noch einmal das kindliche heitere

Element in wunderbarer und beglückender Weise anklinge, der Ballast, die ›Erdenschwere‹ abgestreift, nur noch göttliche Einfachheit. Die Parenthese der ›Zauberflöte‹, ihre gezielte äußere Absicht, die Konzession an das Publikum, gehören nicht ins Gebiet dieser Interpretation. Bei ihrem Anhören sollen wir gleichsam selbst wieder zu Kindern werden, sie wirke ›rein und reinigend‹ (Joachim Kaiser).

Dem Wolfgang sei – so die Nachwelt – alles leicht geworden, es habe sich in ihm, dem Lieblingskind zwar der Musen, nicht aber der Mitwelt, alle Eingebung widerstandslos umgesetzt. Und als Demonstrationsobjekt erscheint denn auch stets das angeblich Typische, jene berückende Melodie, unter deren leichtem Fluß wir zwar scheinbar tiefere Schichten angedeutet finden, doch gleichzeitig auch den scheinbaren Verzicht auf ihre Auslotung. Der Trugschluß lautet: Laßt uns im Heiteren verweilen, denn das Leben ist schwer genug. Wir stellen jedoch fest, daß gerade dieses scheinbar Mozartsche Element bei seinen Zeitgenossen, etwa Boccherini oder, früher, Johann Christian Bach, nicht zu reden von minderen, Mozartscher ist als Mozart. Der gezielte Kontrast der Stimmungen, ja, die bewußte Verfremdung der Tongeschlechter, ein wesentliches und bis zuletzt immer wiederkehrendes Stilmittel Mozarts, erlaubt niemals den Griff aus dem Kontext, und wer ihn tut, vergreift sich: er hat das jeweils zur Umdeutung gewünschte Element, in dem sich mitunter nur noch der Zeitstil spiegelt, nicht aber das Sublime, das Unverwechselbare Mozarts. Tatsächlich beruht das Fehlurteil nicht zuletzt auf dem Element des Herausgreifens und der damit verbundenen Rolle des Herausgegriffenen, etwa den Sammlungen für Klavierschüler, deren früher Kontakt mit den großen Komponisten durch diesen Zwang präjudiziert wird. Die Verwechslung des Eingängigen mit dem Typischen ist eine der verbreitetsten und populärsten Methoden der Verfälschung, denn das Typische erscheint dann nur noch als das Verständliche, Leichte, Spielbare, und damit als das Spielerische. Mozart, der Mann des Rokoko: Selbst in Parenthese wagen wir kaum noch, diesen Gemeinplatz zu erwähnen, an dem sich Generationen in tiefer Täuschung getroffen haben. ›. . . Mozarts Größe beruht ja nicht auf seiner Überlegenheit über die vielen mediokren Zeitgenossen aus der 2. Hälfte des 18. Jahrhunderts, sondern auf der wunderbaren Fähigkeit seiner

Musik, stets neue Aktualität, ein neues verwandeltes Dasein erlangen zu können.‹[21]

WENN WIR ZUM BEISPIEL IM D-MOLL-STREICHQUARTETT (K. 417b, Juni 1783) das D-Dur-Trio aus dem Rahmen des Moll-Menuetts isolieren und es somit aus dem exakt berechneten Spannungsverhältnis des großen Kontextes lösen, so haben wir genau jenes Beispiel der Entstellung. Über dem Pizzicato der drei begleitenden Instrumente erscheint graziös tändelnd die Stimme der ersten Violine, als spiele sie zum Tanz jener Nymphenburger Porzellanfiguren auf, die auch heute noch auf so mancher Schallplattenhülle Mozarts Musik symbolisieren sollen. Der Kontrast zu den starken dynamischen Akzenten, den chromatischen Verschiebungen des rahmenden Menuetts erscheint gelöscht, und was im Kontext wie ein grimmiger Witz wirkt, eine Parenthese – als wolle Mozart, inmitten von Sätzen, deren rechte Einschätzung er seinen Zeitgenossen nicht zutraue, als Parodist des Gefälligen auftreten –, erscheint nun wie exemplarisches Spieluhr-Rokoko. Auch hier also läßt sich das Erwünschte herauskondensieren, und zwar hier aus ›düsterstem‹ Mozart, jedenfalls aus dominierendem Willen zum Moll. ›Das ganze Quartett ist ein ergreifendes Zeugnis des viel verkannten Pessimisten Mozart, der sich (sic!), sehr im Gegensatz zu Beethoven, den dunklen Mächten in der Menschenbrust nicht zu entrinnen vermag‹, sagt Abert.[22] Wieder also kam Beethoven als Lehrmeister des Optimismus zu spät, auch hier jene konsequente Absichtlichkeit der Deutung: der Wille, aus Wahl der Tonart und musikalischem Gestus den Seelenzustand, und hier sogar die Weltsicht, ablesen zu wollen; wir finden diese furchtbare Vereinfachung übrigens in den meisten Biographien: die Verwechslung optimistischer oder pessimistischer Denkart mit der psychischen Disposition zum Manischen oder zum Depressiven. Als sei die düstere Zukunftsvision des Philosophen durch das momentane seelische Tief bedingt.

AUS MOZARTS MOLL-SÄTZEN hat man immer wieder Entwicklungs-Schemata des ›Tragischen‹ zu konstruieren versucht. So

21 Ulrich Dibelius: ›Mozart-Aspekte‹, München 1971, S. 9.
22 Abert, a.a.O., II, S. 147.

wurde auch das Menuett des d-Moll-Quartetts in seiner düsteren
Grundstimmung als ein Vorgriff auf das Menuett der ›großen‹
g-Moll-Sinfonie (K. 550, 25. Juli 1788) betrachtet; eine Spur, die
beim Menuett der ›kleinen‹ g-Moll-Sinfonie (K. 173dB, 5. Oktober 1773) beginnt und natürlich, als letzte Station vor dem krönenden Ende, das Menuett des g-Moll-Quintetts (K. 516, 16. Mai
1787) einschließt. Es ist nicht unsere Sache, die entwicklungsge-
schichtliche Berechtigung dieser Komparationen zu prüfen oder
zu kritisieren. Nur eben enthalten sie eine Wertung, nach der,
implizite, aber deutlich genug, Größe an dem Grad der Vollendetheit gemessen wird, die dem jeweiligen Werk seinen Stellenwert
gibt. Gewiß läßt sich Mozarts Entwicklung als Musiker nicht auf
seine zunehmende ›Fertigkeit‹ reduzieren, sondern ist, wie bei
jedem großen Künstler, die durch ein inneres Gesetz bedingte
allmähliche Auslotung und Eroberung seiner potentiellen Welt;
und bei Mozart um so mehr, als alle seine Erfahrung ausschließlich
dem Werk zukam, nicht der Bildung der Persönlichkeit, keinem
Reifeprozeß, keiner verbal geäußerten Weisheit, keiner Weltsicht.
Mozart demonstriert wie kein zweiter, daß Vollendung nicht
Sache der Altersweisheit und Abgeklärtheit ist, nicht zuletzt, weil
seine Abhängigkeit von bestimmten Gelegenheiten und gesellschaftlichen Konstellationen es mit sich brachte, daß er bestimmte
Gattungen serienweise hervorbrachte. Die großen Bläserserenaden
– und wer wollte die Vollendetheit des Bläsersatzes leugnen? –,
1781 entstanden, sind Werke des ›mittleren‹ Mozart; alle seine
Violinkonzerte sind zwischen Frühjahr und Winter 1775 entstanden, beinah alle großen Klavierkonzerte zwischen 1783 und 1785,
einer kurz bemessenen Periode uneingeschränkter Schöpferkraft
und äußeren Glanzes, der diese Kraft ohne Zweifel unterstützt
und belebt hat.
Natürlich offenbart sich auch bei ihm die zunehmende Reife in der
Befreiung von den verschiedenen Schemata, die ihm die Gattungen
auferlegt hatten. Es dauerte seine Zeit, bis er sich zum Beispiel aus
der – für uns schwer genießbaren – Starre der Opera seria, deren
rigide Gesetze der Sechzehnjährige 1772 im ›Lucio Silla‹ (K. 135)
noch streng zu befolgen hatte, endgültig befreien durfte, um 1780,
also neun Jahre später, das unerreichte Meisterwerk der Gattung
zu schreiben, den ›Idomeneo‹, ein Werk der Vollendung des

Sechsundzwanzigjährigen, voller Kraft und unverbrauchter Frische, die elf Jahre später (1791), in ›La Clemenza di Tito‹, nur noch stellenweise aufleuchtet. Zwischen Passagen, die uns den aus früheren Opern kondensierten Reichtum nochmals vorzuführen scheinen, herrscht ermattete Routine. In manchem also führte sein Weg vom ›zwar schon, aber noch nicht‹ über die Vollendung zum ›nicht mehr‹. Wir werden daher Mozart nicht völlig gerecht, indem wir in jedem Stück den Gegenstand eines Entwicklungs-Schemas hören, das auf Zukünftiges hinausläuft, eben das ›schon beinah‹ und ›doch noch nicht ganz‹. Der Gemeinplatz von der ›Trias der drei großen Sinfonien‹, den letzten, ist gleichsam didaktisch darauf angelegt, die vorhergehenden als weniger bedeutend erscheinen zu lassen, obgleich zumindest drei von ihnen, die D-Dur (K. 385, ›Haffner‹, Juli 1782), die C-Dur (K. 425, ›Linzer‹, November 1783) und die D-Dur (K. 504, ›Prager‹, 6. Dezember 1786) – jedes Werk auf seine Art –, in ihrer Eigenständigkeit den drei ›Großen‹, dieser ›Krone seines sinfonischen Schaffens‹, sehr wohl vergleichbar sind. Wir tun als Hörer besser daran, jede einzelne Sinfonie aus dem Kontext einer zeitlichen Folge sich lösen und als Zeugnis eines seelischen und schöpferischen Zustandes auf uns wirken zu lassen, als Werke, die ihrem eigenen Gesetz und ihrer eigenen Notwendigkeit gehorchen.

DER ›MUSIKFREUND‹ hat, und zwar meist mit Befremden, festgestellt, daß ›der Mensch Mozart‹ in seinem Erleben und in seiner Lebensäußerung nur ›allzu menschlich‹ gewesen sei; das heißt, er vermißt in ihm die große Gebärde, jenen auf das Schaffen hinweisenden und ihm vorangehenden Willen ›im Beethovenschen Sinne‹, die Darlegung eines Lebensprogrammes und damit den Hinweis auf eine zentrale Idee. An sich lohnt es sich heute nicht mehr, sich mit solcher Auffassung auseinanderzusetzen, vor allem, da wir wissen oder wissen sollten, daß dieses hartnäckige Phantom des ›Allzu-Menschlichen‹ nur für jene – freilich wohl die meisten – existiert, die sich niemals gefragt haben, ob ihr eigenes geheimes Innenleben mit der beabsichtigten Einschätzung durch andere übereinstimme. Doch zeugt sich auch diese zensierende Verzeichnung nach wie vor in der Mozart-Literatur fort und hat mitunter abwegige Früchte gezeitigt. So schrieb Arthur Schurig:

Niemand wird Mozart aus seiner künstlerischen und menschlichen Einseitigkeit einen Vorwurf machen [was natürlich bedeutet, daß der Autor genau das tut]. Denken wir aber daran, daß der Europäer an seinen genialen Heroen Universalität über alles liebt und daß wir Deutschen einen solchen universellen großen Menschen in unserem vergötterten Goethe als dem höchsten Vorbilde verehren, – so enttäuscht uns die Erkenntnis, daß Wolfgang Amadeus Mozart das volle Gegenstück zu Goethes Vielseitigkeit war. Wenn Richard Wagner als reiner Musiker Mozarten unterlegen ist und als Künstler ihm gleichsteht, so überragt er ihn zweifellos als Mensch. Und die Summe von beiden, vom Künstlerischen und Menschlichen, hebt den Meister von Bayreuth über Mozart hinaus. Die Kraft, mit der sich der Schöpfer von *Tristan und Isolde* durchgesetzt hat, ist phänomenal. Wer nicht fähig ist, sie zu bewundern, der hat überhaupt kein Verständnis für den Kampf des Genies mit der Welt. Dieselben Leute verstehen selbst den großen Napoleon nicht.[23]

Zugegeben: Möglicherweise verstehen wir den großen Napoleon wirklich nicht. Überdies erscheint uns der Versuch, ihn zu verstehen, innerhalb der vorliegenden Untersuchungen wenig relevant. Was aber den ›Meister von Bayreuth‹ betrifft, so nehmen wir in dieser seltsamen Konto-Rechnung staunend zur Kenntnis, daß der Rechner Durchsetzungskraft als absolute menschliche Qualität wertet, die als solche auf der Kreditseite des Genies zu stehen habe, selbst dort, wo diese Kraft nicht zum Beruf gehört, wie sie es im Fall Napoleon natürlich tut. In Wirklichkeit steht künstlerische und menschliche Integrität dieser Durchsetzungskraft durchaus im Weg. Selbstverständlich können wir spekulative Betrachtungen dieser Art heute nicht mehr ernst nehmen; sie führen ein biographisches System ad absurdum: das Zensieren, das Noten-Erteilen als Methode der Wertung.

DIE TRENNUNG ZWISCHEN DEM MENSCHEN UND DEM MUSIKER, jede Trennung zwischen dem Genie als Gestalt und dem Schöpfer

23 Arthur Schurig: ›Wolfgang Amadeus Mozart, sein Leben und sein Werk‹; zwei Bände, Leipzig 1913, Band II, S. 330 f.

seines Werkes ist zwar Resultat einer verständlichen Hilflosigkeit, bleibt aber ein wirklichkeitsfremdes Unding, das sich als antididaktisch jedem Versuch einer Einsicht entgegenstellt, indem es insinuiert, daß uns der eine Teil verständlicher sei als der andere. Wenn die Gelehrten ratlos vor dem Phänomen Mozart standen, wie er sich in seinen ungezügelten Ausdrücken enthüllt, wie er plötzlich in Obszönität und Koprolalie ausbricht, wenn sie sich verstört oder verschämt von jener Seite abwenden, zu denen ihnen der Schlüssel fehlt, so vornehmlich deshalb, weil ihr Bild des Genies ein Erbstück der Romantik war, die in ihrer psychologischen Behandlung des Menschen zwischen Wahrheit und Dichtung wenig Unterschied machte. Die skatologischen Inhalte der Bäsle-Briefe wurden so lang wie möglich verheimlicht. Nun da sie veröffentlicht sind, fordern sie vor allem die Apologie heraus. ›Sie sprechen nicht gegen Mozart‹, ruft ein Forscher jenen entgegen, die meinen, sie sprächen gegen ihn. ›Er schauspielert.‹[24] Das Bild muß eben von alledem gesäubert bleiben, was die Interpreten als unsauber betrachten; die außermusikalischen Äußerungen des genialen Musikers haben entweder ins Gebiet der Ästhetik zu fallen oder ein ethisches Grenzgebiet zu streifen. Schauspielert Mozart wirklich? In seinen außermusikalischen Äußerungen folgte er dem jeweiligen Stadium seiner Erlebnis-Skala, die nicht nur seine Stimmungen, sondern nicht zuletzt auch seine Ansichten bedingte. Festzulegen ist er niemals. Er war seiner eigenen Seele nicht kundig, noch war er an ihrer Messung interessiert. Daher hat er sie auch nicht dargelegt, außer in einigen verdüsterten Augenblicken vor allem seines späteren Lebens.

DIE VERSUCHE, DAS MOZARTBILD REINZUHALTEN, sind älter als das Bild selbst, denn sie reichen in seine Lebzeiten zurück. Die Verleger Herr Breitkopf und Herr Härtel haben abwechselnd versucht, unflätige Texte der Kanons in Flätiges zu übersetzen, natürlich mit dem Resultat, daß man hinter den Unterschiebseln den originalen Wortlaut rhythmisch anklingen hört. Auch darin wird ein gewisses Maß der Evidenz verwischt, denn gerade in

24 Hanns Dennerlein: ›Der unbekannte Mozart. Die Welt seiner Klavierwerke‹, Leipzig 1955, S. 75 f.

diesen und anderen Gelegenheitswerken offenbaren sich oft nach-
prüfbare Berührungspunkte zwischen Alltag und Arbeit; naturgemäß sind es meist geringfügige Anlässe, Verarbeitungen zufälliger
Konstellationen und, ihnen entsprechend, prosaische Gefällig-
keitsstücke. Sie weisen jeglichen Anwurf von Pathos zurück, ja, sie
wirken ihm mitunter so kategorisch entgegen, als seien sie geradezu darauf angelegt, die Nachwelt in Verlegenheit zu bringen. Meist
entspringen sie, wie der entschuldigende Kommentar lautet, ›einer
spontanen Laune des Meisters‹, und naturgemäß meist einer guten.
Im Gegensatz zu den ›großen Werken‹, deren Entstehungsprozes-
se für uns im Dunkel liegen, werfen sie hin und wieder Licht auf
einen bewußt erlebten und, der Zweitrangigkeit seines bewußten
Lebens entsprechend, banalen Moment seines äußeren Lebens. Er
hat ihnen selbst wohl wenig Wert beigemessen, in sein Werkregister trug er sie nicht ein. So illustriert zum Beispiel das sogenannte
Bandl-Terzett (K. 441, 1783?) eine durchaus mäßig komische Begebenheit im Stil eines Singspiel-Ensembles, dessen musikalische
Qualität die seines Textes um Wesentliches übertrifft. Bezeichnenderweise ist Mozart jeder Versuch, seine, allerdings oft forcierte,
Albernheit in Musik zu übertragen, konsequent mißlungen; wo
sein Wort den ihm gemäßen Ton nicht trifft, wird es von der
Musik korrigiert. Gerade in jenen Opuscula, in denen er einer
wohlig-vegetativen oder vulgären Laune folgt, mildern meist Geist
und Eleganz des musikalischen Gedankens die intendierte Schock-
wirkung des Themas. Das trifft vor allem auf eben jene Kanons zu,
deren Texte sich mit – sozusagen – fäkal-immanenten Imperativen
befassen, wie ›O du eselhafter Martin‹ (K. 560, 1788) – von Herrn
Breitkopf mit ›Gähnst du, Fauler, denn schon wieder‹ übersetzt,
um das darin enthaltene ›Aufs-Maul-Scheißen‹ rechtzeitig in andere Kanäle abzuleiten – oder ›Leck mir den Arsch fein recht schön
sauber‹ (K. 382d, 1782?) – Härtels Version: ›Nichts labt mich
mehr‹ – oder – das von Breitkopf in ›Laßt froh uns sein‹ umgewan-
delte – ›Leck mich im Arsch‹ (K. 382c, 1782?), welche Aufforderung an seine Mitwelt Mozart sich nur in den sorglosesten Augenblicken seines Lebens leisten konnte, wenngleich sie, wie wir mancher schriftlichen Äußerung entnehmen, einem zunehmend ver-
spürten Lebensgefühl entsprach. Auch hier gibt die Vertonung den
unsublimierten Wortlaut nicht wieder. Vulgarität, selbst als An-

deutung, liegt Mozarts Musik fern, selbst dort, wo die Worte es zu gebieten scheinen; er hat hier gegen den eigenen Text komponiert. Wir fragen uns: Trügt also der Schein einer Evidenz auch am unwürdigen Objekt?

Übertragen gesprochen: Gegen die eigenen Texte hat er *immer* komponiert – gegen die Texte seiner Briefe, der Aufzeichnungen, und damit gegen den Anschein, sein Auftreten und Gebaren. Oder umgekehrt: Seine wirkliche Sprache, die Musik, nährt sich aus uns unkenntlichen Quellen, sie lebt von einer suggestiven Kraft, die sich über den Gegenstand ihrer Suggestion so weit erhebt, daß er sich uns entzieht. Ihr Schöpfer bleibt uns unzugänglich.

Es ERSCHEINT SYMPTOMATISCH, daß auch sein Äußeres niemals überzeugend dargestellt wurde. Von den Bildnissen zeitgenössischer Maler und Radierer – minderrangige Professionelle und relativ fähige Dilettanten – gleicht keines dem anderen so, daß über das vordergründig Physiognomische hinaus ein Moment in Erscheinung träte, das auf Dahinterliegendes deutet. Die Sequenz der Darstellungen Beethovens erlaubt uns, genau jene Steigerung zu prüfen, in der die Grade der Idealisierung ansetzen: Allmählich, mit ansteigendem Prestige des Dargestellten, wird aus dem gedrungenen, grobzügigen und plebejischen Gesicht mit der knolligen Nase das des hochstirnigen stolzen Herausforderers aufgebaut, um freilich unter der Lebendmaske, die nicht lügt und daher meist verheimlicht wird, zu zerfallen. Das ansehnlichste der Portraits ist wahrscheinlich das von Ferdinand Waldmüller, der wohl auch unter den Beethoven-Bildnern der talentierteste Maler war. Ziehen wir bei Mozart die Apokrypha, die Fälschungen und die Kopien nach anderen Bildern ab, so bleibt keinerlei Idealisierung außer einem einzigen, wahrscheinlich ungewollten, bildnerischen Euphemismus, der denn auch von Biographen zur Illustration ihres Helden am häufigsten herangezogen wurde: dem 1782 oder 1783 gemalten, seltsamerweise unvollendeten, Portrait von seinem Schwager Joseph Lange, dessen – wie wir sehen werden – weit über seine Zeit hinausreichende verbale Darstellung Mozarts die Qualität der gemalten weit übertrifft. Wissentlich hätte er sich wahrscheinlich keine Korrektur des Wahren gestattet. Auch in den äußeren typischen Merkmalen gleicht das Bild keiner der anderen

Darstellungen; außer vielleicht in den hervortretenden Augenballen, die auf späteren Bildnissen noch stärker erscheinen, vor allem auf der Silberstiftzeichnung von Dora Stock (1789): eine, wie es uns erscheint, akzeptable Arbeit, nur eben wirken alle diese Profilsichten seltsam leblos, wie Gedenkmünzen.

Gemeinsam ist überdies den authentischen Portraits die große fleischige Nase mit den stark ausgeprägten Flügeln und die dominierende Oberlippe. Doch läßt sich in allen diesen Bildern kein Schluß auf ein transzendierendes Fluidum feststellen, nur rein äußerliche Formation weist darauf hin, daß es sich um denselben Menschen handelt; allerdings auch nirgends eine angedichtete Grandezza, geschweige denn ein Hinweis auf Unsterblichkeit. Freilich gehörte Mozart nicht den Kreisen an, in denen die großen oder auch nur die modischen Portraitmaler auf Modelljagd ausgingen, und er hätte ja wahrscheinlich auch nur ein dürftiges Modell abgegeben, schön war er gewiß nicht. Wir stellen allerdings fest, daß zu Mozarts Zeit, im Gegensatz zu früheren Epochen, auch die Fürsten und die aristokratischen Gönner Österreichs kaum jemals Portraitisten fanden, die sie ihrem temporären Ruhm und ihrer Stellung gemäß abgebildet hätten. Johann Christian Bach wurde in London immerhin von einem Gainsborough portraitiert, Haydn ebendort von John Hoppner (1791), es ist sein einziges gutgemaltes Abbild. Und der einzige aus Mozarts näherem Kreis, der einen bedeutenden Portraitisten fand, war Karl Ludwig Giesecke. Er wurde von Sir Henry Raeburn gemalt, allerdings zu einer Zeit, als er nicht mehr als Mitglied der Schikanederschen Truppe am Text der ›Zauberflöte‹ zu basteln hatte, sondern als eminenter Wissenschaftler, Professor der Mineralogie, an der Royal Dublin Society lehrte.

Einige der Zeitgenossen, die ins neunzehnte Jahrhundert hinüberlebten, berichten, daß Barbara Krafft in ihrem 1819 gemalten Ölbild Mozart am nächsten gekommen sei. Siebenundzwanzig Jahre nach seinem Tod gemalt, stellt es allerdings erhebliche Ansprüche an das Erinnerungsvermögen der Bewerter. An sich ein Artefakt, das, nach Gesetzen der Wahrscheinlichkeit, die Summe physiognomischer Charakteristika aus dem damals bestehenden Bildmaterial zieht, erscheint es auch uns in seiner Vereinigung von unbestechlichem Bemühen und künstlerischem Vermögen geglückt. Es will auf Deutung verzichten, zugunsten bildnerischer Intelligenz, die einem definierbaren Konzept folgt: Mozarts Blick, der niemandem gilt, aus Augen, die niemanden ansehen, deren Ausdruck nicht festzulegen ist, vielsagend und verschwiegen zugleich – obgleich er wohl niemals in einer solch gelockerten Würde posiert hätte; wollen wir es dabei belassen.

Die Abdrücke der Totenmaske sind verschollen. Vielleicht haben Constanze oder Nissen sie vernichtet. Die existierende ist falsch. Es ist, als habe sich Mozarts physische Gestalt der Darstellung entziehen wollen: eine symbolische Warnung an alle seine Deuter und damit an alle Interpreten des Genies ›als Mensch‹.

IM FOLGENDEN EXKURS ist vom ›Genie‹ die Rede. Der Begriff entstammt dem achtzehnten Jahrhundert, er ist heute in Frage gestellt. In der Tat können wir die Bezeichnung wohl keinem Zeitgenossen zuerkennen; nicht nur verbietet es uns mangelnde Distanz zur Person, sondern auch die ungenügende Definierbarkeit des Begriffes, wie er auf ihr, unter unserer Zeugenschaft sich entfaltendes Wirken anzuwenden wäre: Wir sind von Modellen abhängig. Was ist ›Genie‹, was unterscheidet es vom ›Talent‹? Die Gradskala geistiger Überleistung werde in absehbarer Zeit meßbar sein, sagen die Humangenetiker. Mit unseren Zweifeln an dieser Prognose müssen wir uns kaum weniger zurückhalten – manches Phänomen ist in den letzten Jahren erst durch Meßbarkeit an unser Bewußtsein gedrungen – als mit jenen an der noch verwegeneren Prophezeiung, daß diese Überleistung eines nicht mehr fernen Tages züchtbar sein werde.

Behalten wir den Begriff dennoch bei! Der Leser weiß, wer gemeint ist: Der selten und unabhängig von gesellschaftlichen Gegebenheiten vorkommende, von Soziologie und Anthropologie nicht erfaßte, von der Psychologie zwar erkannte, doch anscheinend ungenügend erfaßbare Vollbringer immergültiger Hochleistungen; jener Werke nämlich, die zu unserer Prägung beigetragen haben, und ohne deren Besitz wir uns heute nicht mehr vorstellbar sind: Ich spreche vom kreativen Genie der Vergangenheit.

Was wissen wir über seine inneren Mechanismen? Als gewiß erkannt ist nur das Eine: daß bei ihm, im Gegensatz zu anderen Kreativen, Depression oder psychisches Leiden das Leistungspotential nicht herabsetzt, sondern qualitativ und quantitativ steigert. Sonst jedoch wissen wir wenig oder sogar – da uns so oft die Betrachtung innerer Lebensläufe des sich selbst reflektierenden, sich nach außen offenbarenden und artikulierenden, also des scheinbaren Genies in die Irre führt oder uns die Erkenntnis verbaut – weniger als wenig: Falsches. Dem Genie ist die Selbstreflexion nicht Generalthema, während sie für das Scheingenie nicht nur Thema, sondern auch Werkzeug ist. Es tritt als Genie auf und fordert als solches Tribut, kalkuliert aber die Nicht-Erfüllung in sein thematisches Programm ein. Auf dem Teller der bettelnden Hand bietet es uns seine Seele dar, um uns zu schuldbewußten Zeugen, wenn nicht gar zur Ursache seines Leidens zu machen. (›Wer jetzt weint irgendwo in der Welt, / ohne Grund weint in der Welt, / weint über mich‹; Rilke: ›Ernste Stunde‹.) Das Scheingenie bedarf stets der Mitwelt als Partner, dem es sich, unter dem Vorwand, sich niemandem mitteilen zu können, mitteilt, und dessen Rolle in dieser Partnerschaft das demütige Versagen vor der Größe der bewunderten Gestalt ist. Sein Wirken trägt den Vorwurf mangelnden Verständnisses und mangelnder Opferbereitschaft in sich, es zelebriert sein Verletztsein.

BEI DIESEM EXKURS sind wir uns sehr wohl darüber im klaren, daß die Grenzen zwischen Genie und Scheingenie nicht immer distinkt sind, ja, daß sie mitunter, als Gegenstand einer qualitativen Gradierung, sich nur in der individuellen Rezeption unterscheiden. Ich muß es daher dem Leser überlassen, seine rezeptiven Maßstäbe zu setzen und zu ermessen, wem er das nur Bewundernswerte der schöpferischen Leistung zuerkennt und bei wem er es als ›Mysterium der Überleistung‹[25] betrachtet. Das Scheingenie zeigt und verrät sich vornehmlich in der verbalen Disziplin, denn nur in ihr kann es seinen großen Anspruch formulieren, daher auch nur in ihr seine Scheinbarkeit offenbaren.

Zuweilen also gilt für Genie und Scheingenie ein gleiches an Wirkung: Die Nachwelt, noch unsicher in ihrer Wertung, wird zum dankbaren Abnehmer aller seiner Leidenszeichen – wie sie

25 K. R. Eissler: ›Prinzipielles zur Psychoanalyse des Genies‹, in: ›Jahrbuch der Psychoanalyse‹, VIII, Bern 1975, S. 24.

uns überliefert sind –, die sie mit selbstgerechter Befriedigung registriert, als hätte sie ihrem Helden bessere Lebensbedingungen bereitet als die Mitwelt, ohne darauf zu kommen, daß im Fall des Scheingenies das Unverständnis ja gerade als schöpferisches Movens und zudem als thematische Nahrung vorausgesetzt wurde.[26] Die Nachwelt bewegt sich erschauernd zwischen den Ruinen dessen, was sie als den heroischen Kampf des Genius betrachtet, und meint, der Persönlichkeit als Schlüssel zu seinem Werk zu bedürfen, bedient sich indessen der Persönlichkeit als Puppe, die sie mit den Gewändern seines Werkes bekleidet. Und siehe da: Sie passen. Die Biographen haben Maßarbeit geliefert; je größer der zeitliche Abstand, desto mehr Freiheit des Kombinierens und des Ausschmückens war ihnen gegeben.

Dem wahren Genie aus psychologisch unerforschten und unerforschbaren Epochen, also vor der Französischen Revolution, passen die Gewänder nicht. Weder Haydn noch Mozart lassen sich befriedigend rekonstruieren, bei vielen der Früheren haben wir noch nicht einmal die Puppe und versuchen mühsam, im Nebel tastend, anhand von Daten und Fakten, zu errechnen, ›wie es gewesen sein muß‹. Gewiß haben sie nicht willentlich die Spuren ihres Lebens verwischt, doch haben sie sich wahrscheinlich außerhalb ihres Werkes nicht reflektierend geäußert. Das wahre Genie kennt keine erhellende Mitteilsamkeit, womit nicht gesagt ist, daß es nicht, mitunter bis zum Exzeß, gesellig sein könnte. Doch ist diese Geselligkeit autistisch; in Wirklichkeit fehlt ihm der Schlüssel zur verbalen Kommunikation dessen, was sein Inneres bewegt, außer in seiner Kunst. Es sieht sich nicht als Zentrum des Leidens im Mittelpunkt der Welt wie das Scheingenie (Rilke: ›Wer jetzt stirbt irgendwo in der Welt, / Ohne Grund stirbt in der Welt, / Sieht mich an‹), weil es die Welt nur bruchstückweise und in subjektiver Verschiebung wahrnimmt. Subjektiv gesehen ist es denn auch weder nahbar noch unnahbar, weder bescheiden noch

---

26 Hier eine auf typische Weise geäußerte Klage über Verkennung: ›Es ist die Frage, ob der Unterschied zwischen der heutigen Welt und mir, meinem Fühlen und Denken, wirklich so groß ist, wie es mir erscheint. Ob es nicht ein Gegensatz ist, den heute viele Künstler erleben müssen. Und ob ich nicht mehr Mitleidende habe, als ich weiß und glaube. Warum aber ist es so beispiellos schmerzlich?‹ Wilhelm Furtwängler: ›Vermächtnis‹, Wiesbaden 1956, S. 23.

unbescheiden, denn es fehlt ihm der Partner, dem es sich in einer dieser Eigenschaften offenbart. Es schafft nicht auf Schlössern der Mäzene und Mäzeninnen, sein Schaffen ist nicht Gegenstand der disponierenden Vorbereitung oder des Dekorums, sondern es vollzieht sich unter Druck. (Gesualdo schuf auf seinen eigenen Schlössern, doch wer weiß, welch leidenschaftlichem Druck er ausgesetzt war!) Es bemüht sich nicht um Selbsterkenntnis, legt sich keine Rechenschaft ab, vernachlässigt und verzehrt sich, es sei denn, seine Konstitution und sein Erfolg zu Lebzeiten gestatten ihm andere Bedingungen. Es verbrennt, trotzt aber nicht dem Verbrennungsprozeß, sondern nimmt ihn nicht wahr. Es sieht sich nicht in Relation zur Welt. Es sieht sich überhaupt nicht.

Beethoven sah sich. Er scheint eine Ausnahme zu sein, ist es aber nicht, denn er sah sich falsch. Kontaktarm von Anfang an, verlor er zunehmend an Kontakt. Nur scheinbar stand er in Kommunikation mit seiner Mitwelt: Denn es war eine synthetische, die Mitwelt seiner, meist negativen, Imagination, aus der er den Blick auf eine ideale Welt gerichtet hatte. So mußte ihm die existierende als falsch und trügerisch erscheinen. In der Tat sehen wir ihn heute als das einzige der großen musikalischen Genies vor Richard Wagner, das versucht hat, seinen Willen einem universalen ethischen Anspruch unterzuordnen. Der Anspruch mußte unerfüllt bleiben. Das Modell des großen Leidenden ist nicht Mozart, sondern Beethoven. Er hatte sein Leben lang Schwereres zu ertragen.

MOZART HAT SICH NIEMALS in seine Mitwelt projiziert. Den Anruf: ›Ihr Anderen!‹ kannte er nicht, geschweige denn den Ausruf ›O Ihr Menschen!‹, der Beethovens Heiligenstädter Testament eröffnet und eindeutig dies bedeutet: Ich bin zwar mehr als Ihr, aber gern wäre ich einer von Euch gewesen. Mozart meinte vielmehr bis spät in seinem Leben, zu seiner Mitwelt zu gehören, einer unter anderen zu sein, freilich einer, der mehr konnte als die anderen. Niemals hätte er versucht, diesen anderen etwas aus seiner Welt bewußt zu vermitteln, wie Beethoven oder Goethe, von dem es dennoch zumindest zweifelhaft ist, ob er tatsächlich jemals sein Brot mit Tränen aß. Falls Mozart jemals Brot mit Tränen gegessen haben sollte, hat er wohl kaum überlegt, ob es ihm schmecke; er hat es hingenommen. Er hat seine Mitwelt dort ausgenutzt, wo sie ihm etwas zu versprechen schien oder mitzuteilen hatte. Er hat sich in sie gestürzt, wo sie ihm Zerstreuung versprach, war empfänglich für das Lob der wenigen wirklich Sachkundigen, die er kannte; wenig empfindlich gegenüber Tadel, da er die Tadler verachtete oder ignorierte. Geringschätzung forderte anfangs noch seinen Ärger heraus, später stumpfte er auch dagegen ab. Er haßte Dienst, liebte Freiheit, die, als er sie kennenlernte, ihm zum Verhängnis wurde. Seine Reaktion auf Erfolg scheint sich nicht in tiefer Befriedigung über das erfolgreiche Werk geäußert zu haben. Wir wissen nicht, ob Mozart jemals empfunden hätte: Hier habe ich gesagt, was ich sagen wollte. Wir wissen von keinem einzigen Fall, in dem er etwa über diese Äußerung hinausgegangen wäre: Hier habe ich meine Aufgabe aufs beste erfüllt, und man hat es anerkannt. Wie er auf Mißerfolge reagiert hat, oder auf die Einsicht, daß ein Werk für das Publikum zu schwierig wäre, wissen wir ebenfalls nicht. Wir haben kein Zeugnis der Bestürzung oder auch nur des Erstaunens darüber, daß der Verleger Hoffmeister ihn bat, von einem Vertrag für drei Klavierquartette zurückzutreten zu dürfen, als sich bereits das erste (g-Moll, K. 478, 1785) als ›zu schwer‹ und daher als unverkäuflich herauszustellen schien. Er gab das nächste (Es-Dur, K. 493, 1786) dem Verleger Artaria, der es offensichtlich für verkäuflich hielt. Das dritte ist nie entstanden. Nichts wäre ihm fremder gewesen als der Gedanke, daß ihm die Mitwelt mehr schulde als Anerkennung und Respekt vor seinem Können und eine Anstellung als Hofmusiker. Bis spät – zu spät – in seinem Leben wußte er nicht, wer er war. Seine Einsamkeit war die tiefste und dabei die diskreteste – er war sich ihrer, zumindest bis in die letzten Monate seines Lebens hinein, nicht bewußt. Zwar erahnte er sie wohl schon ein paar Jahre vor seinem Tod, aber er wich dieser Ahnung aus; wo immer es möglich war, hat er sie überspielt. Er war es nicht gewohnt, sich mit sich selbst zu beschäftigen, wie es das Scheingenie tut (Rilke: ›Ich bin eine Insel und allein‹), das sein Bewußtsein des Leidens als ubiquitäres Gut verwaltet und als Wohlverwaltetes ausspielt. Ihm gab kein Gott zu sagen, was er leide. Daher ist er auch nicht in seiner Qual verstummt, die er wahrscheinlich als etwas ganz anderes – aber was? – erlebte, und er hat anderes gesagt. Aber was?

MOZARTS ÄUSSERE WIRKLICHKEIT vollzog sich in mehr oder weniger abgesteckten Konventionen, an denen theoretisch zu rütteln ihm wohl kaum eingefallen wäre. Er sah sich selbst nicht als ein unprivilegiertes Kind und schließlich Opfer des Spät-Absolutismus. Erst als die Systeme begannen, ihn einzuengen, wurde er rebellisch, doch hat er diese Ein-Mann-Rebellion niemals objektivieren können oder etwa verallgemeinert. Es fehlten ihm die Verbindungen zu Gleichdenkenden oder Gleichfühlenden, und er suchte sie nicht. Gewiß leuchtet hier und dort ein revoltierender Geist auf, ein Hieb der Verachtung wird ausgeteilt gegen jene Hochgeborenen, für die er niedrig war, doch war all dies nur Reaktion auf eigene Erfahrungen. Wir haben keine Zeugnisse von Kontakten oder auch nur von Gemeinsamkeiten mit anderen, in denen es gärte und die ihrer Auflehnung Luft machten, wir können ihn daher nicht zu einem homo politicus machen. Beaumarchais hat er gelesen, wahrscheinlich auch mit Zustimmung gegenüber seinen Tendenzen, doch die Revolution nahm er nicht zur Kenntnis, von so weit her kamen ihm keine unmittelbaren Anregungen und daher auch keine Erregungen. Seine Übereinstimmung mit allgemeinen revolutionären Strömungen der Zeit war intuitiv, der Zeitgeist teilte sich ihm mit, ohne sein Bewußtsein zu berühren, wie durch einen Schleier und gefiltert durch sein Gespür für Verwendbarkeit. Im ›Figaro‹ hat Mozart ihn denn auch verwendet, und zwar keineswegs arglos. Ob er die Folgen einkalkuliert hat oder nicht, wissen wir nicht. Sie stellten sich jedenfalls ein, Wien ließ ihn fallen, doch haben wir keinerlei Zeugnis, daß er diese Abkehr jemals als etwas anderes zur Kenntnis genommen hätte als eine Verschlechterung seiner materiellen Verhältnisse. Auch hier, wie so oft, bestürzt uns seine Diskretion: Keinerlei Äußerung über seine anwachsende Isolation, sondern die Hinnahme des Gegebenen durch einen wahren und echten Fatalisten. Schon der Begriff ›Schicksalsergebenheit‹ wäre zu stark, und erst recht die Deutung einer ›frommen Ergebung‹. Über den Tod seiner Mutter schrieb er an Bullinger (3. Juli 1778), ›gott hat es so haben wollen‹, aber es klingt halbherzig, wie immer, wenn er über Gottes Willen spricht. Was er meint, ist: ›Es hat eben so sein sollen‹; eine Floskel, die zwar nichts sagt, die aber die Quelle seiner Reaktionen genauer wiedergibt als alle anderen Motive.

Zwar hatte er, zumal noch zu Lebzeiten des Vaters, ein bestimmtes theoretisches Konzept von sich, er meinte zu wissen, wie er sich zu sehen habe, nämlich fleißig, zielstrebig, gehorsam und ergeben; lange sah er sich selbst verbesserungsbedürftig, oder zumindest: Er tat so. Doch später in Wien kamen ihm diese Konzepte abhanden, er selbst kam sich außer Sicht; Fleiß und Ergebenheit, wenn wir es so nennen wollen, ergaben sich notgedrungen von selbst, bis er schließlich seine Tugenden satt bekam. Seine seltenen reflexiven Betrachtungen sind nur insofern maßvoll und beherrscht, als sie Maß und Beherrschung zum Thema haben. Auch forderte er Maß von anderen, vor allem von seiner Frau Constanze, doch war er selbst unmäßig, nicht nur – zwangsweise, doch wohl nur zeitweise – in seinem Arbeitspensum, sondern auch in seinem Lebensrhythmus, der die Regel nicht etwa verschmähte, sondern nicht kannte. Nur durch Notwendigkeit, Unterricht, Proben, erhielt sein Tageslauf ein System, dem er aber auf die Dauer nicht gewachsen war, und dessen Sinn einzusehen er sich schließlich nicht mehr bemühte. Ferien oder Ruhepausen waren nicht eingeplant, sie ergaben sich, doch war er in ihnen nicht ruhig. Er komponierte beim Billard und beim Kegelspiel und vermutlich auch bei weitaus prosaischeren Verrichtungen. Freunde berichten, in ihm habe es immer gearbeitet, und nicht anders stellen wir es uns vor.

Der Gedanke an Nachruhm oder etwa an ewige Gültigkeit gehörte nicht ins Gedankenreservoir Mozarts, dazu war er seiner Arbeit und seinem täglichen Leben zu sehr verhaftet. Der Begriff ›Nachwelt‹ war ihm nicht geläufig. Darin hat sein Vater Leopold weiter gedacht, wie es uns überhaupt mitunter erstaunt, wie weit er gedacht hat. Bis zu der großen Enttäuschung und Abwendung, der Resignation, galt der Hauptteil seiner Gedanken und Pläne seinem Sohn, und es ist bewundernswert, wie er seine Pläne mitteilen, wie er tatsächlich Zukunftsbilder entwerfen konnte, immer pedantisch zwar, aber klug, anschaulich, nicht selten richtig, wenn wir auch nicht verstehen, daß er wirklich glaubte, seinen Sohn durch sie beeinflussen zu können. Allerdings war Leopold, man darf es nicht vergessen, siebenunddreißig Jahre älter als sein Sohn, nicht nur ein unverhältnismäßig alter Vater, sondern er gehörte auch, 1719 geboren, einem anderen Zeitalter an, in dem man freilich auch nicht weniger von ›Veranlagung‹ wußte als zu Zeiten des Sohnes. Das geht aus der apsychologischen Literatur der Zeit überzeugend hervor: Eine gute tiefe Ermahnung, und der Ermahnte beginnt ein neues Leben. ›Die Weisheitslehre dieser Knaben / sei ewig mir ins Herz gegraben‹, singt Tamino, Lehre mit Ermahnung verwechselnd. So leicht erschien es damals, Eigenschaften wie ›Standhaftigkeit‹, ›Duldsamkeit‹ und ›Verschwiegenheit‹ gleichsam aufzulesen. Dies allerdings waren Tugenden, die Wolfgang in hohem Maß zu eigen waren.

Immerhin, das Bild, das Leopold Mozart in einer seiner diversen Anwandlungen von Verzweiflung über die Weltfremdheit seines Sohnes für ihn entwirft, besitzt jene Anschaulichkeit der Alternative, wie wir sie in der Romantik wiederfinden und wie sie sich als populäre Sicht des Künstlerschicksals erhalten hat. Am 12. Februar 1778 schrieb er aus Salzburg an den zweiundzwanzigjährigen Wolfgang nach Paris:

> ... es kommt nur auf deine Vernunft und Lebensart an, ob du als gemeiner Tonkünstler, auf den die ganze Welt vergisst, oder als ein Berühmter Capellmeister, von dem die Nachwelt auch noch in Büchern lieset, – ob du von einem Weibsbild etwa eingeschäfert mit einer Stube voll nothleidenden Kindern auf einem Strohsack, oder nach einem Christ: hingebrachten Leben mit Vergnügen, Ehre und Nachruhm, mit allem für deine Familie wohl versehen, bey aller Welt in Ansehen sterben willst? ...

Wenn wir das Wort ›sterben‹ durch ›leben‹ ersetzen, so ist diese Alternative in der Tat nicht übel dargestellt: die notleidenden Kinder, das Ende auf dem Strohsack - ein effektvolles Bild. Nur eben mußte es auf den Adressaten die Wirkung verfehlen, denn nichts und niemand, auch nicht sein Vater, hätten ihn von dem erwähnten ›Weibsbild‹ abgebracht, wenn sie ihn nicht schließlich selbst zurückgewiesen hätte: Aloisia Weber, damals sechzehnjährig, eine vielversprechende Sängerin, die Mozart zu einer großen Künstlerin machte. Vor allem aber war Leopold Mozart sich darüber nicht im klaren, daß seinem Sohn diese Wahl zwischen Glanz und Elend nicht gegeben war; vernunftbedingtes Abwägen stand nicht in Wolfgangs Macht. Die Zeichen standen von Anfang an auf Selbstruin. Das freilich konnte auch sein Vater nicht ahnen:

Er hatte Wolfgangs Karriere im Auge, die größtmögliche Ausnutzung der außerordentlichen Fähigkeiten, wie Leopold sie sah. Nur eines sah er eben nicht: Das Genie, seine inneren Zwänge und die Unbelehrbarkeit seines Willens.

LEOPOLD MOZART würde uns heute weniger interessieren, wäre nicht Wolfgangs Leben bis zu einem späten Stadium von ihm beherrscht gewesen. Mit der dritten Lebensdekade nahm zwar der Einfluß des Vaters ab, aber der Gehorsam des Sohnes hielt sich weiter, zumindest als vordergründig bewußter Vorsatz. Objektiv gesehen, war er immer nur widerwillig geleistet worden, doch dessen war der Gehorchende sich nicht bewußt. Der Bruch ereignete sich am 9. Mai 1781, als Wolfgang den Dienst beim Erzbischof Colloredo kündigte, er wurde manifest und irreparabel, als er am 4. August 1782 Constanze Weber heiratete. Von diesem Zeitpunkt an waren beide einander entfremdet, obgleich sie das neue Verhältnis mehr oder minder gut überspielten, und es bleibt erstaunlich, was Konvention, Gewöhnung, und auf Wolfgangs Seite Rücksicht, hier noch überbrücken konnten. Es ist zweifelhaft, ob das volle Maß dieser Entfremdung Wolfgangs Bewußtsein überhaupt jemals erreicht oder ob es nur als eine nicht zu definierende Irritation in ihm gewirkt hat. Bei Leopold offenbarte sie sich später immer wieder in kaustischen, oft wegwerfenden Bemerkungen in den Briefen an seine Tochter Nannerl, in denen der Sohn niemals anders als ›dein Bruder‹ erscheint; denn auch das Nannerl betrachtete Constanze als weit unter dem Niveau der Familie Mozart stehend; darüber befand sie sich im Einverständnis mit ihrem Vater. Daß ihr Bruder mit seiner Constanze, zumindest ein paar Jahre lang, um einiges glücklicher war, als sie mit ihrem Freiherrn Berchtold zu Sonnenburg, hat sie wohl nicht wahrgenommen. Es hätte auch ihre Einstellung kaum geändert.
Leopold Mozart ist für uns heute schwer zu beurteilen. Nicht etwa, daß auch um ihn der Atem einsamer Größe geweht hätte; im Gegenteil: Er hatte weder Größe noch das Gespür für Größe in anderen. Er maß sie, vor allem Kollegen, wohl an ihrem Können, aber auch an ihrem Erfolg und ihrer Durchsetzungskraft, und er ist Zeit seines Lebens nicht über die Spekulation hinausgekommen, wie man ihre Erfolge zugunsten seines Sohnes schmälern

könne, was wir ihm freilich nicht zum Vorwurf machen wollen; trotz der Entfremdung hat er bis zu seinem Tod ein niemals nachlassendes Interesse für Wolfgangs Arbeiten, für seine Arbeitsmethodik, die kompositorischen und dramatischen Konzepte und ihre Resultate gezeigt. So war denn auch für Wolfgang dieses Thema der rettende Ausweg: Arbeitsbericht, Probenprotokoll, und hin und wieder die Frage nach dem Urteil des Vaters.

Schwer zu fassen aber ist Leopold vor allem deshalb, weil es uns kaum noch gelingen mag, an diesem ehrgeizigen, im Grunde lauteren und überdurchschnittlich gebildeten fürstlichen Angestellten festzustellen, was von seinen Zeugnissen der Selbstäußerung, die sich ausgiebig und mit großer Präzision artikuliert, einer Weltsicht entsprang, einer an seinem Verhältnis zur Mitwelt sich manifestierenden Eigenart, und was seinem subalternen Naturell. Was war Konvention und was Heuchelei? Was Frömmigkeit oder Frömmelei? Denn wie auch immer seine großen Qualitäten geartet waren, er blieb im Grunde eine Lakaiennatur mit starkem Hang zu devoter Anpassung, wenn nicht gar zu Duckmäuserei, die sogar manchmal in Intrigantentum ausartete; auch den Ton eines Don Basilio hat er beherrscht. Einer seiner liebsten Ratschläge an seinen Sohn war denn auch, sich ›einzuschmeicheln‹, entweder beim Kurfürsten in Mannheim, indem er sich zunächst einmal die Gouvernante der Kinder recht zur Freundin mache (Brief vom 8. Dezember 1777) oder bei der Gräfin Baumgarten in München (20. November 1780) oder bei Kollegen, die ihm von Nutzen sein können: ›In Manheim hast du sehr wohl gethann dich bey dem H: ⟨Canabich⟩ einzuschmeicheln‹ (Brief vom 12. Februar 1778). Anpassung, um das Gewünschte zu erreichen, bestimmte seine Haltung und seine Mitteilung, ohne viel Rücksicht darauf, daß diese, ihm wohl geläufige Methode für seinen Sohn anders aussehen könne. Selbstverständlich wünschte er, daß der Sohn sein Handwerkszeug optimal anwende, daß er zum homo faber werde, freilich als die höchste Verkörperung; vor allem aber, daß er im erforderlichen Stil komponiere. Am 11. Dezember 1780 schrieb er ihm nach München:

Ich empfehle dir Bey deiner Arbeit nicht einzig und allein für das musikalische, sondern auch für das *ohnmusikalische Publikum* zu denken, – du weist es sind *100 ohnwissende* gegen *10 wahre Kenner,* – vergiß also das so genannte *populare* nicht, das auch die *langen Ohren* Kitzelt.

Wie Wolfgang diese Ermahnung aufgenommen hat, ob er es im ›Idomeneo‹ beherzigt hat, können wir nicht beurteilen. Jedenfalls muß Leopold befürchtet haben, daß sein Sohn sich Publikum und Mitwirkende zu Feinden machen könne. Am 25. Dezember schrieb er:

> Suche nur das ganze Orchester bey guter Laune zu erhalten, ihnen zu schmeicheln und sie durch die Bank mit Lobeserhebungen Dir geneigt zu erhalten; denn ich kenne Deine Schreibart . . .

Leopold fürchtete immer das – für ihn – Schlimmste: die Auflehnung gegen das von höherer Seite Gewünschte, und zu dieser Befürchtung hatte er ja auch guten Grund.

Es fällt uns heute schwer, gewisse kollektive Züge in der Mentalität eines Untertanen zur absolutistischen Spätzeit zu rekonstruieren, und Leopold Mozart war nicht nur der Prototyp des Untertan, um so mehr, als er in ständiger Berührung mit Fürsten war, zuerst als Befehlsempfänger, später als Abhängiger ihrer Gunst; er hat von seinem Leben auch niemals anderes erwartet. In gewisser Weise ist Leopold Mozart der einzigartige Fall eines Mannes, der, obgleich in der gesellschaftlichen Hierarchie an unbedeutender Stelle, sein Schicksal nach genau definierbaren Prinzipien zu ordnen verstand und konsequent der Verfolgung eines Zieles lebte, um das er freilich, in seiner Sicht, betrogen wurde. Ein ästhetisch aufgeschlossener Mann, empfänglich für Kunst, die er allerdings mehr akkumulativ als differenzierend registrierte – Michelangelo in Rom, ›die schönsten Malereyen von Rubens‹ in Brüssel –, dennoch ein guter Schilderer des Lebens, wie er es sah und, trotz mancher kleinbürgerlicher Beschränktheit, über die meisten seiner gleichgestellten Zeitgenossen erhaben, was er sie auch spüren ließ; sein Urteil war überheblich, wenn auch oft durch Humor gemildert. Die Skala dieses Humors erstreckte sich vom Ordinären bis zur Parodie seiner eigenen Schwächen, vor allem seiner Besserwisserei. Dem Drucker seiner ›Violinschule‹, Jakob Lotter in Augsburg, drohte er an, er werde sich mit seiner Frau in Verbindung setzen und ihr den Rat geben, ihrem Mann ›das nächtliche Geigen-Exerzitum‹ zu versagen, bis die Neuauflage gedruckt sei. Offensichtlich hat sich Herr Lotter das nicht verbeten, denn Leopold kam auf diese Anzüglichkeiten noch mehrmals, rondo-artig, zurück. ›ita Clarißimus Dominus Doctor Leopoldus Mozartus‹, so schrieb er in einem Brief an seinen Sohn in München (4. Dezember 1780), in dem er ihm fünfzig Zeilen lang wahrhaftig ans Absurde grenzende minutiöse diätetische Ratschläge gegen den ›Catharr‹ gab; daß er sich hier parodierte, bedeutet nicht, daß er sich nicht als unfehlbaren Ratgeber auch in medizinischen Dingen sah, ja, er konnte es sich nicht versagen, diese Ratschläge auch noch post mortem zu erteilen, und tragikomisch, wenn nicht makaber, wirkt es auf uns, wenn er, die Nachricht vom Tod seiner Frau vorausahnend, dem Sohn nach Paris schreibt (13. Juli 1778), wie man sie hätte behandeln sollen:

Sollte nun dieses Unglück vorgefahlen seyn, so bitte H: Baron v Grimm, daß du deiner Mutter sachen alle zu ihm in verwahr bringen därfst, damit du nicht auf gar so viel Sachen achtung zu geben nothwendig hast: oder versperre alles recht gut, den wenn du ganze täge oft nicht zu Hauß bist, kann man ins zimmer brechen und dich ausrauben. Gott gebe, daß alle diese meine vorsorge unnötig ist: an dieser kennest du aber deinen Vatter. Mein liebes Weib! mein lieber Sohn! – da Sie einige Täge nach der Aderlaß unbäßlich geworden, so muß sie sich schon seit dem 16 oder 17 Junii krank befinden. ihr habt doch zu lang gewartet – Sie hat halt geglaubt es wird durch Ruhe im Bette – durch diäte, – durch aigene Mittl besser werden, ich weis wie es geht, man hoft und schiebt von heut auf morgen: allein, mein lieber Wolfg: das Laxiern bey Hitzen erfordert augenblicklich einen Medicum um zu wissen, ob man die Hitzen benehmen oder noch lassen muß, da die abkühlenden Mittel noch mehr Laxiren machen: und stellt man den durchlauf zur unrechten Zeit, so geht die Materia peccans in einen Brand. – Gott! Dir sey alles überlassen.

LEOPOLDS INNERE ZWIESPÄLTIGKEIT rührte nicht zuletzt aus der Spannung zwischen Stellung und Streben her: und doch scheint er sich über diese Stellung, nämlich des zweiten Kapellmeisters, niemals wirklich beklagt zu haben. Vermutlich hätte er als erster versagt, dazu waren seine anderweitigen Interessen zu weit gefächert. Es verlangte ihn buchstäblich nach Aufklärung; nicht zuletzt war er ein aufgeschlossener Beobachter, der alle wissenschaftliche Neuerung wach und genau verfolgte, er besaß die jeweils neuesten Meßinstrumente, ein Mikroskop, ein ›Sonnenmikroskop‹: Er war, neben allem, ein potentieller Forscher.

So wäre er uns, trotz seiner, wie man rühmt, ›trefflichen‹ Violinschule, unbekannt geblieben, wäre er nicht Wolfgangs Vater gewesen, sein Lehrer, Mentor, Ratgeber und – zwar selbsternannter, aber ehrlicher und hingebungsvoller – Freund. Er hat sein Leben der Aufgabe gewidmet, aus seinem Sohn einen bedeutenden Musiker zu machen, so wie er es verstand. Der Entschluß, auf die Verwirklichung eigener Ambitionen zu verzichten, mag zu einem gewissen Teil auf der Einsicht beruht haben, daß er selbst zu mediokcr war, es weit über seine Stellung hinauszubringen. Die Tatsache, daß er sein Leben lang Vizekapellmeister blieb, lag aber wohl eher als an seiner Beschränkung daran, daß es am Erzbischöflichen Hof keine Vakanz für ihn gab; zu Leopolds Leidwesen, und zu Wolfgangs sich akkumulierender Wut, wurden darin die ›Welschen‹ den ›Teutschen‹ vorgezogen. So übertrug der Vater seinen Ehrgeiz auf den Sohn, ein Vorgang der Identifikation, wie er auch heute noch bei Eltern stattfindet, die in ihren Kindern eigene unerreichte Ideale und Ziele zu verwirklichen suchen, ein Plan, der meist scheitert und wohl kaum jemals so erfolgreich war, wie im Falle Mozart. Und so wird denn Leopolds Hingabe erklärlich, sogar selbstverständlich. Er hat seinem Sohn, subjektiv gesehen, beträchtliche Opfer gebracht. Zwar hat er es ihm mit dem Zwangspensum, zumal auf den ausgedehnten Reisen in Italien von 1769 bis 1773, nicht leicht gemacht, sein Sohn mußte mitunter an seinen Aufträgen arbeiten, bis ihm die Augen zufielen, doch ändert das nichts an der gerechten, und ebenso selbstgerechten, Ansicht Leopolds, daß er sich für seinen Sohn geopfert habe. Ob er uns gefällt oder nicht, es ist sinnlos, ihn mit Affekt zu betrachten und für oder gegen ihn Partei zu nehmen, wie es meist getan wurde. Diese eigentümliche Starre, die eherne Meinung, das Rechte zu tun und getan zu haben, ist auch seine Stärke. Die subjektive Befriedigung, vor sich selbst und vor Gott, für seinen Sohn das beste zu wollen und zu tun, können wir ihm nicht verübeln. Allerdings bekam es Wolfgang denn auch in den kritischen Perioden zur

Genüge zu hören, vor allem in Paris, wohin der Vater Hunderte von Seiten vergeblicher Ermahnungen schrieb. Er muß Nächte hindurch geschrieben haben, denn zu dieser Zeit maß er seinen Mahnungen noch Wirksamkeit bei und meinte, den Sohn aus der vermeintlichen Lethargie erwecken zu können. So schrieb er am 20. Juli 1778:

> ... denn ich glaubte immer du solltest mich eher als deinen besten freund als für einen vatter ansehen; indem hundert Proben hast, *daß ich in meinem Leben mehr für dein Glück und vergnügen, als für das meinige besorgt war;* ...

Streichen wir das Wort ›vergnügen‹, dem hier wohl eine andere, zeitbedingte, Bedeutung zukommt, so läßt sich nicht leugnen, daß der Vater von seinem Standpunkt aus Recht gehabt hat. Wir können ihm unser Mitgefühl nicht versagen. Am 12. Februar 1778 schrieb er nach Paris:

> ... denke nach ob ich dich nicht allzeit freundschaftlich behandelt, und wie ein diener seinen herrn bedient, auch dir alle Mögliche Unterhaltung verschaft, und zu allem ehrlichen und wohlanständigem Vergnügen, oft mit meiner aigenen grossen unbequemmlichkeit geholfen habe? – –

Hier klingt verzweifelte Machtlosigkeit an, und jener Mangel an Einsicht, daß es sinnlos sei, an den Verstand seines Sohnes zu appellieren; es ist zweifelhaft, ob Wolfgang der Aufforderung, nachzudenken, gefolgt ist. ›... deine Vernunft aber wirst du immer zu rathe ziehen ...‹, hatte der Vater ihm noch eine Woche zuvor geschrieben (5. Februar 1778), mit mehr Hoffnung als Überzeugung, doch leider ist er eben niemals zu der Erkenntnis gelangt, daß die Vernunft das Letzte war, was Wolfgang jemals zu Rate ziehen würde.

FÜR DIE NACHWELT wird das Bild Leopold Mozarts immer ambivalent bleiben. Er war gewiß ein Pragmatiker, und wenn er seinen Sohn in Berührung mit den neuesten Strömungen der Musik halten wollte, so tat er es, um bei ihm mehr Breite als Tiefe zu erlangen, es galt, aktuell zu bleiben. Gewiß hat er ihn nicht zum ›großen Musiker‹ erziehen können – der Begriff der ›Größe‹ paßte kaum in ein Gehirn seiner Zeit und seiner Welt –, doch ging er mit der Dressur aller Potentialitäten des Wunderkindes vielleicht allzu weit. Er hat es als seine Pflicht betrachtet, den Menschen, und unter ihnen vor allem den Fürsten, und bei rechter Konstruktion auch Gott gegenüber seinen Sohn als ein Wunder darzustellen, und das bedeutete Vorführung an den Höfen Europas als einen fehlerlos funktionierenden Mechanismus, gewiß einen menschlichen, aber einen, der technisch auch unter widrigen Bedingungen unbedingt verläßlich zu sein hatte, bis in alle Äußerlichkeiten hinein, ja, bis in die optische Erscheinung, die beim jeweiligen Publikum ungläubiges Erstaunen und Rührung hervorzurufen hatte. Wie Thomas Manns Wunderkind Bibi Saccellaphylaccas ließ auch Wolfgang jegliche Dressur über sich ergehen, wahrscheinlich sogar gern. Er kannte es nicht anders und verlangte nicht nach anderem. Den Hang zu gewissen Äußerlichkeiten, zu prunkvoller Aufmachung, zu schönen Knöpfen, Schuhschnallen, Litzen und Borten, hat er sein Leben lang beibehalten, in retrospektivem Verlangen nach dem Wunderkind seiner Vergangenheit, in Unbefriedigung über die Unansehnlichkeit des Mannes in sich, und die Befriedigung dieses Hanges dürfte auch zu seinem späteren finanziellen Ruin erheblich beigetragen haben. In gewisser Weise hat er sich immer nach seiner Wunderkindheit zurückgesehnt, nach Erfolg in England und gewiß auch nach jener Geborgenheit, die sein Vater ihm gewährt hatte: Doch der Vater der Erinnerung wurde zunehmend ein anderer, eine imaginäre Idealgestalt; er war nicht die dominierende Autorität, die Rechenschaft forderte und die Rechnung für seine Opfer präsentierte.

Immer war sich Leopold darüber im klaren, daß er das Kindesalter seines Sohnes und seiner Tochter ausnützen müsse, denn allzubald würden sie Musiker wie alle anderen sein, Wolfgang wahrscheinlich zwar besser, aber der kindliche Glanz und damit das Wunder wären damit dahin. So schrieb er am 11. Mai 1768 aus Wien an Lorenz Hagenauer:

... oder sollte ich vielleicht in Salzb: sitzen in lehrer hofnung nach einem bessern Glück seufzen, den Wolfgang: groß werden und mich und meine Kinder bey der Nase herumführen lassen, bis ich zu Jahren komme, die mich eine Reise zu machen verhindern, bis der Wolfg: in die Jahre und denjenigen Wachsthum kommt, die seinen Verdiensten die Verwunderung entziehen? ...

Wie immer man diese Briefstelle betrachtet: sie wirft kein sehr schönes Licht auf Leopold. Freilich finden sich solche Äußerungen später, als der Sohn dem Alter des Wunderkindes wirklich entwachsen war, nicht mehr, Leopold fand sich damit ab, und sein Ehrgeiz wurde durch den vernünftigeren Wunsch abgelöst, den Sohn an einem der Fürstenhöfe als Hofmusiker unterzubringen, vor allem aber vor allzu extravaganten Abenteuern zu bewahren, wie einer Reise mit der Familie des heruntergekommenen Musikers und Notenkopisten Fridolin Weber, als Begleiter und Impresario der begabten Tochter Aloisia, der zweiten. Die dritte, Constanze, hat Wolfgang in seinen Briefen aus Mannheim niemals erwähnt. Offensichtlich interessierte sie ihn nicht, obgleich sie, fünfzehnjährig, für damalige Verhältnisse kein Kind mehr war. Vor dieser Ahnung also blieb Leopold verschont.

Wahrscheinlich hätte der Vater es am liebsten gesehen, wenn Wolfgang in Salzburg zu Ehren gelangt wäre; es hätte Glanz auf Salzburg geworfen, er hätte den Sohn unter seiner Obhut gehabt, als Stütze seines Alters, nicht zuletzt materiell. Nur eben betrieb er alle seine Manipulationen mit allzu autoritärem Eifer, allzu genauer Beobachtung, die auf alle Symptome einer möglichen Selbständigkeit des Sohnes blitzartig reagierte. Denn Wolfgangs Pläne waren ihm furchtbar, wirr und weltfremd, und, wahrhaftig, nicht völlig zu Unrecht. Wir können von einem Mann wie Leopold kaum die Einsicht verlangen, daß eine Gestalt wie sein Sohn zu einem tragischen Schicksal verurteilt sei, wie immer er es auch zu bewältigen versuche. Wir verstehen gut, daß er gegen die Bindung an die Familie Weber aufs heftigste protestierte, sie paßte nicht in sein Konzept der Ehrbarkeit, und auch das vielleicht mit Recht. Das dominierende Motiv aller seiner Handlungen war allerdings immer die Befürchtung, daß Wolfgang ihm entgleite – eine Befürchtung, die sich ja auch alsbald als berechtigt herausstellte. Leopold Mozart kannte seinen Sohn immerhin gut genug, um hinter dem konventionellen, oft gequälten Stil der Briefe die objektive Wahrheit, wenn auch nicht zu erkennen, so doch zu ahnen, wozu ja auch, nach Jahren der Erfahrung mit ihm, kein allzu großer Scharfsinn gehörte. Als Wolfgang ihm am 4. Februar 1778 aus Mannheim schrieb, er wolle den Plan, mit dem Flötisten Wendling und dem Oboisten Ramm nach Paris zu gehen, doch lieber aufgeben, es seien zwar brave Leute, jener aber sei ›ohne Religion‹, dieser ein ›Libertin‹, so konnte sich der Vater vermutlich sehr wohl ausrechnen, daß für seinen Sohn weder Mangel an Religion noch Libertinage zureichende Gründe wären, einen vielversprechenden Plan fallen zu lassen; daß etwas anderes dahinterstecken mußte, was es ja auch tat, nämlich die Liebe zu Aloisia. Leopold Mozart war klug. Aber er war nicht klug genug, um sich vor Augen halten zu können, daß ihm dieser Sohn früher oder später restlos entgleiten würde: daß sich in ihm, genährt eben durch den jahrelangen Gehorsam und die extreme Rücksicht, jener Widerstand aufhäufen würde, der nicht mehr nach Recht oder Unrecht fragt. Diese psychologische Einsicht hätte damals wohl niemand gehabt, und aus Erfahrung hat auch Leopold niemals gelernt. Er muß wohl mit dem Gefühl gestorben sein, daß sein Sohn ihm Unrecht getan und daß er Undank von ihm geerntet habe.

Noch unverständlicher erscheint es uns rückblickend, daß Leopold Mozart, der wegen seines Salzburger Dienstes seinen Sohn nicht nach Mannheim und Paris begleiten konnte, genug Vertrauen in Wolfgangs Durchsetzungskraft hatte; daß er ihn ohne strenge Überwachung ziehen ließ; auf eine Reise immerhin, die auf viele Monate angelegt war und eigentlich mit einer Anstellung in Paris enden sollte; eine Reise, die sich denn auch mit den diversen, gegen Ende immer absichtlicher werdenden, Verzögerungen auf beinah eineinhalb Jahre hindehnte. Dazu noch in Begleitung der Mutter, von der ihr Mann gewußt haben muß, daß sie nicht genug Urteilskraft besaß, um den abenteuerlichen Plänen des Sohnes mit stichhaltigen Argumenten zu begegnen. Sie hat es denn auch niemals vermocht, und wir können sie auf dieser Reise eigentlich nur als das Opfer ihres Sohnes betrachten, mehr ergebene Dienerin als Aufpasserin.

ÜBER MOZARTS VERHÄLTNIS ZU SEINER MUTTER wissen wir nicht mehr als was wir in Biographien über die Beteuerungen des herzlichen Familienlebens gelesen haben, das wir zwar nicht bezweifeln wollen, an dem aber doch wohl die beiden Frauen, die Mutter und das Nannerl, mehr passiven Anteil hatten, mehr Mitspieler als Initianten waren. Sie soll eine schöne Braut gewesen sein, was freilich auf dem seltsamen Konterfei, dem ebenso berühmten wie minderrangigen Bild der musizierenden Familie Mozart, 1780–1781 von Johann Nepomuk della Croce in Salzburg gemalt, nicht mehr erkenntlich ist. Musizierend war sie auf ihm nicht unterzubringen, zudem war sie damals schon tot, daher hängt ihr Portrait als Oval an der Wand – eine beinah komische Verlegenheitslösung –, und blickt auf die Familie herab, ziemlich mißmutig, was sie im Leben nicht gewesen ist. Wahrscheinlich hat sie kein Instrument gespielt, vielleicht war sie unmusikalisch. Gewiß ist sie eine gute Frau gewesen, jedenfalls ist nichts Gegenteiliges bekannt; wir sehen sie warmherzig, gemütvoll, unbedeutend. Sie verfügte weder über die Weltklugheit ihres Mannes, noch über seine utilitaristischen Gaben, hätte sie auch niemals anwenden müssen, denn Leopold war zwar ihr Herr, aber auch ihr ergebener Betreuer. In ihrer hausbackenen Derbheit war sie wohl nur begrenzt gesellschaftsfähig, wenngleich sie aus respektabler Familie kam; sie war die Tochter des Pflegskommissärs von St. Gilgen, Wolfgang Nicolaus Pertl, der also jenes Amt innehatte, das später Nannerls Mann erhielt, der immerhin von Adel war. Dennoch scheint sie keine Bildung gehabt zu haben, ihre Orthographie und ihr Stil waren, selbst wenn man Zeit und Herkunft berücksichtigt, einigermaßen ungeläutert.

... übrigens hoffe das du dich und die nanerl gesund befindest, was macht dan mein bimperl, ich habe schon lange nichts von ihme gehert, das die frau oberpreitherin so schnell gestorben, bedaure von herzen, ietz wird woll der freile tonerl das Maul wassern ... (An ihren Mann, 31. Oktober 1777 aus Mannheim) Auch war ihr die Fäkalsphäre geläufig, und solang sie auf ihrer großen Reise mit ihrem Sohn noch zum Scherzen aufgelegt war, hat sie reichlich in den entsprechenden Wortschatz gegriffen.

... adio ben mio leb gesund, Reck den arsch zum mund. ich winsch ein guete nacht, scheiss ins beth das Kracht, es ist schon über oas iezt kanst selber Reimen ... (An ihren Mann, 26. September 1777 aus München)

Dies etwa ist die Ebene des Humors der damals immerhin dreiundfünfzigjährigen Anna Maria Mozart. Auf dieser Ebene traf sie sich denn auch mit ihrem Sohn. Die beiden müssen auf ihrer großen Reise viel von Verdauungsfunktionen gesprochen haben, hier, und vielleicht nur hier, hatten sie ein variables gemeinsames Thema. Bezeichnenderweise ist denn auch, außer den konventionellen Grußbotschaften von den frühen Italienreisen, der einzige überlieferte Brief des Sohnes an die Mutter überhaupt ein Gedicht, das er ihr am 31. Januar 1778 aus Worms nach Mannheim schickte, in dem er ihr alles, was er zu sagen hatte, anhand analer Funktionen mitteilte. Auf dem Rückweg von Kirchheimbolanden, wohin er mit Vater Weber und Aloisia einen Abstecher gemacht hatte, um sich vor der Prinzessin Caroline von Nassau-Weilburg zu produzieren, offensichtlich in bester Laune geschrieben, vermittelt der Brief zwar keinerlei Information – ›Wir sind ietzt über 8 Täge weck / Und haben schon geschißen vielen Dreck . . .‹ –, dafür aber vage Zukunftspläne – ›. . . Und das Concert spar ich mir nach Paris / Dort schmier ichs her gleich auf den ersten Schiß . . .‹ –; auf jeden Fall entspricht es kaum dem vom Vater so dringlich geforderten sittlichen Ernst. Es ist in der Tat das einzige Zeugnis der Kommunikation mit der Mutter auf dieser Reise, außer der Erwähnung eines Gespräches mit ihr in einem der Briefe an das Bäsle (5. November 1777), doch auch hier nur wegen eines Furzes.

LEOPOLD MOZARTS ENTSCHLUSS, seinem Sohn die Mutter als Reisebegleiterin mitzugeben, erscheint uns heute unverständlich. Hat er wirklich geglaubt, ihre Gegenwart könne seine Autorität ersetzen; er könne aus der Salzburger Ferne die Fäden in der Hand behalten und die Pläne des Paares von dort aus dirigieren? Jedenfalls muß er ihr Fähigkeiten zugetraut haben, die sie offensichtlich nicht hatte. Ob sie selbst sich Autorität zutraute, ist nicht festzustellen. Wir können uns kaum denken, daß sie nicht selbst bald genug zu der Einsicht ihres Versagens gelangt sei. Der hartnäckigen Weltfremdheit ihres Sohnes hatte sie wohl kaum etwas entgegenzusetzen, das ihn zur Vernunft bringen würde, und sie muß es schon vorher gewußt haben. So hat sie sich eben notgedrungen und ungern aufgemacht, um neben ihrem Sohn zu reisen, willenlos bereit, ihm ins Verderben zu folgen, und starb in der Fremde, frustriert nach monatelanger Passivität, nach unüberzeugter und unvollkommener Erfüllung der ihr aufgelegten Pflicht oder zumindest dessen, was sie als Mutter für ihre Pflicht gehalten hatte: der Sorge für sein äußeres Wohl. Daß sie ihm geistig wenig zu bieten hatte, mag sie geahnt haben oder nicht. Wahrscheinlich war diese Prämisse nicht gegeben.

Mozart hat sich auf dieser Reise um seine Mutter nicht allzuviel gekümmert, weshalb ihm denn auch der Vater in seinen Briefen manchmal bittere Vorwürfe machte. Sie mußte wochenlang in dürftigen billigen Wohnungen verbringen, in dunklen und wahrscheinlich sanitär unzureichenden Quartieren, unsauber und im Winter ungenügend geheizt. Anscheinend hat sie es in Kauf genommen. Auch dieses In-Kauf-nehmen gehört zu jenen Rätseln der Hinnahme, die uns die unprivilegierten Menschen zur Zeit des Absolutismus aufgeben. Was sie den ganzen Tag getan hat, wissen wir nicht, Heimweh ist ja keine Beschäftigung. In den Briefen an ihren Mann hat sie redlich und loyal versucht, Wolfgangs entweder geringe oder zweifelhafte Erfolge zu glorifizieren. Hin und wieder freilich setzte sie ein kurzes Postskriptum hinter seine Berichte, dann nämlich, wenn er ausgegangen war, um Unterricht zu geben oder bei einem Gönner zu speisen oder lange gesellige Abende im Familienkreise des Kapellmeisters Cannabich zu verbringen; jedenfalls wenn sie allein war und sicher sein konnte, daß der Brief befördert würde, bevor Wolfgang heimkäme. Dann drückte sie verhalten ihre Sorge aus, immer ein unbegreifliches und unergründliches Muster an Ergebenheit. Es erscheint uns gewiß, daß sie die Tage bis zur Heimkehr, die sie nicht mehr erleben sollte, gezählt hat, sofern sie überhaupt zu zählen waren, denn die Pläne blieben vage, die projektierten Reisetermine veränderten sich. Einerseits mußte sie des Diktates ihres Mannes gewärtig sein, andrerseits der Willkür ihres Sohnes, für den sie, ohne daß er es sich eingestanden hätte, eine Belastung war. Er hat es sie bewußt nicht fühlen lassen, so wie sie es ihn nicht fühlen ließ, daß sie lieber zu Hause wäre. Ob ihre Gegenwart ihn vor Abwegen bewahrt oder diesen und jenen Erfolg, der gewiß mit einer Eskapade verbunden gewesen wäre, verhindert hat, läßt sich nicht beurteilen. Wenn sie unsere Bewunderung verdient, so vor allem als stumme oder verstummende Dulderin während langer Wochen, die nicht selten zu einem stillen Martyrium wurden, unter Aufgabe des eigenen Willens – sofern sie einen hatte – und gewohnt, sich zu fügen. Auch für sie gehörte der Fatalismus zum Teil des Lebensgefühls. › Wenn Gott will‹ sagten auch jene, die nicht aktiv an ihn glaubten.

In Paris ist sie denn auch gestorben. Man hat diesen Tod als einen
›Schicksalsschlag‹ (Einstein) für Wolfgang bezeichnet, die Reise als
eine ›Schicksalsreise‹ (Dennerlein), das Jahr, ebenso wie das Jahr
1787, in dem sein Vater starb, als ›Schicksalsjahr‹ (Abert). Als
bedürften wir dieser äußeren Anhaltspunkte, um die Kurve des
Lebens zu bezeichnen. Davon kann, wie wir feststellen werden,
nicht die Rede sein. Mozart hat zwar das Schicksal mehrmals
entscheidend provoziert, doch Schicksalsschläge im Sinne von
plötzlichen niederschmetternden Lebenszäsuren sind nicht festzustellen. Seine psychische Verfassung muß mehr als an menschliche
Bindungen an seine existenzielle Lage gebunden gewesen sein, und
diese verschlechterte sich nicht in Stufen, sondern allmählich.
Wohl hat es Augenblicke gegeben, in denen die Sicht auf seine
hoffnungslose Gegenwart als etwas scheinbar Unüberwindbares
sich vor ihm auftürmte, aber er schob das Angehäufte und das sich
weiter Anhäufende vor sich her, bis zu seinem Tod.

WIE IMMER DIE SENTIMENTALE LESART SEI: Da Mozart als Erwachsener – und hier in Paris wurde er, soweit die Terminologie dieser
Entwicklung auf ihn anwendbar ist, ein Erwachsener – keine tiefen
menschlichen Bindungen kannte, außer später an seine Frau Constanze, waren für ihn weder der Tod der Mutter noch der Tod des
Vaters entscheidende Schicksalsschläge. Wir können im Fall Mozart noch nicht einmal von jenem Objektverlust sprechen, der zu
den inneren passiven Vorgängen des Genies im allgemeinen gehört. Denn wir können nicht mit Bestimmtheit sagen, daß er nach
seiner Kindheit, also nach Beginn seiner Pubertät, über die er ja in
einem gewissen Sinn niemals hinausgekommen ist, jene Objekte
überhaupt besaß, die er hätte verlieren können. So erinnert ihn der
Vater in seinen oft verzweifelten Briefen nach Paris ebenso gezielt
wie vergeblich an die vielen kindlichen Liebesbezeugungen, die für
ihn, den Vater, ein Pfand und ein Versprechen darstellten, daß
diese Liebe ewig währen würde. Darauf aber wollte der Sohn
absolut nicht mehr reagieren, jenes Kind war er nicht mehr, so wie
auch Leopold nicht mehr jener Vater war. Und wenn Mozart später noch aus Paris nach dem Tod der Mutter beteuert, dem Vater und der Schwester eine aktive Stütze sein zu wollen – ›dencket,
daß ihr einen sohn habt – einen bruder – der all seine kräften

anwendet, um euch glücklich zu machen – . . .‹ (9. Juli 1778), so ist dies seine Art psychischer Kraftmeierei, die dem Augenblick entspringt und im Augenblick wieder zerrinnt; auch hier verfällt er in einen seiner artifiziellen Stile, für die sich genaue Schemata aufstellen lassen. Äußerst ungern – und sehr selten – verweilt er bei den unangenehmen Dingen, lieber hebt er sich mit einem Satz oder einem Sprung über sie hinweg, wie in demselben Brief, in dem es noch um den Tod der Mutter geht: ›. . . betten wir also einen andächtigen vatter unser für ihre Seele – und schreiten wir zu andern sachen, es hat alles seine Zeit . . .‹ In anderen Worten: Jetzt ist es aber endlich genug! Objektverlust des Genies? Wohl kaum. Die Mutter war, seit seiner Kindheit, kein Objekt mehr – übrigens sind keinerlei Liebesbezeugungen des Kindes Wolfgang ihr gegenüber bekannt, im Gegensatz zum Fall des Vaters. Die Stimme der Mutter hat nicht in sein Partitursystem gehört.

AM TODESTAG DER MUTTER, dem 3. Juli 1778, also im Alter von zweiundzwanzig Jahren, schrieb Mozart an seinen Vater aus Paris:
Nun gebe ich ihnen eine nachricht, die sie vielleicht schon wissen werden, daß nehmlich der gottlose und Erz-spizbub voltaire so zu sagen wie ein hund – wie ein vieh crepiert ist – das ist der lohn!
Hätte man Mozart gefragt: Der Lohn für was? – so hätte er wohl kaum zu antworten gewußt. Man fragt sich, was Voltaire für Mozart bedeutet haben könne. Sein Salzburger Brotherr, der Erzbischof Colloredo, theoretisch ein Anhänger der Aufklärung, praktisch eher ihr Gegner, besaß eine Portraitbüste des ›Erzspitzbub‹. Daß er sich diese Vorliebe leisten konnte, scheint darauf hinzuweisen, daß mitunter ein ›katholikos‹ noch im griechischen Sinne verstanden wurde. Andrerseits war die Büste von einem Tuch verhängt. Hätte Mozart, der den Erzbischof haßte, sie jemals gesehen, so wäre dies Grund genug gewesen, Voltaire zu hassen, denn er war ja weder ein Mann des wägenden Urteils noch ein Anhänger der Aufklärung, zumindest nicht zu dieser Zeit. Auch sein ein wenig halbherziger Betreuer in Paris, der deutsche Publizist Baron Melchior Grimm, war ein Anhänger Voltaires, doch wollen wir Mozarts mit Recht höchst ambivalente Gefühle diesem Gönner gegenüber nicht an der Beziehung zu Voltaire messen.

Wahrscheinlicher ist, daß er seinem, gerade zu dieser Zeit besonders strengen und daher anstrengenden Vater Leopold nach dem
Mund reden wollte, der zwar ebenfalls auf seine Weise ein Anhänger der Aufklärung war, dessen Verständnis allerdings zur Anerkennung einer Gestalt wie Voltaire nicht ausreichte. Übrigens
wußte er die Neuigkeit schon und hat diesen Tod wenige Tage zuvor (Brief vom 29. Juni 1778) kaum weniger lieblos kommentiert.

Wolfgang wünschte, es seinem Vater recht zu tun, denn es gab in
diesen Tagen so manches, was er bei ihm gutzumachen bemüht
war (wenn er wohl auch die Empfindung eines wahren Schuldge-
fühls in unserem Sinne nicht kannte): nämlich seine Unlust eben
zu jenen Konzessionen, die der Vater von ihm verlangte, und die
ihn nach dessen Berechnung in Paris zum Erfolg hätten führen
sollen. Vor allem aber galt es, den Vater auf einige Zukunftspläne
vorzubereiten, zu denen er seiner Zustimmung bedurft hätte, und
die der Vater, selbst in Wolfgangs euphorischer Berechnung, vermutlich verweigern würde und tatsächlich verweigert hat: eine
Heirat mit Aloisia Weber, und damit die Bindung an jene wenig
respektable Familie, noch nicht vollzogen, aber als ziemlich aus-
schweifendes und ebenso weltfremdes Projekt schon präsent: eine
Reise mit der Familie Weber nach Italien, um sich an den dortigen
Musikzentren zu produzieren, wobei Wolfgang gleichsam als Pro-
tektor auftreten würde. Eine abenteuerliche Rechnung, ohne den
Wirt natürlich, wie beinah alle Rechnungen Mozarts.

Wie immer man diese Briefstelle auch betrachtet – und ihre
Deutung bietet ja keine allzu große Variationsmöglichkeit –: Sie ist
ein Beispiel jener zahlreichen Äußerungen Mozarts, die als ›Schön-
heitsfehler‹, oder, schulmeisterlicher, als ›Makel‹ sich in Mozart-
Büchern bis heute behaupten, in retrospektivem Bedauern, daß
man eben leider über sie nicht gänzlich hinwegsehen könne (wie
gern hätte man es getan!). Selbst Einstein empfindet diese Stelle als
›Flecken in seinen Briefen‹, findet überhaupt beim ›Menschen
Mozart‹ manches ›befremdlich‹ oder ›bedauerlich‹. Da wir Mozart
nicht zwei Seelen zuerkennen, sondern entweder viele oder nur
eine gewaltige, quasi pluralistische, finden wir bei ihm nichts
bedauerlich, befremdlich dagegen alles. Wir vergessen unser Maß,
wenn wir ihm Zensuren erteilen, seine Fehlbarkeit beklagen, so als
sei auch das Genie verpflichtet, auf allen Gebieten den Maßstab zu

setzen, auch auf dem des täglichen Lebens, ein Gebiet, das ihm fremd ist. Es kann nicht oft genug betont werden: Wir sind alle Nutznießer einer scheinbar überreichen Dokumentation und fallen bei Mozart gierig über jene Fülle der Anhaltspunkte her, die wir bei anderen großen Männern zu und vor seiner Zeit entbehren. Wo ihr Dunkel vulgär-biographischer Fiktion Vorschub leistet, fordert die scheinbare Helle um Mozarts Umstände, die wir mit Helle um seine Psyche verwechseln, zum Exzeß an Interpretationslust heraus, und damit zu zweifelhafter Wertung, eben jener Legendenbildung, die, in Wechselwirkung zwischen ›Mensch und Musik‹, alles bis zum Tonartenkreis zum Beweismittel zu machen sucht.

GEWISS SOLL DER TON einer solchen Briefstelle weder entschuldigt noch beschönigt werden, denn wir haben uns dieserart Notierung im positiven wie im negativen Sinn zu versagen. Der Brief durchläuft eine weite Skala von Themen: Beginnend mit der schweren Krankheit der Mutter wird gleichsam als Omen der Wille Gottes heraufbeschworen, dem es vielleicht gefallen möge, sie zu sich zu nehmen; dann geht er über zur Aufführung einer neuen Sinfonie (K. 300a, D-Dur, die ›Pariser‹), deren Erfolg beim Konzert im Schweizersaal der Tuilerien er, nachdem er – merke auf, Leopold Mozart! – einen Rosenkranz gebetet habe, im Café bei einem guten Gefrorenen gefeiert habe, und vieles mehr. Was der Brief verschweigt, ist, daß die Mutter zur Zeit des Schreibens bereits drei Stunden tot war.

Freilich schrieb er unmittelbar darauf jenen berühmten Brief an den Familienfreund, den Abbé Bullinger:

Allerbester freünd! Paris ce 3 julliet
für sie ganz allein. 1778
Trauern sie mit mir, mein freünd! – dies war der Trauerigste Tag in meinen leben – dies schreibe ich um 2 uhr nachts – ich muß es ihnen doch sagen, meine Mutter, Meine liebe Mutter ist nicht mehr! – gott hat sie zu sich berufen – er wollte sie haben, das sahe ich klar – mithin habe ich mich in willen gottes gegeben – Er hatte sie mir gegeben, er konnte sie mir auch nehmen. stellen sie sich nur alle meine unruhe, ängsten und sorgen vor die ich diese 14 täge ausgestanden habe – sie starb ohne das sie

etwas von sich wuste – löschte aus wie ein licht. sie hat 3 täge vorher gebeichtet, ist Comunicirt worden, und hat die heilige öehlung bekommen – – die lezten 3 täge aber phatasirte sie beständig, und heüt aber um 5 uhr 21 minuten griff sie in Zügen, verlohr alsogleich darbey alle empfindung und alle sinne – ich druckte ihr die hand, redete sie an – sie sahe mich aber nicht, hörte mich nicht, und empfand nichts – so lag sie bis sie verschied, nemlich in 5 stunden um 10 uhr 21 minuten abends – es war niemand darbey, als ich, ein guter freünd von uns | den mein vatter kennt | H: Haina, und die wächterin – die ganze kranckheit kann ich ihnen heüte ohnmöglich schreiben – ich bin der Meynung daß sie hat sterben müssen – gott hat es so haben wollen. ich bitte sie unterdessen um nichts als um das freünd=stück, daß sie meinen armen vatter ganz sachte zu dieser trauerigen nachricht bereiten – ich habe ihm mit der nehm-lichen Post geschrieben – aber nur daß sie schwer krank ist – warte dann nur auf eine antwort – damit ich mich darnach rich-ten kann. gott gebe ihm stärcke und muth! – mein freünd! – ich bin nicht izt, sondern schon lange her getröstet! – ich habe aus besonderer gnade gottes alles mit standhaftigkeit und gelassen-heit übertragen. wie es so gefährlich wurde, so batt ich gott nur um 2 dinge, nemlich um eine glückliche sterbstunde für meine Mutter, und dann für mich um stärcke und muth – und der gütige gott hat mich erhört, und mir die 2 gnaden im grösten maaße verliehen.

ich bitte sie also, bester freünd, erhalten sie mir meinen vatter, sprechen sie ihm muth zu daß er es sich nicht gar zu schwer und hart nimmt, wenn er das ärgste erst hören wird. Meine schwe-ster empfehle ich ihnen auch von ganzen herzen – gehen sie doch gleich hinaus zu ihnen, ich bitte sie – sagen sie ihnen noch nichts daß sie Tod ist, sondern prepariren sie sie nur so dazu – Thun sie was sie wollen, – wenden sie alles an – machen sie nur daß ich ruhig seyn kan – und daß ich nicht etwa ein anderes unglück noch zu erwarten habe. – Erhalten sie mir meinen lieben vatter, und meine liebe schwester. geben sie mir gleich antwort ich bitte sie. – Adieu, ich bin dero

gehorsamster danckbarster diener
Wolfgang Amadè Mozart.

Dieser Brief gilt als ›erschütterndes Dokument‹, als ›das herrlichste Denkmal kindlicher Liebe‹, das der Mutter Bild ›unauslöschlich in die Herzen der Nachwelt präge‹ (Paumgartner). Uns erscheint es eher, als halte sich Mozarts Erschütterung innerhalb der Grenzen barocker Konvention. Man spürt, daß einige Librettisten der Opera seria daran mitgeschrieben haben: Der Ausdruck des tragischen Inhalts ist an Vorbildern modelliert. ›Trauern sie mit mir, mein freünd! – dies war der Trauerigste Tag in meinen leben‹, angesichts dieses einleitenden Ausrufes werden wir an einen Brief gemahnt, den er dreizehn Jahre später (11. Juni 1791) an Constanze schrieb: ›Criés avec moi contre mon mauvais sort!‹, nur handelte es sich dort um ein abgesagtes Konzert. Der Brief an Bullinger mündet denn auch sofort in die Evokation höherer Mächte, deren sich Mozart gerade und vor allem zu dieser Zeit nur allzu gern bediente. ›. . . ich bin der Meynung daß sie hat sterben müssen – gott hat es so haben wollen . . .‹, schreibt er, mit jener wenig überzeugenden fatalistischen Gebärde, die jedoch keineswegs Kaltherzigkeit bedeutet, sondern mangelnde Verwurzelung mit den Vordergründigkeiten und den Notwendigkeiten des Lebens, zu deren Ausdruck er ja stets in den Bereich des Artifiziellen, Deklamatorischen geflüchtet ist.

Betrachten wir diesen Brief im Autograph, so haben wir hier ein kalligraphisches Schmuckstück vor uns: so schön, als habe es gegolten, auf einem besonderen Gebiet ein exemplarisches Dokument für die bewundernde Nachwelt aufzustellen.[27] Gewiß erse-

---

27 Annette Kolb sieht in dem Brief die ›herrlichen, in Kummer getränkten Buchstaben‹. Auch für sie wird Mozarts Reaktion auf diesen ›Schicksalsschlag‹ zum Anlaß zu Poesie: ›Aber wer kann sagen, was in der Seele eines Künstlers wie Mozart das Erdreich seiner Seele für Überraschungen vorbehält, welche Keime infolge eines Erlebnisses es hochtreibt?‹ Und sie findet die Antwort: ›Der leichtlebige, genußfreudige und zu Späßen aufgelegte Mozart, er allein ist hier der Realist, der Zünftige, der Kenner. Keiner maß so fühlenden Sinnes jenen alles verschlingenden Abgrund, in den er die gute Frau Mozart gerissen sah, weg von den Ufern, mit welchen sie so eins, auf welchen sie so heimisch war, wo ein Salzburg stand unter dem Gewölk des Himmels, und wo die Gespräche herrschten über die Ereignisse des Tages, die Liebe, die man für die Seinen hegt, und das Bölzelschießen, die Worte hin und her und das Lachen im Zusammensein mit den Freunden und die Unterhaltung über die Butterpreise.‹ Annette Kolb: ›Mozart‹,

hen wir aus den meisten Handschriften Mozarts eine besondere
Art der Beherrschung. Doch entnehmen wir manchen seiner
Briefe aus dem Jahr 1781, das wir mit weitaus mehr Berechtigung
ein ›Schicksalsjahr‹ nennen würden – das Jahr des endgültigen
Bruches mit dem Erzbischof –, wie sehr seine Handschrift auch
seinen inneren Aufruhr wiedergeben konnte, wenn er wirklich
erschüttert war; der Brief vom 9. Mai 1781 an seinen Vater,
beginnend mit dem Ausbruch der Wut: ›Ich bin noch ganz voll der
Galle! – ‹, demonstriert diese Galle, er verleugnet die Beherrschung ganz und gar. Hier wird die Schrift chaotisch und unbe-
herrscht: ein Duktus, ›wie er in Beethoven zu höchster Vollendung
gelangte‹.

WENIGE TAGE SPÄTER teilte Wolfgang dann selbst dem Vater den
Tod nochmals mit. Leopolds Antwort (13. Juli 1778) zeigt uns die
immer wieder überraschende Intelligenz dieses ungewöhnlichen
Mannes: ›Sie ist dahin! – du bemühest dich zu sehr mich zu
trösten, das thut man nicht gar so eyferig, wenn man nicht durch
den verluest aller menschlicher Hofnung oder durch den fall selbst
dazu ganz natürlich angetrieben wird . . .‹ Es folgt eine schöne
Fehlleistung: ›Nun gehe ich zum Mittagessen, ich werde aber
appetit haben.‹ Das Wort ›keinen‹ hat er vergessen.
Einige Wochen darauf (31. Juli 1778) schilderte Mozart auf
Wunsch des Vaters den Krankheitsverlauf. Nach der Bitte, sich
kurz fassen zu dürfen, da er anderes zu tun habe, schrieb er zwölf
Seiten voll, in denen er, mit grimmiger Genauigkeit, als wolle er
die Anamnese ad absurdum führen, auf die kleinsten Einzelheiten
der dreiwöchigen Leidensgeschichte eingeht. Alles wird aufge-
zählt, sämtliche Beschwerden, Symptome und Schmerzen, anhand
der Daten, Tageszeiten und Stunden; Arztbesuche, Aderlässe,
Dosis und Art der verabreichten Medizinen, Reaktion darauf,
Stuhlgang, alles. Welches die Krankheit war, ergibt sich freilich aus
alledem nicht. Es ist durchaus unwahrscheinlich, daß Mozart ein
Tagebuch geführt hat. Wir stellen also fest, daß sein phänomenales
Gedächtnis sich keineswegs auf Musik beschränkte und sich in

Erlenbach-Zürich und Stuttgart, fünfte Auflage, 1970, S. 105 und S. 106. Man sieht:
Dem Bereich der Deutung sind keine Grenzen gesetzt.

87

diesem Fall wahrhaftig am abwegigsten Gegenstand offenbart. Oder sollte es sich auch hier um eine jener Parodien des Banalen handeln, derer er sich in seinen Anwandlungen der Lust am Absurden bediente? Wir werden auf sie zu sprechen kommen.

VOLTAIRE ist jedenfalls nicht wie ein Vieh krepiert, das mag die Version bigotter Pariser Kreise gewesen sein. Er starb, zumindest dem Anschein nach, als reuiger Sünder, im Schoß der Kirche. Wir werden wohl niemals erfahren, ob diese Rückkehr ein letzter diabolischer Einfall oder ein echtes Bekenntnis war. Dafür ist Mozart selbst, wenn auch nicht wie ein Vieh krepiert, so doch in Umständen gestorben, die beinah auf postume Rache der Verleumdung Voltaires schließen lassen möchten.

DER KÜNSTLERISCHE ERTRAG DER PARISER MONATE ist gering. Ob daran seine Unbefriedigtheit, die sich zerschlagenden Hoffnungen, die Schuld tragen, wissen wir nicht, glauben es aber nicht, denn er hat wahrhaftig mehrmals unter schlechteren Sternen komponiert, die Flucht in die Arbeit ist ihm unter schlimmeren Bedingungen gelungen. Vielleicht war er vom Vollzug der Jagd nach Aufträgen oder ›Vacaturen‹ zu sehr beansprucht; zudem ist es weniger die Quantität als die Qualität der hier entstandenen Werke, die uns, die wir von Großem allzu verwöhnt sind, hier so wenig befriedigt. Gewiß hat Mozart versucht, im ›pariser goût‹ zu komponieren, doch wundern wir uns, daß er sich selbst dabei bis zu einem solch hohen Grad hat verleugnen können. Ob elegant oder elegisch, niemals zuvor oder danach hat er auch die leichten Gelegenheitswerke so stilisiert, so unverbindlich modisch ›hingelegt‹. Gewiß erscheint auch in den unbedeutenden Gelegenheitswerken jene Passage des Unverkennbaren – noch nicht einmal ein ›kleines Thema‹, sondern eine winzige Figur –, etwa im g-Moll des Mittelsatzes einer B-Dur-Gavotte der Ballettmusik zu ›Les petits riens‹ (K. 299b, Frühsommer 1778) oder, plötzlich, in den sonst eher peripheren Klaviervariationen über ›Ah, vous dirai-je, Maman‹ (K. 300e, geschrieben um dieselbe Zeit), zwischen bis zur Ermüdung beibehaltenem C-Dur jene obligate jähe c-Moll-Variation, die ein Panorama aufreißt, in dem wir ihn erkennen: den hintergründigen, sich-rarmachenden Moll-Mozart, der in Paris freilich auch imstande ist, sein ›bedeutsames‹ g-Moll elegant und mit gezielter Leichtigkeit anzuwenden, wie in den Variationen über die – schon als Thema zauberhafte – Weise: ›Hélas, j'ai perdu mon amant‹ für Klavier und Violine, im Köchelverzeichnis (374b) auf 1781 angesetzt: Wir halten diese Angabe für höchst unwahrscheinlich, denn von solcherart Schäferspiel-Galanterie hat er sich nach seinem Pariser Aufenthalt nicht mehr inspirieren lassen. Hier jedenfalls steht g-Moll für eine kleine und charmante Elegie: die weniger variierte als immer wieder neu ausgezierte Klage einer Sitzengelassenen, die sich aber sehr bald trösten wird.

Doch gerade jene, für ihn so wichtige Sinfonie, deren Erfolg er bei einer anscheinend guten Portion ›Gefrorenem‹ feierte (K. 300a, D-Dur, die ›Pariser Sinfonie‹), ist eine Parenthese, für ein Publikum komponiert, dem er allzuviel Verständnis nicht zutraute. Der Hauptzweck war, zu gefallen, und er gefiel. Er mußte der Nachfrage entsprechen und tat es in gewisser Weise nach Maß; so bot er auch zwei Andantes zur Auswahl an. Er selbst gab keinem der beiden den Vorzug: zwei Anfertigungen, von denen die zweite – übrigens die schwächere – ›paßte‹. Mozart war es recht; es war ihm in Paris alles recht, was die Rückkehr nach Salzburg hinausschieben könnte.

Doch weisen diese Moll-Einschübe und Disparata noch nicht auf den ›fundamentalen‹ Mozart hin. Anders freilich steht es um die beiden bedeutenden Moll-Werke der Pariser Periode: die e-Moll-Sonate für Klavier und Violine (K. 300c), und die a-Moll-Sonate für Klavier (K. 300d), wahrscheinlich unmittelbar nacheinander geschrieben, zwischen Juni und Juli 1778. Die ›tragische‹ Stimmung dieser beiden Werke, vor allem des letzteren, hat man natürlich mit den ›Schicksalsschlägen‹ dieses Jahres zu erklären versucht, dem Tod der Mutter, der Verlorenheit in Paris, der beruflichen Aussichtslosigkeit etc. Abert spricht vom ›Sich zur Wehr setzen eines männlich gefaßten Gemüts gegen etwas Unerbittliches‹[28], so als bedürfe unser rezeptives Erlebnis einer thematischen Stütze, einer anderen Erklärung, als daß Mozarts depressive Phasen und Momente, seien sie nun von äußeren Geschehen abhängig oder nicht, notwendigerweise kreative Strömungen im

28 Abert, a.a.O., I, S. 610.

Unbewußten in Bewegung setzten, die sich uns als Erregungen mitteilen. Einstein gar sagt dazu: ›A-Moll – und manchmal auch A-Dur »in besonderer Beleuchtung« – ist (sic!) für Mozart die Tonart der Trostlosigkeit.‹[29] Wir fragen uns, was wohl die ›besondere Beleuchtung‹ bedeute, und was damit erläutert sei. Werner Lüthy dagegen hält a-Moll für Mozarts ›Tonart der Trauer‹[30], für das also, was für andere Interpreten meist g-Moll ist, sofern dies nicht als ›Schicksalstonart‹ (Einstein) erscheint. Es ist schwer, sich in diesem Labyrinth der Nachempfindungen zurechtzufinden. Tatsächlich erscheint es uns, als lebten solche Behauptungen von der Auslassung dessen, was ihrer Beweiskraft zuwiderläuft. Betrachten wir Mozarts a-Moll, so läßt sich gerade hier feststellen, daß er es – gewiß nur unter anderem, doch immer gezielt – zum Ausdruck des Grotesken, Fremden verwendet hat, für das ›alla turca‹, angefangen mit dem Finale des Balletts ›Le gelosie del Serraglio‹ (K. 135a, Mailand, Dezember 1772), einem Thema, das er im ›alla-turca‹ des A-Dur-Violinkonzertes (K. 219, 20. Dezember 1775) wiederverwendet hat; das Allegretto der Klaviersonate in A-Dur (K. 300i, Sommer 1778), also zur selben Zeit wie die a-Moll-Sonate, und weiteren ›alla-turca‹-Episoden. Für den Ausdruck des willentlich, am Rhythmus genau erkenntlichen Exotischen hat sich Mozart ausschließlich des Moll bedient, beginnend mit der ›alla-turca‹-Episode in g-Moll aus der frühen G-Dur-Sinfonie (K. 74, Mailand 1770).

Den summarischen Feststellungen vom Bedeutungscharakter der Tonarten kann daher nur das rezeptive Empfinden des Deuters zugrunde liegen, es hat mit der Absicht des Schöpfers höchstens zufällig etwas zu tun: Eine Erfahrung, die wir übrigens auch und vor allem mit dem viel-interpretierten a-Moll-Rondo für Klavier, (K. 511), komponiert zur Zeit der Arbeit am ›Don Giovanni‹ (11. März 1787), gemacht haben. In unserer Meinung wird es emotional überfrachtet. Auch uns läßt Mozarts Moll unwillkürlich aufhorchen, doch schalten wir nicht unbedingt sofort um auf ›Tragik‹, ›Schicksal‹ oder ›Dämonie‹. Wir hören vielmehr gerade das a-Moll-Rondo als Mozarts ›valse triste‹, dessen Crescendo in seiner Aufwärts-Chromatik eine seltsame, flüchtig-leichte Weh-

29 Einstein, a.a.O., S. 283.
30 Zitiert nach Dennerlein, a.a.O., S. 101.

mut hervorruft; dessen Einzigartigkeit, unter anderem der F-Dur-Episode, die Chopinhaftes hat, in einem gewissen, bei Mozart seltenen Saloncharakter liegt. Wir sind fern davon, hiermit dieses Stück festlegen zu wollen, sondern geben ein Beispiel für die Verschiedenartigkeit der Wirkung, die niemals als allgemeiner Maßstab gelten soll.

›QUE S'EST-IL DONC PASSE?‹ – Was ist denn eigentlich geschehen? – fragt (sich) Saint-Foix[31] angesichts der a-Moll-Sonate, offensichtlich aus dem Konzept dessen gebracht, was er lieber als eine organische Entwicklung bei Mozart gesehen hätte. Es ist die fundamentale Frage, die das biographische Mißverständnis besser als irgendeine aufzeigt: Die Ansicht, es müsse etwas geschehen, eine Erfahrung gemacht sein, die so tief und genau auf diese Weise wirkt, so gezielt getroffen habe, daß sie, in Zerstörung eines festgesetzten Programmes, das Werk in eine neue Richtung lenke, eine neue Dimension einführe, auf Grund derer der Künstler von nun an nicht mehr derselbe sei. Anhand von nichts manifestiert sich denn auch das anomale Verhältnis der Nachwelt zu dem an solchen ›Wendepunkten‹ dargestellten Künstler so typisch, wie bei eben dieser exemplarischen Biographenfrage. Wir werden dazu angehalten, den Blick auf ›Wolfgang Amadeus‹ zu richten, wie er, übermannt von einem plötzlichen tiefen Schmerz, die Straßen von Paris durcheilt, um sich, zu Hause angekommen, über den Arbeitstisch zu werfen; um in einer tiefen Aufwallung, wahrscheinlich in chaotischer Verfassung, diese Noten niederzuschreiben (deren Schriftbild einer solchen Sicht übrigens widerspricht). Oder gar: Er wirft sich übers Klavier und spielt, die Rubati mit innigem Kopfschütteln begleitend, die Sonate erst einmal durch. Und nun sollen wir uns fragen, sofern wir es nicht suggeriert bekommen, welches die Ursache dieses Schmerzes wohl sei, ja, wir bekommen die Antworten bereits als Suggestion nahegelegt, in diesem Fall: Tod der Mutter, Tod des Familienfreundes, des Organisten Adlgasser in Salzburg, Liebeskummer um Aloisia, ja sogar der Tod des Kurfürsten Max Joseph in München (Dennerlein) haben da herhalten müssen.

31 Ebda., S. 96.

WAS IST GESCHEHEN? In Wirklichkeit ist diese Frage leicht zu beantworten. Mozart war in ein neues Gebiet vorgestoßen, eine latente Schicht war in ihm aufgebrochen, die, als natürliche Erweiterung seines Potentials, früher oder später hatte aufbrechen müssen. In der Tat, die Frage erscheint uns für die a-Moll-Sonate beinah willkürlich, oder zumindest: Es müßte denn auch vorher verschiedene Stadien und daher Werke gegeben haben, anhand derer sie sich hätte stellen lassen, etwa anhand des Es-Dur-Klavierkonzertes (K. 271, ›Jeunehomme‹), geschrieben im Januar 1777, also eineinhalb Jahre zuvor. Was war da geschehen, das sich in dem c-Moll-Andantino niederschlug, diesem tiefgründigen dialogischen Rezitativ, wer spricht da mit wem? Antwort: Mozart spricht mit sich selbst in seiner unübersetzbaren Sprache. Denn: ›Noten haben einen zumindest ebenso bestimmten Sinn wie Wörter, wiewohl sie durch diese nicht zu übersetzen sind‹ (Mendelssohn). Einstein meint, er habe dieses Konzert niemals übertroffen. Ich selbst würde sagen: Doch; aber über Wertungen auf höchster Qualitätsstufe läßt sich schwerlich streiten, nur über die Existenz dieser ›Stufe‹ selbst. Und wenn wir noch weiter zurückgreifen: Was war geschehen, als er im Oktober 1773 in Salzburg die – sogenannte ›kleine‹ – g-Moll-Sinfonie (K. 173dB) schrieb, mit noch nicht achtzehn Jahren, in der bereits der späte, und daher zutiefst fremde Mozart aufleuchtet: in der drängenden Kraft des Allegro con brio mit dem Septimensprung, den Synkopen, dieser seiner ersten Moll-Sinfonie überhaupt? Aus dunklen Andeutungen in Briefen an seine Schwester aus Italien im Jahr zuvor haben Biographen auf eine erste leidenschaftliche Liebe geschlossen. Wir wissen davon nichts.

Wollen wir wirklich das Spiel dieser Beweisführung betreiben – es führt zu nichts –, so können wir zu noch Früherem greifen, zum Beispiel zur Es-Dur-Sinfonie (K. 161a) aus demselben Jahr (30. März 1773). In der Form noch fast – nicht mehr ganz – italienische Ouvertüre, scheint im c-Moll-Andante tatsächlich ›etwas zu geschehen‹, nämlich die Entwicklung von einem durchaus konventionellen Beginn zu einem bisher unbekannten polyphonen Reichtum, der plötzlich unerwartete Emotionen zu verraten scheint. Aber welcher Art? Gewiß sind diese frühen Sinfonien insgesamt verhaltener, weniger ›leidenschaftlich‹ als die a-Moll-

Sonate, schon der Gattung nach weniger unmittelbar als ein Werk für Klaviersolo, von dem man unwillkürlich annimmt, daß es sofort, wenn nicht gar vor der Niederschrift, durchgespielt wurde und somit den eruptiven Charakter des soeben erst Entworfenen widerspiegelt. Nur eben trifft auch das bei Mozart meist nicht zu, denn er hatte seine Kompositionen im Kopf, und zwar in all ihren Stimmen. Daher ist der Grad der Spontaneität bei ihm nicht meßbar.

IN DER TAT HABE ICH VERSUCHT, in Autographen Mozartscher Notenschrift Spuren spontaner Emotionen zu finden. Besonders geeignet erschien mir das rätselhafte und hintergründige Adagio für Klavier in h-Moll (K. 540), geschrieben am 19. März 1788, also zwischen der Prager und der Wiener Aufführung des ›Don Giovanni‹ und kurz vor der Es-Dur-Sinfonie (K. 543). h-Moll gibt es bei Mozart sonst nur im Adagio des Flötenquartetts (K. 285, 25. Dezember 1777), einem Satz von melodischem Reiz, doch belanglos. Die Romanze des Pedrillo in der ›Entführung‹ steht zwar in h-Moll, hält aber diese Tonart nirgends bis zum Ende eines musikalischen Bogens durch. Daß Mozart der Wahl seiner Tonart in diesem Adagio einige Bedeutung zumaß, bezeugt schon der Umstand, daß er, was er sonst nie getan hat, in sein Werkverzeichnis die Tonart eingetragen hat ›H mol‹. Wie auch immer: Mir schien diesem Werk ein emotionaler Gehalt innezuwohnen, die musikalische Transposition eines inneren Vorgangs darzustellen, in Worten schon deshalb nicht erzählbar, weil er in der außermusikalischen Wirklichkeit nicht stattgefunden hat.[32] Doch hier wie überall ergibt die Handschrift den Beweis, daß der Akt der Niederschrift ein rein technischer war, der Vollzug von vielleicht nicht mehr als einer halben Stunde scharfer, doch entspannter Konzentration, in der es vor allem auf Klarheit und Leserlichkeit ankam: ein wunderbar aufrechtes und dabei bewegtes Notenbild, ohne

---

32 ›Allen, die das Werk lieben und kennen, ist das Gefühl gemeinsam, daß in ihm der Geist der Musik in einem hochbedeutenden Augenblick Gestalt und Klang geworden ist. Man mag ihm mit noch so tiefsinnigen Analysen beizukommen suchen –, am Ende aller Bemühungen wird die Erkenntnis stehen, daß dann das wahre Geheimnis erst anfängt.‹ Wilhelm Mohr: ›Über Mozarts Adagio in h-Moll (KV. 540)‹, in: Acta Mozartiana, 9. Jahrgang 1962, Heft 4, S. 67.

auch nur die winzigste Korrektur, auch dies ein kalligraphisches Meisterwerk. Auch hier also: Nichts verraten.

DER EINSCHNITT IN MOZARTS LEBEN während dieses ›Schicksalsjahres‹ 1778 war somit gewiß nicht der Verlust der Mutter oder irgendeiner Person, sondern vielmehr die Tatsache, daß er zum ersten Mal in seinem Leben allein war, selbständig: Ein ungewohnter, aber willkommener Zustand, dem freilich nicht zu trauen war, denn Vater Leopold herrschte aus der Ferne; aber eben aus der Ferne. Gewiß war dem Sohn der Zustand zunächst selbst nicht ganz geheuer, doch wurde er bald mit einem steigenden Lebensgefühl registriert und aktiv wahrgenommen. Er fühlte plötzlich, was Freiheit bedeuten könnte; was wäre, wenn der Vater nicht wäre. Dieses Freiheitsgefühl ließ ihn denn auch jenen Plan wieder aufnehmen, sich mit der Familie Weber auf Reisen zu begeben, um Aloisia als Star aufzubauen und vorzustellen, und sich selbst als ihren Begleiter und natürlich mehr. Wahrscheinlich war der Plan schlecht, doch ist es nicht gewiß: Vielleicht hätte er sein Glück gemacht, freilich nicht an Aloisias Seite; wahrscheinlich hätte sie ihn bei der ersten Gelegenheit verlassen, um ihr eigenes Glück zu machen. Doch lag es ihm fern, solche Erwägungen anzustellen, er hatte die Konstellationen zukünftiger Freiheit vor Augen – ein Spiel, das ihm von seinem Vater gründlich ausgetrieben wurde. Leopold Mozart, allmählich verbittert über den geringen Ertrag dieser kostspieligen Reise, die ihn gezwungen hatte, Schulden zu machen, suchte die Zügel enger zu ziehen und zwang den Sohn schließlich zur Rückkehr nach Salzburg, von seinem Standpunkt aus gewiß mit Recht. Denn die Reise war ein Fiasco, war es von Anfang an gewesen, zumindest darüber waren sich Vater und Sohn einig, nur litt der Vater mehr darunter als der Sohn.

DER BEGRIFF DES ›KÜNSTLERISCHEN GEWISSENS‹ war Mozart fremd und ist ihm fremd geblieben, auch dann noch, als die Sache, die er bezeichnet, schon längst in seinem Unbewußten zu leben begonnen hatte; selbst dann noch, als er von ihm so beherrscht wurde, daß es der einzige Impuls war, der ihn noch am Leben hielt. Doch war das erst zehn Jahre später. Es hat lang gedauert, bis Mozart spürte, daß es nicht sein Auftrag auf dieser Welt wäre, Brotgeber zufriedenzustellen, sich ihren Ansprüchen zu fügen, und völlig hat er es vielleicht niemals gelernt. Immerhin genug, um diese Brotgeber schließlich zu verlieren. Er hat es darauf ankommen lassen, und die Strafe blieb bekanntlich nicht aus. Nicht daß er es für unter seiner Würde gehalten hätte, deutsche Tänze und Menuette en gros zu produzieren – sein Gefühl für Würde lag auf anderem Gebiet –, nur eben tat er es nicht gern, seine Zeit wurde ihm zu schade, denn sie lief aus. Er mußte es bis an sein Lebensende tun, zuletzt sogar seine Produktion noch steigern. In Paris jedenfalls hat er es nicht als Konzession betrachtet, nach Maß zu komponieren, wenn nötig, alle gängigen Stile zu kopieren, ja, zu imitieren, sofern es ihm nützlich war. Um nicht nach Salzburg zurück zu müssen, war er bereit, jede Gelegenheit wahrzunehmen, den Parisern zu geben, was sie wollten, doch bot man ihm dazu nicht die Gelegenheit. Zwar war er nicht unerwünscht, nur brauchte man ihn nicht. Man bot ihm die Organistenstelle in Versailles an, doch die schlug er aus, da er meinte, Besseres würde sich bieten, aber es bot sich nichts. Zudem hat er niemals ein tiefes Verhältnis zur Orgel gehabt, und die Organistenstelle, die er dann schließlich in Salzburg annahm, war wahrhaftig die letzte Zwangslösung: das wenig geliebte Instrument in der noch weniger geliebten Stadt. Wahrscheinlich hat er den Versailler Entschluß bereut.

IN PARIS gewann Mozart denn auch zum ersten Mal die Ahnung, daß an der herrschenden Gesellschaft etwas nicht in Ordnung wäre. Jedenfalls war er sehr bald nicht mehr bereit, sie zu akzeptieren, er nahm nicht mehr alles hin, wie sein Vater es getan hätte und es von ihm forderte. An ›soziale Gerechtigkeit‹ dachte er zu dieser Zeit wahrscheinlich noch nicht, er sah sich nicht exemplarisch, sondern als Partner dieser Gesellschaft, der benachteiligt wurde und sich das Recht nahm, aufzubegehren, wenn sie ihm nicht den Rang zuordnete, den er verdiente. Im Gegensatz zu seinem Vater, und eben doch schon das Kind einer anderen Zeit, hatte er Stolz, ja, sein Stolz steigerte sich mitunter zum Dominierenden, zum Unbändigen hin. Er wäre aber niemals auf den Gedanken gekommen, ihn zu objektivieren, eine allgemein verbindliche soziale Haltung daraus abzuleiten. Denn dazu fehlte es ihm nicht nur an

Gleichgesinnten, die denselben künstlerischen Status gehabt hätten, den er sich selbst zuerkannte – und natürlich hatte –, sondern es fehlte auch eine Theorie, die seine Kreise erreicht hätte. Sein soziales Gefühl, Sinn und Gespür für Gerechtigkeit, verwaltete er selbst. ›. . . die besten und wahrsten freünde sind die arme – die Reiche wissen nichts von freündschaft! . . .‹ (7. August 1778 an Bullinger).

Jedenfalls begann seine passive Auflehnung in Paris. Mozart war kein Schmeichler und kein Einschmeichler wie sein Vater, und in Paris lernte er, mit wem er es beim Hochadel zu tun hatte. Die Demütigungen, denen er von dieser Seite ausgesetzt war, haben ihn empört, sie empören uns noch heute. Wir lesen über sie, als handle es sich um Beiträge einer Materialsammlung zur Rechtfertigung der Französischen Revolution. Ein Brief vom 1. Mai 1778 an den Vater gibt ein Bild der Zumutungen, denen er in Paris ausgesetzt war, indem er den Besuch bei der Duchesse de Chabot beschrieb:

M:r grimm gab mir einen brief an sie, und da fuhr ich hin. der inhalt dieses briefs war hauptsächlich, mich bey der Ducheße de Bourbon | die damals im kloster war | zu recomandiren, und mich neüerdings bey ihr wieder bekant zu machen, und sich meiner erinern zu machen. da giengen 8 täg vorbey ohne mindester nachricht; sie hatte mich dort schon auf über 8 täg bestellt, und also hielte ich mein wort, und kamme. da muste ich eine halbe stund in einen Eiskalten, ungeheizten, und ohne mit Camin versehenen grossen Zimmer warten. Endlich kam die D: Chabot, mit gröster höflichkeit, und bat mich mit den Clavier vorlieb zu nehmen, indeme keins von den ihrigen zugericht seye; ich möchte es versuchen. ich sagte: ich wollte von herzen gern etwas spiellen, aber izt seye es ohnmöglich, indemme ich meine finger nicht empfinde für kälte; und bat sie, sie möchte mich doch aufs wenigste in ein Zimmer wo ein Camin mit feüer ist, führen lassen. O oui Monsieur, vous avés raison. das war die ganze antwort. dann sezte sie sich nieder, und fieng an eine ganze stunde zu zeichnen en Compagnie anderer herrn, die alle in einen Circkel um einen grossen tisch herumsassen. da hatte ich die Ehre eine ganze stunde zu warten. fenster und Thürn waren off. ich hatte nicht allein in händen, sonder in ganzen leib und füsse kalt; und der kopf fieng mir auch gleich an wehe zu thun. da war also altum silentium. und ich wuste nicht was ich so lange für kälte, kopfweh, und langeweile anfangen sollte. oft dacht ich mir. wenns mir nicht um M:r Grimm wäre, so gieng ich den augenblick wieder weg. Endlich, um kurz zu seyn, spiellte ich, auf den miserablen Elenden Pianforte. was aber das ärgste war, daß die Mad:me und alle die herrn ihr zeichnen keinen augenblick unterliessen, sondern immer fortmachten, und ich also für die sessel, tisch und mäüern spiellen muste. bey diesen so übel bewandten umständen vergieng mir die gedult – ich fieng also die fischerischen Variationen an. spiellte die hälfte und stund auf. da warn menge Eloges. ich aber sagte was zu sagen ist, nemlich daß ich mir mit diesen Clavier keine Ehre machen könnte, und mir sehr lieb seye, einen andren tag zu wählen, wo ein bessers Clavier da wäre. sie gab aber nicht nach, ich muste noch eine halbe stunde warten, bis ihr herr kam. der aber sezte sich zu mir, und hörte mit aller aufmercksamkeit zu, und ich – ich vergaß darüber alle kälte, kopfwehe, und spiellte ungeachtet den Elenden clavier so – wie ich spielle wenn ich gut in laune bin. geben sie mir das beste Clavier von Europa, und aber leüt zu zuhörer die nichts verstehen, oder die nichts verstehen wollen, und die mit mir nicht Empfinden was ich spielle, so werde ich alle freüde verlieren. ich hab den M:r grim nach der hand alles erzehlt. sie schreiben mir daß ich braf visiten machen werde, um bekandtschaften zu machen, und die alten wieder zu erneüern. daß ist aber nicht möglich. zu fuß ist es überall zu weit – oder zu kothicht, denn in Paris ist ein unbeschreiblicher dreck. in wagen zu fahren – hat man die Ehre gleich des tags 4 bis 5 livres zu verfahren, und *umsonst*. denn die leüte machen halt Complimenten und dann ists aus. bestellen mich auf den und den tag; da spiell ich, dan heists. O c'est un Prodige, c'est inconcevable, c'est étonnant. und hiemit addieu. ich hab hier so anfangs geld genug verfahren – und oft umsonst, daß ich die leüte nicht angetrofen habe. wer nicht hier ist, der glaubt nicht wie fatal das es ist. überhaubt hat sich Paris viell geändert. die franzosen haben lang nicht mehr so viell Politeße, als vor 15 jahren. sie gränzen izt starck an die grobheit. und hofärtig sind sie abscheülich.

Ob Mozart bei der Herzogin bezahlt oder nur mit Komplimenten abgefertigt wurde, ist nicht bekannt. Oft erhielt auch er nur ein Angebinde, als Wertvollstes wahrscheinlich noch die goldenen Uhren, derer er im Laufe seiner Jahre so viele zusammenbekam, daß er daran dachte, sich bei den Audienzen damit zu behängen, auf daß den huldvoll Gebenden das Präsent in der Hand stecken bleibe, und sie vielleicht doch zu einer gefüllten Börse griffen. Jedenfalls wurde er in Paris immer ungehaltener, und die Personen, die er nach dem Willen des Vaters zu besuchen habe, besuchte er bald nicht mehr, er hatte keine Lust; und schließlich besuchte er niemanden mehr als seine Freunde und Kumpane. Seine Zeit war ihm zu schade für die endlosen Gänge auf den ›verdrekten‹ Straßen. Der Schmutz in Paris um diese Zeit übertraf den anderer Städte weit, ebenso die Mangelhaftigkeit der sanitären Verhältnisse. Die Entrees der Häuser dienten dem Straßengänger als Abtritt, jedermann bediente sich ihrer zur Erledigung aller Bedürfnisse, groß und klein. Exkremente sammelten sich in Gruben unterhalb der Häuser, wurden weggeschafft und als Dünger benutzt, das Geschäft lag in den Händen von Konzessionären. Der Geruch muß in bestimmten Stadtvierteln unerträglich gewesen sein, und es fragt sich, ob unter diesen Verhältnissen Mozart dennoch mit solchem Gusto das ›Häusl‹ benutzte, wie er es offensichtlich – und nachweislich – sonst tat.
Doch litt er vor allem unter eben jenen Verletzungen seines Stolzes und seiner Ehre als Musiker. Für vierundzwanzigmal zwei Stunden Kompositionsunterricht, die er der Tochter des Herzogs de Guines gab, versuchte man ihn mit drei Louisdor abzuspeisen, die er zurückwies. Wieviel er dann erhalten hat, weiß man nicht. Voller Mißmut hat er darüber seinem Vater berichtet, nicht zuletzt, um ihm beizubringen, daß unter solchen Umständen, unter menschlich minderwertigen Partnern, mit Erfolg wohl kaum zu rechnen wäre.
Überdies aber beleuchten die betreffenden Briefstellen an den Vater auch den Einfluß der Stimmungen Mozarts auf seine Darstellungen der objektiven Sachverhalte. Anfangs, vielleicht in euphorischen Augenblicken der Zuversicht, daß in Paris so manches zu erreichen sei, hat die betreffende junge Dame noch ›sehr viell Talent, und genie, besonders ein unvergleichliches gedächt-

nüß‹ (Brief vom 14. Mai 1778); mit dem ›Unvergleichlichen‹ ist ja Mozart in seinen Briefen immer sehr schnell bei der Hand. Als aber, zwei Monate später, die Euphorie abgeklungen ist und der Erfahrung einer immer widrigeren Wirklichkeit weicht, ist die Schülerin ›von herzen dumm, und dann von herzen faul‹ (Brief vom 9. Juli 1778). Für sie, die anfangs noch ›magnifique‹ Harfe, und den knausrigen Vater, der anfangs ›unvergleichlich‹ Flöte spielt, schrieb er denn auch das Konzert für Flöte und Harfe in C-Dur (K. 297c), für zwei Instrumente mithin, zu denen er keine Beziehung hatte; und entsprechend der inzwischen manifesten Abneigung gegen Spieler und Instrumente ist das Konzert denn auch eines seiner nichtssagenden Werke dieser Periode geworden.

Weder in München, noch in Mannheim, noch in Paris also waren von seiten der Höfe oder Intendanten ernsthafte Versuche gemacht worden, Mozart zu halten, immer blieb es beim schließlich versickernden Hinhalten. So scheiterte denn auf dieser Reise so ziemlich alles am mangelnden Interesse der Fürsten, es war eben keine ›Vacatur‹ da, Mindere beherrschten die Szene, sie wußten besser, wie man sich durchzusetzen hatte. Inwieweit Mozarts eigene Halbherzigkeit, seine mangelnde Energie, seine unbewußte Abwehr und die Manifestation seines Unwillens, sich mit menschlichen Unzulänglichkeiten abzugeben, an diesem Mißerfolg beteiligt waren, können wir nur ahnen. Gewiß war es ihm nicht gegeben, sich ins rechte Licht zu setzen, so wie es den anderen nicht gegeben blieb, ihn als den Mann zu erkennen, der er war. Von jeglichem höfischen Glanz unbeeindruckt, war er selbst viel zu indolent und wahrscheinlich unfähig, sich mit der Aura großen Künstlertums zu umhüllen, was ihm wahrscheinlich genutzt hätte. Doch war es ihm ebensowenig gegeben, nach Gesichtspunkten der Nützlichkeit zu disponieren, so gern er auch mehr Geld gehabt hätte, Geld hätte Freiheit bedeutet. Gern hätte er seine Vorteile wahrgenommen, aber dazu war er nicht fähig. Allerdings fehlte ihm auch das Flair des souveränen Grandseigneurs, etwa eines ›Ritter von Gluck‹, der es sich in Paris hatte leisten können, mit Nachtmütze und Schlafrock zu den Proben zu erscheinen und sich dort von aristokratischen Bewunderern ankleiden zu lassen. Man stelle sich derlei Allüren bei Mozart vor! Ein Mann wie Gluck konnte sich Capricen und Launen leisten, er trug seine päpstliche Auszeichnung, als sei sie ein weltlicher Titel. Dieses ›plebejische Genie‹ (Romain Rolland) wuchs gut in seine Rolle, wie übrigens auch Beethoven, der sehr wohl wußte, daß man das ›van‹ in Wien für ein Adelsprädikat hielt, aber wohlweislich nichts dagegen unternahm.

Gewiß war Mozart auf seine äußere Wirkung bedacht und hat erhebliche Summen dafür ausgegeben; auch dieser Passivposten zählt in der Bilanz seines Ruins. Muzio Clementi, der ihm 1781, also zu Beginn seiner Glanzzeit, in Wien begegnete, hielt ihn denn auch ›seines eleganten Aeussern wegen für einen kaiserlichen Kammerherrn‹; eine Darstellung, die in unser Bild schlecht paßt. Doch stimmen, selbst was die Erscheinung betrifft, die zeitgenössischen Urteile nicht überein, tatsächlich scheint alles darauf angelegt, sein Bild zu verwischen. ›Klein, rasch, beweglich, blöden Auges, eine unansehnliche Figur‹, so sah ihn Ludwig Tieck, der ihn allerdings in einem halbdunklen Theaterraum traf, und zwar in Berlin im Jahr 1789, als die Glanzzeit lang vorbei war.

Gern wüßten wir, inwieweit Mozarts Äußeres den ausgeprägten Exzentriker verriet oder welcher Art seine Ausstrahlung war, wenn er nicht am Klavier saß, sondern etwa wenn er zuhörte oder schwieg oder sprach oder unerwartet in Bewegung geriet. Gewiß war er für sein fürstliches Publikum zwar eine Ohrenweide, aber kein Blickfang. Er war nicht einer, den die Herren als ihresgleichen in ihren Kreis zogen, sondern einer, dem sie auf die Schulter klopften. Keiner, auf den die Damen zweimal sahen. Wohl erhielt er, vor allem in Mannheim, Unterstützung und Freundschaft von manchen Musikern, Instrumentalisten und Kapellmeistern, die selbst fest im Sattel saßen, doch die Freundschaft seiner inferioren Kollegen – und inferior waren sie schließlich alle – verscherzte er sich durch seinen völligen Mangel an Diplomatie, den unverhohlenen, nicht immer arglosen, Ausdruck seiner Überlegenheit. Er komponierte eben besser als sie, spielte besser als sie; warum und wem sollte er es verheimlichen! Doch kann man sich die Empfindungen eines Komponisten wie etwa Giovanni Giuseppe Cambini vorstellen, dessen Komposition Mozart in seinem Beisein vor einigen Kollegen aus dem Gedächtnis vorspielte (April 1778), um sie dann nach seiner eigenen Weise zu variieren, gleichsam als

Demonstration, wie er sie geschrieben hätte. Zwar rief Cambini: ›questa è una gran Testa!‹, aber was sollte er schließlich sonst sagen! ›Nu, das wird ihm halt nicht geschmeckt haben‹, schrieb Mozart an seinen Vater (1. Mai 1778), womit er recht gehabt haben dürfte. So etwas schmeckte keinem, und so sammelte Mozart sich seine Feinde.

AM 26. SEPTEMBER 1778 verließ er Paris, mit dem festen Vorsatz, die Heimreise nicht nur nach Möglichkeit zu verzögern, sondern unterwegs jede Gelegenheit des Verweilens wahrzunehmen, die sich durch ein Konzert oder einen Kompositionsauftrag bieten mochte. Am 6. November kam er in Mannheim an. Sechs Wochen also für die Strecke Paris–Mannheim: Man mag sich mit Recht fragen, was er unterwegs eigentlich alles getan, wie er sich die Zeit vertrieben habe. Acht Tage Nancy, wo es ihm gefiel – es gefiel ihm überall besser als in Salzburg –, mehr als zwei Wochen in Straß- burg, wo er drei, spärlich besuchte, Konzerte gab. Zwei Reise- begleiter während der unendlichen Kutschenfahrten werden er- wähnt: ein ehrlicher deutscher Kaufmann und ein zweifelhafter Kumpan, von dem wir nur erfahren, daß er ›die Franzosen‹ hatte, also geschlechtskrank war, mehr hatte Mozart über ihn nicht zu sagen. Am 25. Dezember 1778 kam er in München an. Das zentra- le Erlebnis hier dürfte seine Enttäuschung über das Wiedersehen mit Aloisia Weber gewesen sein, inzwischen in München als Sängerin engagiert, nicht zuletzt dank dessen, was sie bei ihm gelernt hatte. Sie muß ihm unmißverständlich bedeutet haben, daß er als Mann für sie nicht in Frage komme. Diese ›Abfuhr‹, das ›kaltherzige Zurückweisen der nun zur Primadonna Avancierten‹ ist von der gesamten Biographie als Ausdruck charakterlicher Minderwertigkeit einer Koketten dargestellt worden. Indessen haben wir keinerlei Beweise, daß Aloisia jemals mehr in Mozart gesehen habe als einen, allerdings außerordentlichen, Lehrer, des- sen Willigkeit und Hingabe man ausnützen müsse; der ihr aber schon zuvor, in Mannheim, als potentieller Liebhaber lästig ge- worden wäre, hätten seine Liebesäußerungen jemals die Grenze des Devoten überschritten. Gewiß wußte sie nur allzu genau, daß er sie verehre, daß sie ihn um den Finger wickeln könne; doch gibt es keinerlei Beweis, daß sie es getan hat. Sie bediente sich dieser

Verehrung zielstrebig für ihre Interessen; dennoch: Es ist nicht wahrscheinlich, daß sie ihm jemals Hoffnung gemacht habe, ihr mehr zu sein als Lehrmeister. Nur eben hat er selbst niemals über genügend Sensibilität verfügt, das Maß der Erwiderung in seinen Partnern richtig zu deuten. Entgegenkommen oder Unnahbarkeit, das waren keine Eigenschaften, die Mozart in seinem jeweiligen Gegenüber zur Kenntnis nahm, auf dem Gebiet menschlicher Beziehungen ist er ewig ein hilfloser Fremder geblieben. So erklärt sich denn auch seine Bindung an Constanze, die er später als Ersatz für die Schwester Aloisia nahm, und über deren Gegengefühle ebenfalls nichts bekannt ist. Was wir darüber lesen, ist positives oder negatives Wunschdenken.

EXKURS: Im Jahr 1829 machte sich das englische Ehepaar Vincent und Mary Novello aus London zu einer ›Pilgerfahrt zu Mozart‹ auf. Vincent, italienischer Abkunft, war Organist, Komponist und Dirigent, Mitbegründer der London Philharmonic Society und des Verlagshauses Novello, Ewer und Co. Mary, halbdeutscher Abkunft, war in erster Linie Ehefrau, eine middle-class-lady, die ihren Mann ›Vin‹ nannte und deren Lieblingswort ›delicious‹ war. Beide erscheinen uns als der Inbegriff des gebildeten Biedermeier-Ehepaares, eifrig, ehrlich, integer, mehr aufnahmewillig als aufnahmefähig, und eben bieder. Der vordergründige Zweck der Reise war, der überlebenden Schwester Mozarts, dem ehemaligen Nannerl, verwitweter Freifrau Berchtold zu Sonnenburg, die beinah erblindet und in dürftigen Umständen lebte, ein Geldgeschenk von achtzig Pfund zu überbringen, das in London für sie gesammelt worden war, und zwar ›von enthusiastischen Verehrern der entzückenden Kompositionen Mozarts‹ (by enthusiastic admirers of the delightful compositions of Mozart). (Für Beethoven, dessen Verhältnisse sie wohl unterschätzten, hatten die Verehrer ein paar Jahre früher hundert Pfund zusammengebracht.) Der wahre Grund der Reise war jedoch für Vincent Novello, Material für eine Biographie Mozarts zu sammeln, eine Aufgabe freilich, der er so wenig gewachsen war wie die ersten drei Biographen Mozarts, die sich jedoch durch ihre Unzulänglichkeit nicht behindert fühlten. Novello dagegen hat sein Buch denn auch nicht geschrieben, dafür sind wir ihm dankbar. Denn nicht nur war er zu taktvoll, die überlebenden Zeitgenossen auszuforschen, sondern er weigerte sich auch, Berichte anzuhören, die das Idealbild des verehrten Mannes und der ihm Nahestehenden herabsetzten; die Zerstörung seiner romantischen Sicht durch solche, die er als unbefugt erachtete, hatte er als Zumutung empfunden. Da aber beide Novellos, unabhängig voneinander, ein Reisetagebuch führten[33], besitzen wir zumindest zwei durch diverse Zuträger gefilterte Teilansichten unseres Helden.

Das ehemalige Nannerl, inzwischen achtundsiebzigjährig, nahm das Geldgeschenk mit Dank an, konnte aber keine verwertbaren Aufschlüsse mehr geben. Daß sie in Wahrheit ihren Bruder kaum gekannt hatte, wäre für sie wohl kaum ein Hinderungsgrund gewesen, Teile gemeinsamer Vergangenheiten heraufzubeschwören, doch war sie schon zu hinfällig, um sich noch kohärent mitteilen zu können. Überdies war sie sich wohl darüber im klaren, daß ihre Schwägerin Constanze, die zwar ebenfalls in Salzburg lebte, mit der sie aber nicht verkehrte, Siegerin im Nachleben geblieben war, gegen sie war nicht mehr aufzukommen. Constanze wußte denn auch ihre Rolle als Informantin und Gastgeberin auszuspielen, war auch materiell dazu in der Lage. Jedenfalls spricht es für beide Damen, daß sie gegenseitige Sticheleien vermieden, die allerdings Vincent Novello ohnehin sofort im Keim erstickt hätte.

Auf Constanzes Aussagen kommen wir zurück, ebenso auf die Berichte weiterer Überlebender. Hier geht es zunächst um Aloisia.

SOMMER 1829. Aloisia Lange, geborene Weber, besucht Mary Novello in ihrem Hotelzimmer in Wien.[34] Vincent, beflissen wie immer, ist ausgegangen, um sich geistig zu bereichern, wahrscheinlich durch das Anhören einer ihm unbekannten Messe. Aloisia, die ehemals gefeierte Sängerin, jetzt eine alte Dame von siebenundsechzig – sie wird noch zehn Jahre leben –, vermittelt Mary den Eindruck einer gebrochenen Frau, die ihr Schicksal beklagt, nicht ohne Larmoyanz. Für die Ohren einer an Takt und Diskretion gewohnten Engländerin mögen solche Enthüllungen

---

33 Siehe Anmerkung 10, S. 21.
34 Novello, a.a.O., S. 149 ff.

vielleicht ein wenig peinlich gewesen sein. Aloisia jammert: Bei ihrem Alter müsse sie noch Gesangsunterricht geben, da sie von ihrem Mann, von dem sie getrennt lebe, nicht genug Geld erhalte. Sehr möglich: Der achtundsiebzigjährige Joseph Lange lebte meist auf dem Lande und mag versucht haben, sich die glücklosen Erinnerungen aus seiner Karriere fernzuhalten. Doch Mary ist an dieser gegenwärtigen Misere weniger interessiert, ihr Objekt ist Mozart, sie fragt nach ihm, und Aloisia teilt mit, sie tut es gern. In Wirklichkeit habe Mozart sie bis an sein Lebensende geliebt. Mary: Warum sie ihn in diesem Fall damals in Mannheim und später in München nicht erhört habe. Aloisia: Sie habe ihn eben damals nicht lieben können. Sehr glaubhaft. Sie habe ihn nicht als den erkannt, der er war. Weniger glaubhaft, doch nicht ausgeschlossen. Ihre Schwester sei immer ein wenig eifersüchtig auf sie gewesen. Unwahrscheinlich, aber möglich, Constanze neigte zu Eifersucht. Wahrscheinlich sei Mozart auch mit Constanze besser daran gewesen. Das ist wohl richtig. Jedenfalls habe Aloisia, so Mary, mit viel Liebe von Mozart gesprochen, und mit Bedauern. Sie habe den Wienern vorgeworfen, daß sie ihn hätten verkommen lassen. Richtig.

Dieser heart-to-heart-talk von Frau zu Frau erscheint uns als ein würdiger Augenblick im Nachleben Mozarts, diese Heraufbeschwörung an einem Sommernachmittag in einem Zimmer eines Wiener Hotels, achtunddreißig Jahre nach seinem Tod, fünfzig Jahre nach dem negativen Ausgang dieser einseitigen Liebesbeziehung. Es mag einerseits bedauerlich erscheinen, daß Vincent nicht zugegen war, der vielleicht einen anderen Aspekt des Berichtes aufgezeichnet hätte, denn die Tagebucheintragungen der beiden ergänzen und kontrollieren einander. Andrerseits hätte Aloisia in Gegenwart eines Mannes vielleicht nicht frei geredet. Seltsamerweise hat Vincent keinerlei Bedauern über das Versäumnis dieses Gespräches notiert, wahrscheinlich wäre es für ihn in das Gebiet des Allzupersönlichen gefallen, das ihn nichts anzugehen habe. Aloisia, Mozarts große Geliebte, wird hiernach von keinem der beiden Novellos jemals wieder erwähnt.

ÜBER ALOISIA wissen wir einiges aus den Aufzeichnungen ihres Mannes, des Schauspielers und Malers Joseph Lange[35], über den wir später ausführlich sprechen werden. Sie war eine Primadonna, nicht nur nach ihrer Rangordnung im Musikleben, sondern auch ihrem Naturell nach. Ihr Musikverständnis war hervorragend, auch ihr Klavierspiel außerordentlich, sie hatte sicheren Kunstsinn und war ihrer seelischen Anlage nach eine wirkliche Künstlerin, mit tiefen Zweifeln an sich selbst, aus denen sich später schwere Depressionen ergaben, funktionelle Störungen, jahrelang litt sie an psychisch bedingten Magenkrämpfen. Alternd wurde sie schwermütig und kränkelte dahin. Sie hatte sechs Kinder, deren Lebensdaten bekannt sind. Geheimnisvollerweise war mit Mozarts Tod auch ihr Glanz dahin; diese Tatsache hat beinah etwas Poetisches. Ehemals die erste Wiener Donna Anna, eine gefeierte Constanze in der ›Entführung‹ auf Gastreisen in Berlin und Hamburg, trat sie später in Wohltätigkeitskonzerten auf, sie trennte sich von ihrem Mann und erlosch.

ALOISIA WAR SECHZEHN, als Mozart sie in Mannheim kennenlernte. Daß er ihrem Leben als Anreger und Lehrer eine neue Wendung gab, muß sie anerkannt haben, nur eben kam er als Liebhaber und Ehemann für sie nicht in Frage. Wahrscheinlich war er ihr physisch nicht anziehend genug. Daß er darüber sein Leben lang nicht hinweggekommen sei, ist zumindest zweifelhaft; über menschliche Enttäuschungen ist er verhältnismäßig leicht und schnell hinweggekommen, und wir wissen nicht, wie tief sie sein Inneres überhaupt berührt haben. Wenn wir ihn, allerdings erst später, zum Thema Aloisia hören, so klingt die Sache anders – womit nicht gesagt sei, richtig: Drei Jahre nach dem Bruch (Brief vom 15. Dezember 1781) erscheint ihm die ehemals Angebetete als eine ›falsche, schlechtdenkende Personn, und eine Coquette‹. Wir halten zwar diese Behauptung für unwahr, verstehen aber den Zweck dieser gezielten Verdrehung: Hier galt es ihm, dem Vater gegenüber, als Kontrast, die Schwester Constanze in ein um so besseres Licht zu rücken, was ihm natürlich, angesichts des ohnehin

35 ›Biographie des Joseph Lange, K. K. Hofschauspielers, Wien‹ (bei Peter Rehms sel. Witwe) 1808.

skeptischen und in diesem Fall reiflich vorgewarnten Vaters, ebenfalls nicht gelang.

LOYALITÄT, wäre nicht auch sie eine jener Eigenschaften, deren Zuerkennung oder Nicht-Zuerkennung für das Genie im allgemeinen und Mozart im besonderen uns nicht möglich ist, hätte jedenfalls nicht zu Mozarts charakterlichen Vorzügen gehört. Im Gegenteil: Der Ausdruck der Illoyalität konfrontiert uns hier und dort, als winziger versteckter ›Mißton‹; doch sollten wir ihn nicht bewerten. Gerade durch die allzu offensichtliche Zweckbedingtheit seiner maliziösen Ausfälle entwaffnet uns Mozart immer wieder – sofern unsrerseits von Waffen die Rede sein kann. Am 4. April 1787 schreibt Mozart seinem Vater und beteuert ihm – schlechten Gewissens? –, daß er ihm einen ausführlichen Brief geschrieben habe, der aber durch die ›Dummheit der storace‹ nicht in seine, des Vaters, Hände gelangt sei. Die Attestierung dieser ›Dummheit‹ mag er dem Vater gegenüber als angemessen empfunden haben, in Wirklichkeit aber fand er ›die storace‹ alles andere als dumm, er hat sie, im Gegenteil, geliebt. Ein Parallelfall also: Auch hier wird dem Vater gegenüber die Geliebte denunziert – nicht gerade schön, doch nicht gewichtig.
Nancy – genauer: Anna Selina – Storace, halb Engländerin, halb Italienerin, dem Portrait nach bezaubernd, von Mozart als hervorragende Sängerin bezeichnet – wahrscheinlich fand er sie zumindest zeitweise ›unvergleichlich‹, obzwar er ihr, nach seiner Musik für sie zu urteilen, ein Register wie das der Aloisia nicht zutraute –, war die erste Susanna im ›Figaro‹. Wie acht Jahre zuvor für Aloisia, hat er auch für sie eine seiner großen Konzertszenen geschrieben: das c-Moll-Rezitativ ›Ch'io mi scordi di te‹ und die Es-Dur-Arie ›Non temer, amato bene‹ (K. 505, 26. Dezember 1786). Sie enthält Anklänge an den ›Figaro‹, ist aber Opera-seria-artig kälter und distanziert, was gewiß nicht seiner Absicht entsprach, denn es handelt sich um ein hommage an die damals Einundzwanzigjährige. In sein Werkverzeichnis trug er vielsagend ein: ›für Mad.selle Storace und mich‹! ›Für mich‹ bedeutet in diesem Fall, daß die Orchesterbegleitung durch obligates Klavier bereichert wird, das er bei der Erstaufführung, wahrscheinlich im Februar 1787, selbst spielte; eine etwas gewaltsame und nicht

restlos geglückte Kombination, die ihre Erklärung in seinem Wunsch findet, der geliebten Sängerin noch so lang wie möglich nahe zu sein. Denn sie verließ Wien bald darauf. Sie starb 1817. Wahrscheinlich hat sie Briefe von Mozart besessen, die sie vor ihrem Tod wohlweislich vernichtete.

DIESE BEIDEN LIEBEN, von denen freilich nur die zu Aloisia näher dokumentiert ist, die andere ein Geheimnis bleibt, bezeichnen Mozarts obere Stimmen im Register seiner Liebesfähigkeit, das wahrscheinlich sublimierte erotische Moment, in dem, als ein Wesentliches, das Element der Verehrung für die Künstlerin enthalten ist. Ohne Zweifel waren diese Beziehungen Objekt einer gewissen Idealisierung; geprägt von Bewunderung für die Gestalt in ihrer Doppelbedeutung – Geliebte plus Künstlerin –, die im Fall Aloisia, später bei Nancy nicht mehr, ein in unserer Sicht beinah peinlich devotes Gebaren gezeitigt hat; eines, das ihn bei der Geliebten wahrscheinlich noch nicht einmal ins beste Licht setzte. Von dieser Pose der Anbetung, die er wohl als angemessen betrachtet haben muß, spricht vor allem der Brief, den er an Aloisia am 30. Juli 1778 aus Paris nach Mannheim schickte[36]:

36 Carißima Amica!
La prego di pardonarmi che manco questa volta d'inviare le variazioni per l'aria mandatami – ma stimai tanto neceßario il rispondere al più presto alla lettera del suo sig:re Padre, che non mi restò poi il Tempo di scriverle, e perciò era impoßibile di mandargliele – ma lei le avrà sicuramente colla proßima lettera; Adeßo spero che ben Presto saranno Stampate le mie sonate – e con quella occasione avrà anche il Popolo di Teßaglia, ch'è già mezzo Terminato – se lei ne sarà si contenta – comme lo son io – potrò chiamarmi felice; – intanto, sinchè avrò la sodisfazione di sapere di lei steßa l'incontro che avrà avuta questa scena *apreßo di lei* s'intende, perchè siccome l'hò fatta *solamente* per lei – così non desidero altra Lode che la sua; – intanto dunque non poßo dir altro, che, Trà le mie composizioni di questo genere – devo confeßare che questa scena è la megliore ch'hò fatto in vita mia –
Lei mi farà molto piacere se lei vuol mettersi adeßo con Tutto l'impegno sopra la mia scena d'Andromeda | Ah lo previddi! | perchè l'aßicuro, che questa scena le starà aßai bene – e che lei sene farà molto onore – al più le raccomando l'espreßione – di rifletter bene al senso ed alla forza delle parolle – di mettersi con serietà nello stato e nella situazione d'Andromeda! – e di figurarsi d'eßer quella steßa persona; – Caminando in questa quisa | colla sua bellißima voce – col suo bel methodo di cantare – | lei diventerà in breve Tempo infalibilmente Eccelente. – la maggior parte della lettera ventura ch'avrò l'onore di scriverle, consisterà in una breve esplicazio-

Liebste Freundin!   Paris, den 30. Juli 1778
Ich bitte Sie um Vergebung, daß ich Ihnen dieses Mal die Änderungen der Arie, um die Sie mich baten, noch nicht mitsende. Doch erachtete ich es als wichtiger, den Brief Ihres Herrn Vaters so bald wie möglich zu beantworten, so dass mir dann keine Zeit mehr blieb sie niederzuschreiben, und so konnte ich sie Ihnen auch nicht schicken. Aber mit dem nächsten Brief erhalten Sie sie ganz gewiss. Jetzt hoffe ich nur, dass meine Sonaten sehr bald gedrückt sein werden, und bei dieser Gelegenheit erhalten Sie auch das Popolo di Teßaglia, das schon zur Hälfte fertig ist. Wenn Sie damit so zufrieden sind, wie ich es bin, werde ich mich glücklich nennen können. Inzwischen, bis mir die Befriedigung zuteil wird, von Ihnen selbst zu wissen, wie Ihnen die Szene gefällt, denn da ich sie allein für Sie geschrieben habe, wünsche ich mir auch kein anderes Lob als das Ihre – inzwischen kann ich selbst nichts anderes sagen, als dass unter den Kompositionen dieser Gattung – ich muss es eingestehen – diese Szene das beste ist, was ich jemals gemacht habe.

ne sopra il methodo e la maniera come desidererei io che lei cantaße e recitaße quella scena – nulla di meno sono à pregarla di studiarla *da se* fràtanto – vedendo poi la differenza – sarà questo d'una granutilità per lei – benchè son persvasißimo che non avrà molto à correggere ò à cambiare – e che farà steßa molte cose così, come lo desidero – sapendo questo per esperienza – à l'aria, | Non sò d'onde viene | che lei hà imparata da se steßa – non hò trovato niente à criticare o à correggere – lei me l'hà Cantata con quel gusto, con quel methodo, e con quella espreßione che hò desiderato – dunque hò ragione di avere tutta la fiducia nella di lei virtù e sapere – Basta, lei è Capace – e capacißima – solamente le raccomando, | e di ciò la prego caldamente | di aver la bontà di rileggere qualche volta le mie lettere, e di fare come io le hò consigliato – e di eßer certa, e persuasa, che per Tutto ch'io le dico, e le hò detto, non hò e non avrò mai altra intenzione che di farle Tutto il bene che mi sia poßibile –
Carißima amica! – spero che lei starà d'ottima salute – la prego di averne sempre cura – eßendo questa la miglior cosa di questo mondo; io, grazie à Dio stò bene, toccante la mia salute, perchè ne hò cura – mà non hò l'animo quieto – e non l'avrò mai sinchè non avrò la consolazione di eßere accertato che una volta si hà reso giustizia al di lei merito – ma lo stato e la situazione più felice per me sarà in quel giorno in cui avrò il sommo piacere di rivederla, e di abbracciarla di Tutto il mio cuore – mà questo è anche Tutto ch'io poßo bramare e desiderare – non Trovo che in questo desiderio ed augurio l'unica mia consolazione, e la mia quiete; – la prego di scrivermi speßo – lei non si può immaginare quanto piacere mi fanno le sue

Sie würden mir einen großen Gefallen tun, wenn Sie sich jetzt mit allem Eifer an diese meine Szene der Andromeda | Ah lo previddi! | machten, denn ich versichere Sie, dass Ihnen die Szene sehr gut liegt und auch viel Ehre machen wird. Am dringendsten lege ich Ihnen die Expression ans Herz, denken Sie gut über den Sinn und die Macht der Worte nach, versetzen Sie sich selbst mit allem Ernst in die Lage der Andromeda, stellen Sie sich vor, Sie seien sie selbst. Wenn Sie auf diese Art verfahren wird sie Ihnen bei Ihrer herrlichen Stimme und mit Ihrer guten Methode des Singens unfehlbar in kurzer Zeit gelingen. Der Hauptteil des nächsten Briefes, den Ihnen zu schreiben ich mich beehren werde, wird der Erläuterung gelten, auf welche Weise und nach welcher Methode ich von Ihnen die Szene gern gesungen und vorgetragen hätte. Nichtsdestoweniger möchte ich Sie bitten, sie trotzdem allein zu studieren, die Feststellung des Unterschieds kann von großem Nutzen für Sie sein. Dennoch bin ich fest davon überzeugt, dass ich nicht viel zu korrigieren oder zu ändern haben werde, und dass Sie von sich aus viele Dinge so machen werden, wie ich sie gemeint

lettere. la prego di scrivermi quante volte che lei và dal sig:re Marchand – di farmi una piccola dichiarazione dello studio dell' azione – che le raccommando caldamente – Basta, lei sà, che tutto quel che Tocca lei, m'intereßa aßai. – aproposito: io le hò da fare mille Complimenti d'un signore – ch'è l'unico amico ch'io stimo quì, e ch'amo aßai, perchè è gran amico della sua casa, ed hà avuto la fortuna ed il piacere di portarla molte volte sul braccio, e di bacciarla una centinaja di volte quando lei era ancora piccolina – equesto è, il sig:re *Kümli,* pittore dell'Elettore – questa amicizia m'hà procurato il sig: Raff, il quale è adeßo il mio stretto amico, e conciòsiachè anche il di lei – e di Tutta la famiglia Weber – sapendo pur bene il sig:re Raaff che non lo può eßere, senza di questo; il sig: Kynli, che riverisce Tutti, non si può stancare di parlare di lei, ed io – non poßo finire – dunque non trovo altro piacere che di far la conversazione con lui – ed egli, ch'è vero amico di Tutta la sua casa, e sapendo dal sig:re Raaff che non mi può fare più gran piacere che di parlare di lei, non ne manca mai – Addio, fràtanto, Carißima amica! – sonoanziosißimo d'avere una lettera di lei, la prego dunque di non farmi troppo aspettare, e troppo languire – sperando di aver ben presto delle sue nuove, le baccio le mani, l'abbraccio di core e sono e sarò sempre il di lei vero e sincero amico

——————————————————————— WA Mozart

la prego di abbracciare in nome mio
la sua Carißima sig:ra Madre – e tutte
le sue sig:re sorelle.

habe, ich weiss es ja aus Erfahrung. An der Arie Non so d'onde viene, die Sie allein einstudiert haben, hatte ich nichts zu ändern oder zu korrigieren. Sie haben sie genau in dem Geschmack, mit der Kunst und dem Ausdruck gesungen, in dem ich es mir vorgestellt hatte, daher habe ich allen Grund, Vertrauen auf Ihr Gespür und Ihre Kunst zu haben, Basta, – Sie haben Genie, großes Genie, – nur empfehle ich Ihnen, und ich möchte Sie dringend darum bitten, meine Briefe mehrmals zu lesen und es so zu machen, wie ich es Ihnen rate, und sicher zu sein, überzeugt zu sein, dass ich bei allem, was ich Ihnen sage und gesagt habe, niemals eine andere Absicht habe oder gehabt habe, alles Gute für Sie zu tun, das mir möglich ist.

Liebste Freundin! Ich hoffe, Sie sind bei bester Gesundheit, und ich bitte Sie, immer darauf bedacht zu sein, denn sie ist das Beste auf dieser Welt. Mir geht es Gottseidank gut, was meine Gesundheit betrifft, denn ich bin auf sie bedacht. Aber meine Seele ist nicht ruhig, und wird es auch nicht sein, bis ich nicht den Trost habe, gewiss zu sein, daß Ihnen die Gerechtigkeit widerfährt, die Sie verdienen. Doch wirklich glücklich wird meine Lage und mein Zustand erst an dem Tag sein, an dem ich das höchste Vergnügen haben werde, Sie wiederzusehen und von ganzem Herzen zu umarmen, das ist auch alles, was ich mir erhoffen und begehren darf. Nur in diesem Gedanken und in dieser Hoffnung finde ich Trost und Ruhe. Ich bitte Sie, mir oft zu schreiben, Sie können sich nicht vorstellen, wieviel Freude mir Ihre Briefe machen. Ich bitte Sie, mir auch zu schreiben, wann immer Sie zu Herrn Marchand gehen und mir kurze Erläuterungen Ihrer schauspielerischen Studien zu geben, die ich Ihnen dringend empfehle. Genug, Sie wissen, dass alles was Sie betrifft, mich sehr interessiert. Übrigens – ich habe Ihnen tausend Grüße von einem Herrn auszurichten, dem einzigen Freund hier, den ich schätze, den ich sehr liebe, weil er ein enger Freund Ihres Hauses ist und das Glück und das Vergnügen gehabt hat, Sie viele Male auf dem Arm getragen und hunderte von Malen geküßt zu haben, als sie noch ein kleines Mädchen waren, das ist der Herr Kümli, der Hofmaler. Diese Freundschaft hat mir Herr Raaff vermittelt, der jetzt mein guter Freund ist und folglich auch der Ihre und der ganzen Familie Weber, denn er weiss sehr wohl, der Herr Raaff, dass er das eine nicht sein kann ohne das andere. Der Herr Kynli, der Sie alle verehrt, wird nicht müde, von Ihnen zu sprechen, und ich – ich kann nicht aufhören – wie auch immer, es gibt für mich kein größeres Vergnügen als das Gespräch mit ihm, und er, der ein wahrer Freund Ihrer ganzen Familie ist und vom Herrn Raaff weiss, dass er mir kein größeres Vergnügen machen kann, als von Ihnen zu sprechen, läßt mich nie im Stich. Leben Sie inzwischen wohl, liebste Freundin! Ich brenne darauf, einen Brief von Ihnen zu haben, ich bitte Sie, mich nicht allzu lange warten und danach sehnen zu lassen. Ich hoffe, recht bald neues von Ihnen zu hören. Ich küsse Ihnen die Hände, umarme Sie von Herzen und bin und werde immer sein Ihr wahrer und aufrichtiger Freund

W A Mozart

Bitte umarmen Sie in meinem Namen
Ihre Theuerste Frau Mutter – und
alle Ihre Freulein Schwestern

Dieser Brief spricht nicht nur buchstäblich eine andere, er spricht auch seine eigene Sprache: die des fernen hoffenden Verehrers. Außer den darin enthaltenen didaktischen Anweisungen ist es ein konventioneller, unbeholfener Brief, in seiner gepflegt sensitiven Diktion und seiner Empfindsamkeit übrigens auch ein typischer Brief der Zeit. Das Wesentliche wird verschwiegen, aber doch angedeutet, nämlich, daß der Schreiber der Empfängerin verfallen ist. Doch das wußte die Schöne ohnehin, sie, deren ›berechnende Kälte‹ zum Gemeinplatz aller Trivialbiographie geworden ist; eine eigene und wichtige Stimme in der Partitur des ›ewig Weiblichen‹.[37]

Der Bruch mit Aloisia in München vollzog sich zwischen dem 8. und dem 13. Januar 1779, den letzten Tagen der unglückseligen Reise zwar, aber auch der Freiheit. Am 13. Januar schließlich reiste Mozart, schwersten Herzens, nach Salzburg ab, in Beglei-

---

37 ›Einem täuschenden Irrlicht gleich erscheint sie uns. Schön wie die Sünde, lockend wie das Verderben, begnadet durch die große Kunst, die ihr zu eigen, so umgaukelt sie den ahnungslosen keuschen Jüngling, der um ihre Liebe fleht, vergebens fleht und doch die Liebe der ganzen Menschheit finden sollte.‹ Carola Belmonte: ›Die Frauen im Leben Mozarts‹, Augsburg und Berlin 1905, S. 50.

tung seiner Cousine Maria Thekla, des ›Bäsle‹, das er nach München bestellt hatte.

Am 8. Januar hatte er die in dem Brief erwähnte, in Paris begonnene Szene für Aloisia beendet (K. 300b). Wahrscheinlich hoffte er damals noch, sie ihr zur Verlobung überreichen zu dürfen: Eine weitere seiner Rechnungen ohne den Wirt. Denn nachdem sie ihn abgewiesen hatte, wäre er weder in der Laune noch in der Verfassung gewesen, sie noch zu beenden, obgleich, wie wir festgestellt haben, er sich nach solchen ›Schlägen‹ sehr schnell erholt hat. Das Werk selbst muß er gänzlich auf Aloisias Stimmqualität und Fähigkeit zugeschnitten haben; wenn wir sie nach dieser Szene beurteilen wollen, so muß ihr Volumen phänomenal gewesen sein, was spätere Urteile bestätigen. Die Szene, bestehend aus dem Rezitativ ›Popolo di Tessaglia‹ in c-Moll und der Arie ›Io non chiedo, eterni Dei‹ in C-Dur ist ein Bravourstück für eine Hochdramatische und läßt uns in seinem Pathos und seinem emphatischen Glanz heute eigentümlich kalt. Ein Virtuosenstück, in das sich auch Solo-Oboe und Solo-Fagott teilen, vor allem aber eine Stimme, die keine Anstrengung kennen darf, eben eine Primadonnenstimme, die sich in eher konzertierenden als kantablen Läufen bewegt und in der Stretta sich zum dreigestrichenen g – man darf sagen: buchstäblich – versteigt. Wenn Aloisia das singen konnte, ohne komisch zu wirken, dann muß sie allen Sängerinnen bis heute einiges vorausgehabt haben. Allerdings können wir heute wohl kaum noch beurteilen, was damals komisch wirkte und was nicht. Seltsamerweise – oder vielleicht bezeichnenderweise – wirkt die Musik dieser großen Szenen für die Geliebten völlig unsinnlich. Sie enthält die großartige erhabene Geste der Opera seria, doch nirgends den Hauch des Erotischen. Es ist noch weit bis zum Cherubino.

Mozart selbst hielt diese Szene, wie er schreibt, für das Beste, was er in dieser Gattung jemals komponiert habe. Wir mögen es heute so sehen, daß er in dieser Gattung ja noch nicht viel geschrieben hatte. Dennoch wirkt auf uns etwa die Szene ›Ah, lo previdi‹ (K. 272, August 1777) in ihrer Sparsamkeit und Verhaltenheit stärker und um einiges tiefer. Sie war eben nicht für eine Geliebte komponiert, sondern für die Konzertsängerin Josepha Duschek, zwei Jahre älter als Mozart, kein begehrenswertes Mädchen mehr;

hier war also kein persönliches Gefühl involviert, er durfte es vielmehr, objektiviert, dem (Andromeda-)Stoff vorbehalten lassen. Objektive Distanz ist ihm wohl von je besser bekommen, die Fiktion der Oper hat er immer gemeistert: Emotionen, doch nicht die eigenen. Auch diese Arie hat er Aloisia zum Singen gegeben, und jene Briefstelle: ›Am dringendsten lege ich Ihnen die Expression ans Herz, denken Sie gut über den Sinn und die Macht der Worte nach, versetzen Sie sich selbst mit allem Ernst in die Lage der Andromeda, stellen Sie sich vor, Sie seien sie selbst . . .‹, zeugt von seinem tiefen Kunstverstand und seiner Fähigkeit, ihn anderen mitzuteilen; plötzlich meinen wir, einen völlig anderen Mozart vor uns zu haben, den kritischen klugen Beurteiler, Synthese zwischen Schöpfer und Vermittler, der dort Scherz und Banalität und Albernheit fallen läßt, wo es um das geht, was ihn wirklich bewegt. Freilich bewegte ihn zur Zeit des Briefes noch die Liebe zur Sängerin selbst, doch sie tritt in diesen Zeilen in den Hintergrund: Es herrscht die Sache, ihre Richtigkeit und Wahrhaftigkeit.

IMMER WIEDER WERDEN WIR ÜBERRASCHT von Mozarts sachlicher Kritik und Urteilsfähigkeit. Am 22. November 1777 schrieb er seinem Vater aus Mannheim:
 . . . heute um 6 uhr war die galla-Accademie. ich hatte das vergnügen den H: fränzl, | welcher eine schwester von der Mad:^me Cannabich hat | auf der violin ein Concert spiellen zu hören. er gefält mir sehr; sie wissen daß ich kein grosser liebhaber von schwierigkeiten bin. er spiellt schwer, aber man kennt nicht daß es schweer ist, man glaubt, man kann es gleich nachmachen. und das ist das wahre. er hat auch einen sehr schönen runden thon; es fählt keine Note, man hört alles; es ist alles Marquirt. er hat ein schönes staccato, in einen bogen, so wohl hinauf, als herab; und den dopelten triller habe ich noch nie so gehört, wie von ihm. mit einem wort: er ist meinthalben kein hexenmeister, aber ein sehr solider geiger.
Auch hier also der wägende Mozart, der außer dort, wo persönliche Relationen im Spiel sind, daher die Spieler ›unvergleichlich‹ oder ›von Herzen dumm‹ zu sein haben, sich nicht zum Enthusiasmus versteigt und, in Darstellung der Sache, sein objektives Maß und seine kritische Stabilität wahrt.

DIE BEZIEHUNGEN ZU ALOISIA UND ZU NANCY ALSO nehmen das eine Ende seiner erotischen Skala ein. Wir können kaum umhin, Constanze an eine weniger ideal bedingte Stelle zu verweisen, hier sind Fixierung und Hörigkeit im Spiel – wir werden darauf zurückkommen. Zur Zeit der Liebe zu Aloisia, und vielleicht nicht nur damals, war auch das andere Ende der Skala besetzt, und zwar von der Cousine, dem ›Bäsle‹.

Das Bäsle hatte er 1777 in Augsburg, der zweiten Station seiner Pariser Reise, kennengelernt, sie war die Tochter des Franz Alois Mozart, Drucker und Druckereibesitzer, Leopolds Bruder; ein leichtfertiges und liebenswertes Mädchen, zwei Jahre jünger als ihr Vetter Wolfgang. Wir haben ein Portrait von ihr, die ziemlich dilettantische Zeichnung eines unbekannten Künstlers. Auf ihr ist wohl der Kopf gegen den Körper aus den Proportionen geraten. Sie sieht derb aus und keck drein, fesch ausstaffiert, mit Umhang und Häubchen, ›auf französisch‹ – so wollte es der Vetter Wolfgang, der das Bildnis von ihr aus Mannheim bestellte, wahrscheinlich damit es die Erinnerung an erquicklich verbrachte Stunden visuell unterstütze. Man weiß jedoch bei dieserart Trivialbildnissen niemals, ob sie tatsächlich die Erinnerung oder vielmehr die Vorstellungskraft des Empfängers fördern sollen. Hier jedenfalls wären schon die Mundwinkel eine anatomische Seltenheit, und die Blume, die das Mädchen in der Hand hält, dürfte wohl kaum die der Unschuld sein. Aus ihrem späteren Leben kennen wir nur ein paar Daten eines offensichtlich unverhohlen freien Lebenswandels, der ihr mindestens ein uneheliches Kind bescherte – man hat behauptet, es sei von einem geistlichen Herrn, doch diesen Makel an der Geistlichkeit haben beflissene Bäsle-Forscher getilgt –, und sie starb als ›Lebensgefährtin‹ eines Postdirektors ›hochbetagt‹ am 25. Januar 1841 in Bayreuth.

Das Bäsle selbst hat sich kaum dokumentiert. Den zeremoniell umständlichen und recht ungeschlachten Zeilen an ihren Onkel Leopold vom 16. Oktober 1777 entnehmen wir, daß verbaler Ausdruck ihre Stärke nicht war: ›Es ist mir onmäglich, Außzutrikken wie viele Freud, mir ab der glicklichen Ankunft der Frau baß, alsz eines so allerliebsten Herrn Vetters, empfunden ...‹ etc. Die leider nicht überlieferten Briefe an ihren Vetter mögen freilich weniger zeremoniell gewesen sein.

Aus Augsburg schrieb Mozart an seinen Vater am 17. Oktober
1777:

> ... den 17.:ᵗᵉⁿ in der frühe schreibe und betheüere ich daß unser
> bäsle, schön, vernünftig, lieb, geschickt und lustig ist; und daß
> macht weil sie braf unter die leüte gekommen ist. sie war auch
> einige Zeit zu München. daß ist wahr, wir zwey taugen recht
> zusammen; dann sie ist auch ein bischen schlimm. wir fopen die
> leüte mit einander, daß es lustig ist ...

Mozart war damals zweiundzwanzig Jahre alt; er hatte also –
um eine Synchronie herzustellen – vor wenigen Monaten sein
Es-Dur-Klavierkonzert (K. 271) und sein großes Divertimento in
B-Dur (K. 271H) geschrieben, und es läßt sich kaum leugnen, daß
unter diesem Aspekt gesehen der Brief überaus infantil wirkt, wie
der Brief eines Sechzehnjährigen; doch haben wir uns bei ihm
inzwischen an diese Inkongruenz gewöhnt. Überdies ist nicht
anzunehmen, daß der Zeitvertreib dieser beiden sich auf das
Foppen der Leute beschränkt hat, darauf weisen Mozarts spätere
Briefe an das Bäsle ziemlich eindeutig hin. So schreibt er kurz nach
dem Abschied am 5. November 1777 aus Mannheim, indem er sie
bittet, zwei Damen, gemeinsamen Bekannten, ein ›Compliment‹
auszurichten:

> ... und die Jüngere, nämlich die frl: Josepha bitte ich halt recht
> um verzeyhung, warum nicht? – warum sollte ich sie nicht um
> verzeyhung bitten? – – Curios! – ich wüste nicht warum nicht?
> – – ich bitte sie halt recht sehr um verzeyhung, daß ich ihr
> bishero die versprochene sonata noch nicht geschickt habe, aber
> ich werde sie, so bald es möglich ist übersenden. warum nicht?
> – – was – – warum nicht? – – warum soll ich sie nicht schicken?
> – warum soll ich sie nicht übersenden? – – warum nicht?
> – – Curios! ich wüste nicht warum nicht? – – Nu, also, diesen
> gefallen werden sie mir thun; – – warum nicht? – – warum sollen
> sie mirs nicht thun? – – warum nicht, Curios! ich thue ihnens ja
> auch, wenn sie wollen, warum nicht? – – warum solle ich es
> ihnen nicht thun? – – Curios! warum nicht? – – ich wüste nicht
> warum nicht? – – vergessen sie auch nicht von mir ein Compli-
> ment an Papa und Mama von die 2 frl: zu entrichten, denn das
> ist grob gefehlt, wenn man vatter und Mutter vergessen thut
> seyn müssen lassen haben ...

Der Sinnzusammenhang wird doch deutlicher, wenn wir das Wort schicken durch ein ähnlich klingendes ersetzen. Daher korrigiert sich der Schreiber denn auch scheinheiligst und ersetzt das Wort durch ›übersenden‹, um allerdings dann mit einer Anhäufung von Verben der Verfehlung entgegenzutreten, Vater und Mutter zu vergessen, und damit die Scheinheiligkeit wieder aufzubauen. Jedenfalls muß die Frage ›warum nicht?‹ am Anfang der Beziehung zwischen Vetter und Base wohl öfters gefallen sein, bis sie beide zur Einsicht gelangten, daß kein Grund bestände, warum sie es ›nicht thun‹ sollten. Deutlicher noch wird Wolfgang in einem späteren Brief: ›. . . A propos seit ich von Augsburg weg bin, habe ich nicht Hosen ausgezogen; – außer des Nachts bevor ich ins Bett gehe . . .‹ (3. Dezember 1777). Eine Art Treuebekenntnis.

DIE KINDSKOPFLEGENDE UM DAS WOLFERL AUS SALZBURG, eine Schöpfung des frühen neunzehnten Jahrhunderts und seitdem gewaltsam aufrecht erhalten, um Mozarts Leben möglichst keinen Finger breit von der Konfirmationsgeschenkversion abweichen zu lassen, baut sich auf eben jenen Äußerungen auf, wie wir sie zitiert haben. Sie geht konform mit der Unschuldsversion, beide bedingen und durchsetzen einander. Nur eben ist die erste eine Vereinfachung, die zweite eine Verharmlosung des wahren Sachverhaltes: Verharmlosung, wohlgemerkt, sofern wir uns entschließen sollten, den Maßstab der Kämpfer für Mozarts ›Reinheit‹ zu akzeptieren, die ihrem Helden, auch als Zweiundzwanzigjährigem, das Recht auf Geschlechtsverkehr absprechen möchten, wobei eigentlich nicht einzusehen ist, warum, es sei denn, man stoße sich an der Außerehelichkeit. Im neunzehnten Jahrhundert glaubte man, den ›großen Meistern‹ alle Eigenschaften andichten zu müssen, die man für Tugenden hielt, vor allem die Abstinenz in jedem Sinne – auch den Trinkern gönnte man ungern ihren Wein –, um sie dann zu moralischen Leitbildern machen zu können; daher sprach man ihnen schlankweg alles das ab, was dem Bürger als Untugend galt. Denn Biographie hatte nicht nur der Belehrung zu dienen, sondern auch der Ermahnung, es den Großen gleichzutun; als hätte der ›gemeine Sterbliche‹ durch Einhaltung ihrer Maßstäbe, durch Befolgen der ihnen angedichteten Tugenden, sich zum Genie emporschwingen können. So ist das Genie zum Opfer seiner Chronisten geworden, sowohl ihrer Phantasie als auch dem Mangel daran, vor allem aber ihrer kategorischen Festlegung dessen, was hätte sein sollen. Anton Schindler hat zwei Drittel der Konversationshefte Beethovens vernichtet, mit dem Resultat, daß ihr Inhalt nun auf ewig Anlaß vager Vermutungen bleibt, auf deren Boden die Phantasie wächst. Damit hat er also genau das Resultat erzielt, das er verhüten wollte.

AM 28. AUGUST 1799 schrieb Constanze Mozart an den Verlag Breitkopf & Härtel, der eine »Lebensbeschreibung Mozarts« plante: ›. . . die freilich geschmaklosen, aber doch sehr wizigen Briefe an seine Base verdienen auch wohl eine Erwähnung, aber freilich nicht ganz gedrukt zu werden.‹ Und sie fügte hinzu: ›Ich hoffe, Sie lassen gar nichts drukken, ohne es mich vorher lesen zu lassen.‹ Immerhin hat sie den ›Bäsle-Briefen‹ das Recht auf Erwähnung zuerkannt, was man ihr zugute halten sollte. Dennoch haben wir hier bereits eine Äußerung jenes Witwenrechtes, das sich verbreitet und inzwischen eine lange Geschichte hat. Constanze dürfte denn auch eine Anzahl der Briefe Mozarts vernichtet haben, vor allem aber Briefe ihres Feindes Leopold Mozart an seinen Sohn. Ihr zweiter Mann, Georg Nicolaus Nissen, hat zahlreiche Briefstellen unleserlich gemacht; allerdings nicht unleserlich genug: sie konnten zum größten Teil entziffert werden. Doch auch seine Nachfolger in der Biographie haben alles getan, um ihre Wunschvorstellung des ewigen Kindmannes der Nachwelt als Tatsache aufzudrängen, dieser Mischung aus lichtem Apolliniker, arglosem Naturburschen und strahlendem Musensohn.

IM ZWANZIGSTEN JAHRHUNDERT gibt man sich aufgeklärt und lächelt geringschätzig über die Enge der Sicht, die prüde Diskretion naiver Vorgänger. In verzeihendem Bedauern über die dunklen Punkte der Psyche, die nun einmal dem Künstler anhaften, gibt man zu, daß Mozart neben allem eben auch ›menschlich‹ gewesen sei, denn in diesem Sinnzusammenhang bedeutet dieses Wort ja immer den Gegensatz zum Höheren, hat also eine negative Bedeutung. Es klingt stets die Aufforderung mit, dem Helden die Verfehlung, daß er eben auch eine solche Seite habe, nicht übelzunehmen. Stefan Zweig, der die Originale der meisten Bäsle-Briefe besaß, schrieb noch 1931 an Sigmund Freud[38] als Begleitbrief eines Abdruckes:

> Sie als Kenner der Höhen und Tiefen werden beiliegenden Privatdruck, den ich nur einem engsten Kreise übermittle, hoffentlich als nicht ganz überflüssig empfinden: jene neun Briefe des einundzwanzigjährigen MOZART, von denen ich hier einen in extenso publiciere, werfen ein psychologisch sehr merkwürdiges Licht auf seine Erotik, die, stärker als die irgend eines anderen bedeutenden Menschen, Infantilismus und leidenschaftliche Koprolalie zeigt. Es wäre eigentlich eine interessante Studie für einen Ihrer Schüler, denn durchgängig alle Briefe kreisen um das gleiche Thema.

Die hier enthaltene Charakterisierung Mozarts ist ohne Zweifel richtig, wenn uns heute auch die Geheimnistuerei in ihrer Behandlung eher amüsiert. Selbst Stefan Zweig befand noch, daß Veranlagungen dieser Art nicht jedermann zu interessieren hätten, demnach müsse Biographie notwendigerweise lückenhaft bleiben; er hat sich in seinen biographischen Werken danach gerichtet. Wenn es auch durchaus unrichtig ist, daß sämtliche Briefe um das gleiche Thema kreisen, so ist doch das skatologische Element in acht der neun Briefe an das Bäsle präsent. Dieses Thema zieht sich denn auch als eine sporadisch wiederkehrende Stimme durch die Partitur seines außermusikalischen Lebens. Nur irrt Zweig, wenn er die Koprolalie als einen Teil Mozartscher Erotik deutet. Die beiden Veranlagungen sind durchaus getrennt, nur eben treffen sie in der Beziehung zum Bäsle, die wohl der ›niederen Zone‹ seiner Bindungen angehörte, zusammen und werden als Mischung manifest.

DAS BÄSLE war vermutlich die erste Geliebte Mozarts. Diese Affaire wurde meist, unter Verzicht auf weitere Definitionen und in absichtlicher Verdunkelung, bagatellisiert. Bei Einstein ist sie eine ›Neckerei‹, bei Schurig eine ›regelrechte kleine Liebelei!‹ – selbst hier also hat sich das Genie einer Regel zu fügen –, Paumgartner befindet, daß Mozart hier ›nicht mit vetterlichen Freund-

---

38 Unveröffentlichter Brief, zitiert aus: Johannes Cremerius: ›Stefan Zweigs Beziehung zu Sigmund Freud, eine »heroische Identifizierung«.‹ In: Jahrbuch der Psychoanalyse, Band 8, Bern–Stuttgart–Wien 1975, S. 77.

lichkeiten‹ gespart habe, Schenk meint, die Beziehung sei ein ›reizend-spaßhafter Kontakt‹[39] gewesen. ›Eine recht harmlose lustige Liebelei, die sich da zwischen den beiden jungen Leuten entspann‹, schreibt Abert, dem, wie den meisten, die Angelegenheit eher peinlich ist, und der sich notgedrungen zu einem beschwingten Wortschatz entschließt, mit dem er sie in den Wind werfen kann. Nach anderen – ich erspare mir die Namen – haben wir es hier mit dem ›übermütigen Mozart‹ zu tun, dem ›hanswurstigen Mozart‹, dem ›derb-komischen Spaßmacher‹, der hier einerseits eine ›verliebte Tändelei‹, andrerseits ›närrische Possen‹ betreibt. Die Wahl der Betrachtung steht dem Leser frei.

Es ließe sich argumentieren, daß, angesichts dieser Beziehung, sich vielleicht die Frage nach Diskretion erhoben hätte, die das Genie beanspruchen darf, da es sich nur in seinem Werk offenbart. Doch ist diese Frage irrelevant geworden: Wir wissen, daß wir ein großes Werk unter dem Aspekt aller Lebenselemente seines Schöpfers zu betrachten haben, selbst wenn sich aus ihnen, wie in unserem Fall, dieses Leben nicht enthüllt; ein Versuch kann nur scheitern, wenn er gemacht wird, wir lernen aus dem Scheitern. Zudem: Für die Zweifel an dem Recht, ein Leben aufzudecken, selbst Schlafzimmergeheimnisse aufzustöbern, ist es heute zu spät, nachdem alles Geheimnis verfälschtes Allgemeingut geworden ist, Opfer jener Unwahrhaftigkeit, der Trivial-Autoren, der furchtbaren Vereinfacher, die mit der Verdrängung eigener Fehlbarkeiten beginnt und notwendigerweise mit der Zensur der Fehlbarkeit des Helden endet, sofern sie an ihm nicht gerade das rügen, was latent auch in ihnen steckt. Unter solchen Umständen dient das Nutzbarmachen allen verfügbaren Materials der Verteidigung des Betroffenen, auch dort, wo sich scheinbar ›Negatives‹ enthüllt. Ähnlich wie im Fall Beethoven hat unser Argwohn den Eiferern für die ›Reinheit‹ zu gelten. Denn ihr Maßstab dieser Eigenschaft ist am eigenen Ich modelliert, so wie es sich ihnen selbst darbietet. Die sinistre Tiefe dieses Ich bleibt ihnen stets verborgen und kommt als verschrobene moralische Haltung an falscher Stelle zum Vorschein. Ihre Meinung, wie ein Mensch wie Mozart zu sein habe, hat uns nicht zu interessieren.

39 Erich Schenk: ›Mozart, sein Leben, seine Welt‹. Wien–München 1975, S. 282.

DIE FRAGE NACH DEM WAHREN VERHÄLTNIS zwischen Mozart und seinem Bäsle würde uns in weit geringerem Maß beschäftigen – irgendwann müssen Mann und Frau den Gegebenheiten der Natur folgen, irgend jemand muß dann der Partner sein, und in diesem Fall war es eben Maria Anna Thekla –, hätte es ihn nicht zu einem Seitenzweig seiner Produktivität angeregt, der keineswegs unwesentlich ist. Er gehört zu Mozart, ist ein integrierter Teil von ihm. Die Bäsle-Briefe eröffnen die Sicht auf eine Seite Mozarts, die sich, wenn auch nicht ausschließlich in diesen Dokumenten, so doch in ihnen besonders eindeutig, wenn nicht hartnäckig, manifestiert. In der Tat bietet sich, zumal bei oberflächlicher Lektüre, ein Bild eigentümlicher Infantilität. Damit bezeichnen wir nicht allein die oft schwelgerische Beschreibung unterleibgebundener Vorgänge und Funktionen, wenn auch sie vornehmlich die Ursache sind, daß man sie lange nicht abgedruckt hat. In den bürgerlichen Bücherschrank gehörte nur die ins Hochdeutsch übertragene gekürzte und damit verfälschte Auswahl. Gewiß sind diese Briefe nicht immer appetitlich, zumal wenn wir der Suggestion unterliegen, die entsprechende Situation nachzuvollziehen. Wir wissen sehr wohl, daß man im achtzehnten Jahrhundert und vorher die Körperfunktionen und ihre Organe nicht bei ihren lateinischen Namen zu nennen pflegte, sondern bei ihren vulgären. Und gerade die Familie Mozart hatte einen besonders starken Hang zur Fäkalkomik, vielleicht außer dem Nannerl, dessen beinah penetrante Farblosigkeit ihr selbst dieserart Äußerungen nicht gestattet zu haben scheint.

Jedenfalls an der Fäkalsprache entzündet sich Mozarts Wortphantasie: eine ungebändigte Lust an der Variation des Wortthemas, das bei ihm alsbald über das rein Begriffliche hinauswächst, doch in ihren onomatopoetischen Abwandlungen immer wieder in den Sprachschatz dieser Kategorie hineinmündet; die Assoziationskette funktioniert scheinbar rondoartig. Am Analen entfacht, findet sie immer wieder dorthin zurück, zumindest in den Bäsle-Briefen, wo sie meist unter der Gürtellinie bleibt, jedenfalls in ihrem vordergründigen Thema. Am 28. Februar 1778 schreibt Mozart an das Bäsle:

sie werden vielleicht glauben oder gar meynen ich sey gestorben! – – ich sey Crepirt? – oder verreckt? – doch nein! meynen sie es nicht, ich bitte sie; denn gemeint und geschissen ist zweyerley! – wie könnte ich denn so schön schreiben wenn ich tod wäre? – wie wäre das wohl möglich? – – – wegen meinem so langen stillschweigen will ich mich gar nicht entschuldigen, denn sie würden mir so nichts glauben; doch, was wahr ist, bleibt wahr! – ich habe so viell zu thun gehabt, daß ich wohl zeit hatte, an das bäsle zu denken, aber nicht zu schreiben, mithin hab ichs müssen lassen bleiben.

Nun aber habe ich die Ehre, sie zu fragen, wie sie sich befinden und sich tragen? – ob sie noch offens leibs sind? – ob sie etwa gar haben den grind? – – ob sie mich noch ein bischen können leiden? – ob sie öfters schreiben mit einer kreiden? – ob sie noch dann und wan an mich gedencken? – ob sie nicht bisweilen lust haben sich aufzuhencken? – ob sie etwa gar bös waren? auf mich armen narrn; ob sie nicht gutwillig wollen fried machen, oder ich lass bei meiner Ehr einen krachen! doch sie lachen – – victoria! – – unsre arsch sollen die friedens=zeichen seyn! – ich dachte wohl, daß sie mir nicht länger wiederstehen könnten. ja ja, ich bin meiner sache gewis, und sollt ich heut noch machen einen schiss, obwohl ich in 14 Tägen geh nach Paris. wenn sie mir also wolln antworten, aus der stadt Augsburg dorten, so schreiben sie mir baldt, damit ich den brief erhalt, sonst wenn ich etwa schon bin weck, bekomme ich statt einen brief einen dreck. dreck! – – dreck! – o dreck! – o süsses wort! – dreck! – schmeck! – auch schön! – dreck, schmeck! – dreck! – leck – o charmante! – dreck, leck! – das freüet mich! – dreck, schmeck und leck! – schmeck dreck, und leck dreck! – – Nun um auf etwas anders zu kommen; haben sie sich diese fasnacht schon braf lustig gemacht. in augsburg kann man sich dermalen lustiger machen als hier. ich wollte wünschen ich wäre bey ihnen, damit ich mit ihnen recht herumspringen könnte. Meine Mama und ich, wir empfehlen uns beyde dem H: Vatter und frau Mutter, nebst dem bäsl, und hoffen das sie alle 3 recht gesund und wohlauf seyn mögen. wir sind es gott lob und danck. das glaub nicht. desto besser, besser desto. apropós: wie stehts mit der französischen sprache? – darf ich bald einen ganz französischen brief schreiben? – von Paris aus, nicht wahr? – sagen sie mir doch, haben sie den spunicunifait noch? –

›Spunicunifait‹ gehört zu jenen Geheimwörtern, die in diesen
Briefen immer wiederkehren. Die Bedeutung ist leider nicht mehr
festzustellen, die Zusammensetzung klingt nach erotischer Anzüg-
lichkeit, jedenfalls bleibt sie ein dankbares Objekt der Spekulation.
Die hier enthaltene Toccata gibt beinah den Akt des Komponierens wieder, assoziative Aneinanderreihung kurzer Notenwerte.
Dazwischen erscheinen rezitativische Ausrufe: ›o süsses Wort‹
– wahrscheinlich hatte Mozart ein Libretto gelesen, in dem der
Ausruf ›o dolce parola‹ vorkam.
Infantilität, ohne Zweifel. Gänzlich ist er ihr sein Leben lang nicht
entwachsen, wir finden Anklingendes noch in seinen letzten Briefen. Aber es ist mehr als das: Mozarts verbale Phantasie entzündet
sich nicht zuletzt an der Konvention und an den Schemata ihrer
Artikulation. Sein unmäßig entwickelter Sinn für Komik, der sich
später manchmal bis ins Dämonische gesteigert hat, reagierte
unmittelbar auf äußere Reize, auf Funktionen und Requisiten, auf
Zustände, wie die Banalität des täglichen Lebens sie schafft. Ihre
Erwähnung und ihr Gebrauch setzte bei ihm einen Mechanismus
in Bewegung; eine Reaktion, dessen Ausdruck sich in einer Art
Abwandlungszwang niederschlägt, so wie es ja auch passionierte
Schüttelreimer gibt, die, zur Qual jener Anwesenden, die es nicht
sind, diesem Reimzwang permanent unterliegen. Eine Wortkom-
bination, eine Metapher, und sei sie auch noch so schal und
abgeschmackt, erscheint plötzlich, beim Schreiben, oder laut her-
gesagt, im grellen Licht eines neu erwachten Bewußtseins für das
Absurde, wird so lächerlich, wie eine Puppe wird, wenn man sie
lange Zeit unbewegt ansieht, und eröffnet ungeahnte Möglichkeiten der Variation.
Zum Beispiel: Der Sitte entsprechend, läßt Mozart in seinen
Briefen an den Vater, mit anerzogener und ödester Regelmäßigkeit, stets alle Salzburger Bekannten grüßen. Allmählich aber wird
ihm die Absurdität dieser Sitte bewußt. Dieses Bewußtsein kün-
digt sich im Brief vom 25. Oktober 1777 an, und er schließt, hier
noch in komischer Irritation:

> Nun addio. ich küsse dem papa nochmahlen die hände, und
> meine schwester umarme ich, und allen guten freünden und
> freündinnen empfehle ich mich, und auf das heisel nun begieb
> ich mich, und einen dreck vielleicht scheisse ich, und der

nähmliche narr bleibe ich, Wolfgang et Amadeus Mozartich, ausgspurg den 25 octobrich, 1700 Siebenzigich.

Hier, wie oft, nimmt er also den Vorwurf der Narrheit vorweg. Bezeichnenderweise nennt er sich in solcherlei Briefen, und nur in ihnen, ›Amadeus‹.

Gezielt und radikal aber wird die Parodie auf die Unsitte des Grüßenlassens in der Nachschrift eines Briefes der Mutter an den Vater kurz darauf (26. November 1777). Inzwischen hat er es wirklich satt, und in einem Zustand verzweifelter Müdigkeit, die sich in grimmiger Lust am Absurden niederschlägt, komponiert er eine Liste von Freunden, Bekannten, Gönnern und fiktiven Gestalten, die in eine Stretta unterdrückter Wut mündet:

Wenn ich noch einen Plaz findete, so schreibte ich 100000 Complimente von uns 2, sage von uns zwey, an alle gute freünd und freündinen; besonders an die *A.* adlgasserische, andretterische, und Arco (graf) H: *B* bullinger, barisanische, und beranitzky, *C* Czernin, (graf) Cußetti, und den drey H: Calcanten, *D* H: daser, deibl, und dommeseer, *E* Mad^{selle} Eberlin waberl, H: Estlinger, und alle Esln zu Salzburg, *F* Firmian, (graf und gräfin, und dalckerl) den kleinen franzl, und an Petrischen freyhof, *G* Mad^{elle} Mad: et deux Mons. gylofsky, und auch an Conseiller, dann H: gretri, und gablerbrey, *H* den haydnischen, hagenauerischen, und der höllbrey Thresel, *J,* joli (die Sallerl) an H: janitsch den geiger, und an jacob beym hagenauer, *K,* H: und fr. v. kürsinger, graf und gräfin kühnburg, und H: kassel, *L,* Baron lehrbach, graf und gräfin litzauw, graf und gräf: Lodron, *M,* H: Meissner, Medlhammer und Moserbrey, *N,* der Nannerl, den hofnarren Pater florian, und allen Nachtwächtern, *O,* den graf oxenstirn, den H: oberbreiter, und allen ochsen in Salzburg, *P,* den Prexischen, graf Pranck kuchelmeister, und graf Perusa, *Q,* den H: Quilibet, quodlibet, und allen quackern, *R:* den Pater florian reichsigel, Robinische, und Maestro Rust, *S,* den H: Suscipe, H: Seiffert, und alle Säü in Salzburg, *T,* H: Tanzberger unsern Mezger, der thresel, und an alle trompeter, *U,* an die stadt ulm, und uttrecht, und an alle uhren in Salzburg wen man anfangs ein h hinzusezt, *W,* an die wieserische, wurstmacher hans, und an woferl, *X,* an die xantipe, an xerxes, und an alle die dessen Namen mit einen x anfängt, *Y,* an H: ypsilon, an

die H: ybrig, und alle die dessen Name mit einem y anfängt, letztens aber z, an H: zabuesnig, H: zonca, und H: zezi im schloss. addlieu. wenn ich Plaz hätte, so schreibete ich schon noch etwas, aufs wenigst doch Complimenten an meine gute freünd, so kan es aber nicht seyn ich wüste nicht wo ich hinschreiben sollte. Ich kann gescheüt nichts heüts schreiben, denn ich heis völlig aus den biel. der hapa üble es mir nicht Müssen Paben, ich so halt einmahl heüt bin, ich helf mir nicht können. wohlen sie leb. ich gute eine wünsche nacht. sunden sie geschlaf. werdens nächste ich schon schreiber gescheiden; . . .
Doch ist auch diese komische Verzweiflung natürlich nur eine Ausflucht. Der Vater nämlich, inzwischen ungehalten über die Ziellosigkeit des Sohnes, hatte ihn in jedem Brief aufs neue gedrängt, er möge über seine Pläne und Aussichten berichten. Daher ist dieser Brief nicht zuletzt, in seiner mühevollen Kleinarbeit, der gewaltsamen Alphabet-Orgie, ein Zeugnis der Verdrängung. Da sich nämlich beruflich keinerlei Anlaß zu Optimismus bot, hat er die Zukunft zugunsten seiner Spielmechanismen von sich geschoben, und zwar damals noch mit temporärem Erfolg. Der Vater war natürlich ratlos, doch war er das letztlich seinem Sohne gegenüber immer.

›HUMOR‹ ist ein viel strapaziertes Wort. Es wechselt seine Bedeutung nicht nur mit dem Besitzer der so genannten Eigenschaft, sondern auch mit der geistigen Potenz dessen, der sich des Wortes bedient. Auf der Stufe der Überbegabten, als deren ausschließliches Privileg man ihn nicht betrachten kann, aber gern betrachten würde – denn das Maß der Erträglichkeit nimmt nach unten rapide ab –, entspringt seine Äußerung nicht etwa dem Wunsch, zu heiterem Lebensgenuß beizutragen oder etwa die Welt lustig zu sehen, sondern eher dem Gegenteil: dem Drang, die Schwere des täglichen Lebensvollzugs, des ›Handwerks des Lebens‹ (Cesare Pavese) hervorzukehren, indem es, kontrapunktisch zu seinem Ernst, im Unernst entlarvt, das Absurde betont, das Groteske, Widersinnige, Ungerechte grimmig unterstrichen wird. Gewiß ist der Prozeß dieser Anwendung meist unbewußt. Unbewußt ist auch die Furcht, sich in der Ernsthaftigkeit zu entblößen; der Unwille, sich mitzuteilen, die private Wirklichkeit verallgemeinern und damit dem Unverständnis jener anderen preisgeben zu müssen, die ihrer Mitteilung nicht würdig sind. So wird denn der Humor zur verfügbaren Methode des Selbstschutzes, als solcher tritt er ins Bewußtsein: Er dient als Hülle, die den Träger unkenntlich macht, indem sie das Gewand eines anderen, Geringeren, vortäuscht, die verhüllte Gestalt aus dem Verkehr zieht und die vorgegebene maskierte Gestalt in der Masse der Spaßmacher oder Narren untergehen läßt. Dazu kommt die Überzeugung, daß es auch für alle Beteiligten das beste sei, den ›Ernst des Lebens‹ durch Komik, wenn nicht durch Albernheit zu übertönen, jedenfalls vor allem zwischen dem Ich und dem gering-geschätzten Gegenüber keine Gemeinsamkeit der Betrachtung aufkommen zu lassen. Die Anschuldigung mangelnder Würde, oder, im Fall Mozart, des kindischen Verhaltens, nimmt man gern in Kauf: Sie liefert den Beweis für das Unverständnis der Mitwelt, die Unmöglichkeit der Kommunikation auf der Ebene der Konventionen, und rechtfertigt somit die eigene Handlungsweise.

Und doch ist der Humor des nicht verbal sich ausdrückenden Genies selten: Von Beethoven bis zu Gustav Mahler reicht eine repräsentative Reihe großer Männer, die niemals gelacht zu haben scheinen, ja, weiter noch: ihr Geist verband sich schließlich mit Geistern gleicher Eigenschaft in der Dichtung. Drückender elitärer Ernst verband Schönberg mit Stefan George, und das Nichtlachen ist wohl auch das einzige, was dieser mit Rilke gemeinsam hatte.

MOZART WAR ANDERS, er hatte unbändigen und ungebändigten Humor, wenn auch keinen sublimen: Die überlegene geistvolle Replik war seine Sache nicht, dazu fehlte ihm nicht nur die Bildung, sondern vor allem Wunsch und Fähigkeit, sich auf die Mentalität des Partners einzustellen. Wir kennen keine verbürgte geistreiche Erwiderung von ihm, und alle Beweise seiner Schlagfertigkeit gehören in den Bereich der Legende. Sonst aber beherrschte er die Skala von unten bis beinah oben, wenn auch nicht gleichzeitig; sein Ausdruck paßte sich der jeweiligen Gelegenheit an. Die momentaner Ausgelassenheit entspringende Invention stand ihm schon als Halbwüchsigem nach Belieben zur Verfügung. Am 14. August 1773 schrieb er aus Wien an seine Schwester, als Nachschrift eines Briefes des Vaters an die Mutter:

wen es die witterung erlaubt. [Wahrscheinlich hatte der Vater
soeben diese Worte gesagt und sie »lagen noch im Raum«.]
Ich hoffe, meine königin, du wirst den höchsten grad der
gesundheit geniessen und doch dan und wan oder vielmehr
zuweilen oder besser bisweillen oder noch besser qualche volta
wie der welsche spricht, von deinen wichtigen und dringenden
gedancken |: welche alzeit aus dem schönsten und sichersten
vernunft herkomen, den du nebst deiner schönheit besizet,
obwohlen in so zarten Jahren und bey einen frauenzimer fast
nichts von obgesagten verlangt wird, du, O königin, auf solche art
besizest, das du die Manspersonnen Ja so gar die greise beschä-
mest :| mir etliche darvon aufopfern. lebe wohl.
| hier hast du was gescheides | Wolfgang Mozart.
Diese Assoziationsketten beherrschen zum Teil auch noch die
Bäsle-Briefe, nur sind sie hier an lapidaren Verrichtungen oder an
intimen Andeutungen orientiert. Die sich verleugnende Selbstironie kommt erst viel später hinzu, gegen Ende seines Lebens.
Dazwischen liegt die Ebene jenes wirklich Banalen, das er in besser
artikulierten Momenten parodiert hat; es war einer seiner häufig
wiederkehrenden und für uns leicht bestürzenden Anker, die ihn
an die Welt der Alltäglichkeiten kettete, auch dort, wo die Situation Ernst verlangt hätte. Hier erscheint denn auch mitunter eine
Art Stammtischhumor, der uns nicht selten – geben wir es zu!
– peinlich berührt. So schrieb er am 2. Oktober 1782 an die
Baronin Waldstätten, Gönnerin und Freundin während der ersten
Wiener Jahre, vor allem Komplizin bei den Heiratsplänen und der
Durchführung seiner Hochzeit:
... Ich kann wohl sagen, daß ich ein recht glücklicher und
unglücklicher Mensch bin! – unglücklich seit der Zeit da ich
Euer Gnaden so schön frisirt auf dem Ball sah! – denn – meine
ganze Ruhe ist nun verloren! – nichts als Seufzen und Aechzen!
– die übrige Zeit, die ich noch auf dem Ball zubrachte, konnte
ich nichts mehr tanzen – sondern sprang – daß soupee war
schon bestellt – ich aß nicht – sondern ich fraß – die Nacht
durch anstatt ruhig und sanft zu schlummern – schlief ich wie
ein Ratz, und schnarchte wie ein Bär! – und |: ohne mir viel
darauf einzubilden :| wollte ich Fast darauf wetten daß es Euer
Gnaden à proportion eben auch so gieng! – Sie lächeln? – wer-

den roth? – o ja – ich bin glücklich! – Mein Glück ist gemacht! – Doch ach! wer schlägt mich auf die Achseln? – Wer guckt mir in mein Schreiben? – auweh, auweh, auweh! – mein Weib! – Nun in Gottes Namen; ich hab sie einmal, und muß sie behalten! was ist zu thun?

Die Baronin, eine leichtlebige Dame, die von ihrem Mann getrennt lebte und sich keines besonders guten Rufes erfreute, was ihr freilich gleichgültig war, wird diese Geständnisse wohl so genommen haben, wie sie gemeint waren, vielleicht fand sie den Brief sogar komisch. Übrigens hat Mozart sie kurz darauf angepumpt: Vielleicht war sie seine erste Gläubigerin.

DIE BÄSLE-BRIEFE sind in ihrer Art einmalig. Hätte es sich bei Mozart um ein bloßes Talent gehandelt, so hätte er zu den Doppelbegabungen gehört. Beim Genie erübrigt sich dieserart spekulative Einordnung; der Begriff des Doppelgenies wäre widersinnig, da es ja zum Wesen des Genies gehört, weitere Fähigkeiten latent oder potentiell in sich zu tragen, die auf Kosten der großen beherrschenden nicht oder meist nicht hervortreten (außer beim Renaissance-Genie, das den Unterschied der Disziplinen noch nicht als inneres Gesetz spürte). Das künstlerische Genie, das auf einem anderen Gebiet als dem seinen Gutes oder gar Großes leistet, ist die Ausnahme geblieben. William Blake beherrschte – wenn wir so wollen – zwei Disziplinen, die einander ergänzten, vielleicht sogar das Gemeinsame einer visionären Intensität haben, deren Ausdruck er freilich als Zeichner nicht gewachsen war; Goethe war als Zeichner ein Stümper, als Wissenschaftler ein Phantast, wenn auch einer mit genialer Intuition. Bei Mozart leuchtet die Genialität in seiner Disziplin dort auch in seinen Worten auf, wo er sie musikalisch assoziativ handhabt, wo also der Gehalt an Information in den Hintergrund tritt zugunsten der heraufbeschworenen Bilder, einer auf geringste Auslösungsmomente einsetzenden aktiven Wortphantasie, einer zwanghaften Lust und Leichtigkeit des Assoziierens und der Fähigkeit, mit disparaten und scheinbar willkürlichen Lautkombinationen nicht nur Euphonie und Rhythmus zu erzeugen, sondern auch immer die Konnotation im Auge zu behalten. Beim Schreiben gibt er sich dem Wortfluß hin, bis er über das Begriffliche weit hinauswächst, weiterwuchert in einem Rausch, erzeugt von den Lauten und ihrem vom Klang suggerierten stets wechselnden Sinn. In diesem Rausch fallen denn auch die Hemmnisse der Konvention und, nach bürgerlichen Maßstäben, notwendigerweise auch die des Geschmacks. Am 13. November 1777 schrieb Mozart aus Mannheim an das Bäsle:

iezt schreib ihr einmahl einen gescheiden brief, du kannst dessentwegen doch spass darein schreiben, aber so, dass du alle die briefe richtig erhalten hast; so darf sie sich nicht mehr sorgen, und kümmern.

Ma trés chére Niéce! Cousine! fille!
Mére, Sœur, et Epouse!
Poz Himmel Tausend sakristey, Cruaten schwere noth, teüfel, hexen, truden, kreüz = Battalion und kein End, Poz Element, luft, wasser, erd und feüer, Europa, asia, affrica und America, jesuiter, Augustiner, Benedictiner, Capuciner, minoriten, franziscaner, Dominicaner, Chartheüser, und heil: kreüzer herrn, Canonici Regulares und iregulares, und alle bärnhäüter, spizbuben, hundsfütter, Cujonen und schwänz übereinander, Eseln, büffeln, ochsen, Narrn, dalcken und fexen! was ist das für eine Manier, 4 soldaten und 3 Bandelier? – – so ein Paquet und kein Portrait? – – ich war schon voll begierde – – ich glaubte gewis – – denn sie schrieben mir ja unlängst selbst, daß ich es gar bald, recht gar bald bekommen werde. Zweifeln sie vielleicht ob ich auch mein wort halten werde? – – das will ich doch nicht hoffen, daß sie daran zweifeln! Nu, ich bitte sie, schicken sie mir es, je ehender, je lieber. es wird wohl hoffentlich so seyn, wie ich es mir ausgebeten habe, nemlich in französischen aufzuge.
wie mir Mannheim gefällt? – – so gut einen ein ort ohne bääsle gefallen kan. Verzeihen sie mir meine schlechte schrift, die feder ist schon alt, ich scheisse schon wircklich bald 22 jahr aus den nemlichen loch, und ist doch noch nicht verissen! – und hab schon so oft geschissen – – und mit den Zähnen den dreck ab = bissen.
Ich hoffe auch sie werden in gegentheil, wie es auch so ist, meine briefe richtig erhalten haben. nemlich einen von hohenaltheim, und 2 von Mannheim, und dieser; wie es auch so ist, ist der

dritte von Mannheim, aber im allen der 4:^te, wie es auch so ist. Nun muß ich schliessen, wie es auch so ist, denn ich bin noch nicht angezogen, und wir essen iezt gleich, damit wir hernach wieder scheissen, wie es auch so ist; haben sie mich noch immer so lieb, wie ich sie, so werden wir niemahlen aufhören uns zu lieben, wenn auch der löwe rings=herum in Mauern schwebt, wenn schon des zweifels harter Sieg nicht wohl bedacht gewesen, und die tirranney der wütterer in abweg ist geschliechen, so frist doch Codrus der weis Philosophus oft roz für haber Muß, und die Römmer, die stüzen meines arsches, sind immer, sind stehts gewesen, und werden immer bleiben − − kastenfrey. Adieu, j'espére que vous aurés deja pris quelque lection dans la langue française, et je ne doute point, que − − *Ecoutés:* que vous saurés bientôt mieux le français, que moi; car il y a certainement deux ans, que je n'ai pas ecrit un môt dans cette langue. adieu cependant. je vous baise vos mains, votre visage, vos genoux et votre − − afin, tout ce que vous me permettés de baiser. je suis de tout mon cœur

votre

Mannheim le 13 Nomv: trés affectioné Neveu et Cousin
1777.   Wolfg: Amadé Mozart

Ein elementarer Ausbruch. Und gleichzeitig ein ganz und gar beherrschter artifizieller Text, für den Leser von heute zwar von keinerlei Informationsgehalt, dafür aber von großer Suggestionskraft. Die einleitende Selbstermahnung beruht gewiß auf einem Gespräch mit der Mutter, die, während er schrieb, im Zimmer saß. Vielleicht bei einer Handarbeit, vielleicht müßig, aber wohl kaum mißbilligend. Doch ist er dieser Ermahnung nicht gefolgt, sie gilt nur als Introduktion, nach der sich sodann der Vorhang hebt; die Vorstellung beginnt mit bombastischem Unernst, dröhnend zieht eine Kavalkade auf den Plan, eine Prozession von Würden- und Unwürden-Trägern, hinterdrein hüpfen die Narren − und alles nur, um den Fluch darüber zu bekräftigen, daß sein Bäsle ihm das anscheinend versprochene Portrait nicht geschickt hat (es kam später). Es folgt der unvermeidliche Fäkalscherz, darauf das Register der von ihm geschriebenen Briefe, derer er sich, wie immer, genau erinnert, und dies mündet denn in die Evokation der Liebesbeziehung als parodiertes Drama; wir sind in der Opera seria, aber auch in einem damals gängigen Trauerspiel, dessen Personen zu Stützen des Arsches degradiert werden; so geht es rezitativisch weiter, der Fermate entgegen, die als Schlußakkord das – nicht verständliche – Wort ›Kastenfrey‹ bildet. Der letzte Teil, quasi eine Française, beendet als Stretta die Komposition. In ihr nähert er sich behutsam dem Anzüglichen und damit dem Wesentlichen, um vor dem intendierten Höhepunkt abzubrechen. ›Je vous baise vos mains, votre visage, vos genoux et votre . . .‹ Die Ergänzung finden wir vielleicht in einem viel späteren Brief an Constanze (19. Mai 1789), in dem er ihr ›liebensküssenswürdigen Aerschgen‹ evoziert.

Ob dieser Brief dem Bäsle so viel Vergnügen bereitet hat wie uns, ist nicht mehr zu ermessen. Der eruptive Geist, der aus ihm spricht, kann Maria Anna Thekla ja nicht gänzlich fremd gewesen sein, wenn sie auch gewiß die Bedeutung des hier heraufbeschworenen Apparates nicht durchweg verstanden hat.

Sie war wohl ein simples Geschöpf, das unsere Hochschätzung auf anderem als auf geistigem Gebiet verdient. Denn am Ende dieser Briefbeziehung tritt sie wieder in persona in Mozarts Leben. Am Ende der kläglich mißglückten Reise bestellt er sie nach München (23. Dezember 1778), wo sie, wie er ihr schrieb, ›vielleicht eine grosse Rolle zu spiellen‹ bekomme. Die Art dieser Rolle ist nicht gänzlich klar, sicher ist nur, daß sie nicht das war, was das Bäsle gewollt hätte. Optimal kann es nur die der terza persona bei der geplanten Verlobung mit Aloisia gewesen sein, obgleich wir nicht wissen, was sie dabei sollte – als eine Art Brautjungfer auftreten? Wie auch immer, der Plan spricht nicht für Mozarts Feingefühl und viel für seine Fremdheit gegenüber menschlichen Wechselbeziehungen. In der Tat kam das Bäsle nach München, nur eben fand die Verlobung nicht statt. So brauchte Wolfgang sie als Trösterin in seiner bitteren Enttäuschung über diesen krönenden Mißerfolg der Reise. Das Bäsle also mußte herhalten, um ihn auf der lang hinausgezögerten Heimkehr ins verhaßte Salzburg zu begleiten, zurück zum strengen und erbitterten Vater und zum erzbischöflichen Dienst; die Rückkehr des Geschlagenen. Eine nicht ganz leichte Rolle für die Cousine, die ohne Zweifel ihren Vetter lieber geheiratet hätte, als ihm ein paar Wochen böse Zeit zu vertreiben. Es tut ihrem Charakter Ehre, daß sie sich, resignierend, in die

Rolle der Freundin fand, obgleich zu vermuten ist, daß die Beziehung der kurzen Salzburger Spanne wohl nicht völlig schwesterlich verlief. Mag sein, daß ihr Gefühlsleben nicht allzu tief verankert war, wie hier – und immer, wenn die Konstellationen der Beziehungen Mozarts es gebot, den Partner in seiner Bedeutung zu schmälern – behauptet wurde. Gedenken zumindest wir ihrer mit der Anerkennung, die ihrem Verdienst zukommt. Daß sie ihrem Vetter, der ihren Horizont weit überflügelte, dessen Größe sie kaum erahnt haben dürfte, in Augenblicken tiefer Niedergeschlagenheit zur Seite stand und ihm schenkte, was sie eben zu schenken hatte, mag ihm einiges bedeutet haben, sonst hätte er sie nicht nach München kommen lassen. Uns jedenfalls bedeutet es viel, daß sie ihn zu Äußerungen von einzigartigem dokumentarischem Wert, ja zur Demonstration einer Facette inspiriert hat, die später niemals wieder in dieser Intensität in Erscheinung trat.

ALOISIA UND DAS BÄSLE, diese beiden Enden der Skala sind es denn auch, die manchen in der Behauptung unterstützt haben, Mozart habe ein Doppelleben geführt. Doch gibt es ein Doppelleben nur als Bewußtes, es ist stets der aktive Vollzug einer doppelten Moral. Beim Genie jedoch, beim Künstler überhaupt, wird das Verhalten von seiner Arbeit bedingt und bestimmt. Gewiß gibt es Fälle, in denen das Leben im tiefen Kontrapunkt zur Schöpfung des Werkes verläuft, nur hat man diese Tiefen meist verschwiegen, die Zeugnisse vernichtet. Und was die Moral betrifft: Es läßt sich im Fall Mozart kaum leugnen, daß er in seinem erotischen Leben über verschiedene Bewußtseinsebenen verfügt hat, die sich, wenn überhaupt, in extrem verschiedenen Artikulationsmethoden ausdrückten. Mitunter sogar müßten wir, handelte es sich nicht um Mozart, eine ziemlich spießbürgerliche Polterabendmoral annehmen, vor allem hier, wo Aloisia, die Angebetete, noch als Traumbild am Horizont der Zukunft steht, während mit dem Lustobjekt der Wirklichkeit, dem Bäsle, wesentlich lapidarer verfahren wird; doch dieser Umgang hat natürlich der erhabenen Aloisia dort droben verborgen zu bleiben, diese vorehelichen ›kleinen Sünden‹: Nach der Hochzeit wird alles anders werden. Dazu freilich wäre zu sagen, daß das Milieu im Haus des Bäsle, deren Vater ein rechtschaffener Bürger und ehrbarer Meister war, um wesentliches respektabler gewesen sein dürfte als das im Haus des Fridolin Weber, des Notenkopisten und Souffleurs, als Vater von vier Töchtern ohnehin ein geschlagener Mann.

Die Bäsle-Briefe spiegeln Vergnügen an gemeinsamer Erinnerung wider, und die Hoffnung, das Erinnerte zu wiederholen, jedenfalls Ersatzbefriedigung. Der Brief an Aloisia atmet zagende Hoffnung des Verehrers, der die Abweisung einkalkuliert. Zur gleichen Zeit waren da aber auch die beiden Damen Cannabich, die ihn, jede auf ihre eigene Weise, beschäftigten. Cannabich war der Kapellmeister des berühmten Mannheimer Orchesters. Seine Frau Elisabeth, die sich später, nach Mozarts trauriger Rückkehr aus Paris, zur trostspendenden Freundin geläutert hat, erscheint uns – etwa Vierzigjährig und in den letzten Monaten ihrer sechsten Schwangerschaft – zur Zeit seiner Besuche in diesem Haus als so unverblümt in ihrem Umgangston, daß wir dazu neigen würden, seine Berichte über sie anzuzweifeln, hätten sie einen löblichen Zweck verfolgt, was sie nicht taten. Jedenfalls muß in diesem Kreise hervorragender Musiker eine gelockerte Sprache geherrscht haben, es wurde, wie Mozart an seinen Vater schrieb (14. November 1777), viel ›vom Dreck, scheissen, und arschlecken‹ geredet, wobei er sich vielleicht nicht so ›gottloß aufgeführt‹ hätte, ›wenn nicht die Rädl=führerin, nemlich die sogenannte lisel |: Elisabetha Cannabich :|‹ ihn ›gar so sehr darzu annimiret und aufgehezt hätte‹. Dies schrieb Wolfgang mit undiplomatischer Treuherzigkeit an seinen Vater, der natürlich bitter reagierte, doch nicht wegen der im Brief beschriebenen Tätigkeiten, sondern wegen des darin zutage tretenden Mangels an Ernst.

Während ›Elisabetha‹ offensichtlich gewisse Bäsle-Eigenschaften besaß, neigte das älteste Kind, die damals dreizehnjährige Rose, mehr zur Aloisia-Seite, natürlich ohne deren Grandezza und wohl auch ohne deren Allüren. Sie war Mozarts Klavierschülerin, und er hat sie in Musik gesetzt. Er nennt sie (6. Dezember 1777) ›ein sehr schönes artiges mädl‹ – so weit schwingt er hier nach der anderen Seite aus –, das ›für ihr alter viell vernunft und geseztes weesen‹ habe; ›sie ist serios, redet nicht viell, was sie aber redet – – geschieht mit anmuth und freündlichkeit‹. Die biedere Sicht biederer Qualitäten mutet uns schon beinah unheimlich an. Aber da, wie wir wissen, Aloisia den ersten Platz in seinem Herzen besetzt hielt, handelt es sich wohl um eine parallel laufende Neigung, aus der wir jedenfalls schließen können, daß Wolfgang auch auf gesetztes Wesen und Seriosität reagiert hat, oder zumindest auf das, was er für Symptome dieser Eigenschaften hielt. In diesen Mitteilungen, zugeschnitten für den Vater, sehen wir in dem Zweiundzwanzigjährigen den Anflug des Hypokriten, den Demonstranten eines fingierten Sinnes für Tugend.

Im Gegensatz zu den Zeitgenossen sind wir in der Lage, aus zeitlicher Ferne die Synchronie zu überblicken, und stellen fest, daß all diese Beziehungen zeitlich genau nebeneinander herlaufen, wenn auch die Bäsle-Affaire zu diesem Zeitpunkt nur brieflich vollzogen wurde. In diesen Selbstdokumenten haben wir denn ein philisterhaftes Element, gewiß, aber kein echtes, sondern ein erheucheltes, also gewissermaßen doppeltes: Es kam ihm ja, zu dieser Zeit und oft, darauf an, sich dem Vater gegenüber als seriös darzustellen, die Entgleisungen auszugleichen. Natürlich hat es ihm Leopold nicht abgenommen, mit Recht.

ROSE CANNABICH ALSO – ausgerechnet – hat er in Musik gesetzt, und zwar in der für den Klavierunterricht geschriebenen Sonate in C-Dur (K. 284b, November 1777), sie hatte also ihr Portrait zu spielen. Das Mädchen müsse, so meint Abert, nach dieser Sonate zu schließen, ›ein ziemlicher Racker‹ gewesen sein, ein Urteil, das uns unverständlich erscheint, selbst dann, wenn wir, was nicht zutrifft, die gesamte Sonate als ihr Abbild zu betrachten hätten, von der übrigens Leopold gesagt hat, sie sei ›im vermanierierten Mannheimer goût‹ geschrieben. Es war aber, wie Mozart dem Violinisten Danner erklärt hat, nur das Andante, das er an ihr modelliert habe, und er meint, es sei ihm gut gelungen: ›wie das andante, so ist sie‹. Und in der Tat scheint das Bild des Mädchens hier mit dem Bild übereinzustimmen, das er dem Vater gegeben hat: seriös, sittsam, gesetzt, brav, ziemlich langweilig. Allzuviel scheint ihm denn doch zu dieser Schülerin nicht eingefallen zu sein, und man könnte sich fragen, ob jene Verhaltenheit, jene auch für den damaligen Mozart so ungewöhnliche Simplizität des musikalischen Gedankens, der sich in Auszierungen eines schon an sich simplen Themas erschöpft, nicht überhaupt als leise Ironie zu verstehen sei. Doch das ist unwahrscheinlich, denn der Satz trägt durchaus den Charakter einer Träumerei, empfindsam bis zum Elegischen, und belebt wird er vornehmlich durch das Übermaß an dynamischen Zeichen, die aber der musikalische Gehalt nicht rechtfertigt. Die Überemphase der Verteilung von forte und piano weist auf eine eigentümliche – und einmalige – Überschätzung des Gedankenmaterials, dem sie zu dienen hat. ›Hübsch‹ wäre wohl das Wort für diese ins Artifizielle gesteigerten Figuren – so unrecht hatte Leopold mit seinem Urteil der Manieriertheit nicht. Doch war Rose Cannabich offenbar wirklich sehr hübsch, wie wir durch den Maler Wilhelm von Kobell erfahren, der sich enthusiastisch über ihre Erscheinung geäußert hat.

Soweit wir wissen, ist dieser mittlere Sonatensatz Mozarts einzige Komposition, die als Portrait einer realen Gestalt angelegt ist. Wir hätten gern mehr dieser Portraits gehabt. Nicht daß wir über die Dargestellten etwas erfahren hätten, aber die subjektive Sicht des Darstellers hätte uns vielleicht eine Facette zusätzlich erleuchtet und den Erweis erbracht, daß er hier und dort eines anderen Seele überhaupt zur Kenntnis nahm.

Denn Mozart war ein fehlbarer Menschenkenner – an der Oberfläche. Freilich hat er sich auch niemals um Menschenkenntnis bemüht, so weit reichte sein Bedürfnis für Kontakte nicht. Zwar war die Eigenschaft des Vaters, Menschen nach ihrem Nutzwert einzuschätzen, nicht die seine – wahrscheinlich wäre es ihm wohl bekommen, hätte er ein wenig mehr davon besessen –, Utilitätsdenken war ihm fremd. Doch völlig frei von neidbedingten Affekten war er selbstverständlich nicht, konnte es auch nicht sein, schließlich war er in seiner Reaktion auf die Umwelt kein Übermensch: Zudem hat ihm die Art seines Lebens notwendigerweise Affekte aufgezwungen, die seine Vernunft vielleicht verworfen hätte. Wie ein genialer Mathematiker oft ein schwacher Kopfrechner sein mag, da er in höheren Verstandesregionen zu Hause ist, so war auch Mozart unzuständig im Urteil über Mitmenschen, denn er nahm sie vornehmlich in jenen Eigenschaften wahr, die in eines seiner Schemata paßten. So ist er auch sein Leben lang bereit gewesen, Schwächen in ihnen zu übersehen, wenn sie ihm künstlerisch nahestanden oder ideelle Bereicherung versprachen. Die psychischen Konzepte seiner Operngestalten aber müssen, es ist kaum anders möglich, Züge seiner Mitmenschen getragen haben; bis zu einem gewissen Grad wohl die der Sänger und Sängerinnen, für die er die Rollen schrieb. Doch war er sich dieser Modellwahl gewiß nicht bewußt, und die Steigerung seiner großen Operngestalten ins Überdimensionale weist darauf hin, daß hier ein Potentielles im Spiel war, das, ihm von je inhärent, erst von diesem oder jenem Sänger aus der Latenz erweckt wurde. Der zweiundzwanzigjährige Luigi Bassi aus Pesaro, der erste Don Giovanni, soll ein hervorragender Darsteller gewesen sein, doch ist es unwahrscheinlich, daß er das ausschlaggebende Modell seiner Rolle gewesen ist. Mozart ordnete seine Mitmenschen nicht getrennt nach Künstlertum, Charakter und Erscheinung ein, und die Entfaltung eines Sängers oder eines Schülers unter seiner Aegide wurde ihm schließlich zum Maßstab der Gestalt im Leben, das heißt: der Rolle, die sie in seinem, Mozarts, Bewußtsein spielte; der Rest ging ihn nichts an. Der Prozeß des Charakteraufbaus einer Rolle war gewiß ein bewußter Vollzug; dennoch glauben wir nicht, daß er auf die Frage, woher das musikalische Konzept der Figur eines Osmin oder eines Basilio käme, eine Antwort gewußt hätte. Er hat sie eben erfunden. Und seine Erfindung einer Gestalt war immer dort von minderem Rang, wo er kein menschliches Vorbild zum Modell hatte, wo er auch in sich selbst vergeblich suchte und sein inneres Echo ausblieb; oder auch dort, wo die Menschlichkeit nicht als individuelle Eigenschaft, sondern als Prinzip zu erscheinen hat, wie etwa im Sarastro.

AN DER OBERFLÄCHE ALSO, in seinem bewußten Urteil, das er selbst als solches wohl kaum betrachtete, trifft Mozart mit seiner Menscheneinschätzung oft ins Leere oder widerspricht sich. Doch indem er meist damit auf ein bestimmtes Ziel hinaus will, daher seine Urteile oft zweckbedingt sind, erheben sie niemals Anspruch auf allgemeine Gültigkeit. Dennoch sind ihm in seinen Briefen mitunter Bilder gelungen, deren unheimliche Prägnanz der Beobachtung unsere Behauptung widerlegen möchte. Bei näherer Betrachtung stellen wir jedoch fest, daß es sich weniger um Zeugnisse der Menschenkenntnis handelt, als um die Manifestation eines überragenden Bühneninstinkts, um exakte Beschreibung von Auftritten und den Möglichkeiten der Wirkung auf ein Publikum. Am

Anfang der Reise, am 11. Oktober 1777, schrieb Mozart aus München in einer Nachschrift an seinen Vater:

Ein gewisser Hofrath Effele läst sich dem Papa unterthänigst Empfhelen. er ist einer von den besten hofräthen hier. er hätte schon längst kanzler werden können. wenn nicht ein einziger umstand wäre, nämlich das luzeln. wie ich ihn daß erstemahl bey Albert gesehen, so habe ich geglaubt, und auch meine Mama, Ecce einen erstaunlichen Dalken! stellen sie sich nur vor, einen sehr grossen Mann, starck, ziemlich Corpolent, ein lächerliches gesicht. wen er über daß Zimmer geht, zu einen andern tisch, so legt er beede hände auf den Magen, biegt sie gegen sich, und schupt sich mit dem leib in die höhe, macht einen Nicker mit den kopf, und wen das vorbey ist, so zieht er erst ganz schnell den rechten fus zurück; und so macht er es bey einer jeden Person extra . . .

Bei Herrn Effele handelt es sich um einen gewissen Andreas Felix Oefele, den, übrigens hochgebildeten, Sekretär des Herzogs Clemens Franz von Bayern, damals bereits siebzig und durch einen Schlaganfall gezeichnet[40], was Mozart natürlich nicht wußte, sonst hätte er diese funktionellen Exzentrizitäten (Luzeln = Schlürfen beim Trinken) weniger lieblos beurteilt. Denn physisches, auch pekuniäres, Mißgeschick einer Person rührte ihn und milderte sein bekanntlich oft hartes Urteil. Während desselben Aufenthaltes in München fand eine bewegende Wiederbegegnung statt: mit dem genialbegabten Komponisten Mysliweczek, den Mozart aus Bologna kannte, und der, nach einem ausschweifenden und aufwendigen Leben, von Syphilis entstellt, in München dahinsiechte – eine Begegnung, die Mozart zu Tränen gerührt hat.

Am 27. Dezember 1777 schrieb Mozart aus Mannheim an seinen Vater:

Nun bin ich mit H: wieland auch bekant. er kennt mich aber noch nicht so, wie ich ihn; denn er hat noch nichts von mir gehört. ich hätte mir ihn nicht so vorgestellt wie ich ihn gefunden; er kommt mir im reden ein wenig gezwungen vor. Eine ziemlich kindische stimme; ein beständiges gläselgucken, eine gewisse gelehrte grobheit, und doch zuweilen eine dumme

---

40 Robert Münster: ›Mozart ». . . beym Herzoge Clemens . . .«.‹ In: Mozart-Jahrbuch 1965/66, S. 136.

herablassung. mich wundert aber nicht daß er | wenn auch zu
weimar oder sonst nicht | sich hier so zu betragen geruhet, denn
die leüte sehen ihn hier an, als wenn er vom himmel herabgefah-
ren wäre. man genirt sich ordentlich wegen ihm, man redet
nichts, man ist still; man giebt auf jedes wort acht, was er
spricht; – – nur schade daß die leüte oft so lange in der
erwartung seyn müssen, denn er hat einen defect in der Zunge,
vermög er ganz sachte redet, und nicht 6 worte sagen kann,
ohne einzuhalten. sonst ist er wie wir ihn alle kennen, ein
fortreflicher kopf. das gesicht ist von herzen hässlich, mit
blattern angefüllt, und eine ziemlich lange Nase. die statur wird
seyn: beyläufig etwas grösser als der Papa . . .

Soweit Wieland. Die Beobachtung ist einleuchtend und vollkom-
men: die gelehrte Grobheit, die dumme Herablassung – alles
vorstellbar –, und dennoch, seien wir gerecht, ein vortrefflicher
Kopf, nichts also gegen seinen Geist! Fairneß obwaltet in dieser
Beschreibung, sie ist durch keinerlei Affekt getrübt. Nach dieser
Schilderung bedarf es auch für uns kaum der Phantasie, um ihn uns
vorzustellen, ja, wir hören sogar den kleinen Sprachdefekt, den
Mozart dann im ›Figaro‹ seinem Don Curzio mitgegeben hat
(Michael Kelly, sein erster Darsteller, hat diesen Einfall allerdings
für sich selbst beansprucht).

MANGEL AN MENSCHENKENNTNIS zeigt sich nirgends stärker als in
jenen Briefen von der großen Reise, aus Mannheim und Paris; sie
beweisen, daß Mozart den eigenen Vater falsch eingeschätzt hat. In
ihnen unterliegt er der permanenten Täuschung, daß er ihm tatsächlich glaubhaft erscheine. Offensichtlich hat er niemals aus der
Erfahrung gelernt, daß dies nicht der Fall war; daß, im Gegenteil,
der Vater auf keinen der wahrscheinlich unklugen Pläne, auf keine
Beteuerung der Überlegtheit oder der Vernunft, hereingefallen ist.
Treuherzig ist kaum der rechte Ausdruck für die Art, in der
Wolfgang seinem Vater genau im falschen Moment, nämlich da
Ernst und Zielwille von ihm erwartet wurden, die ausschweifenden Pläne mitteilt, und geradezu auf unverständliche Weise ah-
nungslos jener Entwurf einer Italienreise mit der Familie Weber
(4. Februar 1778); unvorstellbar die Hoffnung, der Vater würde an
diesem Gedanken Feuer fangen und durch Empfehlungsschreiben

dazu beitragen – wie Wolfgang es sich wünschte –, in Italien den Weg für die herumreisende Familie mit ihrem Beschützer Wolfgang Amadé Mozart zu ebnen. Und erst aus den erzürnten und verzweifelten Reaktionen des Vaters entnahm Wolfgang, daß er wieder einmal alles falsch gemacht hatte, worauf er sofort andere Töne anzuschlagen versuchte. Doch die Töne der Tugendhaftigkeit sind ihm von je nicht minder schlecht gelungen; Leopold merkte die Absicht und wurde verstimmt. Als auf seine Vorhaltungen der Zeitverschwendung beim Zotenreißen im Hause Cannabich Wolfgang kurze Zeit darauf den Bericht des Gegenteils folgen ließ, so wußte Leopold gewiß, was er davon zu halten hatte:

> um 6 uhr gehe ich zum Cannabich und lehre die Mad:^{selle} Rose; dort bleibe ich beym nacht essen, dann wird discurirt – – oder bisweilen gespiellt, da ziehe ich aber allzeit ein buch aus meiner tasche, und lese – – (20. Dezember 1777)

Brav, Wolfgang, nur eben nicht glaubhaft. Um welches Buch handelt es sich eigentlich? Und wie reagiert die ›sogenante lisel‹ auf dieses Verhalten? Gewiß hätte Leopold Mozart auch gern gewußt, warum er unter diesen Umständen nicht lieber wieder nach Hause ging, um dort der Mutter Gesellschaft zu leisten, die sich in ihrem dürftigen Quartier langweilte und in Sehnsucht nach Salzburg verzehrte.

Dies führt uns nochmals zurück zu jenem Brief vom 3. Juli 1778, nach dem Tod der Mutter, dem Brief vom Erfolg seiner Sinfonie, vom Krepieren Voltaires: denn hier haben wir die divergierenden Tendenzen auf engem Raum vereint. Nach dem Genuß des guten Gefrorenen nämlich ›bat‹ er ›den Rosenkranz den ich versprochen hatte – ‹ – recht so, Wolfgang – ›und gieng nach Haus. – wie ich allzeit am liebsten zu hause bin‹ – auch in Paris, in der dunklen Wohnung? – ›und auch allzeit am liebsten zu hause seyn werde‹ – merk auf, Leopold! – ›oder bey einen guten wahren redlichen teütschen – der wenn er ledig ist für sich als ein guter Christ gut lebt, wenn er verheyrathet ist, seine frau liebt, und seine kinder gut erzieht – ‹. Hier hat Mozart nicht nur für Leopold, sondern fürs Schulbuch geschrieben. In der Tat betreibt er die Demonstration der Tugend mit Methode, freilich nicht mit Konsequenz, dazu vergißt er sich zu oft, er trägt zu dick auf. Leopolds erster Gedanke muß gewesen sein: Da stimmt etwas nicht. Daß schon deshalb etwas nicht stimmte, weil seine Frau tot im Nebenzimmer lag, ahnte er wohl nicht; seine Ahnung wurde auf ein anderes Gebiet gelenkt. Doch eröffnete es sich noch nicht, sondern erscheint zunächst, bezeichnenderweise, als dunkle Andeutung. Nach der Evokation: ›Nun, gott wird alles gut machen! – ‹, der so beliebten Formel der Verdrängung alles Unangenehmen, folgt der kryptische Satz: ›ich habe etwas im kopf dafür ich gott täglich bitte – ist es sein göttlicher wille so, so wird es geschehen, wo nicht, so bin ich auch zufrieden – ‹. Die letzte Behauptung glauben wir ihm nicht, er glaubte sie selbst nicht. Es handelt sich natürlich um die geplante Heirat mit Aloisia Weber, auf die er den Vater vorbereitete, der dann auch durch die Anrufungen Gottes nicht zu besänftigen war. Daß es dann noch nicht einmal Aloisia war, sondern Constanze, hat die Sache wohl kaum besser gemacht; im Gegenteil: Wahrscheinlich hätte Leopold im unabänderlichen Fall eine glanzvolle Sängerin ihrer glanzlosen Schwester vorgezogen.

Der zweckbedingten Heuchelei hat sich Mozart allerdings, soweit wir heute feststellen können, nur im Briefverkehr mit seinem Vater bedient; in anderen Fällen hat er seinen Briefpartnern höchstens aus Bequemlichkeit nach dem Mund geredet. Gewiß war er später seiner Frau gegenüber nicht immer ehrlich, er hat ihr wohl manche Einnahme oder Eskapade verschwiegen. Anderen gegenüber war er offen, und soweit es ihm seine Stellungen erlaubten, hat er den großen Herrschaften ins Gesicht gesagt, was er ihnen zu sagen hatte, ohne Rücksicht auf die Konsequenzen, die sich denn auch einstellten. Wie es nicht anders zu erwarten ist, haben sich auf diesem Gebiet Legende und Anekdote breitgemacht. Wir ersparen sie uns hier. Zivilcourage ist einer ihrer liebsten Gegenstände, seit dem Müller von Sanssouci.

Tatsächlich ziehen sich diese sinnlosen Beteuerungen der Tugend durch den gesamten Briefverkehr zwischen Mozart und seinem Vater. Sie erreichen einen seltsamen Höhepunkt im Brief vom 25. Juli 1781 aus Wien, in dem er schrieb: ›. . . gott hat mir mein Talent nicht gegeben, damit ich es an eine frau henke, und damit mein Junges leben in unthätigkeit dahin lebe . . .‹; denn ein Jahr später war er verheiratet. Es ist unter den Umständen nicht anzunehmen, daß der Vater darüber erstaunt war. Sein Erstaunen war wohl spätestens bei dem Bruch mit dem Erzbischof im

Jahr zuvor (Mai 1781) neuen und beängstigenden Erkenntnissen über den Sohn gewichen. Nun also mußte er, notgedrungen, die Beziehung zu ihm revidieren. In den Briefen Leopolds an seine Tochter spricht er von Wolfgang mitunter in einem Ton wegwerfender Mißbilligung. Doch vielleicht mißdeuten wir ihn: Leopold pflegte freudlose Tatsachen nicht zu beschönigen. Ohne Zweifel war er tief verletzt und hat Wolfgangs Eigenmächtigkeit den Rest seines Lebens als unklug und ihn selbst als undankbar empfunden. Wolfgangs Beteuerungen der Loyalität ihm gegenüber, die Bemühungen um die Gunst des Vaters, der an sich uneigennützige Versuch, einen Rest von väterlicher Güte noch zu aktivieren, haben anfangs etwas durchaus Rührendes, in das sich aber bald Anstrengung und Unwille mischen. Ein von je ambivalentes Verhältnis, von 1778 an nicht fern einer Haßliebe, wird nunmehr manifest, um es bis zum Tod des Vaters zu bleiben; danach ist er aus dem Gedächtnis des Sohnes getilgt. Gewiß hat Mozart gewußt, was er ihm zu verdanken hatte, doch wurde ihm dieses Wissen zuerst in Paris, später in Salzburg und in Wien zur Last. Allmählich aber muß er sich auch bewußt geworden sein, in welcher Weise sein Vater, durch seine Erziehung zur Unselbständigkeit, sich gleichzeitig an ihm versündigt hatte, und in Paris zuerst entlädt sich auch in Wolfgangs Briefen ein versteckter Affekt, meist unbewußt, manchmal aber in offenem Ärger sich niederschlagend, doch immer noch behutsam vorgetragen; in Wien aber wird er ausgesprochen, wenn auch immer noch in mildernder Wortwahl; denn Mozart hat den alternden Vater niemals verletzen wollen. Das zumindest stellen wir uns vor. Mit letzter Gewißheit können wir selten aus seinen Äußerungen schließen, was er wollte und was nicht.

NACH SALZBURG, soviel ist gewiß, hatte Mozart nicht zurückkehren wollen, nicht in diese Enge der von anderen als ›weltoffen‹ gerühmten Residenzstadt, nicht in den Dienst des Erzbischofs und daher, trotz gegenteiliger Beteuerungen, nicht ins Vaterhaus. So blieb er in den letzten beiden Salzburger Jahren von dem Wunsch beherrscht, auszubrechen, um sein Können vor der Welt zu zeigen. Vor allem verlangte es ihn, Opern zu schreiben. Er war unbefriedigt und so gelangweilt, daß er die Langeweile zu einer

Art stoisch getragenem Vergnügen sich steigern ließ, er fühlte sich als ein zum Genuß einer fatalen Gemütlichkeit Verdammter, Opfer jener Bedingungen und Verhältnisse, die für andere aus dem Mozartschen Kreis durchaus erträglich, sogar angenehm waren. Denn der Dienst beim Erzbischof war nur mäßig streng, jedenfalls alles andere als Fron. Wir entnehmen es verschiedenen Tagebüchern der Freunde, auch dem der Schwester, des Nannerl; wenn Mozart in der entsprechenden Verfassung war und nichts anderes zu tun hatte, führte er dieses Journal selbst weiter, um der Art seines Dahinvegetierens launig – oft übellaunig – Ausdruck zu geben, mitunter auch in parodistischer Absicht, in gezieltem Gegensatz zu den trockenen, aller Wertung sich enthaltenden Eintragungen der Schwester, in deren Rolle er dann schlüpfte.

In den folgenden Passagen, vom 13. bis zum 21. August 1780, ist er also selbst der genannte ›Bruder‹:

. . . den 12:ten um halb 9 uhr in der kirche. hernach bey Lodron und Mayer. Nach=Mittag katherl bey uns. und fiala. ein donnerwetter und stark geregnet.

den 13:ten um 10 uhr in der kirche in den Cathedrale Domm in der 10 uhr heiligen Mess. bey der balbiererkatherl. hr: wirtenstädter bestgeber, die Rasiererkatherl gewonnen. mit der tarock karten tarock karten gespielt. um 7 uhr in Mirabellgarten wie man im Mirabellgarten spatzieren geht, spatzirn gegangen, wie man spatzieren geht, gegangen, wie man geht. regnerisch, doch nicht geregnet, Nach und Nach – lächelt der himmel!

den 14:ten um 8 uhr in der Mess. beym Hagenauer, Mayr, und Oberbereiter. Nachmittag beym Lodron. um 3 uhr in Dom. um 5 uhr feigele mit meinem Bruder gekommen. um 6 uhr spatzieren. schön wetter, um 9 uhr geregnet.

den 15:ten um 9 uhr in domm. um 11 uhr zum Hagenauer, dort geessen, weil der Papa und mein Bruder beym Antretter gespeist haben. Nachtisch zur Jungen frau hinauf. um halb 6 uhr Hansel mich nach haus geführt. um 7 uhr mit meinem Papa in Mirabell garten spatzieren gewesen. hüpsch wetter. Nachmittag ein donnerwetter. und geregnet.

den 16:ten um halbe 7 uhr in der Kirche #). zum Mayrischen doch gleich wieder zurück weil nichts gewesen wegen den nicht zu hause seyn, sondern im lazaret seyn, hernach beym oberbereiter seiner nicht ietzigen letzten nemlich dritten, sondern vorletzten nemlich zweyten, auch nicht, sondern Ersten frau ihrer tochter. nachmittag beym Lodron ⁺)

#) du hast weiter nicht hergeschrieben, daß der Wirtenstädter im beurlauben ist da gewesen.

⁺) du hast weiter nicht hergeschrieben, daß der B. frauenhofer im beurlauben ist da gewesen.

Nach dem Nachtessen zu der final Musique bey Hof und im Colegio. geregnet, dann ausgeheitert. und wieder geregnet.

den 17ᵗᵉⁿ: um 9 uhr in der kirche. beym Lodron und Mayrischen: Nachmittag bey der Gylofsky katherl ˣ). der Bruder mit dem schachtner: und hernach der Papa auch hingekommen. geregnet.

ˣ) bey der Madˢᵉˡˡᵉ heiligin, die sich mit der grosse Zähe die Nase aus=stiert, mit der katherl gewesen.

den 18:ᵗᵉⁿ um 6 uhr bey der fr: v=Mayr frühstücken hernach mit ihr und dem fraüllen ins Lazaret gegangen. draust Mess gehört – um halb 10 uhr zurück. beym oberbereiter. Nachmittag beym Lodron. um 7 uhr spatzieren. schön wetter. auf den abend hat es sich verzohen. geregnet.

den 19:ᵗᵉⁿ um scheissen, meine wenigkeit, ein Esel, ein bruch, wieder ein Esel, und endlich eine Nase, in der kirche. zu haus geblieben der Pfeif mir im arsch, pfeif mir im arsch ein wenig übel auf. Nachmittag die katherl bey uns. und auch der Herr Fuchs=schwanz, den ich hernach brav im arsch geleckt habe; O köstlicher arsch! – Doctor Barisani auch gekommen. den ganzen tag geregnet.

den 20:ᵗᵉⁿ um 10 uhr in der Mess. der fuchs=schwanz von einem esel den ich ganz abgegriffen hab, und der Esel der mich geleckt hat, hat als ein esel selbst das beste gegeben. mein bruder gewonnen. hernach tarock gespiellt. das abscheulichste wetter. nichts als gieß, gieß, gieß et caetera.

den 21:ᵗᵉⁿ um halb 7 uhr in der Mess. beym Mayrischen und Dammenherrichter. Nachmittag beym aquatrono. Mad:ˢᵉˡˡᵉ braunfagotist bey uns. hierkleid gespiellt. geregnet, hat sich abends oder abwesend nach und nach entkleidet oder ausgezohen.

den 22:ᵗᵉⁿ um 8 uhr in dem Markt bey der Hl: Dreyfaltigkeit.

beym Lodron und Mayrischen. Nachmittag der Abt varesco bey uns. um halb 6 uhr Vogelaufputzen gegangen. schön Wetter.

den 23:^ten um 6 uhr aufgestanden, und um 4 uhr in der Mess. um 5 uhr und ein viertl beym hagenauer, um 11 uhr beym Oberbereiter. Nachmittag beym Lodron. um halb 8 uhr die katherl bey uns. um 7 uhr in Mirabellgarten spatzieren. schön Wetter. nicht wahr, ich bin ein rechter fex? oder ein fuchs = schwanz, Esel und kreutz = sprung.

den 42:^ten um halb 9 uhr bey der Gylofsky. in dom. um 10 uhr beym Lodron. um 3 uhr wir drey zum stieglbreü keglscheiben zu schauen. um halb 6 uhr spatzieren. schön Wetter. herr vetter.

den 52:^ten Augustiner. um bin ich kirche halbe 7 uhr gegangen. zum obermayer und bereiterischen.

Lodrn zum Nachmittagischen. uns bey fiala. um drey sind wir alle sechs spatzieren gegangen, gegengen, gegiren, gegoren, gegungen. es tag ein schöner war.

den 62:^ten apud die conteßine de Lodron. alle dieci e demie war ich in templo. Posteà chés le signore von Mayern. post prandium la sig:^ra Catherine chés uns. wir habemus joués colle carte di Tarock. à sept heur siamo andati spatzieren in den horto aulico. faceva la plus pulchra tempestas von der Welt.

den 72:^ten, um 10 uhr in Dom. die 10 und halb 11 uhr Mess gehört. hernach beym Robinischen meine visite gemacht. fiala Bestgeber. ich gewonnen. tarock gespiellt. um ¼ über 6 der graf thurn bey uns. um 7 uhr spatziern mit dem Papa und Pimperl. schön Wetter. Nachmittag ein wenig geregnet. aber gleich wieder schön. die Gesellschaft und Musick war heute in Mirabell. um 10 uhr der Pinzker uns eine Nachtmusik mit zwey Bratschen Gemacht.

den 82:^ten um halbe Neuni, blaß mir hint'eini in der der kirche. um ¼ über Neuni blaß mir hint'eini, zum Mayrischen. oberbereiter. Nachmittag zum Lodron. der junge Weyrother bey uns, um halb 6 spatzieren in dietrichsruhe. schön Wetter.

DOCH BESCHRÄNKTE SICH MOZARTS TAGESLAUF der letzten Salzburger Jahre natürlich nicht auf Tarockspiel, Bölzelschießen oder Spazierengehen. Er war Organist, das bedeutete nicht nur Dienst, sondern auch Lieferung, und es ist erstaunlich, wie wenig er nach dem vielversprechenden Anfang, dem imperialen Aufschwung der großen C-Dur-Messe (K. 317, ›Krönungsmesse‹, 23. März 1779) geliefert hat, wie schnell dieses Maestoso verklingt. Der Impuls, sich als Kirchenmusiker darzustellen, scheint nur allzubald erloschen zu sein, er leitet eine relativ unfruchtbare Periode ein, auch eng auf dem Gebiet weltlicher Musik, aus der die einzigartige ›Konzertante Sinfonie‹ für Violine, Viola und Orchester in Es-Dur (K. 320d, Sommer 1779) wie ein strahlendes Zeugnis musikalischer Selbstbefreiung herausragt. Ein weiterer Versuch in dieser Gattung ist Fragment geblieben.

Fragmente sind auch seine kirchlichen Kompositionen dieser Zeit: 7 Takte ›Magnificat‹ (K. 321a), 37 Takte ›Kyrie‹ (K. 323), 26 Takte ›Gloria‹ (K. 323a) und andere Anläufe, Zeugnisse der Lustlosigkeit zwischen weltlichen Gelegenheitswerken, Divertimenti, Märschen und Serenaden.

Es ist die Zeit der Kirchensonaten, unbeschwerter und unbedeutender Stücke, die nur insofern mit der Kirche zu tun haben, als die Orgel beteiligt ist, und deren Gebot der Kürze Mozart nur allzu gern befolgt haben dürfte. Erst die Aussicht auf eine Opernkomposition unter günstigsten Bedingungen – ›Idomeneo‹ in München – führte ihn wieder zu einem Höhepunkt kirchlicher Musik: den ›Vesperae solennes de confessore‹ (K.339), komponiert 1780, kurz vor der Abreise und in Vorfreude auf die kommenden Gelegenheiten der Entfaltung: Ein ehrgeiziges und aufwendiges Werk, in dem es ihm gewiß darauf ankam, jene Saite seines bereits mächtigen instrumentatorischen und polyphonen Könnens anzuschlagen, die in Salzburg, notgedrungen, stumm geblieben war. Die reiche Mehrstimmigkeit der Chöre, der anspruchsvolle Orchester-Apparat mit Posaunen, Pauken und Trompeten weisen auf den Wunsch nach Erweiterung seines Potentials hin und enthalten weitgehend schon die Erfüllung. In diesem Kirchenwerk, wie zum Teil schon in der ›Krönungsmesse‹, wird denn auch seine kontrapunktische Kunst noch stolz und offen zur Schau gestellt. Später, in der c-Moll-Messe, bedient er sich ihrer um einiges verhaltener und damit souveräner. Noch in Mannheim hat Mozart viel vom ›Kirchenstyl‹ gesprochen, doch hat er sich später um ›Stilreinheit‹ nicht mehr gekümmert. Aber was ist ›Reinheit‹, vor allem: Was ist

›Kirchenstil‹? Hat Palestrina oder Orlando di Lasso in ihm geschrieben? Oder handelt es sich nicht vielmehr um den Stil der jeweiligen Zeit, zu der zwar dieser oder jener Komponist – auch Palestrina – sich an einem Seitensprung ins Weltliche delektiert, ja, sogar den Tanzschritt gewagt hat, doch in der ernste Musik gleich Kirchenmusik war? In der alle Malerei der Darstellung biblischen Geschehens galt? Die Entdeckung mythologischer Themen kam später und hat weder Palette noch Pinselstrich geändert.

DIE SOLONUMMERN DER C-MOLL-MESSE (K. 417a, zwischen Sommer 1782 und Mai 1783), zumal die Sopranpartien, unterscheiden sich in ihrem Ausdrucksgehalt und Inhalt – dem was Mozart ›Expreßion‹ nannte – immer nur passagenweise und gering von denen der großen Konzert- oder Opern-Arien. Das ›Agnus Dei‹ der ›Krönungsmesse‹ greift dem ›Dove sono‹ der Gräfin im ›Figaro‹ vor. Das ›Kyrie‹ kehrt in der Arie der Fiordiligi ›Come scoglio‹, nach B-Dur transponiert, wieder. Die, meist nur dekorativen, Koloraturkadenzen hat Mozart in seinen da-Ponte-Opern – außer in dem von Berlioz verdammten Ausbruch der Donna Anna in der F-Dur-Arie ›Non mi dir, bell'idol mio‹ (Nr. 25) im ›Don Giovanni‹ – nicht mehr angewandt. Noch im unvollendeten ›Et incarnatus est‹ der c-Moll-Messe klingt es an, einer Dreivierteltakt-Arie im italienischen Stil, die Mozart ebensogut oder -schlecht einer seiner weltlichen Frauenfiguren in den Mund gelegt haben könnte, wäre sie nicht so viel schwächer als was er einer Gräfin Almaviva oder einer Pamina zu singen gegeben hat. Mit Recht bezweifelt Abert[40a], ob Mozart, hätte er das Werk vollendet, sich nicht dieses Stilbruches bewußt geworden wäre, dieser Reminiszenz an das ›schlimmste Neapolitanertum‹. Einstein[40b] dagegen findet diese Nummer ›von überwältigender Süßigkeit und Naivität‹; eine befremdliche Meinung, selbst wenn wir das Wort ›Süßigkeit‹ durch ›Süße‹ ersetzen.

WIE MAG DIESE MESSE geklungen haben, unter den dürftigen Voraussetzungen der Uraufführung (26. Oktober 1783?) – sofern es

40a Abert, a.a.O., II, S. 123.
40b Einstein, a.a.O., S. 379.

wirklich dazu gekommen ist – in der Peterskirche in Salzburg! Die erste Sopranpartie wurde von Constanze Mozart gesungen, über deren Interpretationskunst zwar wenig Schlechtes, dafür aber überhaupt nichts Gutes überliefert ist. Auch wissen wir nichts über dieses Salzburger Debüt, unter den Augen und in den wahrscheinlich überkritischen Ohren des voreingenommenen Vaters und der Schwester. Die Messe war Fragment, Mozart hat die fehlenden Sätze aus früheren Werken angestückelt: Welche es waren, ist nicht mehr bekannt. Er tat es mit der gleichen Unbedenklichkeit, mit der er später dem gesamten Werk die liturgische Unterlage entzogen hat, um ihr eine weltliche zu unterschieben: die Kantate ›Davidde Penitente‹ (K. 469, März 1785), ein Auftrag des Pensionsfonds der Musikerwitwen – immerhin hat es das damals schon gegeben! –, der wahrscheinlich nicht so honoriert wurde, daß er eine Originalkomposition wert war. Der Text soll von da Ponte sein, doch wollen wir das nicht glauben. Nicht nur besteht er zum Teil aus pathetisch-evokativen Repetitionen, was da Pontes Domäne nicht gewesen wäre, sondern er enthält auch alle Schwächen des nachträglich Unterschobenen, langgezogene Silben ziehen sich durch mehrere Takte und ergeben jene falschen Betonungen, die bei Mozart stets dort auftreten, wo er in seiner Musik nicht bei der Sache des Textes war. Hier dagegen wäre da Ponte nicht bei der Sache der Musik gewesen. Eine solche Arbeit hätte er kaum nötig gehabt, denn zu dieser Zeit häuften sich die Aufträge für Libretti. Doch wer immer der Textdichter des ›Davidde‹ gewesen sei: Mozart hat ihn akzeptiert; gewiß hatte er seine Gründe, und beinah ebenso gewiß hatten diese Gründe mit künstlerischer Notwendigkeit weniger zu tun als mit praktischer Erwägung. Ob die beiden Aufführungen im Burgtheater diese Erwägung nachträglich gerechtfertigt haben, erscheint uns zweifelhaft, doch wäre es ja wahrhaftig nicht das einzige Mal gewesen, daß er sich in seinen Berechnungen getäuscht hätte.

OPERN WOLLTE MOZART SCHREIBEN, darauf weisen seine Messen eindeutig hin. Es ist der einzige aktive ›berufliche‹ Wunsch, den er mehrmals und mit anwachsendem Nachdruck dokumentiert hat. Was immer er an Großem in anderen Gattungen geschaffen hat: Außer im Fall der sechs dem großen Inspirator Haydn gewidme-

ten Quartette, bewußten Zeugnissen seiner Kunst, die nicht zuletzt einem gewissen schöpferischen Ehrgeiz entsprangen, wissen wir weniger über das Maß an innerer Beteiligung, als im Fall seiner Opern, vor allem natürlich der späten. In der Tat, der wahrhaft große Atem des sich in seinen Fähigkeiten selbst erkennenden Pankreators weht vollends erst über den da-Ponte-Opern. Zwar spüren wir schon im ›Idomeneo‹ das subjektive Glück des Komponisten über die heraufdämmernde Erkenntnis seiner schöpferischen Potenz, doch kommt ohne Zweifel in den da-Ponte-Opern die Befriedigung hinzu, endlich den lang gesuchten Stoff und den entsprechenden Bearbeiter gefunden zu haben. Wenn diese drei Opern für immer unerreicht geblieben sind, so nicht nur, weil er zu ihrer Zeit ›auf der Höhe seines Schaffens‹ stand, sondern weil – für uns alle hörbar – das vorgegebene Material ihm eine Erfüllung bescherte, die er weder vorher noch nachher erfahren hat.
Doch sind schon der ›Idomeneo‹ und die ›Entführung‹ mehr als bloße Meisterwerke ihrer Art. In ihnen wird bereits der Rahmen der Gattung – Opera seria und Singspiel – gesprengt. Der revolutionäre Mozart aber ist der seiner letzten acht Lebensjahre. Dem Salzburger Mozart und dem der Italien-Reisen unter der Obhut seines Vaters Leopold, durfte es nicht einfallen, die Konventionen der jeweiligen Gattungen zu überschreiten. Auch hatte er noch nicht die Erfahrung, um ein unveränderbares Schema zu verändern, sozusagen die Form zu öffnen.

Im Singspiel herrscht das Unding der abgegrenzten Nummern zwischen gesprochenem Text. In diesem Text bewegt sich denn der Sänger außerhalb seines Metiers, mit seiner Überzeugungskraft als Sprecher liegt es meist im argen. Da der Text dichterisch unbefriedigend ist, und zwar immer, wird dem Publikum der Sprung in den guten Willen zugemutet. Zwar steht es um den literarischen Wert der Texte in der Opera seria nicht besser, aber durch die sprachliche Stilisierung des Secco-Rezitativ wird er gefiltert, wenn nicht gar verdeckt. Weder in der Seria noch in der Buffa hören wir ihn als selbständige Dichtung, und nur in seiner idealen Anwendung – etwa im ›Don Giovanni‹ – hören wir ihn als sprachliche Definition eines Geschehens, dessen Drama primär in der Musik sich vollzieht.

SARASTROS GESPROCHENE SUADA, sein Verkündungs-Stil, machen es uns nicht immer leicht, ernst zu bleiben, etwa bei dem Satz ›Pamina, das sanfte tugendhafte Mädchen, haben die Götter dem holden Jüngling bestimmt, dies ist der Grundstein, warum ich sie der Mutter entriß‹: da er doch soeben erst bestätigt bekam, daß es sich überhaupt um einen ›holden Jüngling‹ handle. Freilich ist der Text der ›Zauberflöte‹ mit scheinbar lichtem Ethos allzu befrachtet, somit vielleicht nicht das beste Beispiel des Singspiels. Da erscheint uns Mozarts erstes Beispiel dieser Gattung fast typischer, das unbelastete Stückchen ›Bastien und Bastienne‹ (K. 46b) mit seinen drei Marionettenfiguren, komponiert vom Zwölfjährigen im Spätsommer 1768 in Wien, und wahrscheinlich in einem ihm angemessenen Rahmen aufgeführt, in einem Gartentheater bei Dr. Mesmer (ungewiß). Geschrieben mit offensichtlicher Freude an Stimmkontrasten – eine Baß-Stimme blieb ihm ja in den folgenden Opere serie auf lange Zeit versagt –, und an der Möglichkeit, in seiner Instrumentation Pastorales zu suggerieren (die Hörner bezeugen das relative Gelingen), mutet uns dieses Stück frischer und um wesentliches natürlicher an als die gestelzten Opere serie des Sechzehnjährigen, geschrieben mehr oder weniger unter Zwang, und immer unter Druck. Schon der Sprung medias in res, die kurze Intrada in G-Dur, überzeugt uns in ihrer Durchsichtigkeit und ihrer melodischen Phantasie. (Kein Geringerer als) Beethoven hat sich ihrer für den Anfang der Eroica bedient; Abert hält dies für Zufall, und auch wir wollen es nicht ausschließen, denn es ist durchaus unwahrscheinlich, daß Beethoven sich mit der Partitur des ›Bastien‹ auseinandergesetzt hat. – In Colas' geheimnisvoller Befragung des Zauberbuches auf den Text ›Diggi, Daggi, schurry, murry . . .‹ (Nr. 10) steht c-Moll für exotisch Fremdes eines gutmütigen bäurischen und gänzlich undämonischen Zauberers, ein lustiges Moll. Jedenfalls ist diesem kleinen Werk eine fabelgerechte Geradlinigkeit zu eigen, auf die der Begriff der Frühreife kaum paßt. Es handelt sich auch hier um das Werk eines genialen Kindes.

FRÜHREIFE: Wir scheuen uns überhaupt, diesen Begriff für Mozart anzuwenden. Denn nehmen wir ihn genau, so ist er ja nur für jene anwendbar, die später an Reife von anderen eingeholt werden, und nicht für den Überbegabten, der diesen Vorsprung sein Leben lang beibehält. Der Begriff ›Reife‹ selbst ist nicht unbedingt ein qualitativer, sondern die Bezeichnung für das Ziel eines natürlichen Entwicklungsstadiums. Doch gerade dieses war bei Mozart alles andere als natürlich, da er als überbegabtes Kind systematisch dazu angehalten wurde, das zu leisten, was auch ein weniger rezeptives Publikum als ›reif‹ zu betrachten habe; denn dort, wo er nicht persönlich als Vorführender in Erscheinung trat, wo also der visuelle Wunderkind-Effekt wegfiel, wollte das Publikum zu seinem Genuß kommen, ohne Rücksicht auf das Alter des Bereiters: Es wollte eine Oper hören, so wie sie zu sein hatte. Es war nicht immer leicht für das Kind und den halbwüchsigen Mozart, sein Publikum zu bedienen; mitunter mußte er auch hart daran arbeiten, von den Sängern überhaupt ernst genommen zu werden.

Auch seine erste Opera buffa, ›La finta semplice‹ (K. 46a), noch vor ›Bastien und Bastienne‹ entstanden, zwischen April und Juli 1768 in Wien, ist das Werk eines außerordentlichen Kindes, dessen kompositorische und emotionelle Erfahrung ihm noch nicht gestatten, das Meisterwerk zu schreiben, das seinem späteren Maßstab entsprochen hätte. Aber sie zeigt uns, daß Mozart bereits als Zwölfjähriger die Gattung genau studiert und sich ihre Ausdruckselemente angeeignet hatte, er war eben, nicht zuletzt, auch ein imitatorisches Genie. Doch enthält die Oper mehr als nur Fertigkeit. Die Arie der Rosina, ›Amoretti‹ (Nr. 12), in bei Mozart seltenem E-Dur, mit ihren Seufzerfiguren, suggeriert uns einen objektiven seelischen Zustand, gewiß nicht den seinen, nur können wir natürlich nicht beurteilen, ob der kleine Mozart ihn bereits ›dem Leben‹ oder dem Schema abgelauscht hat. Gewiß überstieg seine Kenntnis der Materie hier noch seine Wahrnehmung jener Wirklichkeit, die sie darzustellen hat. Denn ›gewiß gehört die *Wahrnehmung* nicht zu den angeborenen Attributen der Kreativität‹.[41] Doch erschöpft sich die Qualität dieser Oper nicht in der einen Arie. In dem Werk steckt weit mehr als der mehr oder weniger unschuldige Versuch, es anderen gleichzutun. Vielmehr haben wir in ihm eine frühe Manifestation des Dramatikers, der

---

41 William G. Niederland: ›Klinische Aspekte der Kreativität‹. In: ›Psyche‹ XXXII 12, S. 913.

die Grenzen seines Bereiches systematisch nach außen zu stoßen versucht.

Man hat es als abstoßend bezeichnet, daß in der ›Finta semplice‹ ein Zwölfjähriger sich mit den Stadien der ans Laszive grenzenden Verliebtheit Erwachsener befaßt habe. Doch kamen solche Kriterien erst später auf, nach Entdeckung der ›Kindheit‹, als das neunzehnte Jahrhundert mit seinen moralischen Wertungen um sich griff. Zu Mozarts Zeiten wäre wohl keiner auf die Idee gekommen, eine solche Thematik als anstößig und einem Kinde nicht gemäß zu bezeichnen; erotische Reife gehörte nicht zu den Begriffen der Zeit, wir haben genügend Beispiele dafür. Zudem, so erwachsen sind diese Marionetten nun auch wieder nicht, sie entspringen der Retorte eines dieser ›Theaterdichter‹, sind verwässerter Goldoni, und auch als solche nicht des besten Goldoni. Eigentlich hat erst der Zwölfjährige Erwachsene aus ihnen gemacht, wenn auch sehr einseitig angelegte Erwachsene: hartnäckig und ausschließlich Verliebte eben. Die hintergründigen Panoramen werden erst später aufgerissen, die Apotheosen der großen Ensembles sind noch nicht angedeutet.

AUCH AUF DEM GEBIET DER OPERA SERIA sind Mozarts Frühwerke für uns vornehmlich von musealem Interesse. Es liegt keineswegs ausschließlich an der Qualität der Musik, sondern vor allem an den Forderungen der Gattung an diese Musik. Ihr rigides Schema ist für uns beinah so ungenießbar geworden wie ihr ewig gleichbleibendes Thema. Im Vergleich zur schweren Liebe in der Seria erscheint uns die leichte Verliebtheit der Buffa geradezu lebensnah. Selbst unsere positive Wertung dieser oder jener Nummer beruht mehr auf dem Umstand eines später eingehaltenen Versprechens als auf dem absoluten Wert. Doch erscheint auch hier hin und wieder der ›unverwechselbare Mozart‹, um eines seiner großen Themen zum ersten Mal anzuschlagen, vor allem im ›Lucio Silla‹ (K. 135), begonnen in Salzburg, vollendet in Mailand 1772, ein Werk des Sechzehnjährigen also. Das den zweiten Akt beschließende Terzett in B-Dur, ›Quell'orgoglioso sdegno‹ (Nr. 18), enthält schon den beinah gelungenen Versuch einer Ensemblenummer individueller Stimmführung. Doch sind es vor allem hier – und von hier an – die Accompagnati, die den wahren Mozart kennzeichnen und auszeichnen. Ihre Ausführung gab ihm größere Freiheit der Entfaltung als die der langen Arien mit ihrem mitkomponierten Streß, denn das Accompagnato unterliegt ja keiner strengen Form; der rhythmisch ungebundenen Untermalung sind keine Grenzen gesetzt, es wiederholt sich nichts darin, in ihm schreitet das Drama fort, das Schicksal waltet, Heiterkeit oder Düsternis des Ortes klingen nach Belieben mit. Mozarts frühe Accompagnati zeigen uns vielleicht noch keine individuelle Seelenmalerei, denn in der Opera seria gibt es nur drei Kollektivseelen, die edle, die niedrige und die zwischen beiden sich hin und her bewegende, zerrissene, die sich jedoch schließlich, und niemals zu spät, zum Edlen hin entscheidet. Doch sie zeigen uns das objektive Erfassen der dramatischen Situation, die subjektive Stimmung der von ihr erfaßten Person, Liebe, Haß, Aufruhr oder sanfte Bescheidung; und über allem leuchtet der atmosphärische Hintergrund auf. In den Accompagnati des ›Lucio Silla‹ mißt Mozart bereits seine Macht über die von ihm geschaffenen Gestalten und spielt das Errungene aus; so in dem herrlichen Streicher-Allegretto, das die an sich hohlen Worte des Silla im ersten Akt, ›Mi piace? . . .‹ (vor seiner D-Dur-Arie Nr. 5), begleitet, vor allem aber im C-Dur-Andante des Cecilio: ›Morte, morte fatal . . .‹ (vor dem Chor Nr. 6). Schon hier und immer hat Mozart genau gewußt, was er mit ›morte‹ anzufangen hatte, dieses Stichwort hat als Inspiration niemals versagt.

ÜBER DIE EINSTELLUNG DES JUNGEN MOZART zu seinen Libretti wissen wir nichts. Als beginnender Pragmatiker des Theaters, als Ausführender eines Auftrages, hat er an der Qualität nicht herumgemäkelt. Er hat die akzeptierte Form akzeptiert. Änderungen auf Wunsch eines Sängers oder einer Sängerin wurden ausgeführt. Ob er mit den fertigen Werken zufrieden war, wissen wir nicht. Vielleicht hing es vom Erfolg ab. Auf uns wirkt die typische Opera seria eher quälend: Diese unqualifizierte Bereicherung antiker Mythologie und Geschichte durch Darstellung von Fiktionen der Güte und der Milde, gemünzt für ein Herrscherpublikum, dem diese Eigenschaften somit symbolisch angedichtet wurden; die Darbringung einer Art ästhetischen Byzantinismus, dessen Schema beinah immer das gleiche war. Der Hauptlieferant war

Metastasio; doch waren an dem Unternehmen auch andere beteiligt, ›Hofpoeten‹, ›Theaterdichter‹, deren Produkte von Metastasio auf letzten Schliff gebracht wurden; manchmal allerdings mußte auch, umgekehrt, ein metastasianisches Libretto einer besonderen Bühnenkonstellation angepaßt werden, eine Primadonna oder ein Kastrat sollte besonders bedacht werden, dann trat ein minderer Nachdichter in Funktion. Nur eines gab es nicht: Zusammenarbeit zwischen Dichtern und Komponisten. Dem Komponisten wurde meist mit dem Auftrag der Text zugestellt, auch wenn er im Lauf von Dekaden von den verschiedensten anderen verwendet worden war. Manches beliebte Libretto ist zwanzigmal vertont worden.

Die Sprache dieser Texte ist tot und artifiziell, sie hat einen eigenen Wortschatz geschaffen und einen eigenen Sprachgestus, reich an gedehnten Tiraden, Ausrufen und Evokationen; sie scheint darauf angelegt zu sein, die Aktion zu ersetzen: Es geschieht nämlich nichts Handlungsförderndes auf der Bühne, meist müssen wir uns mit Botenbericht oder Teichoskopie begnügen. Das Geringe, das an Dramatischem sich vollzieht, bleibt dem Rezitativ vorbehalten, die Arien und die wenigen Ensembles gelten ausschließlich dem Kommentar entweder der Verfassung des Singenden oder der allgemeinen Situation. Diese Arien sind denn auch endlos, sie mußten die Qualitäten des Sängers ins beste Licht rücken, daher die dauernden Text- oder Wortwiederholungen. Die B-Dur-Arie des Cinna im ›Lucio Silla‹, ›Vieni ov' amor . . .‹ (Nr. 1), enthält für acht trostlose Zeilen 281 Takte Musik (die Register-Arie im ›Don Giovanni‹ enthält für dreißig Zeilen 172 Takte Musik).

Der berühmten Sängerin Anna de Amicis wurden als Giunia auch die längsten Arien mit den ausschweifendsten Koloraturen zuteil. Es ist für uns heute kaum vorstellbar, daß man ihnen mit Vergnügen, ja, auch nur mit Geduld zuhörte: Wir beginnen schon zu verzagen, wenn die Motorik des Ostinato langsamer wird und auf die obligate Fermate zusteuert, das Sprungbrett für das Akrobatenstück der Koloratur. (Dieses Verzagen erfahre ich selbst allerdings auch meist im Konzert, wenn die Kadenz sich ankündigt.) Giunias Es-Dur-Arie ›Dalla sponda tenebrosa‹ (Nr. 4) gilt denn auch einer absolut instrumental angewandten Stimme, die in den Koloraturen fanfarenartige Töne auszustoßen hat: eine kalt-komische Bravournummer. Doch Mozart muß es wohl anders gesehen

haben: Noch sechs Jahre später, 1778, ließ er Aloisia Weber diese
Arie singen. Der Kastrat Rauzzini, wahrscheinlich ein hervorragender Sänger mit einem gewaltigen Register – übrigens der Lehrer
der Nancy Storace –, sang den Cecilio, dessen menuett-artige
A-Dur-Arie (Nr. 21) mancher späteren Bravournummer ebenbürtig wäre, litte sie nicht unter dem Elend des Textes: ›Pupille amate,
non lagrimate‹ heißt es da – wie ja überhaupt in der Opera seria
immer wieder Befehle an Körperteile erteilt werden, die Empfindungen der Seele nicht mitzuvollziehen, damit ihr Träger sich
nicht nach außen entlarve, was er aber dennoch reichlich tut. Aus
unserem Genuß mancher Rezitative mit ihren Überraschungs-
effekten, zum Beispiel Cecilios plötzlichem Ausbruch aus dem
Secco ›Ah, corri‹ in das große Accompagnato mit den blitzartigen
Streicherfiguren, werden wir immer wieder in die Durststrecken
langer Strophenarien zurückgeführt. Manchmal freilich hat es den
Anschein, als sei der junge Mozart selbst dieser Texte schon
überdrüssig geworden; das ›Tempo grazioso‹ der G-Dur-Arie ›Se
il labbro timido‹ (Nr. 10) singt Celia in heiterem Staccato, so als
wäre sie lieber Despina in ›Così‹, nur eben hat sie vierundzwanzig
Wörter über 135 Takte zu verteilen, wobei sie hier und dort die
Akzente der Silben ziemlich willkürlich verteilt: aus ›Ma nel
lasciarti, oh Dio!‹ wird ›manel lasciarti odio‹. Bei solchen Anrufungen fragen wir uns übrigens manchmal, welcher Gott wohl
gemeint sei? Zeus oder Eros oder, in Voraussicht, der zukünftige
Christliche?
Seltsam berührt uns weiterhin, daß offensichtlich auf Kontrastwirkung der Stimmen wenig Wert gelegt wurde. Im ›Lucio Silla‹
bewegen sich sechs Figuren stimmlich zwischen Sopran und Tenor. Selbst der ›terzo uomo‹, Aufidio, der ewig Vertraute, dem,
entsprechend dem Schema, die Funktion des treuen Beraters zufällt, singt nicht etwa versöhnlich-humanen Baß, sondern ebenfalls
Tenor. Er wird freilich nur mit einer einzigen Arie abgespeist, bei
der es um Militärisches geht – ›Guerrier‹ (Nr. 8) – und die uns nach
Thema und Tonart (C-Dur) Figaros ›Non più andrai‹ nahelegt.
Doch bis dahin ist es eben doch noch ein weiter Schritt, aus einer
Qualität, die in Relation zur Opera seria der Zeit hoch stand – und
letztlich wohl nur von Gluck übertroffen wurde – bis zur absoluten Qualität des Einzigartigen.

NACH DEM ›LUCIO SILLA‹ kehrte Mozart, zunächst nur als einem Zwischenspiel, zur Buffa zurück: mit der ›Finta giardiniera‹ (K. 196), einem gewaltigen Fortschritt seit der ersten ›Finta‹; nicht mehr so ›semplice‹. Sie wurde 1774/75 für München geschrieben und dort am 13. Januar 1775 uraufgeführt. Leider ist ein Teil des italienischen Originaltextes verloren gegangen, wir sind, vor allem in den Rezitativen, meist auf das deutsche Libretto angewiesen, das Mozart wohl im ganzen gebilligt hat – vielleicht hat er sogar selbst daran übersetzt –, das ihm aber gewiß ein paar Jahre später nicht mehr genügt hätte; ob es ihm hier genügte, oder ob er es hinnahm, weil er Opern schreiben wollte, wissen wir nicht. Die Opern des späteren Mozart, vom ›Idomeneo‹ an, vermitteln uns ja immer wieder den Eindruck einer absolut bewußten schöpferischen Potenz: So als habe Mozart sich selbst gefragt, wieviel an Weltläufigkeit, wieviel Gehalt an menschlichem Fühlen, Handeln und Sehnen er in das vorgegebene, und im Verhältnis zu seiner Dimensionalität notwendigerweise dürftige, Textmaterial einbringen könne, wobei das vorgeschriebene äußere Maß immer weniger berücksichtigt wurde. Daher drängt sich uns beim Anhören der frühen Opern die Spekulation auf: Wie hätte Mozart diesen oder jenen Text, sofern er ihn nicht überhaupt verworfen hätte, fünf oder zehn Jahre später komponiert? Was hätte er zum Beispiel aus der C-Dur-Arie (Nr. 8) des Belfiore gemacht, diesem ›Andante maestoso‹ – ›Hier vom Osten bis zum Westen‹ heißt es auf deutsch, während das italienische ›Da scirocco a tramontana‹ schon durch die Windrichtungen eine andere Dimension aufreißt –, in dem ein satirisch-monumentales Vorfahrenregister ausgepackt wird? Anstatt eine Buffo-Arie zu schreiben, wie es auch andere getan haben, hätte er die gesamten Vorfahren auskomponiert, zu denen auch ein Marc Aurel und Alexander der Große gehören; alle hätten wir sie wiedererkannt, in pompöser Gewandung, mit der ihr dürftiger Nachfahre sie umhüllt hätte; so wiedererkannt zumindest, wie wir die Typen der Damen erkennen, die, freilich zwölf Jahre später, Leporello in seiner Register-Arie vor der armen Donna Elvira ausbreitet. Doch wenn Mozart hier, an seinem späteren Maßstab gemessen, die thematische Skala nicht ausnutzte, so komponierte er an anderer Stelle über sie hinaus. Die Arie des Ramiro, ›Va pure ad altri in braccio . . .‹ (›Wenn auch von dir verlassen‹) (Nr. 26), stößt urplötzlich in eine geheimnisvolle Tiefe; im Stil der Seria komponiert, doch nicht mehr konventionell, sondern gleichzeitig kühn und seltsam geläutert, steht sie in c-Moll – wie überhaupt in dieser Oper der Moll-Anteil um Wesentliches größer ist als in den späteren Opern, vor allem wieder in den Accompagnati, deren diese Oper ein einmaliges Kabinettstück bietet, wie Mozart es später niemals wieder komponiert hat: das Adagio der Erkennungs-Szene, ›Dove mai son!‹ (›Wo bin ich wohl?‹) (Nr. 27), die sich ›in einem schönen angenehmen Garten‹ vollzieht. Über den Streichern und Oboen erklingt, Ländliches andeutend, ein Jagdmotiv der Hörner, es entsteht ein pastorales Ambiente; hier hat Mozart, was er selten getan hat, ›Natur‹ komponiert, eine gezähmte Rokoko-Natur – Garten, nicht Wald –, in der das Rezitativ der beiden einander zaghaft Erkennenden (nicht im biblischen Sinn) verschiedene Variationen derselben musikalischen Figur auslöst, die sich schließlich in einem ritardando ›verflüchtigen‹; es suggeriert Schlafwandlerisches, einen Sommernachtstraum.

So sind die einzelnen Elemente dieser Oper durchaus polyvalent. Das dritte Finale (Nr. 28) könnte einem Kirchenwerk angehören, Requiem-Anklänge erscheinen am Ende. Nicht, daß hier Sakrales beabsichtigt wäre; zwischen einem frohen Gloria und einem Ensemble fröhlicher und in Frieden vereinter Figuren hat Mozart keinen Unterschied gemacht.

›IL RÈ PASTORE‹ (K. 208), die nächste Oper nach der ›Giardiniera‹, ist Mozarts letzte Seria vor dem Riesenschritt zum niemals übertroffenen ›Idomeneo‹. Uns erscheint sie ganz und gar lustlos; geschrieben als Auftrag ›im Dienst‹ zum 23. April 1775, anläßlich der Visite des Erzherzogs Maximilian in Salzburg, zudem für Salzburger Besetzung, der er nicht viel zutraute oder zutrauen wollte. Nur der Kastrat, Tommaso Consoli, kam als Gast aus München, um, als primo nomo die Hauptrolle des Aminta zu singen. Die Oper, textlich ein Stück von der Stange aus der Kollektion Metastasio, zeigt uns einigermaßen deutlich, daß es für Mozart an der Zeit war, aus diesem Schema auszubrechen, dieser endlosen Aneinanderreihung rezitativischer Dialoge mit ihrer ermüdenden Rhetorik, die andauernd in Ausrufen wie ›Oh, Dio‹,

›Oh, Numi‹, ›Stelle‹ etc. kulminiert, unterbrochen von jenen deklamatorischen Arien, während derer die ohnehin mühsam sich
vorwärtsbewegende Handlung stillsteht. Wenn zum Beispiel hier
Tamiri in ihrer A-Dur-Arie ›Se tu di me fai dono‹ (Nr. 11) ganze
achtzehn Mal dieselbe Frage stellt: ›Perchè son'io crudel?‹, so daß
die von ihrem Geliebten Agenore gemachte diesbezügliche Anschuldigung gleichsam in einem quälenden Mechanismus ertränkt
wird, bedarf es auch keiner aktiven Antwort mehr. Dieses Schema
zu ändern oder zu beleben, stand nicht in der Macht des Komponisten, ihm fiel, buchstäblich, nur die ›Vertonung‹ zu. Hier also
hat Mozart vertont.

Es hat sich denn auch von diesen Opere serie, vom ›Ascanio in
Alba‹ (K. 111) des Fünfzehnjährigen, geschrieben 1771 in Mailand,
bis zum ›Rè pastore‹, nicht viel in unsere Zeit hineingerettet, und
vom letzteren wohl nur das bravouröse ›Rondeaux‹ in Es-Dur,
›L'amerò‹ (Nr. 10), vielleicht wegen der begleitenden Solo-Violine,
auf der heute ein Konzertmeister einen illustren Gastsänger begleiten darf, auch wenn dieser Gast kein Kastrat mehr ist, wie der
›primo uomo‹ (ein Ausdruck übrigens, der ebenso für den biblischen Adam zutreffen könnte) Tommaso Consoli. Doch gerade
von dieser Arie wieder muß Mozart etwas gehalten haben, er ließ
sie von ihm befreundeten Sängern bis spät noch in dieser oder
jener Akademie singen. Für uns sind alle diese Strophen und
Strette Museums-Stücke, hin und wieder hervorgeholt, um die
Sicht des œuvre vollständig zu halten: nicht nur das Große zu
präsentieren, sondern auch die Ansätze aus dem ›Vorgefundenen‹,
mitunter Nichtigen.

Es WIRD DEM LESER NICHT ENTGANGEN SEIN und auch fernerhin
nicht entgehen, daß in diesem Versuch einige der bedeutenden
Werke Mozarts nicht behandelt werden. Doch da es hier nicht um
Werk-Analyse geht, zu der ich weder befugt noch disponiert wäre,
wird notwendigerweise jenen Werken ein weiterer Raum zuteil,
die einen Ansatz für Rückschlüsse auf die Gestalt Mozart bieten.
Zu diesen Werken gehören zwar die frühen Opern nicht, doch
erschien mir ihre Erwähnung vonnöten, nicht nur wegen ihrer
plötzlich aufblitzenden Juwelen, sondern weil sie eine Einführung
ergeben und gleichzeitig das Maß darstellen, an dem die Entwick-

lung zu den späten Opern zu messen ist, und damit Mozarts zunehmende Investition eigener, und zwar einigermaßen definierbarer, Empfindungen in sein Werk. Natürlich lassen uns auch die Opern ebensowenig auf Mozarts emotionale Erfahrungen und Erschütterungen schließen wie seine anderen Werke, einschließlich der Kirchenwerke. Doch umgekehrt: Das Register emotionaler Erfahrungen seiner Opernfiguren beleuchtet Mozarts objektive Beherrschung angewandter Psychologie, die, von ihm praktiziert, der Worte nicht bedarf. Er hätte diese Worte auch kaum gehabt. Doch die Erfahrungen muß er, wenn auch nicht gemacht, so doch durchgespielt haben.

Der fünfzehn- und sechzehnjährige Mozart hatte seine Aufträge auszuführen und hätte es sich kaum leisten können, die Qualität der Texte zu beanstanden. Wahrscheinlich hat er sie selbst auch zu dieser Zeit gar nicht als minderwertig erachtet. Schließlich nahmen auch erwachsene Komponisten mit ihnen vorlieb, sie waren nicht das Objekt der Wahl, sondern der Zuteilung. Nur der große Gluck konnte es sich leisten, seinen Textdichter Calzabigi, der freilich zu seiner Zeit um einige Stufen höher stand als die anderen, nach seinen Wünschen zu formen. Im ›Idomeneo‹ hat Mozart es zwar mit Varesco versucht, doch konnte er aus ihm nicht mehr herausholen als in ihm steckte. Für seine Jugendopern standen ihm eben nur stilisierte Figurinen und artifizielle ›gestellte‹ Situationen zur Verfügung, in sie hatte er an objektivierter Empfindung einzubringen, was er zu geben hatte, an ihnen hatte seine Einbildungskraft sich zu entzünden. Er tat, was er konnte, und manchmal, plötzlich, konnte er viel: Giunias große Szene im ›Lucio Silla‹ zwischen den Gräbern – nicht in einer strahlenden E-Dur-Mondnacht, sondern in einem feierlich-düsteren Es-Dur-Gewölbe – übersteigt in ihrer wahrhaft unheimlichen harmonischen Suggestivität alle die konventionellen Opernszenen des vorherigen Mozart. Hier bereits folgt die Musik nicht der Handlung, sondern sie gebietet ihr: Erst durch die Musik wird ihre bühnenmäßige Begründung manifest: Mozarts unbewußtes Prinzip aller seiner späteren Opern. Die Szene gefiel bei der Erstaufführung in Mailand nicht. Anna de Amicis war nicht bei Stimme, vermutlich aus Eifersucht auf den ›primo uomo‹, den Kastraten Rauzzini, dessen

Auftritt die anwesende Erzherzogin beklatscht hatte, und dies, nachdem das Erzherzogspaar die Ausübenden und das Publikum drei Stunden auf ihre Ankunft hatten warten lassen. Man muß annehmen, daß zu einer Zeit, in der die Bedeutung eines Bühnenwerkes kaum von dem Anlaß seiner Erstaufführung zu trennen war, die Überzeugung seines Schöpfers von seiner absoluten Qualität durch solche Umstände schwer beeinträchtigt, wenn nicht zunichte gemacht wurde.

BEI GELEGENHEIT DER BEMERKUNG GOETHES an Eckermann haben wir festgestellt: Vierzig Jahre nach seiner Entstehung vermochte der ›Don Giovanni‹ noch unmittelbar als Tragikomödie eines menschlichen Verhaltens zu erregen, ohne daß die Erregung durch die Prämisse gefiltert worden wäre, die uns heute zur Hinnahme des Gebildes ›Oper‹ gilt – die stille Übereinkunft zwischen ihrem Schöpfer als Repräsentanten der Gattung und dem Publikum als Hinnehmendem einer Zumutung. Untersuchen wir die Zumutung: Eine für den Hörer in willkürlicher, mitunter absurder Logik sich offenbarende Fiktion soll durch ihren musikalischen Gehalt zu einem Gleichnis der Wirklichkeit werden. Wir werden also dazu angehalten, uns, außerhalb des Bereiches der Worte, mit Vertretern verschiedener moralischer Prinzipe zu identifizieren und sie, so dargebracht, in unsere Realität einzuordnen.
Das Unbehagen an den Unzulänglichkeiten der Nummernoper, das auf der kreativen Seite zum Musikdrama geführt hat, teilen wir, für die das Wort ›alt‹ nicht synonym mit ›veraltet‹ ist, nicht mehr. Wenn wir allerdings zwischen Ehrfurcht und Genuß, zwischen historischer Größe und ewig aktueller Brisanz streng unterscheiden wollen, so bleibt für uns Mozart ihr einziger wahrer Repräsentant. Und das vor allem in den drei da-Ponte-Opern, in denen er das Gerüst der Opera buffa, ohne es eigentlich zu sprengen, mit einem Gehalt an humaner Präsenz gefüllt hat, wie es in dieser Intensität, dieser Verbindung von Leidenschaft mit souveräner Distanz, nicht mehr erreicht wurde.
Wir fragen uns: Beruht für uns der Unterschied an Lebens- und Zeitferne zwischen der klassischen Oper und dem klassischen Drama wirklich nur auf der Tatsache, daß die Darsteller eben nicht sprechen, sondern singen? Oder ist nicht heute mitunter das

Sprechtheater die größere Zumutung, indem es einer Wirklichkeit Ausdruck gibt, in der wir, außer im sprachlichen Anklang, die unsere nicht mehr erkennen, während Musik niemals den Anspruch einer Wiedergabe der Wirklichkeit erhebt? Selbst Schiller begrüßte als Theoretiker in der Oper die Möglichkeit, die – wie er sagte – ›servile Nachahmung‹ des Sprechtheaters abzuschaffen.

Ist somit der Unterschied in unserer Rezeption nicht nur ein gradueller? Meiner Meinung nach ist er es. Denn die Qualität des wahrhaft genialen Werkes trägt uns über jede thematische Unwahrscheinlichkeit und jede formale Zwittererscheinung hinweg. Wenn Goethes ›Götz von Berlichingen‹ mit den Worten endet: ›Edler Mann! Wehe dem Jahrhundert, das dich von sich stieß‹ und ›Wehe der Nachkommenschaft, die dich verkennt‹, so wird in diesem pathetischen Appell ein außerdramatisches Element herangeholt, das die innere Regel der Wahrscheinlichkeit verletzt, denn die Evokation der Nachwelt ist dem Drama inadäquat, und hier überdies völlig unverständlich: Selbst wenn Prophetie ein wirkungsvolles dramatisches Element wäre, könnten wir diesen Satz damit widerlegen, daß niemand sich die Mühe gemacht hat, Götz zu verkennen, und daß überdies keiner dessen Jahrhundert verflucht hat. Wenn aber in Shakespeares ›Richard der Dritte‹ Lady Anne dem Mörder ihres Mannes voller Haß ins Gesicht spuckt und sich, wenige Minuten später, in derselben Szene bereit erklärt, diesen Mörder zu heiraten, so haben wir hier zwar Teil am Ablauf einer absurden Fabel, aber sie tut diesem ungeheuerlichen dramatischen Gefüge keinerlei Abbruch. Denn diese Sinneswandlung vollzieht sich in einer Sprache, deren überzeugende Eloquenz die psychologische Wahrscheinlichkeit nicht nur überbrückt, sondern sie zu einer metaphorischen Wirklichkeit macht. In ihr vereint sich Semantisches mit Musik der Sprache, so wie in der Oper, ideal gesehen, Seelisches zur Musik der Töne wird.

Je grösser ein Werk der Oper ist, das heißt, je leuchtender und einleuchtender die Musik ihren Gegenstand programmatisch aufbaut, desto leichter fällt uns die Hinnahme der Gattung Oper. Desto williger unterordnen wir uns ihrem Prinzip und seinen irrealen Vertretern. Einerseits scheint sie uns Analoga aus unserem unbewußten Leben nahezulegen – weder nennbar noch bestimmbar –, andrerseits übt sie eine suggestive Wirkung aus, die uns dem Leben entfremdet, indem sie den Genuß von Wunschvorstellungen fördert: Wo Musik unsere Empfindungen aus der Latenz erweckt, dort fühlen wir uns wohl, dort zelebrieren wir in der Hingabe an das Artefakt einen Zielpunkt unserer Flucht aus dem sogenannten täglichen Leben. Meine Mutter hat mir erzählt, im ›Tristan‹ habe vor ihr eine ältere Dame gesessen, die nach dem Fallen des Vorhangs, nach Isoldes Liebestod, tränenüberströmt zu ihrem Begleiter gesagt habe: ›Ja, ja, so ist das Leben.‹ Damit hat die Dame zwar keiner objektiven Wahrheit Ausdruck gegeben, denn bekanntlich ist das Leben so nicht; aber sie hat sich als der ideale, ja, der mediale, Empfänger ausgewiesen. Sie hat ihre tief verwurzelte Wunschvorstellung, nämlich ihre Identifikation mit dem Archetyp einer Liebenden und Geliebten, bestätigt und damit die optimale, vom Schöpfer angestrebte Wirkung: Überwindung der sprachlichen Vorlage durch Musik – Überwältigung durch Übertragung in Töne, also in jene wortlose Sprache, in der das Seelenleben des Sprechenden sich offenbart. Und hier stehen wir denn vor der Frage: Offenbart sich in diesen Tönen auch die Seele ihres Schöpfers, und bis zu welchem Grad?

WAGNERS GESTALTEN sind unfrei: Wie in der griechischen Tragödie sind sie gleichzeitig die Erleidenden und die Vollstrecker ihres individuellen Schicksals, dem sie nicht entrinnen können und das sie dauernd motivisch begleitet. Sie werden gelenkt, und zwar nicht nur von Göttern, sondern auch von dei ex machina, Liebestränken, Todestränken und Zauberei. Sie tragen schwer an der Last ihres Mythos, der ihr Handeln vorbestimmt, den sie selbst aber nicht wahrnehmen. Wagners in seiner Art unerreichte Größe liegt nicht zuletzt in der transzendierenden Identifikation mit seinen Helden, die vielleicht im ›Tristan‹ kulminiert, doch bereits im ›Fliegenden Holländer‹ beginnt.
Die gewaltige und wahrhaft einzigartige Wirkung des ›Tristan‹ beruht auf jener mitunter erdrückenden Emphase, die sowohl dem Text als auch der Partitur, als Dokumenten und Zeugnissen der Leidenschaft, anhaftet, eine Apotheose in Permanenz, deren Gefangene wir durchweg bleiben. Jede Gestalt transportiert eine mythische und motivische Fracht, die unser rezeptives Register bis

zum Letzten entfesselt. In unserer eigenen Identifikation mit den Protagonisten spüren wir die tiefe emotionale Verstrickung des Schöpfers in sein Werk. Das Erlebnis der Mozartschen Oper dagegen – vor allem der drei da-Ponte-Opern – ist entgegengesetzter Natur. Gewiß waltet Mozart als göttlicher Inspirator seiner Geschöpfe über dem Geschehen oder er identifiziert sich mit ihnen in ihrer Aktion und Reaktion; doch uns entzieht er sich, insofern er die Distanz des unbeirrbar Objektiven wahrt: Er richtet niemals, auch dort nicht, wo fast alle Gestalten außer dem Protagonisten nichts anderes in Kopf und Sinn haben, als den Protagonisten zu richten: im ›Don Giovanni‹. In absoluter Wertfreiheit und jenseits aller Moral vertritt er die Prinzipe sowohl des Positiven als auch des Negativen – sofern hier vom Positiven überhaupt die Rede sein kann; denn die Eigenschaften der Figuren enthüllen sich beinah ausschließlich in Relation zum negativen Helden, Don Giovanni, der sie alle beherrscht. Mozarts wahrhaft verschwenderische Einfühlung gilt in erstaunlich und befremdlich gerechter Verteilung der Stärke wie der Schwäche, der Verzweiflung wie dem Triumph, der Bosheit wie der Güte, die allerdings in dieser Oper zu kurz kommt. Keiner Figur wird Gelegenheit gegeben, sie aktiv anzuwenden, denn angesichts des hier herrschenden Unwesens bleibt sich jeder selbst der nächste. Von der Liebe handelt diese Oper nicht, der ›Tristan‹ dagegen handelt von nichts anderem.

WAGNER HAT GESAGT: ›Von Mozart ist mit Bezug auf seine Laufbahn als Opernkomponist nichts charakteristischer, als die unbesorgte Wahllosigkeit, mit der er sich an seine Arbeiten machte: ihm fiel es so wenig ein, über den der Oper zugrunde liegenden ästhetischen Skrupel nachzudenken, daß er vielmehr mit größter Unbefangenheit an die Komposition jedes ihm aufgegebenen Operntextes sich machte.‹[42] Über die sprachliche Qualität dieses Satzes ließe sich sagen, daß sie den angestrebten Sinn unvollkommen darstellt. Jedenfalls können wir uns kaum zu der Auffassung entschließen, daß der Oper ein ästhetischer Skrupel zugrunde

42 Richard Wagner: ›Die Oper und das Wesen der Musik‹, in: ›Gesammelte Schriften und Dichtungen‹, Leipzig, ohne Datum, Band III, S. 246.

liege. Auch die ›größte Unbefangenheit‹ würden wir eine Unwahr-
heit nennen, wäre es in Wagners Absicht gelegen, Mozarts Nachruhm zu schaden, was nicht der Fall ist.[43] Jedenfalls ist die
Behauptung befremdlich. Wahr ist vielmehr, daß für Mozarts
Opernkompositionen, vom ›Idomeneo‹ an, das Ästhetische als
ausschlaggebendes und prädominierendes Moment vorherrschte:
Seinen wenigen, aber eindeutigen und klaren, theoretischen Äußerungen entnehmen wir, daß seinen Opern ein präzises Konzept
zugrunde liegen mußte, freilich kein thematisch-ethisches, wie
Wagner und auch Beethoven es gefordert hätten, sondern ein
ausschließlich musikalisch-gedankliches, dem der Text anzupassen
war; wohlgemerkt: der Text, nicht der Stoff. Denn der lag vor,
sobald Mozart sich zu einem Libretto entschlossen hatte. Ein
Eingriff in die charakterliche Anlage einer Figur wäre ihm nicht
eingefallen, wohl aber in die Art ihrer Äußerung. Mozart hat keine
Botschaften, keine Aussagen komponiert, sofern sie nicht in einer
Figur, wie etwa in dem Diener Figaro, enthalten waren – außer in
der ›Zauberflöte‹, deren Musik bezeichnenderweise dort am
schwächsten ist, wo der Atem einer entpersonifizierten ethischen
Gesetzlichkeit über dem Geschehen weht. Auch hat er seine
Operngestalten nicht dazu mißbraucht, um sein Inneres bloßzule-
gen. Kein übergeordneter Wille lenkt sie nach seinem Ebenbild,
sondern ein übergeordneter Geist läßt sich von ihnen lenken, lebt
sich tief in sie ein und bewirkt ihren erschöpfenden und überwältigenden Ausdruck.

OFT ERSCHEINT ES UNS, als hätten die Kritiker des neunzehnten
Jahrhunderts es nicht vermocht, einem Kunstwerk der Vergangenheit einen anderen Maßstab anzulegen als den der für sie gültigen
Kriterien; als hätten die Bedingungen, unter denen es entstanden
sei, sich nicht verändert. Wagner fand keinen Geschmack an
buffoneskem Geschehen, er war allergisch gegen das, was er für
Frivolität hielt. Wie Beethoven, war auch ihm letztlich alle Kunst,

43 Allerdings modifiziert Wagner seine Bewunderung für Mozart, indem er sagt:
›. . .daß wir in keinem seiner absolut musikalischen Kompositionen, namentlich
auch nicht in seinen Instrumentalwerken, die musikalische Kunst von ihm so weit
und reich entwickelt sehen, als in seinen Opern.‹ Richard Wagner, a.a.O., III,
S. 246 f.

die nicht Zeugnis des extremen persönlichen Einsatzes war, fremd; aus seinen Ausfällen gegen den Zeitgenossen Offenbach geht es zur Genüge, und häßlich, hervor. Auch die Gegebenheiten einer Epoche, den äußeren Zwang, dem ein Künstler des achtzehnten Jahrhunderts ausgesetzt war, wollte man im neunzehnten nicht recht anerkennen. Sowohl Wagner als auch Beethoven haben das Libretto von ›Così‹ verachtet, sie machten Mozart sogar Vorwürfe, daß er es überhaupt angerührt habe, sie sahen es als den Gipfel der ›Bedenkenlosigkeit‹. Uns erscheint ein solches Fehlurteil schon angesichts der Evidenz in Mozarts dramaturgischen Resultaten unbegreiflich.

Mildernd ist freilich der Umstand, daß Wagner Mozarts, allerdings seltene, theoretische Äußerungen nicht gekannt hat. Doch hätte er sie gekannt, so hätte er ihm wahrscheinlich Zweckdenken vorgeworfen: die Tatsache, daß Mozart sich dem gefügt habe, was ›gebraucht‹ wurde und was zu gefallen verspreche. In der Tat, das historische Denken der Romantiker setzt dort aus, wo es an die Quellen der materiellen Notwendigkeit geht. Sie wollen ihre Vorgänger nicht ›im Dienst‹ sehen.

Am 7. Mai 1783 schrieb Mozart an seinen Vater:
... Nun hat die italienische opera Buffa alhier wider angefangen; und gefällt sehr. – der Buffo ist besonders gut. er heist Benuci. – ich habe leicht 100 – Ja wohl mehr bücheln durchgesehen – allein – ich habe fast kein einziges gefunden mit welchem ich zufrieden seyn könnte; – wenigstens müsste da und dort vieles verändert werden. – und wenn sich schon ein dichter mit diesem abgeben will, so wird er vieleicht leichter ein ganz Neues machen. – und Neu – ist es halt doch immer besser. – wir haben hier einen gewissen abate da Ponte als Poeten. – dieser hat nunmehro mit der Correctur im theater rasend zu thun. – muß *per obligo* ein ganz Neues büchel für dem Salieri machen. – das wird vor 2 Monathen nicht fertig werden. – dann hat er mir ein Neues zu machen versprochen; – wer weis nun ob er dann auch sein Wort halten kann – oder will! – sie wissen wohl die Herrn Italiener sind ins gesicht sehr artig! – genug, wir kennen sie! – ist er mit Salieri verstanden, so bekomme ich mein lebtage keins – und ich möchte gar zu gerne mich auch in einer Welschen

opera zeigen. – mithin dächte ich, wenn nicht *Varesco* wegen der Münchner opera noch böse ist – so könnte er mir ein Neues buch auf 7 Personnen schreiben. – basta; sie werden am besten wissen ob das zu machen wäre; – er könnte unterdessen seine gedanken hinschreiben. und in Salzburg dann wollten wir sie zusammen ausarbeitten. – das nothwendigste dabey aber ist. recht *Comisch* im ganzen. und wenn es dann möglich wäre *2 gleich gute frauenzimmer Rollen* hinein zu bringen. – die eine müsste Seria, die andere aber Mezzo Carattere seyn – aber *an güte* – müssten beide Rollen ganz gleich seyn. – das dritte frauenzimmer kann aber ganz Buffa seyn, wie auch alle Männer wenn es nöthig ist. – glauben sie daß mit dem Varesco was zu machen ist, so bitte ich sie bald mit ihm darüber zu sprechen; – sie *müssen* ihm aber nichts von dem sagen daß ich im Jullio selbst kommen werde – sonst arbeitet er nicht. – denn es wäre mir sehr lieb wenn ich noch in *Wien* etwas davon erhalten könnte. – er würde auch seine sichern 4 oder 500 fl: davon haben. – denn es ist hier der Brauch daß der Poet allzeit die dritte Einnahme hat. –

Möglicherweise hätte dieser Brief Richard Wagner von der Anfechtbarkeit der künstlerischen Motivationen Mozarts noch mehr überzeugt. Dennoch hätte er ihn zu einer fundamentalen Korrektur seines Urteils der ›Wahllosigkeit‹ gezwungen. Mozart wußte genau, was er wollte und brauchte, nur ging er von der Form aus und nicht vom Stoff.

Jedenfalls bezeugt dieser Brief nichts anderes, als daß – vier Jahre vor dem ›Don Giovanni‹ und sechs vor ›Così fan tutte‹ – Mozart, was Rollenanlage und Struktur betrifft, den Wunsch nach einer Oper genau dieser Art hegte, und zwar so stark, daß er gewillt war, mit einem minderen Librettisten vorlieb zu nehmen, dem Abbate Varesco, dem Textdichter des ›Idomeneo‹. Offensichtlich versprach er sich sehr viel von der kontrastierenden Wirkung einer solchen Rollenverteilung. Gewiß ist dieser Brief auch ein Zeugnis für den Prozeß der Kriterien, bei denen offensichtlich das der Stoffwahl nicht von primärer Bedeutung war: Es kommt weniger darauf an, wer die Figuren sind, wie sie in Mythos oder Überlieferung verankert sind, als was sie, auf die Bühne gestellt, hergeben, wie sie sich auf ihr entfalten: auf ihre Wirkung. Es ist unwichtig, welchem fiktiven Bereich sie entspringen; vorgegeben ist nichts, alles kommt darauf an, was sie sein sollen und werden. Sie werden nicht auftreten ins Gewand ihrer Geschichte gehüllt, sondern sie formen sich erst in der Hand ihres Schöpfers, er macht sie zu Geschichte. So hatte für Mozart auch die Gestalt des Don Giovanni noch nicht jene vorgegebene Bedeutung, die sie für uns nachträglich erhalten hat, retrospektiv hervorgerufen durch ihn: Ohne ihn, ohne das Maß und Ausmaß, das er der Gestalt gegeben hat, wäre er kaum der tief in die Vergangenheit ragende Archetyp geworden, der er ist.

Denn ›Don Giovanni‹ ist, mehr als alle anderen Opern Mozarts und wahrscheinlich mehr als irgendeine Oper überhaupt, ein ›Charakterstück‹, in dem es sich um die einzige Figur handelt, deren Schicksal durchgespielt wird, wozu die anderen beizutragen haben, ohne jene Facetten ihrer Seele bloßlegen zu müssen, die mit dem Helden nichts zu tun haben und von ihm nicht entzündet sind. Man könnte beinah sagen, solche Facetten haben sie gar nicht. Im ›Figaro‹ dagegen ist die ›Situation‹ ausschlaggebend: eine ›vorrevolutionäre‹ Modellkonstellation. Doch so sah Mozart es nicht, wenn sie sich auch seinem Unbewußten mitgeteilt haben muß. Auch im Fall ›Così‹ ist es die Situation: Keine der Figuren – Figurinen – spielt die Hauptrolle, das Stück wird von Abstrakta getragen: von Behauptung und Beweis, so falsch sie auch sein mögen.

MEHRERE HUNDERT LIBRETTI dürfte Mozart im Lauf seines Lebens gelesen haben, und beinah ebensoviele wurden verworfen. Dieses oder jenes hätte er wahrscheinlich gern vertont, doch fehlte der Auftrag. Aber selbst dort, wo er ihn hatte und gleichzeitig die Brauchbarkeit eines Libretto feststellte, bedeutete es noch lange nicht, daß er, wie Wagner meinte, gewillt gewesen wäre, den Text, wie er dastand, zu übernehmen, außer in den frühen Opere serie.

Daß er aktiven Anteil am Buch der ›Zauberflöte‹ nahm, ist unwahrscheinlich, es spricht nichts dafür und, wie wir feststellen werden, vieles dagegen. Sein Anteil am Zustandekommen der da-Ponte-Opern indessen ist schon durch die Divergenzen zwischen Libretti und Partituren erwiesen, und für seine Eingriffe in die Texte der davorliegenden Opern ›Idomeneo‹ (K. 366) und ›Die Entführung aus dem Serail‹ (K. 384) haben wir Beweise in Briefen an seinen Vater. Der Arbeitsbericht, der von früh auf das Generalthema der Korrespondenz mit Leopold Mozart gewesen war, wurde weit über die Zäsur der Entfremdung weitergeführt. Seit der Pariser Reise hat Mozart seinem Vater meist ausführlich über seine kompositorische Arbeit berichtet, und beim ›Idomeneo‹ kam das Thema Oper und ihre Problematik hinzu; über seine musikalischen und dramatischen Konzepte hat er sich mit großer Klarheit und Klugheit geäußert, und mit einer längst nicht immer wohlwollenden Einschätzung der Interpreten, derer er sich in den Aufführungen bedienen durfte oder mit denen er vorliebnehmen mußte. Überdies beleuchten die Briefe auch den rasch sich entwickelnden Praktiker und Taktiker Mozart, der eine deplacierte Bravour-Arie als conditio sine qua non einer Primadonna akzeptierte, wenn er sie für ›unvergleichlich‹ hielt, oder einem Sänger eine Nummer strich, wenn er ihn nicht befriedigte.

Am 8. November 1780 schrieb Mozart aus München an seinen Vater und bat ihn, dem Abbate Varesco – Salzburger Hofkaplan und ziemlich dürftiger Librettist – seine Änderungswünsche im ›Idomeneo‹ mitzuteilen:

Ich habe nun eine Bitte an H: Abbate; – die Aria der Ilia im zweyten Ackt und zweyten Scene möchte ich für das was ich sie Brauche ein wenig verändert haben – se il Padre perdei in te lo ritrovo; diese stropfe könte nicht besser seyn – Nun aber kömmts was mir immer *NB:* in einer Aria, unatürlich schien – nemlich das *à parte reden.* im Dialogue sind diese Sächen ganz Natürlich – Man sagt geschwind ein paar Worte auf die Seite – aber in einer aria – wo man die wörter wiederhollen muß – macht es üble Wirkung – und wenn auch dieses nicht wäre, so wünschte ich mir da eine Aria – der anfang kann bleiben wenn er ihm taugt, denn der ist Charmant – eine ganz Natürlich fortfliessende Aria – wo ich nicht so sehr an die Worte gebunden, nur so ganz leicht auch fortschreiben kann, denn wir haben uns verabredet hier eine aria Andantino mit 4 Concertirenden Blas=Instrumenten anzubringen, nemlich auf eine flaute, eine oboe, ein Horn, und ein Fagott. – und bitte, daß ich sie so bald als möglich bekomme. –

Und am 13. November:

> das 2:^te Duetto bleibt ganz weg – und zwar mit mehr Nutzn als
> schaden für die opera; denn, sie sehen wohl, wenn sie die scene
> überlesen daß die scene durch eine aria oder Duetto matt und
> kalt wird – und für die andern acteurs, die so hir stehen müssen
> sehr genant ist – und überdiß würde der großmüthige kampf
> zwischen Ilia und Idamante zu lange, und folglich sein ganzen
> Werth verlieren.

Da also das ›2:^te Duetto‹ weggeblieben ist, können wir nicht beurteilen, ob die betreffende Szene ›matt und kalt‹ geworden wäre.
Wir ersehen nur, mit welcher Schärfe der Disposition, welcher
dramaturgischen Sicherheit, wie einleuchtend und dezidiert sich
Mozart artikuliert hat, wenn es um seine Arbeit ging.

In der Tat ist keine einzige Szene im ›Idomeneo‹ matt und kalt
geworden. Die unverbrauchte schöpferische Kraft des jungen,
völlig erwachten Mozart, der Reichtum an Erfindung, haben diese
Oper zur absoluten Krone der Opera seria gemacht, sofern man
sie das noch nennen kann; sie ist mehr: Die formale Ungebundenheit der Accompagnati, von Mozart zum Hochdramatischen erweitert und mit größter Freiheit aller Ausdrucksmittel und des
entsprechenden musikalischen Apparates behandelt, wie nie zuvor und auch danach nur noch in ›Così fan tutte‹, greift deutlich
dem Musikdrama vor. Gewiß müssen wir auch hier einige Arien
als Konzessionen an die Eitelkeiten der Sänger hören, Mozart
selbst hörte sie zu dieser Zeit nicht anders: Damals noch war sein
Ziel die Vollkommenheit des Gewünschten, die Qualität der Lieferung sozusagen, wenn ihm wohl auch gerade bei dieser Oper
zum ersten Mal klar geworden sein mag, daß er das Gewünschte
zwar perfekt geliefert, sich aber auch weit darüber hinausgewagt
hatte. Doch können wir hier mit Gewißheit noch nicht feststellen,
wie bewußt ihm das Neue war und wie lieb das Hergebrachte:
Gerade die Bravour-Arie der Titelfigur, ›Fuor del mar‹ (Nr. 12),
hielt er für eine der besten Nummern, während uns dieses ›See-
sturm-Gleichnis‹ (Abert) verhältnismäßig kalt läßt; zudem fällt es
uns heute schwer, eine Tenorkoloratur zu ertragen. Wir müssen
uns vorstellen, daß der Darsteller des Idomeneo, Anton Raaff,
bereits am Ende seiner – allerdings glanzvollen – Laufbahn stand und
siebenundsechzig Jahre alt war. Doch stehen gegen solche von

Darsteller und Publikum gewünschten Repräsentationsnummern Arien von einmaliger Vollkommenheit und Ausgewogenheit, vor allem die zweite Arie der Ilia, ›Se il padre perdei‹ (Nr. 11), die zum ersten Mal jene zweitaktige Es-Dur-Figur enthält, die im Andante der g-Moll-Sinfonie (Takt 4-6) und in der Bildnis-Arie der ›Zauberflöte‹ (Takt 7-9) wiederkehrt, wie eine Art gedankliches Signum, das aber thematische Zusammenhänge verleugnet.

Das Es-Dur-Quartett ›Andrò‹ (Nr. 21) ist Mozarts erste wirkliche Ensemblenummer. Musikalisch steht sie keiner der späteren nach, wenn auch die textliche Anlage der vier Beteiligten es ihm noch nicht erlaubte, sie individuell zu charakterisieren. Den entsprechenden Text vorausgesetzt: Die Disposition über vier Stimmen, die Kunst, sie als Schicksalsträger sich entwickeln zu lassen, hätte er hier schon gemeistert. Denn gerade zu dieser Zeit, in den Monaten Münchener Anregungen und der Ferien von Salzburg, einer Zeit tiefer Zufriedenheit, hat seine Dramaturgie einen gewaltigen Schritt vorwärts gemacht, seine Erfahrung ist erweitert: Er muß wohl einige wichtige Dramen gesehen haben.

IM ›IDOMENEO‹ liegt das Beispiel eines Werkes vor, dessen Entstehungsakt gleichsam identisch ist mit dem der Einstudierung, gewissermaßen ein Idealfall. Wir haben uns den Prozeß etwa so vorzustellen, daß Mozart Partitur und Stimmen schrieb, dann mit den Sängern probte – wirklich zufrieden war er nur mit den beiden Damen, die er aus Mannheim kannte: Dorothea Wendling (Ilia) und ihre Schwägerin Elisabeth Wendling (Elettra) –, sodann Textumstellungen ausprobierte, und dort, wo die dramatische Kontinuität sie ihm nicht erlaubte, den Textdichter Varesco durch seinen Vater anhand genauer brieflicher Angaben zu Änderungen auffordern ließ. Der tat es nicht gern, er hielt sich für einen Dichter. Mozart aber wußte, daß der eitle Abbate alles andere als das war, und reagierte auf Weigerungen, indem er kurzerhand strich, etwa wenn der Kastrat del Prato (Idamante), von dessen Fähigkeiten Mozart nicht viel hielt, seinen Part nicht verstehen wollte. Gewiß hat es für Mozart hier manchen Anlaß zu kleinen, aber schöpferischen Verzweiflungen gegeben. Dafür machte ihn das Orchester glücklich. Es waren die ehemaligen Mannheimer, die er kannte und schätzte, und es liegt nahe anzunehmen, daß der orchestrale

Reichtum, diese üppige Besetzung, wie er sie später niemals wieder verwenden konnte, manchem Lichtblick noch während der Proben entsprang: als er feststellte, was er diesen Musikern zumuten durfte. Hier hat er denn geschwelgt, doch ohne dabei etwa das Instrumentenpotential unökonomisch anzuwenden. Der Orchesterklang des ›Idomeneo‹ ist niemals dick, sondern immer von höchster subtiler Durchsichtigkeit.

DIE PERIODE DES ›IDOMENEO‹, vom Spätherbst 1780 bis Frühjahr 1781, war in der Tat eine der glücklichsten in seinem Leben. Constanze hat es dem Ehepaar Novello berichtet, und wir haben keinen Grund, die Wahrheit zu bezweifeln; denn Constanze, wenn auch objektiv nicht verläßlich, hätte solche Sachverhalte wohl kaum erfunden: Eine glückliche Zeit im Leben ihres Mannes, an der sie noch nicht teilhatte. Mozart muß ihr davon erzählt haben. Selbst hier also, anhand einer zufälligen Überlieferung, wird unserem Vorstellungsvermögen Schwieriges abverlangt: Können wir uns zum Beispiel das Gespräch zwischen Mozart und Constanze vorstellen, im Verlaufe dessen er zu ihr gesagt hätte: ›Damals in München, während der Einstudierung des »Idomeneo«, damals war ich wirklich glücklich!‹? Wir können es nicht. Auch der sich erinnernde Mozart wird uns nicht geläufig. Und gerade diese Reminiszenz muß ihm eine Quelle der Erregung gewesen sein. In einem Gespräch unter Frauen hat Constanze Mary Novello einen seltsamen Vorfall berichtet[44]: Als Mozart und sie während des Besuches in Salzburg im Sommer 1783 mit zwei anderen Partnern – wer mögen sie gewesen sein? – eines Abends das Quartett ›Andrò‹ sangen, habe sich Mozart so heftig erregt, daß er in Tränen ausgebrochen und aus dem Zimmer gestürzt sei. Constanze sei ihm gefolgt, und es habe einige Zeit gedauert, bis sie ihn habe trösten können. Auch dieser Bericht ist gewiß nicht erfunden. Natürlich wüßten wir gern, über was sie ihn habe trösten müssen, und wieder verwünschen wir die Zurückhaltung der Novellos; hätte Mary eine kurze erstaunte Frage gestellt, so wüßten wir mehr. Vielleicht allerdings hat Mozart seiner Frau den Grund seines Ausbruches nicht verraten, doch halten wir es für

44 Novello, a.a.O., S. 115.

unwahrscheinlich, daß sie weder eine Ahnung noch eine Theorie gehabt hätte. Es ist dieses das einzige Zeugnis eines solchen Ausbruches, und bezeichnenderweise muß uns die Art des Bezeugten ein Rätsel bleiben. Zwar handelt dieses Quartett vom Tod, doch bezweifeln wir, daß die Erschütterung dem Thema des Vorgetragenen entsprang. Eher vielleicht einer Erinnerung an bestimmte Umstände jener Zeit; weniger vielleicht eine Enttäuschung als ein Augenblick des Glückes, dem die Gegenwart oder die erahnte Zukunft nicht standhielt?

MOZART WUSSTE ALSO SEHR WOHL, seinen Librettisten dramaturgische Praxis beizubringen. Dafür spricht nicht zuletzt sein Konzept der ›Entführung‹, wie er es am 26. September 1781 dem Vater brieflich dargelegt hat:

– Nun sitze ich wie der Haaß im Pfeffer – über 3 wochen ist schon der Erste Ackt fertig – eine aria im 2:^{ten} Ackt, und das Saufduett |: per li Sig:^{ri} vieneri :| welches in nichts als in *meinem* türkischen Zapfenstreich besteht :| ist schon fertig; – mehr kann ich aber nicht davon machen – weil izt die ganze geschichte umgestürzt wird – und zwar auf mein verlangen. – zu anfange des dritten Ackts ist ein charmantes quintett oder vielmehr final – dieses möchte ich aber lieber zum schluß des 2:^{r} Ackts haben. um das bewerksteligen zu können, muß eine grosse veränderung, Ja eine ganz Neue intrigue vorgenommen werden – und Stephani hat über hals und kopf arbeit da muß man halt ein wenig gedult haben. – alles schmelt über den Stephani – es kann seyn daß er auch mit mir nur ins gesicht so freundschaftlich ist – aber er arrangirt mir halt doch das buch – und zwar so wie ich es will – auf ein haar – und mehr verlange ich bey gott nicht von ihm! –

›Stephani‹ ist Gottlieb Stephanie (der Jüngere), Schauspieler und Bearbeiter, der das Lustspiel ›Belmonte und Constanze‹ des Kaufmanns und Lustspielschreibers Christoph Friedrich Bretzner für Mozart bearbeitet hat. Als Bretzner von Mozarts Vertonung hörte, protestierte er in der Öffentlichkeit:

Ein gewisser Mensch Namens *Mozart,* in Wien hat sich erdreistet, mein Drama ›Belmonte und Constanze‹ zu einem Operntexte zu mißbrauchen. Ich protestiere hiermit feierlichst

gegen diesen Eingriff in meine Rechte und behalte mir Weiteres
vor.

Christoph Friedrich Bretzner
Verfasser des ›Räuschgen‹.

Dieser feierliche Protest gegen einen Menschen namens Mozart
verdiente festgehalten zu werden. Doch sei zugunsten Herrn
Bretzners gesagt, daß er seine Meinung über diesen Menschen
später geändert und 1794 sogar ›Così fan tutte‹ übersetzt hat.

WIR BESITZEN KEINEN ARBEITSBERICHT MOZARTS nach dem der ›Entführung‹. Es ist anzunehmen, daß er seinem Vater über das
Zustandekommen des ›Figaro‹ noch ausführlich geschrieben hat.
Auch ist der Vater Zeuge der Arbeit daran gewesen, als er seinen Sohn 1785 in Wien besuchte, zur großen Zeit der Klavierkonzerte, über deren glanzvolle Aufführungen Leopold seiner
Tochter mit höchster Genugtuung berichtet hat.
Das letzte dieser Serie von Klavierkonzerten schrieb Mozart wenige Wochen vor der Beendigung der Partitur des ›Figaro‹ und
spielte es einen Monat vor dessen Uraufführung in einem Subskrip-
tionskonzert und bei einer Akademie im Burgtheater am 7. April
1786; ein Datum, das man als Schlußpunkt seiner großen Wiener
Zeit betrachten könnte, denn es war von hier an, daß der Virtuose
Mozart an Boden verlor und als solcher bald in Vergessenheit
geriet. Wie er auf diesen Verlust reagierte, ist nicht bekannt,
zunächst war noch der ›Figaro‹ zu bewältigen, zudem lenkten ihn
gewiß die beiden Prager Reisen und die Prager Erfolge ab, doch
allmählich muß sich seinem Bewußtsein mitgeteilt haben, daß er
nicht mehr gebraucht werde: Graf Arcos Prophezeiung.

DER MOLL-CHARAKTER DES C-MOLL-KLAVIERKONZERTES (K. 491,
24. März 1786) ist von allen Interpreten Mozarts immer wieder
hervorgehoben worden, so als habe Mozart hier, vor dem beinah
durchgehenden Dur des ›Figaro‹ – auf den der ›bösartige Humor‹
(Abert) des Allegretto-Satzes vielleicht schon hinweist? – sich
noch einmal eines erschöpfenden Moll-Pensums entledigen wollen. Vor allem im Kopfsatz gilt das Moll als geradezu obstinat.
Abert spricht von ›titanischem Trotz‹ und dementsprechend
selbstverständlich auch von ›fast beethovenscher Wirkung‹. Zwar

höre auch ich diesen Satz düster-erregt, doch seltsamerweise ›ent-höre‹ ich ihm – auch außerhalb der Es-Dur-Passagen – eine Dur-Stimmung, gewiß heftig und bewegend, doch nicht ›tragisch‹ (Einstein und alle anderen). Mich ergreift die Moll-Gestimmtheit der absoluten Musik Mozarts eher in den Anfängen mit weniger ostentativer Gebärde: in den, gleichsam sich heranschleichenden, Synkopen des d-Moll-Konzertes, im unaufwendigen Anheben der ersten Violine über dem Ostinato der zweiten und der Viola – ohne zweite Viola, ohne Cello – des g-Moll-Quintetts oder im eiligen, beinah huschenden Gestus der oberen Streicher über der minimal vorweggenommenen Begleitung der tiefen in der g-Moll-Sinfonie. Es sei betont: Diese Art des Hörens sagt nichts aus, beweist nichts als eine fundamentale Unterschiedlichkeit in der Rezeption.

Mozarts Moll-Werke sind ja so selten, daß uns ihr plötzliches Erscheinen aufhorchen und nach einem bestimmten Beweggrund fahnden läßt: Warum gerade hier? Wohlgemerkt: Wir suchen nicht nach dem Anlaß, nicht nach einem äußeren Ereignis, sondern nach dem disponierenden Entscheid innerhalb der Sequenz seiner Werke. Selbstverständlich suchen wir vergeblich. Ist es tatsächlich ein Entscheid für ›das Tragische‹? Da wir keine Definition für ein musikalisches Äquivalent dessen haben, was wir in Worten ›das Tragische‹ nennen, läßt sich die Frage nicht beantworten.

DIE OPERN können wir als Beweismittel der intendierten Stimmungen nicht heranziehen; in ihnen ist das jeweilige Tongeschlecht zwingend. Die Höllenfahrt des Don Giovanni würde, nach D-Dur transponiert, zu einer großen heroischen Szene, und wenn sie für uns auch in einer anderen Moll-Tonart denkbar wäre, so war für Mozart gewiß das d von bestimmender Bedeutung. Warum? – das wissen wir nicht. Aus der Verwendung und Verteilung seiner Tonarten ein System oder gar eine Ästhetik zu deduzieren, wie es immer noch getan wird, ist abwegig. Dem furchtbaren Verderben des unverbesserlichen ›dissoluto‹ kann ja das d-Moll kaum ausschließlich gelten, denn das ›Requiem‹ (K. 626), sein letztes Opus, in dem seine größte und letzte existentielle Erfahrung mit seinem Werk eins wird – wir wollen dies mit Bestimmtheit nicht behaupten, doch haben wir gute Gründe, es anzunehmen –, steht in derselben Tonart wie der ›Don Giovanni‹, ja, wie die des ›Lacrymosa‹, also der wahrscheinlich letzten von ihm selbst niedergeschriebenen Takte, ist eben die des endgültigen Verderbs seines großen negativen Helden. Außer dem Thema ›Tod‹ wäre hier demnach keine vordergründige Gemeinsamkeit, im Gegenteil: Himmel und Hölle wären hier gleich gestimmt. Natürlich geben uns die beiden großen d-Moll-Werke absoluter Musik, das Streichquartett (K. 417b, 17. Juni 1783) und das Klavierkonzert (K. 466, 10. Februar 1785), darüber keinen Aufschluß. Im Gegenteil: Wer in den Tonarten einen Schlüssel für den Niederschlag seelischer Erfahrung im Leben und Erleben Mozarts sucht, sollte anhand des ersteren Beispiels insofern unsicher werden, als hier das d-Moll nicht für Tod, sondern für Geburt zu stehen käme: für Constanzes erste Niederkunft, während der das Quartett entstand. (Daß das Kind, Raimund Leopold, zwei Monate später starb, war, trotz der Ergebung aller Eltern in das Walten der Kindersterblichkeit, nicht vorauszusehen.) Abert nennt d-Moll Mozarts ›Schicksalstonart‹ (was für Einstein g-Moll ist). Bieten wir also Abert eine Deutung seiner Auslegung an, die sich kaum leugnen läßt: daß nämlich Tod und Geburt Schicksale sind.

Übrigens hat Constanze den Tatbestand dieser Entstehung dem Ehepaar Novello gegenüber näher ausgeführt: Nicht nur habe sie – im selben Zimmer? im Nebenzimmer? – in Wehen gelegen, sondern ihr Mann habe sogar – kaltblütig? – ihre Schreie mitkomponiert. Hierzu sagt Ludwig Finscher: ›Der Einfall, Mozarts Feder zum klinischen Kurvenschreiber herabzuwürdigen, ist selbst für die Gedankengänge vulgär-romantischer Heroengeschichtsschreibung ungewöhnlich albern.‹[45] Der Geist, der aus dieser Feststellung spricht, ist so richtig, daß wir dem Inhalt nur ungern widersprechen. Wir tun es dennoch: Erstens sind der ›vulgär-romantischen Heroengeschichtsschreibung‹ an Albernheit keine Grenzen gesetzt, nur hat der Wissenschaftler es nicht nötig, sich damit zu befassen. Zweitens aber wäre Constanzes Behauptung als Invention so abwegig und so unwahrscheinlich, daß wir

45 Ludwig Finscher: Vorwort zur Taschenpartitur des Quartetts (entsprechend der ›Neuen Mozart-Ausgabe‹), Kassel–Paris–London–New York 1962, S. V.

an ihre Wahrheit glauben: So etwas erfindet auch eine Constanze nicht. Die Aussage berührt sie ja nicht als Charakter, weder in ihrem Wunsch noch in ihrer Vorstellung. Sie wertet sich selbst damit weder auf noch ab. Warum sollte sich demnach gerade hier ein offensichtlich intensiv nachwirkendes Erinnerungs-Detail festgesetzt haben? Constanze hat den Novellos die Schmerz-Passage sogar vorgesungen. Leider hat Vincent sie nicht notiert. Doch gehen wir wohl nicht fehl in der Annahme, daß es sich um das plötzliche Forte der beiden Oktavsprünge und des darauffolgenden Dezimensprunges (Takte 31 und 32 des Andante) handeln muß, ein kurzer Aufruhr, der sich im Piano des folgenden nach einer Synkope besänftigt: Figuren, wie sie bei Mozart sonst nicht vorkommen.

DER BEDEUTUNGSWERT, den eine Tonart für uns haben mag, erlaubt uns nicht, auf die Absichten zurückzuschließen, die ihrer Anwendung zugrunde liegen, außer, im Falle Mozarts, auf die Verwirklichung von Klangvorstellungen in Verbindung mit bestimmten Instrumenten. Bleiben wir kurz bei d-Moll! Nicht nur ist es meine Lieblingstonart bei Mozart – nehme ich mir die Freiheit zu dieserart subjektiven Präferenzen! –, sondern sie ist auch durch Deutung weniger präjudiziert als etwa g-Moll oder Es-Dur. Von zeitgenössischen Äußerungen über sie habe ich nur die des Komponisten Grétry aufspüren können: Er empfand d-Moll als melancholisch. Doch müssen wir bei solchen Wertungen berücksichtigen, daß es einen Kammerton in unserem Sinne noch nicht gab, und daß die Normaltonhöhe von der unseren um einiges verschieden war, möglicherweise lag sie um mehr als einen Halbton tiefer und d-Moll war ein tiefes cis-Moll.
Aloys Greither sieht in d-Moll die ›dämonisch-düstere Tonart Mozarts, die Tonart der metaphysischen Schauer‹.[46] Gewiß, warum nicht auch das? Nur eben fechten wir die objektive Gültigkeit einer solchen – typischen – apodiktischen Aussage an. Nicht allein haben wir darin eine Form einer immer wiederkehrenden Frage, die hier lauten würde: Wessen metaphysische Schauer?

46 Aloys Greither: ›Wolfgang Amadé Mozart‹, Reinbek bei Hamburg 1962, S. 109.

Unsere oder Mozarts? –, sondern wir meinen auch, daß diese Schauer nicht zuletzt von der Thematik des ›Don Giovanni‹ einerseits, des ›Requiem‹ andrerseits beeinflußt sind. Ließe sich die Empfindung für das Streichquartett oder das Klavierkonzert trotz der vorwiegend ›düsteren‹ Mitteilung dieser Werke aufrecht erhalten?

Selbst ›An die Hoffnung‹ hat Mozart in d-Moll komponiert: Eines der drei von ihm vertonten Gedichte (K. 340c, 1780) aus dem damaligen Bestseller ›Sophiens Reise von Memel nach Sachsen‹ von Johann Timotheus Hermes, einem für uns kaum noch genießbaren, langatmigen Erzählwerk in fünf Bänden, das Mozart in seinen letzten Salzburger Monaten – ganz? – gelesen hat. Er hat aus dem Gedicht ein Strophenlied gemacht, fünfzehn Takte, ›mäßig, gehend‹ (Bezeichnung auf deutsch), dennoch ein verhaltenes Espressivo, ohne allzu starke innere Beteiligung, wie es uns erscheint, vielleicht eine kleine schöpferische Pause während der Lektüre. Zugegeben: Es handelt sich in dem Gedicht eher um Hoffnungslosigkeit als um Hoffnung, doch zu Metaphysischem war der Anlaß nicht gegeben, im Gegensatz freilich zu seinem nächsten d-Moll-Werk, kurz darauf entstanden, in seinen glücklichen Münchener Monaten, der Zeit, die durch den ›Idomeneo‹ und die große Serenade für 13 Bläser in B-Dur (K. 370a), die sogenannte ›Gran Partita‹, gekennzeichnet ist. Dem ungeliebten Salzburg entronnen, in einem großen Aufschwung, dem Wunsch, sich zu bewähren, wenn nicht gar sich endgültig zu etablieren, schrieb er zwischen diesen beiden Werken das Kyrie in d-Moll (K. 368a), dieses kurze Glanzstück seiner Kirchenmusik, für viele das überzeugende Indiz seiner Gläubigkeit, vor dem selbst einer seiner Interpreten, Einstein, ›in die Knie sinken möchte‹. Uns begeistert dieses grandiose Werk nicht minder, wenn auch vielleicht unsere Bewunderung ein anderes Ausdrucksverhalten zeitigt. ›Dämonisch-düster‹? Wir hören es nicht so. ›Metaphysische Schauer‹? Vielleicht; oder ist es die Freude an der erwachenden Macht, solche Schauer vermitteln zu können? Dazu die Genugtuung über die ihm zur Verfügung stehenden Musiker, die ihm die Möglichkeit einer gewaltigen Entfaltung boten? Wir wissen, daß Mozart auch mit minderen Aufführungsbedingungen vorlieb nahm, doch wissen wir ebenso, daß ihn ein ›herrliches‹ Orchester begeisterte, daß er gern im ›Unvergleichlichen‹ schwelgte, und er schwelgte eben auch in d-Moll. Halten wir uns hier also an Werner Lüthys Feststellung zur Tonartencharakteristik: ›Ähnlich wie a-Moll vereinigt auch d-Moll eine ganze Skala von Gefühlsregungen in seinem Bereich.‹[47] Ohne Zweifel. Dieser Aussage kommt denn auch ein Wahrheitsgehalt zu, so unzweifelhaft wie etwa der Feststellung, daß man über das meiste im Leben verschiedener Meinung sein kann.

Leopold Mozart, der alles andere als ein Schwärmer war, sagt in seinem ›Versuch einer gründlichen Violinschule‹ 1756, daß eine Komposition, von F-Dur nach G-Dur transponiert, ›eine ganz andere Wirkung in dem Gemüthe der Zuhörer verursacht‹. Wieder hat er recht, der kluge kühle Leopold. Denn er sagt nicht, daß diese Transposition bei allen die gleiche Wirkung hervorriefe, und er hütet sich wohlweislich, sein eigenes Gemüt als Beispiel anzuführen.

Dennoch: Spielen wir dieses schöne Spiel kurz zu Ende, viel mehr d-Moll haben wir ja bei Mozart nicht. Denn jene Satzteile und Teilsätze, bei denen diese Tonart durch das parallele F-Dur oder als Variante zur Haupttonart D-Dur bedingt ist, lassen sich als Beispiele nicht gebrauchen, obgleich sich in ihnen manchmal Kontraste von unvergleichlichem Reiz ergeben. In der D-Dur-Serenade (K. 62a) des Vierzehnjährigen (Sommer 1769) – einer sogenannten Finalmusik, was nicht etwa Totengesang bedeutet, sondern ein Divertimento zu einer Semesterschlußfeier, in diesem Fall des Salzburger Gymnasiums – steht das Trio des dritten Menuetts in d-Moll, doch was hier noch als eine vorgeschriebene Nummer erscheint, eine Rokokotändelei, tritt in der späteren, bedeutenden D-Dur-Serenade (K. 248b, Juli 1776), der ›Haffner-Serenade‹, als d-Moll-Trio des ›Menuetto galante‹ in weit gewichtigerer Form auf: In diesem ›sempre piano‹ der Streicher, zauberhaft in seiner ebenso distanzierten wie eleganten Melancholie, mit seinen schmachtenden Seufzerfiguren, haben wir ein objektives Demonstrationsobjekt des Rokoko, eine typische Manifestation, Hinweis auf seine Gestimmtheit, wie ein Detail aus einem Watteau-Gemälde; keine metaphysischen Schauer, sondern eher seine kontra-

47 Werner Lüthy: ›Mozart und die Tonartencharakteristik‹, Straßburg 1931, S. 79.

punktische Überspielung in diesseitigen Regionen. Ich spreche hier von einer subjektiven Lesart, von Interpretation, wie sie sich mir in anderen Teilsätzen nicht bietet: Etwa im D-Dur-Quartett (K. 499, 19. August 1786) erscheint mir das d-Moll-Trio als schematisch bedingte Konvention; hier liegt der Kontrast in Tempo und Dynamik: ein plötzliches nervöses Huschen inmitten der Forte-Behäbigkeit des Menuetts. Als selbständiges d-Moll-Stück bleibt denn nur noch die Fantasie für Klavier (K. 385g, Wien 1782), ein aphoristisches Fragment, bei dem es sich mir um eines jener Werke zu handeln scheint, wie Mozart sie täglich am Klavier hinphantasierte, nur eben meist nicht aufschrieb, so wie er auch dieses nicht fertig geschrieben hat; vielleicht wurde er unterbrochen und hatte später keine Lust mehr, sich noch einmal daranzusetzen, es war ihm nicht wichtig genug. Und doch, gerade in diesen Stücken hören wir die lockeren, verschwimmenden Strukturen des improvisierenden Mozart, der stundenlang vor sich hinspielte und mit diesen ex-tempore-Vorstellungen so viele Hörer mitgerissen hat; wir kennen die entsprechenden Berichte überlebender Zeitgenossen: ›unvergleichlich!‹.

Mitunter drängt sich uns die Annahme auf, Mozart habe mit seinen Tonarten experimentiert, um an sich selbst die Extreme der Ausdrucksmöglichkeiten zu erfahren. So wird etwa im fünften der seinem Freund Haydn gewidmeten Streichquartette (K. 464, 10. Januar 1785) das bei ihm oft so strahlende A-Dur in eigentümlicher Weise ›verfremdet‹ – in einer seltsam introspektiven Manier, die wir nicht erklären können –, gleichsam verabsolutiert: als stehe hier die Tonart für eine andere, nicht zu definierende. Doch wird auch für diese Art der differenzierenden Empfänglichkeit jedermann ein anderes Beispiel finden. A-Dur ›bedeutet für Mozart lieblichen lyrischen Stil‹ (Hans Engel). Für diese Art Feststellungen lassen sich soviele Beweise finden wie für ihr Gegenteil.
Einstein hat die sechs Haydn gewidmeten Quartette ›Musik aus Musik‹ genannt – nicht schlecht! ›»Filtrierte« Kunst‹, sagt er, wobei er das Adjektiv in Parenthese setzt. Völlig verständlich wird uns das vielleicht nicht, doch belassen wir es dabei. ›Musik aus Musik‹, das klingt unvergleichlich viel klarer als ›Musik aus übervollem Herzen‹; es gibt unser interpretatorisches Versagen so viel

besser wieder als jeder Versuch, Unübersetzbares zu übersetzen. Wir tun gut daran, diese Formulierung aufzugreifen und Mozarts gesamte absolute Musik als ›Musik aus Musik‹ zu betrachten, als Kontrast-Übung gegenüber der Rezeption des durch Deuter allzu Nahegebrachten.

WENN WIR MOZARTS TONARTEN als Resultat einer bewußten Wahl, und nicht als den spontanen Ausdruck einer momentanen Verfassung ihres Schöpfers hören, so bedeutet das keineswegs, daß wir Hörer als Objekte der Suggestion seine Moll-Tonarten nicht als ›düster‹ oder ›tragisch‹, mitunter sogar als ›trostlos‹ empfinden. Diese Empfindung beschränkt sich nicht nur auf das Moll selbst, sondern überflutet es und erstreckt sich, mitunter in verstärkter Wirkung, auf das in Moll gebettete Dur, vor allem Es-Dur in g-Moll: Im Streichquintett K. 516 erreicht uns das Adagio so wenig als Dur wie das Andante der Sinfonie K. 550, sie brechen den ›düsteren‹ Charakter nicht, sondern betonen ihn, zwar in einer Kontrastwirkung, die uns Hörer jedoch nicht in einen Stimmungswechsel versetzt: Vielmehr erleben wir das Resultat einer spannungsfördernden Folgerichtigkeit und sind uns des neu einsetzenden ›schmerzlichen‹ Moll zunehmend gewärtig. Nur das Es-Dur-Andante der frühen g-Moll-Sinfonie (K. 173dB, 5. Oktober 1773) scheint die Stimmung des gesamten Werkes zu unterbrechen, um uns in einer anders gearteten Erregung etwas zu erzählen. Aber was? Mozart hat sich dieser Kontraste als Stilmittel mit höchster Kunst – und höchster bewußter Raffinesse – bedient, mitunter, wie es uns erscheint, geradezu hinterhältig-dunkel: Die tragisch wirkende Moll-Cavatine im letzten Satz des Quintetts K. 516 steigert sich zu verhaltenem Pathos, um nach einer Fermate und einer wahrhaft ominösen Generalpause in ein G-Dur-Rondo überzugehen, dessen Hauptthema von erschreckender Trivialität sich in den Nebenthemen zu einer trostlosen Fröhlichkeit zu steigern scheint. Ein verzweifeltes Dur? Wie hätte sich Mozart zu dieser Ansicht geäußert? Hätte er gegrinst und gesagt: ›Gelt, das ist es?‹ oder hätte er uns verständnislos angesehen und gesagt: ›Ich weiß nicht, was Sie meinen‹?

DER UNTERSCHIED IN DER EMOTIONALEN WIRKUNG der Tongeschlechter ist als Phänomen niemals befriedigend erklärt worden.

Daß sie, verschieden wie Tag und Nacht, seelische Reaktionen unterschiedlichster Art wachrufen, wird niemand leugnen; ja, es gibt in keiner künstlerischen Disziplin einen auch nur annähernd ähnlichen Kontrast der gleichsam durch eine Schaltung sich einstellenden Polarität. Warum – um es auf das einfachste Schema zu reduzieren – stimmt uns die kleine Terz trauriger als die große? Warum weich (molle) trauriger als hart (duro)? Es hat dafür Erklärungen gegeben, die unseren Verstand erreichen, nicht aber unsere unmittelbare Sinnesempfindung im Erleben dieses fundamentalen Unterschiedes.

Gewiß gibt es innerhalb des Radius der Möglichkeiten objektiver Aufnahme subjektive Unterschiede der Erfahrung: Es wird kaum einen Hörer geben, der Moll als Gegensatz zu Dur ›positiv‹ und ›bejahend‹ empfindet. Sicher aber gibt es, und dies besonders bei Mozart, Hörer, die auch sein Dur mitunter als ›negativ‹ und ›verneinend‹ empfinden. Das B-Dur-Klavierkonzert (K. 595, 5. Januar 1791), vor allem aber das C-Dur-Streichquintett (K. 515, 19. April 1787) dürften auf keinen von uns heiter oder fröhlich wirken, die überwältigende Aussage dieser beiden Werke ist nicht die der Lebensfreude. Doch wird jeder seine Reaktion anders begründen: Empfindungsbedingte Wahrnehmung ist weder erfaßbar noch meßbar. Um es mit der hier angemessenen Ungenauigkeit zu sagen: Dieser oder jener mag dieses oder jenes Musikstück mehr oder weniger fröhlich oder traurig empfinden – gewiß gibt es Stücke, auf die sich das intersubjektive Erleben als das einer Verneinung konzentriert, etwa das h-Moll-Adagio für Klavier (K. 540) oder die ›Maurerische Trauermusik‹ (K. 479a), die wohl niemand als Manifestationen der Lebenslust hört – doch wird es innerhalb dieser Summe der Empfindungen divergierende emotionale Reaktionen geben, deren Skala im Fall der Moll-Tonarten weitaus beschränkter ist als bei der Dur-Skala. Selbst dort also, wo sich die Deuter über den ›tragischen‹ Gehalt einig sind, variiert immer noch der Grad und mit ihm variieren die ihm zugeschriebenen deskriptiven Attribute. Nur läßt sich natürlich niemals beweisen, daß der Komponist irgend etwas so empfunden hat, wie wir es ihm nachempfinden.

Es dürfte wohl kaum jemanden geben, der sich ernsthaft mit Mozart beschäftigt hat und nicht dem Zwang unterlegen wäre, dieses Spiel der Tonarten-Spekulation zu betreiben; denn es ist ergiebig, steht jedem frei, jeder darf mitspielen und darf sich, seine Erfahrung weitergebend, als Gewinner betrachten. Verlierer gäbe es erst dann, wenn sich ein Zeugnis Mozarts fände, daß er etwa das Andante der g-Moll-Sinfonie in einer Phase der Hochstimmung geschrieben habe, einem großen schöpferischen Augenblick, in dem er sich auf wahrhaft imperiale Weise fähig fühlte, dem zukünftigen Hörer das Erlebnis eines tragischen Lebensgefühls vermittelnd vorzuschreiben. Nur dann wäre unsere Deutungslust besiegt. Halten wir uns an Mozart selbst, der am 12. Juli 1791 an Anton Stoll schrieb:

> liebster Stoll!
>
> . . . .
>
> bist Sternvoll! –
> gelt, das Moll
> thut dir Wohl? –

BETRACHTEN WIR ALS BEISPIEL die 1782 für den Fürsten Liechtenstein komponierte Serenade in c-Moll (K. 384a) für acht Bläser! Uns, und bisher allen Kommentatoren, erscheint dieses grandiose Werk beseelt von einer seltsamen Düsternis, und das Menuett gar, durch die Spannung zwischen galantem Tanz-Charakter und der Stimmung seines Erscheinens – in der Literatur würden wir also sagen: zwischen Stoff und Form – geradezu von grimmiger Dämonie. Abert und Einstein haben denn auch die Frage aufgeworfen, wie es wohl möglich sei, daß ein solcher Ausbruch negativer Gefühle den Fürsten und seine Abendgäste in der Weise habe delektieren können, wie man es von dieser Gattung, einer ›Nacht-Musique‹, erwartet und verlangt habe. So schreibt Abert über das wiederkehrende Septimenmotiv des Hauptthemas im ersten Satz: ›Das ist das erschütternde Ergebnis dieses Seelenkampfes, das schon auf den letzten Mozart vorausweist: Verzichten und dem Kampfe standhalten bis zum letzten Ende.‹[48] Uns erscheint eine solche Seelendeutung als so weit hergeholt, wie uns die Voraussetzung der beiden Forscher, daß diese Gesellschaft ein derartiges Stück in der gleichen Weise empfunden haben sollte wie wir es

---

48 Abert, a.a.O., I, S. 741.

tun, unhistorisch anmutet. Musik zum Ausdruck eines mit Fassung getragenen Seelentiefs ummünzen zu wollen, mag verlockend sein, doch bleiben bei einem solchen Versuch die Wege des Unbewußten unberücksichtigt; so leicht ist die Lesart nicht. Und was die damalige Rezeption betrifft: Selbst wenn wir voraussetzen, daß ein größerer Teil der Abendgäste des Fürsten die Spannungen der Dur–Moll-Polarität mitvollzogen habe, so bedeutet es nicht, daß die hier sich ausdrückende Gefühlsskala sich ihnen in anderer Weise mitgeteilt haben sollte, als im Genuß einer Demonstration melodischen und harmonischen Reichtums und Variabilität der ›Expression‹. Eine Serenade hatte einer bestimmten Form zu entsprechen, brauchte aber nicht jeglichen seelischen Tiefgang zu verleugnen; das hervorgerufene ›sentiment‹ war Sache des Empfängers; das Seichte lag außerhalb von Mozarts Bereich. Er hat hier bewußt das Pendant zur Serenade in Es-Dur (K. 375, Oktober 1781) komponiert, wenn man so will, das Negativ zum Positiv. Das Stück mußte innerhalb achtundvierzig Stunden fertig sein, er hatte also wenig Zeit. Die Möglichkeit, daß er sich hier grimmig einer Pflicht entledigte, indem er, Unverständnis voraussetzend, die Stimmung des Abends verfinstere, ist nicht ausgeschlossen, aber unwahrscheinlich. Auch hätte das zu bedeuten, daß er sich des düsteren Charakters dieses Stückes bewußt gewesen wäre, was nicht der Fall war: denn aus einem Brief an den Vater (27. Juli 1782) geht hervor, daß er es deshalb ›auf Harmonie‹ (für Bläser) habe setzen müssen, weil der Fürst in seiner Kapelle über keine Streicher verfüge. Sonst, schreibt er, hätte er es gern nach Salzburg geschickt, wo man es, wie er meint, für das Fest im Hause Haffner anläßlich der Erhebung des jungen Sigmund in den Adelsstand, sehr wohl hätte brauchen können. Zwar hat Mozart Salzburg nicht geliebt, dennoch ist es nicht wahrscheinlich, daß er sich an seiner Vaterstadt habe rächen wollen, indem er die Ehrung eines seiner prominenten Bürger musikalisch verdüstere. Wahrscheinlich ist, daß er über den Emotionsgehalt dieses Stückes sich selbst nicht im klaren war; der kreative Akt selbst blieb unerinnert, die Niederschrift war ein automatischer Vollzug, währenddessen er sich bereits von dem Werk löste. In diesem Stück also teilt sich dem Hörer vielleicht ein vorbewußter Inhalt mit, unter Umgehung seines Vermittlers; es wäre nicht das einzige Mal.

Als Mozart im Frühjahr 1787 die Arbeit am ›Don Giovanni‹ unterbrach, um sich, vermutlich aus Geldmangel, ein paar ›verlegerische Objekte‹ zu erarbeiten und die Streichquintette in C-Dur und g-Moll (K. 515 und 516) komponiert hatte, fehlte ihm ein drittes, denn Kammermusikwerke wurden in Serien von mindestens drei ›Stück‹ verlegt. Wahrscheinlich hatte er weder Lust noch Zeit, dieses dritte zu schreiben, daher hat er kurzerhand die Bläserserenade zum Streichquintett (K. 516b) umgearbeitet: zum Nachteil des eindeutig und durchweg für den Bläserklang geschriebenen Werkes. Daß von einer Serie dreier Werke zwei in Moll standen, war zwar unüblich, doch kümmerte es ihn entweder nicht oder – wahrscheinlicher – er hat diese Gewichtsverschiebung gar nicht wahrgenommen. Sie wurden denn auch kein verlegerisches Objekt, waren vielmehr nicht ›abzusetzen‹. ›Zu schwer‹!

HEUTE WIRD NIEMAND MEHR BEHAUPTEN, daß die Musik eine ›absolute Welt der Töne und Klänge‹ sei. Allerdings kann auch niemand die Paradoxie erklären, daß sie einerseits in ihrem Vollzug transitorisch, andrerseits als Bestand ›etwas Ewiges‹ ist, ein Vorrats-Schatz, der uns nur dann präsent wird, wenn man ihn immer wieder neu darstellt. Doch wie auch immer: Heute haben wir Musik als ein wesentliches Element der Information zu betrachten. Diese Information aber, die Partnerschaft zwischen Informant und Informiertem, entzieht sich insofern sowohl der Analyse als auch der Berechnung, als sie keine semantischen Gehalte vermittelt. Sie ist in Worte nicht zu übersetzen, sondern existiert und funktioniert parallel zu ihnen, als ergänzendes und doch vollwertiges Ausdrucksmittel. Dies gilt selbstverständlich nur für die absolute Musik, also Musik ohne außermusikalischen Inhalt. Sie kommt zu uns als ein Reiz, mobilisiert als solcher Empfindungen, die ausschließlich ihr vorbehalten sind, und wird entsprechend der Aufnahmefähigkeit des jeweiligen empfangenden Bewußtseins verarbeitet. Wir teilen einander unsere Empfindungen mit, vergleichen unsere Assoziationen und entnehmen dem Resultat Rückschlüsse über die mögliche ›Befindlichkeit‹ – (Heideggers ›Übersetzung‹ des Wortes ›Stimmung‹, die mir an dieser Stelle adäquat erscheint) – des Schöpfers. Unser Genuß besteht also in der Identifikation mit ihm, im Nachempfinden dessen, was er während des kreativen

Aktes empfunden haben mag oder ›muß‹; gleichzeitig wissen wir, daß es ein Geheimnis bleiben wird, und wollen es nicht anders. Nicht nur das Hören ist unsere Befriedigung, sondern auch der simultane Deutungsversuch uns selbst und anderen gegenüber: Der Versuch einer Übersetzung des Unübersetzbaren; der Aufnahme und Wiedergabe einer Information, die sich in einer außersprachlichen Disziplin vollzieht, unsere Emotionen auf einer außersprachlichen Ebene in Bewegung setzt. Das Gegenargument etwa, daß der wahre Komponist einen ihm verbal mitgeteilten Gemütszustand in seiner subjektiven Auffassung und Verfassung in Musik setzen könne, gilt nicht; denn ein verbal mitteilbarer Inhalt ist bereits ein Programm, das die Musik mehr oder weniger suggestiv umschreiben kann: Programm-Musik. Wo das bewußte Movens des Schöpfers ein anderes ist als der Wille, nach Befolgung eines inneren Diktates, nach einem unbewußten Gesetz und einem bewußten Denkprozeß, Töne und Klänge in eine bestimmte Ordnung zu bringen, tritt eine andere Disziplin auf den Plan. Die Musik wird dort ersetzbar, wo etwas ausgedrückt wird, das nicht in ihr ausschließlich ausdrückbar ist, sie wird zum Objekt deskriptiven Gelingens oder Mißlingens. Bei Mozart wird sie es nicht, denn er war ›kein malender Komponist‹ (Schopenhauer).

DAS KÖCHELVERZEICHNIS[49] verzeichnet 626 Werke. Es bleibt insofern ein ewiges Provisorium, als es das Verlorene nicht enthält, Wiedergefundenes mit Recht anzweifelt und Zweifelhaftes von

---

49 ›Chronologisch-thematisches Verzeichnis sämtlicher Tonwerke Wolfgang Amadé Mozarts‹ von Dr. Ludwig Ritter von Köchel. Das ›Köchel-Verzeichnis‹ erhielt eine entscheidende Veränderung durch seine wissenschaftlich begründete Chronologie von Alfred Einstein, der zwischen 1936 und 1946 die dritte Auflage bearbeitete. Die DDR-Ausgabe hat Einsteins Numerierung beibehalten. In der westdeutschen Ausgabe (Siebente unveränderte Auflage, Wiesbaden 1965) wurden von den Bearbeitern Franz Giegling, Alexander Weinmann und Gerd Sievers einige Umstellungen vorgenommen. Meine Numerierung richtet sich nach diesem neuen Stand der Forschung. Die Konkordanz der auch in der Neuausgabe noch aufgeführten sowie auf den Schallplatten beibehaltenen – chronologisch überholten – Original-Numerierung findet der Leser im Werkregister. Auch die Angabe der Daten richtet sich nach dem Köchelverzeichnis (7. Aufl.). Sie bezeichnen den Tag der Niederschrift oder der Fertigstellung oder der Eintragung Mozarts in sein eigenes Werkverzeichnis.

Ausgabe zu Ausgabe zwischen Hauptverzeichnis und Anhang hin- und herpendeln läßt. Zudem ist es natürlich synthetisch, denn es ist ja nicht das Werkverzeichnis des Künstlers selbst, der die Fragmente nicht vermerkt hat, vor allem aber sehr spät damit begann: mit dem Es-Dur-Klavierkonzert (K. 449), datiert 9. Februar (›Hornung‹) 1784, komponiert für Barbara Ployer, eine seiner begabtesten Klavierschülerinnen. Das ›Verzeichnüß‹ entspringt Mozarts plötzlicher beglückender Erkenntnis seiner eigenen Bedeutung zur Zeit seiner großen Erfolge als Komponist und Virtuose, und er trug nur ein, was für ihn selbst vollwertig war. Bearbeitungen wie eben jene der Bläserserenade (K. 384a) zum Streichquintett (K. 516b) hat er selbst nicht eingetragen, und als er der c-Moll-Fuge für zwei Klaviere (K. 426), komponiert im Dezember 1783 – als er also noch kein Register führte –, vier Jahre später (26. Juni 1788) ein Adagio voransetzte und das Werk für Streichorchester bearbeitete (K. 546), trug er ein: ›Ein kurzes Adagio. à 2 Violini, Viola, e Baßo, zu einer Fuge, welche ich schon lange für 2 Klaviere geschrieben habe.‹ Es herrschte demnach Ordnung in seinem Register. Disparates, dem er wenig Wert beimaß, trug er ebenfalls nicht ein. Das Köchelverzeichnis dagegen ist ein Resultat der Wissenschaft, übrigens ein einmaliges, und führt eine Nummer für jede verworfene Skizze, jeden Ansatz, und sei er auch nur drei Takte lang, es führt das Liegengelassene, Versuchte und Verlorene.

Der Musikwissenschaftler Leo Schrade meint: ›Wenn man den Gesamtumfang – ich meine nur der Quantität nach – in jeder Gruppe von etwa hundert Kompositionen in Betracht zieht, so zeigt sich in auffallender Weise, daß Mozart auch dem Umfang nach in allen Perioden von vier Jahren immer ungefähr das gleiche geschrieben hat. Eine erstaunliche Regelmäßigkeit also, eine Stetigkeit des Schaffens, die mir nicht nur aus einer niemals versagenden schöpferischen Kraft zu kommen scheint, sondern auch aus einer künstlerischen Disziplin des Komponierens.‹[50] Die Invention dieses Vierjahresplanes erscheint uns allerdings willkürlich. Zudem darf die ›schöpferische Kraft‹ niemals an Opuszahl gemessen werden. Wenn Schrade also schreibt, daß diese Aufstellung einer

50 Leo Schrade: ›W. A. Mozart‹, Bern und München 1964, S. 23.

›häßlichen Statistik ähnlich sehen mag‹, so hat er nur darin unrecht, daß sie ihr nicht ähnlich sieht, sondern es ist, sofern man eine Statistik als häßlich und nicht bloß als überflüssig bezeichnen mag. Tatsächlich hat Mozarts Schaffen nicht nur qualitativ, sondern auch an Umfang, in den vier Jahren von Anfang 1784 bis Ende 1787 einen Höhepunkt erreicht. In dieser Zeitspanne entstanden zwölf – also mehr als die Hälfte – seiner Klavierkonzerte, ein Hornkonzert, eine Sinfonie, fünf Quintette verschiedener Besetzung darunter jenes in Es-Dur (K. 452, 30. März 1784) für Klavier, Oboe, Klarinette, Horn und Fagott, das er selbst, zumindest zur Zeit seiner Entstehung, für das beste Werk hielt, das er jemals geschrieben habe,
– und in der Tat, es ist einzigartig, in seiner Melodieführung und der Beherrschung des nicht von ihr zu trennenden Bläsersatzes: jedes Instrument führt sich in seiner tiefsten Eigenart vor; solistisch konzertierend und zugleich kantabel, ja singend, tritt es heraus, mitunter nur zu einer einzigen Figur, um sie dem nächsten Instrument in der ihm gemäßen Variante weiterzugeben: Es ist hier, als habe der Bläserklang die Melodik diktiert;
– ferner fünf Streichquartette, zwei Klavierquartette, drei Trios, fünf Sonaten; es entstanden der ›Figaro‹ und ›Don Giovanni‹ und die Kurz-Oper ›Der Schauspieldirektor‹ (K. 486, 3. Februar 1786), verschiedene Freimaurermusiken, fast alle seine Lieder; ferner – wir sind bei einem Zeitraum von vier Jahren! – mehrere bedeutende Disparata wie ›Ein musikalischer Spaß‹ (K. 522), ›Eine kleine Nachtmusik‹ (K. 525), das a-Moll-Rondo für Klavier (K. 511), und ein beträchtliches Pensum an Einlage-Nummern für Opern anderer Komponisten. Dazu kommen Einstudierungen der beiden großen Opern, während des ersten Jahres dieser Periode sein wiederholtes Auftreten als Pianist und Begleiter in Wien, während des letzten als Dirigent in Prag, seine Tätigkeit als Lehrer: Niemals vorher, und schon gar nicht danach, hatte Mozart so viele Schüler wie in diesen vier Jahren; nicht nur unterrichtete er sie persönlich, sondern er schrieb auch für sie. Für die Kompositionsschüler – Attwood, Barbara Ployer – legte er Aufgabenhefte an, für die Klavierschüler komponierte er Stücke, deren Zweck wohl in erster Linie didaktisch war, die dennoch als eigenständige Kompositionen sich behaupten, sporadische Nebenstimmen in der

Partitur seines ›Pensums‹, wie etwa die – allgemein als ›Galanterie-stück‹ geltenden – ›Fünf Variationen für Klavier zu vier Händen über ein (eigenes) Andante‹ in G-Dur (K. 501, 4. November 1786), die für jede der vier Hände, in systematischem Wechsel, Locke-rungs- und Fertigkeitsübungen enthält. Ein Schulbeispiel also, doch nicht nur im buchstäblichen Sinne: Die fünf Variationen – darunter eine absteigend chromatische in d-Moll – sind diktiert von musikalischer Ratio, gleichzeitig lieblich und – wenn man so sagen darf – auf betörende Weise ›richtig‹, 155 Takte perfekter Lehr-, Gebrauchs- und Genuß-Musik.

Den Beginn dieser reichen Periode bezeichnet denn auch eine Art hektischer Genugtuung, wenn nicht gar Euphorie, manchmal schwelgte Mozart geradezu in Überlastung. Die B-Dur-Sonate für Violine und Klavier (K. 454, 21. April 1784) für die italienische Geigerin Regina Strinasacchi schrieb er zunächst nur in der Violin-stimme nieder, für den Klavierpart reichte die Zeit nicht, er spielte ihn im Konzert nach notdürftiger Markierung auswendig. Doch können wir mit Sicherheit annehmen – ja, wir haben in dieser Sonate den Beweis dafür –, daß solche Vollzüge seine kreative Kraft nicht hinderten, sondern, im Gegenteil, beflügelten, er wurde gebraucht und wollte gebraucht werden. Zu dieser Zeit noch, 1784, gefiel er sich als ein erfolgreicher Mann, und hin und wieder sehen wir ihn, wie er sich selbst von außen sah. Etwa in Briefpassagen an seinen Vater, die, natürlich in leicht auftrumpfen-der Absichtlichkeit, von seinem Tageslauf berichten: Um sechs Uhr weckt ihn der Friseur, um sieben ist er angezogen – immerhin eine Stunde für die Toilette, beinah ein ›lever‹ –, Arbeit bis zehn Uhr, dann Unterricht. Nach dem Mittag gehörte er der Wiener Welt: Vorbereitungen für Akademien, für öffentliches Auftreten oder auch Mitwirkung in privaten Veranstaltungen bei diesem oder jenem Fürsten oder Gönner, vor allem, seit 1782, im Haus Gottfried van Swieten, bei dem Mozart außer in Abendkonzerten jahrelang jeden Sonntag um zwölf Uhr mittags anzutreten hatte und wohl auch gern antrat, denn hier spielte und sang man Bach, Händel, Graun und wahrscheinlich auch die ältesten zu jener Zeit bekannten Komponisten, etwa Buxtehude; weiter reichte es da-mals in die Musikgeschichte wohl nicht zurück. Wie bei diesen Veranstaltungen die Rollen verteilt waren, ist nicht bekannt; jedenfalls nahmen auch Musiker wie Salieri, Starzer und Teiber teil, und mehrere andere, die heute weder Rang noch Namen haben.

VAN SWIETEN WAR EIN PEDANT. Gelehrt, aber steril, erwartete er von seinem Musikerkollegium das gleiche: Gelehrigkeit, die er zu vermitteln suchte, und Sterilität, insofern er keinem der Ausübenden die Gelegenheit bot, sich etwa als Komponist zu produzieren. Immerhin war er somit einer der wenigen Wiener, die nicht ›immer wieder was Neues‹ hören wollten, lieber ließ er Altes in neuen Bearbeitungen spielen. Bach und Händel blieben für ihn die ewigen Meister, später kam Haydn dazu. Mozart jedenfalls ist als Zeitgenosse zu diesem Ziel nicht mehr gelangt; ob van Swieten, der ihn um zwölf Jahre überlebte, den Toten durch Aufführungen seiner Werke ehrte, ist nicht bekannt. Jedenfalls war er es, der Mozart mit den Werken Johann Sebastian Bachs vertraut machte. Mozart nahm Bachsche Noten mit nach Hause, studierte sie und schrieb, von Constanze eigentümlich animiert, sein eigenes Fugen-Opus, das uns allerdings als Torso anmutet: Wir kommen darauf zurück.

WENN WIR DIE EINTEILUNG IN VIER-JAHRES-ZYKLEN AKZEPTIEREN, so fällt in diese überreichen Jahre von 1784 bis 1788 nicht nur der erwähnte Anteil an seinem ›Lebenswerk‹, sondern es kommt dieser Periode eine weitere, geheimnisvollere Bedeutung zu: die des Experimentes und der Entdeckung, kombinatorischer Inventionen außerhalb des Einflusses des ihm Nahegebrachten oder des Gewünschten; ohne Rücksicht auf Notwendigkeiten der Lieferung oder auf jenes Publikum, das er ja in seinen öffentlichen Auftritten im Überfluß bediente: Sein vielgleisiges musikalisches Leben gewann in diesen Jahren auch eine intimere Facette, die des privaten Vergnügens. Um 1783 lernte er den Klarinettisten Anton Paul Stadler kennen, einen Virtuosen von hohem Rang, als Komponist unbedeutend, aber ein offenbar leidenschaftlicher Experimentator auf dem Gebiet der Klarinettenfamilie, die damals noch die Bassettklarinette und das Bassetthorn einschloß, das letztere ein heute beinah archaisch anmutendes Instrument, im Aussehen so, als sei das Experiment niemals endgültig abgeschlossen worden, im Klang eher düster, gaumig – ›lugubrious‹ wäre das englische Wort. Mit der Klarinette hatte sich Mozart zwar schon in München befreundet, doch erst verkörpert durch Stadler gewann sie für ihn jene Bedeutung, die sie bis zuletzt behielt. Für Stadler hat er nicht nur das Quintett (K. 581) und das Konzert (K. 622) geschrieben, für ihn und seinen Bruder Johann hat er der g-Moll-Sinfonie (K. 550) nachträglich die Klarinettenstimme hinzugefügt (zu ihrem Schaden, wie mancher befand: der Dirigent Felix Weingartner meinte, daß durch diese Erweiterung der ›unbeschreiblich keusche Reiz‹ verloren ginge), für ihn hat er mancher Arie im ›Tito‹ eine obligate Klarinetten- oder Bassetthornstimme beigegeben. Denn ihn nahm er zuletzt nach Prag mit. Mozart muß ihn als angenehmen Reisebegleiter empfunden haben, als ›guten Gesellen‹. Als lustiger Bruder ist er denn auch in die Mozart-Literatur eingegangen; seine notorisch gewordenen Eigenschaften wie Leichtsinn und Unverläßlichkeit haben Mozart offensichtlich nicht bekümmert, sie wurden ihm erst postum als ›Schattenseiten‹ angekreidet. Möglicherweise war das Zusammenspiel mit Stadler nicht auf musikalische Gebiete beschränkt, vielleicht spielten sie Billard und kegelten zusammen, und es ist keineswegs ausgeschlossen, daß Mozart das Es-Dur-Trio für Klarinette, Viola und Klavier (K. 498, 5. August 1786), das ›Kegelstatt-Trio‹, beim Kegeln komponiert hat. Gewiß ist es nicht das einzige seiner Werke, dessen Zauber die Lokalität verleugnet, in der es entstanden ist. Es sei für seine Schülerin Franziska von Jacquin komponiert, heißt es; sehr möglich: Beim Kegeln erinnerte er sich einer Aufgabe oder eines Versprechens und ließ sich, unbeirrt vom Lärm der Kugel, der Treffer und der Treffenden, ein Stück voller poetischer Verklärung einfallen, für die Franziska (Klavier), für den Stadler (Klarinette) und für sich selbst (Viola).

DAS BASSETTHORN erscheint bei Mozart zum ersten Mal in der B-Dur-Bläser-Serenade (K. 370a, Frühjahr 1781) und bald darauf in der ›Entführung‹: hier ausschließlich, um die unglückliche Constanze bei ihrer g-Moll-Arie ›Traurigkeit‹ (Nr. 10) zu begleiten. Zur Darstellung der gebotenen Traurigkeit dient es denn auch in der ›Maurerischen Trauermusik‹ (K. 479a, 10. November 1785), in der das Instrument zum ersten Mal bei Mozart gleichsam eine ›offizielle‹ Funktion übernimmt. Doch ›inoffiziell‹, zum privaten

Vergnügen, hatte er sich mit diesem seltsamen Klang und seinen Möglichkeiten schon intensiv befaßt, ja, es erscheint uns, als habe er in mancher Stunde seines musikalischen Privatlebens von 1783 bis 1785 in der Zusammenstellung bestimmter Bläserkombinationen geradezu geschwelgt; und dies in seiner hektischen Zeit, während gleichsam gestohlener Tage und, vor allem vielleicht, Nächte, in denen Stadler ein paar Kumpane mitbrachte, und die fünf Bläser-Divertimenti (K. 439b) geprobt wurden, wahrscheinlich in verschiedenen Kombinationen: Instrumente wurden ausgetauscht – Klarinette oder Bassetthorn, Bassetthorn oder Fagott? –, bis man sich wahrscheinlich auf drei Bassetthörner einigte: Experimente, wahrscheinlich für keine bestimmten Anlässe, sondern aus Lust am schönen ergiebigen Spiel, immer wieder mit anderen Mitspielern, immer in anderen Zusammenstellungen: Ihm entsprangen, gegen Ende 1785, die geheimnisvollen fünf Bläserstücke (K. 484a bis K. 484e) in B-Dur und F-Dur, kurze, zum Teil fragmentarische Würfe, darunter die 27 Takte für zwei Bassetthörner und Fagott (K. 484d), gleichsam eine Notiz, vielleicht in einigen wenigen glücklichen Minuten entstanden, oder das fertigkomponierte 106-taktige Adagio (K. 484a) für zwei Klarinetten und drei Bassetthörner, diese wunderbare kurze Dreingabe, wie eine Demonstration einer plötzlichen tiefen Eingebung zwischen Nummern seines offiziellen Programms; zu dieser Zeit gerade bestand es aus dem obligaten Männergesangsvereinspensum für die Freimaurer: dem dreistimmigen Lied mit Chor und Orgel (K. 483) auf den Text ›Zerfließet heut', geliebte Brüder‹ – man kann in diesem Fall nicht umhin zu wünschen, daß die Brüder aus diesem Imperativ Wahrheit gemacht hätten – und dem, allerdings lustigeren ›Schauspieldirektor‹ (K. 486), bei dem Mozart wenigstens in einem seiner Elemente war.

Wir halten es nicht für ausgeschlossen, daß die Stunden dieser Experimente für ihn zu den glücklichsten seines Lebens gehört haben. Und glücklich waren gewiß auch jene Abende, zu denen Mozart drei dieser Bläserfreunde in das Haus Jacquin mitbrachte, um dort mit ihnen seine Notturni (K. 436 bis K. 439a) aufzuführen, bei denen drei Bassetthörner zwei Soprane und einen Baß zu begleiten hatten – eine fast zufällig anmutende, ›launige‹ Besetzung, und doch auf eigentümliche Weise gelungen: Es handelt sich um die

Vertonung – übrigens hübscher – metastasianischer Texte; Ensemblenummern ›leichter‹ Musik, Hausmusik, einem fröhlichen Teilnehmerkreis angepaßt, zärtlich und intim, fließende Melodik voller Beinah-Zitate, Anklänge, Reminiszenzen und Vorausgriffe auf Kommendes; versteckte Perlen, wahrscheinlich kurz darauf bereits von ihm selbst vergessen. Das Köchelverzeichnis setzt sie auf ›angeblich 1783‹ an, doch ist die Angabe unwahrscheinlich: Sein Freund Gottfried von Jacquin war damals kaum sechzehnjährig – und kein Wunderkind wie Mozart –, zudem ist die Bekanntschaft mit der Familie Jacquin erst ab 1785 nachgewiesen. Jedenfalls: Auch diese Opuscula und die gelockerten Abende ihrer Aufführung fallen in die behandelte Vierjahresperiode, nicht nur zu unserer Bereicherung, sondern auch zu der seinen. Es waren wohl seine schönsten Jahre.

WIR KÖNNEN UNS HEUTE SCHWER ERKLÄREN, warum die da-Ponte-Opern in Wien so wenig erfolgreich waren; wie es möglich ist, daß sie die Wiener Zeitgenossen ziemlich kalt gelassen haben. Wir verstehen nicht, daß Mozart nicht mehr war als einer unter vielen, und unter den vielen nicht der Populärste. Gewiß waren die Opern voller kühner Neuerungen, die den Rahmen des Bekannten sprengten; doch wie ist es möglich, daß die Wiener dem immer noch reichlichen Gehalt an ›Populärem‹ keinen höheren Wert zuerkannten als dem der Opern anderer? Wie kommt es, daß Mozart in Prag beinah volkstümlich wurde? War man dort wirklich rezeptiv fortschrittlicher? Es muß wohl so gewesen sein. Vor allem aber war hier wahrscheinlich jene Schicht der anmaßenden Arbitres spectaculorum à la Zinzendorf, die Kennerschaft für ein Privileg des Adels hielten, dünner als in Wien.

Prag ist denn auch die Stadt, der man heute das Prädikat der Entdeckerin Mozarts zuerkennen möchte, kollektiv und retrospektiv: ›Figaro‹ pfiffen, zu Mozarts Erstaunen und Vergnügen, die Leute auf der Straße, der ›Don Giovanni‹ wurde ein epochaler Erfolg, und daß der ›Tito‹ durchfiel, liegt wohl daran, daß er weniger für Prag geschrieben war als für die high society, die sich zur Krönung Kaiser Leopolds zum König von Böhmen hier zusammengefunden hatte. Als sie abgereist war, steigerte sich auch hier die Wirkung dieser Oper, die man schon damals hätte ›altmodisch‹ nennen können, und deren Text der Allgemeinheit nun wirklich unverständlich gewesen sein muß. Denn offensichtlich hat die Fremdsprachlichkeit den Erfolg der vorherigen Opern nicht beeinträchtigt; die Musik machte sie verständlich.

Mozarts Glanz in Wien hatte sich vornehmlich auf dem Klavier aufgebaut, dem wachsenden Nimbus des Klavierspielers und demnach des ›Compositeurs‹, der auch schrieb, was er so herrlich spielte. Doch hatte man sich in Wien um 1785 an diesen Konzerten sattgehört, ›etwas Neues‹ mußte her; Graf Arco hätte gesagt:›Habe ich recht gehabt, Mozart?‹

Die Uraufführung der ›Nozze di Figaro‹ (K. 492) am 1. Mai 1786, obgleich glänzend besetzt, schaffte keinen neuen Durchbruch. Kein Mißerfolg, aber gewiß auch kein Erfolg. Eines der vielen neuen Spektakel, das, wie die anderen, nicht von Dauer sein würde, wurde mit Gleichmut zur Kenntnis genommen. Es war Mozart nicht vergönnt, in seiner Wahlheimat als Opernkomponist ernst genommen zu werden. Es spricht nicht gerade für das Musikverständnis der ›gebildeten Kreise‹, daß sie, obgleich selbst musizierend, bei einem Bühnenwerk letztes Endes den Stoff nicht von der Form zu trennen vermochten, die Worte nicht von der Musik, die Botschaft nicht von ihrer Verarbeitung; das Was und das Wie wurden in denselben Topf geworfen. Ein Zeugnis für den Umgang mit dem Gebrauchsartikel Oper haben wir in der Aufnahme der italienischen Erstaufführung des ›Figaro‹ in Monza, im Herbst 1787 vor dem Erzherzog. Nach zwei Akten hatte er von Mozarts Musik genug und ließ die beiden weiteren Akte in der Vertonung eines gewissen Angelo Tarchi, der sich ebenfalls über das Libretto gemacht hatte, weiterspielen. Ob er Tarchi für den besseren Komponisten hielt, wissen wir nicht; wahrscheinlich hätte er sich das Stück am liebsten ohne Musik angesehen; denn er wollte natürlich wissen, wie die Sache weitergeht, und vermutlich war er mit dem Ende noch nicht einmal zufrieden. Mozart war nicht anwesend, wahrscheinlich hat er von diesem Vorgang nichts gewußt. Doch hätte er ihn kaum gewundert. Weder Komponist noch Librettist hatten irgendwelche Rechte auf ein Werk, sobald es einmal bezahlt war, und der willkürliche Eingriff war überall an der Tagesordnung.

In Wien also wurde man dem kleinen Compositeur Mozart gegenüber lethargisch; als Quelle der Erregung reichte seine Bedeutung nun auch wieder nicht aus. Der ›Figaro‹ wurde zum Anfang seines Verderbs. Die hohe Gesellschaft, gewohnt, sich selbst als Figuren der Opera seria zu sehen, verherrlicht in ewiger Milde und Souveränität, fühlte sich nicht etwa plötzlich brüskiert, doch nahm sie so etwas nicht gern ab, die Reaktion begann wohl eher im Naserümpfen als in Entrüstung. Noch in der ›Entführung‹ waren es immerhin ein Herr und eine Dame gewesen, die da in Schwierigkeiten gerieten, Belmonte und Constanze, aus besten Familien, hatten sich aus unerklärlichen Gründen ins Morgenland verirrt und, wie es eben so ist, dort Schiffbruch erlitten, wo ein noch größerer Herr, ein Herrscher, zwar ein Türke, dennoch von Qualität, seinen Großmut an ihnen auszuüben Gelegenheit hatte. Die Gesellschaftsschicht blieb also gewissermaßen noch unter sich, unterstützt freilich von Personal; doch dieses Personal, Blondchen und Pedrillo, schon in der Namengebung diminutiv, war treu und ergeben, Aufsässigkeit war ihm fremd. Im ›Figaro‹ dagegen ging das Spiel gegen den Herrscher, zwar nur ein Graf, aber immerhin einer mit Befehlsgewalt, der über seine Untertanen so lang und so frei verfügen konnte, bis ihm Niedrigere einen gewaltigen Strich durch die Rechnung machten. Ihr Sprecher, Gegenspieler des Grafen, ist ein Bedienter, und er bleibt der Sieger. Das mochte die Wiener Aristokratie nicht, sie reagierte negativ auf diesen Bedienten, der seine Zielsicherheit in solch strahlendem C-Dur zum Ausdruck bringt. Vielleicht wurde ihr unwohl bei dem diabolischen Secco ›Bravo, signor padrone‹, und erst recht bei der darauffolgenden Cavatine ›Se vuol ballare, Signor Contino‹ (Nr. 3), vielleicht fühlten sie sich plötzlich alle als signori contini, belästigt von dem unterschwelligen Zorn, der sich, ähnlich dem ›Signor si!‹ des Masetto im ›Don Giovanni‹, in Idiomen einer hinterhältig-falschen Unterwürfigkeit äußerte. Figaro, der Lakai, ehemaliger Barbier, der einem Mann ihresgleichen ein amouröses Abenteuer verdirbt, ihm nicht nur die Beute ausspannt, sondern mit diesem offenen Sieg ein Prinzip schafft, das von nun an nicht mehr aus der Welt zu bringen ist, war nicht die Gestalt ihrer Identifikation. Da gab es angenehmere Gestalten, gefälligere Opernstoffe, gefügigere Komponisten.

Seinem Vorbild, dem Adel, folgend, begann alsbald auch das Bürgertum, Mozart zu meiden. Es war zunächst ein schleichender Prozeß. Von heute aus gesehen, mutet er uns an wie eine Art Gesellschaftsspiel, das mit passiver Teilnahme der Mitspieler beginnt, einem Verschweigen, einem gezielten Wegsehen, und mit dem Ausstoßen des Unerwünschten endet. Die Subskriptionslisten seiner Konzerte wurden allmählich leerer, bis sich 1789 nur noch ein einziger Name darauf fand: immerhin Gottfried van Swieten, Gönner zwar bis zuletzt, der sich jedoch sein Gönnertum nicht viel kosten ließ. Wo waren sie nun eigentlich, die Gräfin Thun, der Baron Wetzlar, die Baronin Waldstätten, diese Genossin unbeschwerter Tage? Sie lebten doch noch, und noch lange. Auch Jacquin lebte noch, wenn auch nicht mehr lange. Wo waren die Schülerinnen, Barbara Ployer, Therese von Trattnern? Sie blieben alle aus, und ebenso die Kompositionsaufträge, bis auf das ewige Pensum für die Redouten bei Hof. Ab 1790 schließlich wurde Mozart nicht nur übergangen, sondern brüskiert. Weigl und Salieri wurden aufgeführt, ›seine‹ Sänger und Sängerinnen, die Cavalieri, Calvesi, seine Schwägerin Aloisia sangen, seine Freunde, die Brüder Stadler, spielten, alles ging den mehr oder weniger gewohnten Gang, nur Mozart wurde nicht mehr herangezogen, zu keinem Fest, keiner Feierlichkeit, während überall in Europa, in Hauptstädten und in der Provinz, seine Opern aufgeführt wurden, für die Unternehmer große Einnahmen, von denen er, dem geschäftlichen Brauch nach, nichts erhielt. Das Zeugnis, das er seinem Schüler Joseph Eybler noch am 30. Mai 1790 ausstellte, bedeutet nicht, daß er in Wien noch etwas galt: Eybler wollte sein Glück auswärts suchen, dort wo Mozart geschätzt wurde. Schließlich aber blieb er in Wien und wurde, als Nachfolger Salieris, Hofkapellmeister und später geadelt. Haydn wurde im Laufe seines Lebens Ehrendoktor der Universität Oxford, Mitglied der königlich schwedischen Akademie, Ehrenmitglied der Gesellschaft ›Felix meritis‹ in Amsterdam, Mitglied des Institut de France in Paris, Ehrenbürger der Stadt Wien, Ehrenmitglied der Philharmonischen Gesellschaft in St. Petersburg; Mozart, das Wunderkind von einst, als Jugendlicher mit Auszeichnung überhäuft, wenige Jahre zuvor noch Star der Konzertsäle, verlor den Boden unter den Füßen.

Dieses Absinken ist natürlich durch die negative Aufnahme des ›Figaro‹ nicht hinreichend erklärt. Ebensowenig reicht die von Joseph Lange festgestellte Tatsache aus, daß er das Opfer von Neid und Kabalen wurde, obgleich ein Korn Wahrheit darin liegt. Mindere Kollegen – Kozeluch, Peter von Winter und andere – haben gewiß ihr Bestes getan, um ihn abzudrängen, doch konnten sie ihn gänzlich nicht zur Strecke bringen. Man habe ihn verleumdet, hat Constanze später zu Protokoll gegeben. Sehr möglich: Doch welcher Art war die Materie dieser Verleumdungen? Er habe durch Spielschulden gegen den Ehrenkodex der Gesellschaft verstoßen, so lautet ein neueres Verdikt.[51] Doch wer, außer den Kumpanen, hätte sich mit Mozart an den Spieltisch gesetzt? Der Herr mit dem Diener? Zudem darf man das josephinische Wien nicht mit dem Schnitzlers vergleichen. Daß allerdings einer der Gründe seiner wachsenden Isolation in gesellschaftlichem Versagen liegt, erscheint uns gewiß. Auch für Mozart war der ›Figaro‹ kein Märchenspiel; sein Thema hat ein Verhaltensmuster gezeigt, ein unbewußtes Agens, wahrscheinlich schon lange latent, wurde wach und verlockte ihn, nicht mehr nach jenen Regeln zu leben, die ihm von außen auferlegt waren: Er begann, ›sich gehen zu lassen‹.

Um 1790 jedenfalls hat Wien Mozart temporär verlassen, es scheint zu warten, bis eine unangenehme und letzten Endes lebensfremde Gestalt, unbequem, potentiell aufsässig, sich in einen großen Toten, seine Unantastbarkeit sich vom Negativen zum Positiven gewandelt hat. Nun, in der Nachwelt, vollzog sich der Prozeß umgekehrt: die ›Zauberflöte‹, mit Hilfe des versierten Schikaneder gezielt auf den Geschmack des Wiener Publikums abgestimmt, verfehlte die berechnete Wirkung nicht. Mozarts Popularität begann von unten aufzusteigen, entfächerte sich allerdings zuerst über das außerösterreichische Europa, wo ja der Name Mozart schon Geltung hatte, bevor es die Schicht jener erreichte, die ihn zu Lebzeiten im Stich gelassen hatten.

DIE STOFFWAHL DES ›FIGARO‹ war die seine, nicht die da Pontes. Schon darin offenbart sich eine potentielle Aufsässigkeit, denn das

51 Siehe Uwe Kraemer: ›Wer hat Mozart verhungern lassen?‹, in: ›Musica‹, 30. Jahrgang, Nr. 3.

Stück von Beaumarchais war und blieb in Wien noch lange Zeit verboten. Mozart hat es vermutlich in einer Übersetzung gelesen und war sich über die heikle Bedeutung des Themas wohl bewußt, was nicht etwa bedeutet, daß es seine Absicht gewesen wäre, eine Revolutionsoper zu schreiben. Auch hier erteilt Mozart ja keine moralischen Noten, tonartlich wird nichts vorgegeben oder verraten, und es ist dieser Oper eigentümlich, daß Vertreter konträrer Prinzipe, nämlich Graf, Gräfin und Figaro, sobald ihr Inneres ins Spiel tritt, sich in C-Dur artikulieren, die Gräfin sogar dort, wo wir c-Moll oder g-Moll erwartet hätten: in ihrem Andantino ›Dove sono‹ (Nr. 19), in dem sie, sich wehmütig erinnernd, ihr tristes Schicksal beklagt.

Tatsächlich ist in diesem Stück Graf Almaviva der einzige Edelmann, denn selbst die Gräfin Rosina ist, wie wir aus dem ›Barbier von Sevilla‹ wissen, das ehemalige Mündel des Arztes Bartolo, kommt also gewiß aus bürgerlicher Familie und hätte ebensogut Figaro heiraten können, nachdem er sich als Bartolos unehelicher Sohn herausstellt. Freilich ist ihr hier von ihrer Mündelrolle nichts mehr anzumerken, sie hat eine Art Adel gewonnen, dessen ihr gräflicher Gemahl ledig bleibt. Ihr seelisches Format wird durch den Umstand, daß sie gewisse geheime Begehren hegt, nicht getrübt. Almavivas Begehren dagegen sind nicht geheim, er ist ein absolutistischer Duodezfürst, ein verzogener Herrenmensch. Meist übelgelaunt und unwillig, auf seine Rechte zu verzichten, ist er Mozarts unsympathischste Figur, einschließlich Osmin und Monostatos, denen man nicht verübeln sollte, daß sie das beste aus ihrem Sklavendasein zu machen versuchen. Es gibt einen einzigen Augenblick, da es dem Grafen gegeben ist, sich von außen zu reflektieren, nämlich am Anfang des dritten Aktes: ›l'onore . . . Dove diamin l'ha posto umano errore!‹ (›die Ehre . . . wohin ist sie geraten durch menschliche Schwäche!‹). Leider ist diese Textpassage rezitativ: Genau bei der Erwähnung der Contessa schwenkt es zwar von Moll zurück nach Dur, doch hätten wir diesen Gedanken gern innerhalb einer Nummer und in voller instrumentaler Deutung gehabt. Die kurzen Momente der Reue glauben wir ihm nicht; der Sextensprung ›Contessa, perdono‹ und der darauf folgende Septimensprung ›Perdono, perdono‹, mit dem er im Finale des letzten Aktes die Gräfin um Verzeihung dafür bittet, daß er es allzu toll getrieben habe und nun den ›tollen Tag‹ versöhnlich beschließen will, werden kaum eine Charakteränderung bedeuten, und der weiteren Ehe würden wir eine sehr düstere Prognose stellen, wollte die Gräfin es wirklich auf sich nehmen, jener Engel an Reinheit zu bleiben, als den sie sich bewußt darstellt. Nachdem ihm Susanna entgangen ist, wird er sich eine andere angeln, doch erscheint es zweifelhaft, ob die Gräfin mit weiteren Äußerungen ihres Todeswunsches fortfahren wird, wie sie es in ihrer Cavatine ›Porgi, amor‹ (Nr. 10) tut, nicht in g-Moll, sondern in Es-Dur. Bei Beaumarchais sind diese Zweifel geklärt: Im dritten Teil der Trilogie bekommt sie ein Kind von ihrem Patensohn Cherubino, was man vielleicht hier schon kommen hören könnte und was jedenfalls dem Grafen recht geschieht. Es liegt auf der Hand, daß Cherubino, dieser atemlose Betörte und Betörer, dem selbst die sachliche Susanna beinah verfällt, dieser ›jugendliche Don Giovanni‹ (Kierkegaard), dieses willkürlich und unwillentlich zum Offizier beförderte Halbkind, auch nicht lang bei seiner Gärtnertochter Barbarina bleiben wird; eine Ehe übrigens, die wir als Mesalliance empfinden, denn ihren Vater Antonio kennen wir nur als einen halbbetrunkenen hinterlistigen Spielverderber und Speichellecker. Doch auch Barbarina ist mit manchem Wasser gewaschen, sie wird sich zu trösten wissen. Wenn sie auch die Annäherung des Grafen, der tatsächlich auf seiner Schürzenjagd vor zartester Jugend nicht haltzumachen scheint, noch widerstanden hat, so verrät sie doch eine Frühreife, die selbst Figaro in Erstaunen setzt. ›E così, tenerella, il mestiere già sai far tutto sì ben quel che tu fai?‹ sagt er zu ihr (›Für deine zarte Jugend machst du die Sache aber schon außerordentlich geschickt‹). Ihre zauberhafte kleine f-Moll-Cavatine ›L'ho perduta‹ (Nr. 23), übrigens die einzige Moll-Arie der Oper, mit zartester Raffinesse begleitet nur von sordinierten Streichern, handelt zwar von einer verlorenen Schmucknadel, könnte aber ebensogut von ihrer allzu früh verlorenen Unschuld handeln. Man fragt sich, was sich wohl ihre erste Sängerin, die zwölfjährige Nannina Gottlieb, dabei gedacht habe. Wer weiß, vielleicht war auch sie ein kleines Luder. Später trat sie der Schikanederschen Truppe bei, was nicht bedeuten muß, daß die Rolle der Pamina, deren erste Verkörperung sie war, sie geläutert hätte.

DIE BEINAH ALLGEGENWÄRTIGE SUSANNA beherrscht die Oper, eine wahrhaft glanzvolle Figur, der wir freilich überall die Vernunft eher abnehmen als das Gefühl. Eine unfehlbare Planerin, klüger und berechnender als ihr Verlobter, potentielles Opfer ihres Herrn, betört sie ihn und lockt ihn, überlegt und überlegen, in die Falle. Uns dagegen läßt sie über ihre wahren Absichten niemals im Zweifel; atemberaubend in ihrer ratio, wie sie im Duett des dritten Aktes, ›Crudel! Perchè finora . . .‹ (Nr. 16), das hintergründige a-Moll des Grafen in klarem C-Dur beantwortet. Sie wird später ihren Mann beherrschen, sie hat bei allem etwas erstaunlich Handfestes; ihr Hang zur Zärtlichkeit kommt ziemlich spät und, betrachten wir es recht, auch ein wenig unmotiviert, wie die Regung eines spät erwachenden Gewissens; dafür aber mit überwältigendem Zauber: Die F-Dur-Arie ›Deh, vieni . . .‹ (Nr. 27) gibt in ihrer herrlichen Melodik nicht nur ihre subjektive Empfindung wieder – weniger vielleicht ihr momentanes Erleben des nächtlichen, von ihr selbst inszenierten Geschehens, als den Aufbruch einer neuen Dimension in ihrem Gefühlsleben –, sondern auch, in ihrer oft nur angedeuteten Harmonik, das atmosphärisch Einmalige der Situation. Diese ›Garten-Arie‹ ist übrigens auch textlich ein Kabinettstück innerhalb des hervorragenden Librettos, sprachlich vielleicht da Pontes größter Wurf.

Es wird nicht völlig klar, ob Susannas Worte und Töne einer kühlen Prüfung ihres Verlobten gelten oder dem Traum von Erfüllung im zukünftigen Vereintsein. Hier also erscheint schon die Frage, die uns anhand ›Così fan tutte‹ beschäftigen wird: ob Mozart zwischen Echtheit des Gefühls und seiner Täuschung unterscheiden wollte. Doch vielleicht erscheint an dieser Stelle Mozart als Mozart, der einer Gestalt seiner Verehrung die Äußerung einer Wunschvorstellung in den Mund gelegt hat. Seine Zärtlichkeit galt hier wohl nicht ausschließlich einer Figur seiner Invention, sondern, als heimlicher Zusatz, der Eigenart seiner Sängerin Nancy Storace. Und vielleicht entnehmen wir dieser Arie, mehr als der erwähnten Konzert-Szene ›Ch'io mi scordi di te‹ (K. 505), seine persönliche Anteilnahme an dieser gleichermaßen aus Traum und Realität zusammengesetzten Gestalt. Er hat die Arie mehrmals umgearbeitet, sie erscheint in der Oper als dritte oder vierte Fassung. Wollte Nancy es so? Hier jedenfalls hat er seine eigene Empfindung in die Oper eingebracht, nicht zuletzt, indem er sich mit dem Geliebten, Figaro, identifizierte; und das nicht nur in seiner Liebe, sondern auch in seiner Lust zur Rebellion. Freilich: Susanna behandelt diesen Geliebten reichlich kühl, und noch kurz vor dem scheinbar glücklichen Ende traktiert sie ihn mit Ohrfeigen; doch diese Ohrfeigen erscheinen bei Mozart als läuternder Wirkstoff von der ›Entführung‹ bis zum ›Don Giovanni‹, und immer als eine schallende Bekräftigung der Treue.

NANCY STORACE war zu dieser Zeit in Wien die Rivalin Aloisia Langes geworden, deren Stern bereits im Sinken war. Offensichtlich wurde sie vom Hof bevorzugt; ihr Jahresgehalt betrug beinah das Sechsfache dessen, was Mozart für die Lieferung eines Jahrespensums von (1791) siebenundvierzig zweisätzigen Tänzen vom Hof erhielt. Sie muß eine eigene Ausstrahlung gehabt haben und ihren eigenen stimmlichen Zauber. Auf ihren Stimmumfang – wir haben es festgestellt – hat Mozart sich anscheinend nicht verlassen wollen, im Gegensatz zu ihrem Bruder Stephen Storace, Mozarts Freund (doch wohl nicht, wie behauptet wird, sein Schüler). In seiner wenige Monate nach dem ›Figaro‹ in Wien uraufgeführten, zwar von Mozart abhängigen, doch hübschen Oper ›Gli Equivoci‹ (Dezember 1786) sang seine Schwester die weibliche Hauptrolle, deren Register das der Susanna nach oben um einiges übersteigt.
Michael Kelly, der erste Basilio und Don Curzio, berichtet, daß die erste Besetzung des ›Figaro‹ durchweg hervorragend gewesen sei, nicht zuletzt wohl, weil er in sich selbst einen Teil des Glanzes sah. Es ist anzunehmen, daß Mozart für ihn, den er persönlich hochschätzte, die, textlich wie auch dramatisch nicht gänzlich motivierte, Arie des Basilio ›In quegli anni‹ (Nr. 25) geschrieben hat: dieses minutiöse Monodrama, Anekdote von der Eselshaut, deren Anlegen den Träger nicht nur vor Wetter, sondern, wegen ihres verachtenswerten Anscheins, auch vor Angriffen des Löwen schützt; der Bericht von ihrem ersten wirksamen Gebrauch läßt die Musik, in eindeutig komischer Absicht, von B-Dur nach g-Moll hinüberwechseln.
Kelly hat über die Proben zum ›Figaro‹ anschaulich berichtet, loyal und voller geziemender Hochachtung dem verehrten Komponisten gegenüber:

All the original performers had the advantage of the instruction of the composer, who transfused into their minds his inspired meaning. I shall never forget his little animated countenance, when lighted up with the glowing rays of genius; it is as impossible to describe it, as it would be to paint sunbeams.[52]

Ein befriedigender, glaubwürdiger Bericht, freilich vierzig Jahre nach der Aufführung, 1826, geschrieben, ein Blick in tiefste Vergangenheit. Kelly war das einzige Mitglied der Besetzung, das damals noch lebte, doch erscheint uns der Sachverhalt nicht verklärt; wir meinen vielmehr: So dürfte es gewesen sein. Der einzige lebende Zeuge wäre zu dieser Zeit da Ponte gewesen, der in Amerika lebte, und zwar noch weitere zwölf Jahre.

DIE AUFNAHME DER OPER bei der Wiener Premiere war lau bis kühl: Es saßen die Leute da, die das Thema anging. Graf Zinzendorf – nicht der Begründer der Herrnhuter Brüdergemeine, sondern ›Präsident der Hofrechnungskammer‹ in Wien –, ein gewissenhafter Chronist, bar jeglichen Geistes, der sein tägliches Leben vornehmlich mit Tagebucheintragungen des Banalen verbrachte und dessen, was durch ihn erst banal wurde, vornehmlich des Wetters, trug noch am Abend der Premiere ein: ›a 7ʰ du soir a l'opera le Nozze *di Figaro,* la poesie de la Ponte, la musique de Mozhardt. Louise dans notre loge, l'opera m'ennuya.‹ Eine frostige Bemerkung. Ob ihn die Oper langweilte, weil ihm die Hausangestellten seines Adelsbruders Almaviva auf die Nerven gingen oder weil er mit besagter Louise war, geht aus dieser lapidaren Eintragung nicht hervor. Doch letztlich langweilte ihn alles.

Mozart dirigierte auch die zweite Aufführung, bei der fünf Nummern wiederholt werden mußten; bei der dritten, dirigiert von dem damals zwanzigjährigen Joseph Weigl, dem Patenkind Haydns, der bald darauf als Opernkomponist in Wien erfolgreicher wurde als Mozart es jemals gewesen war, gab es bereits sieben Wiederholungen. Diesmal schrieb Zinzendorf in sein Tagebuch: ›La musique de Mozart singuliere des mains sans tête . . .‹ Man fragt sich, warum er sie nochmals angehört hat. Ob Mozart selbst

---

52 Aus Michael Kellys ›Reminiscences‹, London 1826. Zitiert nach Otto Erich Deutsch: ›Mozart, die Dokumente seines Lebens‹, Kassel–Basel–London–New York 1961, S. 457.

sich zu ihrer Wirkung jemals geäußert hat, wissen wir nicht. Nach der sachlichen Eintragung in sein Werkverzeichnis, einschließlich der Besetzung, am 29. April 1786, zwei Tage vor der verschobenen Premiere, hat er den ›Figaro‹ nicht mehr erwähnt, bis er im Januar 1787 in Prag mit der überwältigenden Wirkung seiner Oper konfrontiert wurde.

Mit dem Es-Dur-Klavierquartett (K. 493, 3. Juni 1786), dem Schwesterwerk des vor dem ›Figaro‹ entstandenen g-Moll-Klavierquartetts (K. 478, 16. Oktober 1785) ging Mozart zur Tagesordnung über, deren Gebot das Geldverdienen war. Doch wollte ihm das auch auf dem Gebiet der Kammermusik nicht mehr gelingen. Mit diesen beiden einzigartigen Werken, Resultaten einer neugewonnenen, abgeklärt anmutenden, Introversion (das As-Dur-Larghetto des zweiten!) konnte das Wiener Publikum ebenfalls nichts mehr anfangen, zu dieser Zeit wollte es lieber Kozeluch und Pleyel hören, und auch die Verleger legten ihm nahe, Leichteres zu schreiben, Stücke, die auch noch ›bei mittelmäßigem Vortrag soutenieren‹. Mozart zog die beiden Werke freiwillig zurück, doch die Zeit der Bereitschaft, ein Publikum nach dessen Geschmack zu bedienen, war endgültig vorbei. Er bediente sich selbst und seine Schüler, sofern nicht auch sie abgefallen waren. Als Klavierschülerin nachgewiesen ist um diese Zeit einzig Franziska von Jacquin. Für sie vielleicht schrieb er ›Ein kleines Rondò in F-Dur für das Klavier allein‹ (K. 494, 10. Juni 1786), vielleicht aber auch für sich selbst, in einer halben Stunde, während der er nichts anderes zu tun hatte: Möglicherweise erinnerte er sich dabei der großen Zeit seiner Klavierkonzerte, denn trotz der strengen Rondoform enthält das Werk eine gewichtige ausgeschriebene Kadenz.

In die Zeit zwischen ›Figaro‹ und ›Don Giovanni‹ – wir haben es angedeutet – fallen disparate Werke in einer großen Skala und zum Teil von höchster Qualität, zumal auf den Beginn des Jahres 1787. Möglicherweise fühlte Mozart sich durch den Prager Erfolg des ›Figaro‹ im Dezember 1786 zum letzten Mal ermutigt, sich auf keinem Gebiet beirren zu lassen.

Es lohnt sich, Mozarts diverse Aktivitäten während dieser Monate aufzuzeigen. Das Erwiesene ist unvollständig, möglicherweise ist das Aktionsfeld größer als wir wissen. Als ein biographischer

Höhepunkt gilt allgemein der Besuch des jungen Beethoven, der, wenn er wirklich stattgefunden hat, auf das Frühjahr 1787 gefallen wäre. Die Vorstellung dieses Zusammentreffens ist von großem Reiz, doch tun wir gut daran, zu zweifeln, ob es jemals dazu gekommen ist; die beiden müßten einander denn stillschweigend zur Kenntnis genommen haben. Daß Mozart schriftlich darüber kein Wort verloren hat, beweist nicht viel, doch daß auch Beethoven, der Bewunderer Mozarts, zwischen all den späteren Erwähnungen der Werke, niemals von einem Zusammentreffen mit ihrem Schöpfer gesprochen hat, verweist die Episode ins Gebiet des Anekdotischen.

Wir sind gewöhnt, in Mozarts außermusikalischen Mitteilungen sein Werk ausgeschaltet zu sehen. Über das, was ihn wirklich bewegte, hat er an Außenstehende kaum jemals ein Wort verloren. Und gerade während der Entstehungszeiten seiner größten Werke beschränken sich seine verbalen Mitteilungen nicht nur auf prosaische Routine, sondern sie sind auch durchsetzt von – freilich oft forcierter – Albernheit, was allerdings nur jene erstaunen kann, die meinen, das Genie müsse in jeder Äußerung und in jedem Verhalten die höchste Ebene jenes Geistes wahren und demonstrieren, die es vor anderen auszeichnet. Das dauernd sich äußernde Bewußtsein der eigenen Bedeutung ist in Wirklichkeit ein typisches Charakteristikum des Scheingenies.

Um so seltsamer mutet uns daher jener berühmte Brief an, den Mozart am 4. April 1787 an seinen Vater schrieb:

– diesen augenblick höre ich eine Nachricht, die mich sehr niederschlägt – um so mehr als ich aus ihrem lezten Vermuthen konnte, daß sie sich gottlob recht wohl befinden; – Nun höre aber daß sie wirklich krank seyen! wie sehnlich ich einer Trösteden Nachricht von ihnen selbst entgegen sehe, brauche ich ihnen doch wohl nicht zu sagen; und ich hoffe es auch gewis – obwohlen ich es mir zur gewohnheit gemacht habe mir immer in allen Dingen das schlimmste vorzustellen – da der Tod |: genau zu nemmen :| der wahre Endzweck unsers lebens ist, so habe ich mich seit ein Paar Jahren mit diesem wahren, besten freunde des Menschen so bekannt gemacht, daß sein Bild nicht allein nichts schreckendes mehr für mich hat, sondern recht viel beruhigendes und tröstendes! und ich danke meinem gott, daß er mir das glück gegönnt hat mir die gelegenheit |: sie verstehen mich :| zu verschaffen, ihn als den *schlüssel* zu unserer wahren Glückseeligkeit kennen zu lernen. – ich lege mich nie zu bette ohne zu bedenken, daß ich vielleicht |: so Jung als ich bin :| den andern Tag nicht mehr seyn werde – und es wird doch kein Mensch von allen die mich kennen sagn können daß ich im Umgange mürrisch oder traurig wäre – und für diese glückseeligkeit danke ich alle Tage meinem Schöpfer und wünsche sie vom Herzen Jedem meiner Mitmenschen. – Ich habe ihnen in dem briefe |: so die storace eingepackt hat :| schon über diesen Punkt |: bey gelegenheit des traurigen Todfalls Meines liebsten besten Freundes grafen von Hatzfeld :| meine Denkungsart erklärt – er war eben 31 Jahre alt; wie ich – ich bedaure *ihn* nicht – aber wohl herzlich mich und alle die welche ihn so genau kannten wie ich. – Ich hoffe und wünsche daß sie sich während ich dieses schreibe besser befinden werden; sollten sie aber wieder alles vermuthen nicht besser seyn, so bitte ich sie bey . . . . . . mir es nicht zu verhehlen, sondern mir die reine Wahrheit zu schreiben oder schreiben zu lassen, damit ich so geschwind als es menschenmöglich ist in ihren Armen seyn kann; ich beschwöre sie bey allem was – uns heilig ist. – Doch hoffe ich bald einen Trostreichen brief von ihnen zu erhalten, und in dieser angenemmen Hoffnung küße ich ihnen sammt meinem Weibe und dem Carl 1000mal die hände, und bin Ewig

ihr gehorsamster Sohn
W. A. Mozart.

In der Tat war Leopold Mozart zur Zeit dieses Briefes bereits todkrank. Daß Wolfgang dies zumindest ahnte, scheint zwar aus seinen Betrachtungen hervorzugehen, doch eindeutig verraten sie es nicht: Sie tragen den Charakter einer Ausflucht. Zudem handelt es sich nicht um die eigenen Gedanken: Vielmehr entstammen sie sinngetreu dem 1767 erschienenen Werk ›Phädon, Oder Über die Unsterblichkeit der Seele‹ des Popularphilosophen Moses Mendelssohn, das Mozart besaß und dessen erstes Buch er wohl gelesen haben muß, es sei denn, der Vater selbst, oder ein belesenerer Freund, etwa van Swieten, oder sein gebildeter Schwager Joseph Lange, der Mendelssohn begegnet war, hätten ihn auf diese Betrachtungen aufmerksam gemacht. Denn als Leser können wir uns Mozart kaum vorstellen, es sei denn als zweckverfolgenden Sucher in Partituren oder Libretti.

Wie ehrlich er es mit der Absicht meinte, ›im Ernstfall‹ ›so geschwind als menschenmöglich‹ in den Armen des Vaters zu sein, sei dahingestellt. Ihre Äußerung entspringt wohl mehr einer Selbsttäuschung, einer einigermaßen routinierten Pietätsvorstellung, als dem eigenen Antrieb. Oder vielmehr – hier schwingt die altbekannte Verdrängung mit: Es wird wohl, mit Gottes Hilfe, so schlimm nicht sein.

Wie auch immer: In der gesamten Mozart-Literatur hat dieser Brief seinen Ausweischarakter bewahrt. Der große Fund, das ersehnte Zeichen tiefster ›durchgehender Innerlichkeit‹; die Suche nach Anlässen der Erschütterung findet ihr befriedigendes Ziel. Von hier aus ließ sich scheinbar die Theorie des Mozart als schicksalsbewußten, todesfreundlichen Denkers entwickeln; ja, es ist beinah entwürdigend: dieses Vorweisen eines ›unfehlbaren‹ Beweises, daß ›Wolfgang Amadeus‹ eben doch auch im Leben nicht bloß ein sorgloser, leichtsinniger Spaßvogel gewesen sei. Die Präsenz des Todes in seinem Gefühlsleben sei hier, so wird argumentiert, auf einzigartige Weise bewiesen. Ist sie das wirklich?

UM DIESEM BRIEF GERECHT ZU WERDEN, müssen wir vorgreifen. Es gibt da einen späteren, italienisch geschriebenen Brief, der vom Tode handelt, auch schon in Nähe des Todes geschrieben. Seine Echtheit wird, mit einigem Recht, angezweifelt, zumal er dem Tod gegenüber eine andere Haltung bezeugt. Im September 1791 soll Mozart an da Ponte geschrieben haben:

Geehrter Herr,

Ihrem Rat wäre ich gern gefolgt, aber wie soll ich es anstellen? Der Kopf ist mir verwirrt, ich weiß nicht recht, wohin; ich kann meine Augen nicht von dem Bild jenes Unbekannten befreien. Ich sehe ihn dauernd, wie er mich bittet, mich bedrängt, wie er das Werk ungeduldig fordert. Ich arbeite weiter, weil mich das Komponieren weniger anstrengt als das Ausruhen. Sonst habe ich von keiner Seite mehr etwas zu befürchten. Ich spüre es, ich habe es im Gefühl, daß mir die Stunde schlägt, es geht ans Sterben. Ich bin am Ende, noch ehe ich mich meines Talentes habe erfreuen dürfen. Das Leben war so schön, meine Laufbahn begann so verheißungsvoll, aber man kann nun einmal sein Schicksal nicht lenken. Keiner weiß, wieviele Tage ihm zugemessen sind. Man muß sich in den Willen der Vorsehung fügen. Ich schließe, denn da ist noch mein Totengesang, ich darf ihn nicht unvollendet lassen.[53]

Es spricht manches für die Echtheit dieses Briefes. Nicht etwa die Erwähnung des Totengesanges, nämlich des ›Requiem‹, oder des geheimnisvollen Boten, der ihm den Auftrag dazu überbrachte, auch nicht dessen Anblick, der ihn verfolge – im Gegenteil: das spräche eher für eine romantische Fälschung –, sondern die Anwendung jener hinlänglich bekannten Gemeinplätze angesichts des Todes, derer Mozart sich mehrmals, vor allem aber nach dem Tod der Mutter, bedient hat: die Unabwendbarkeit des Schicksals, das Sich-fügen-müssen. In gewisser Weise also wird hier das Gegenteil des Briefes an den Vater ausgesagt: als des Menschen bester Freund tritt der Tod hier nicht auf, eher als ein sanfter Feind. Freilich gibt es da einen Unterschied, ob man einen Sterbenden tröstet oder ob man den Tod an sich selbst zu erfahren beginnt.

Weiterhin spräche für die Echtheit der gestelzte artifizielle Stil, die Libretto-Sprache, der Mozart sich im Italienischen bedient hat. Der Fälscher wäre also ein Nachahmer dieser Sprache gewesen, wenn nicht selbst ein Librettist, aber wohl kaum ein Italiener. Doch warum dann Italienisch? Der imaginäre Empfänger hätte ja auch ein anderer sein können als da Ponte. Vielleicht hat der Fälscher ihn gewählt, weil er Mozart aufgefordert haben soll, mit ihm nach England zu reisen. Der Brief hat nicht zuletzt Antwortcharakter: als schlage der Schreiber dem Empfänger etwas ab, da ihn die Unabwendbarkeit des Schicksals dazu zwinge. Groß ist die

---

53 Aff^{mo} Signore

Vorrei seguire il vostro consiglio, ma come riuscirvi? ho il capo frastornato, conto a forza, e non posso levarmi dagli occhi l'immagine di questo incognito. Lo vedo di continuio esso mi prega, mi sollecita, ed impaziente mi chiede il lavoro. Continuo, perchè il comporre mi stanca meno del riposo. Altronde non ho più da tremare. Lo sento a quel che provo, che l'ora suona; sono in procinto di spirare; ho finito prima di aver goduto del mio talento. La vita era pur si bella, la carriera s'apriva sotto auspici tanto fortunati, ma non si può cangiar il proprio destino. Nessuno misura i propri giorni, bisogna rassegnarsi, sarà quel che piacerà alla providenza, termino, ecco il mio canto funebre, non devo lasciarlo imperfetto.

Vienna 7bre 1791.

Überzeugungskraft des Satzes: ›Ich arbeite weiter, weil mich das Komponieren weniger anstrengt als das Ausruhen.‹ Hier hat ein psychologisch einsichtiger Beobachter, vielleicht als erster, eine für jeden kreativen Menschen gültige Verhaltenswahrheit ausgesprochen, die Flucht ins Schöpferische. War es Mozart selbst, in einem einzigartigen Augenblick selbstanalytischer Reflexion?

Das Original dieses Briefes ist verschollen. Kein Biograph hat es gekannt. Wenn es sich um eine Fälschung handelt, so ist sie ein Kabinettstück glorifizierender Identifikation. Daher wollen wir sie ihrem Autor, wer immer es war, nicht verübeln. Sie zeigt uns Mozart vor seinem Tod, nicht nur wie man ihn sich vielfach vorgestellt hat, sondern wie man sich ihn wünschte. Gewiß ist dieser verbale Moll-Ton stiller Resignation unmozartisch, der Hauch euphorischer Verklärung ist Wunschgedanke. Dennoch enthält der Brief jenen, anderweitig belegten, Atem der Souveränität, der Würde eines Mannes, dem nichts fremder war als Selbstmitleid: der Sentimentalität nicht kannte. Im Gegensatz zu anderen Fälschungen also, die meist dem Zweck gedient haben, das Objekt herabzusetzen, zu entwürdigen oder zu verleumden, wäre dieses Dokument eine anonyme Demonstration der Verehrung und gleichzeitig ein Hinweis für die Nachwelt. Ehrlich gesagt: Man bedauert, daß die Authentizität nicht bewiesen ist. Wir versuchen, keine Wunschbilder zu malen, können aber nicht verhindern, daß es in uns malt.

DIE FREIE ANEIGNUNG des Gedanken- und Wortgutes artikulierter Geister, oder solcher, die man dafür hielt, war nicht allein für Mozart eine Ausflucht; vielmehr entsprach sie dem Ausdrucksstil der Zeit. Während also der Brief an da Ponte als ein tiefschürfender Erlebnisbericht hätte gelten können, wäre er authentisch gewesen, ist der Brief von 1787 an den Vater, den wir, bis er 1978 aus scheinbarer Verschollenheit wieder hervorkam, für apokryph hielten, eine solche Aneignung. Sein Kernstück erscheint uns in seiner Art der Reflexion und in seinem Wortlaut ganz und gar untypisch. Mozart hat bis spät, wenn auch nicht bis zuletzt, auf seine äußere Erscheinung Wert gelegt – und viel Geld dafür ausgegeben –, doch soweit wir wissen, hat er in den letzten Jahren nicht mehr versucht, sein Inneres mit den Augen anderer zu betrachten oder sich vorzustellen, wie der Ausdruck seiner seelischen Verfassungen auf andere wirke, vielleicht übrigens zu seinem Nachteil. Den ›Schlüssel zu unserer wahren Glückseeligkeit‹ zu finden, lag seiner Art der Spekulation so fern wie alles Nachdenken über den Sinn des Lebens. Daß das Seine objektiv sinnvoll war, hat er zunehmend geahnt, doch nicht geäußert.

Können wir, im Rahmen unserer allgemeinen Hilflosigkeit in der Deutung seiner Seele, uns Mozart vorstellen, wie er diesen Brief schreibt? Ist es nicht, als trete er einen Augenblick lang aus sich heraus, um sich in Anwandlung einer, von letzter und schuldbewußter Liebe zum Vater diktierten Verfremdung, als jenen Sohn darzustellen, den dieser Vater viele Jahre in ihm nicht mehr hat sehen wollen? Und vermutlich hat er dabei nicht bedacht, daß der Vater diese Gedankengänge aus Primärquellen kannte, da sie einer Lektüre Moses Mendelssohns entstammten, die er vielleicht selbst seinem Sohn nahegebracht hatte. Vor allem aber, daß der verbitterte Vater die Versicherung eines täglichen Dankes an den Schöpfer mit einer Skepsis aufnehmen würde, die sie wohl verdient. Er hat, soweit wir wissen, seinem Sohn nicht mehr geantwortet.

Was also für die meisten Biographen krönende verbale Offenbarung einer zusätzlichen seelischen Leistung Mozarts ist, sehen wir als den innigen Wunsch, der Vater möge ihn in seinen letzten Stunden in guter Erinnerung behalten. Gewiß: darin ehrt der Brief den Schreiber und, indem er Ehre vergibt, den Adressaten.

DER TOD als ›wahrer Endzweck des Lebens‹ – Horaz: ›Mors ultima linea rerum‹, falsch übersetzt; für Mozart gewiß nicht mehr als eine ›Redensart‹. Wenn wir ihn richtig einschätzen, so gehörte er zu jenen, die den Tod als unabwendbares Schicksal hinnahmen, ohne Worte darüber zu verlieren. In dieser Sicht erscheint uns der Brief, als sei er geschrieben, um dem Wunschdenken der Biographen zu entsprechen. Denn Todesbetrachtung anhand der Beispiele großer Männer ist ein probates, beinah kollektives Agens: als Hilfsmittel fördert es die eigene Verdrängung dieser ›ultima linea‹. Wer sich mit ihr nicht abzufinden vermag, sucht sich an der Gefaßtheit seiner Vorbilder emporzurichten, er klammert sich an die Objekte seiner Identifikation. Wer aber der ›linea‹ gefaßt entgegenblickt, der redet nicht darüber. Zu ihnen gehörte Mozart.

DER VERBALE AUSDRUCK seelischer Empfindung ist Mozarts Sache nicht gewesen. Außer in seinen jähen, von – stets beherrschter – Trauer diktierten kurzen Ausbrüchen in den letzten Briefen an Constanze, können wir ihn auf diesem Gebiet fast auf ein paar Schemata, gleichsam Grundstrukturen, festlegen; auch hier hatte er seine Versatzstücke und seine Grammatik, über die er selten hinausging. Er lebte in einem ›vorpsychologischen‹ Zeitalter, in dem man sich zwar der Seele mit zunehmender Empfindsamkeit bewußt wurde, nicht aber der Kunde von ihr, und bis zur Lehre war es noch weit. Der Ausdruck ihrer Regungen, sofern er erforderlich war oder verlangt wurde, beschränkte sich wohl oder übel auf das, was die Dichter aus ihm gemacht hatten, oder auch umgekehrt: Wer adäquate und verständliche Worte für sie fand, der war ein Dichter. Diese Dichter waren im besten Fall Goethe – der ›Werther‹ war populär, auch Mozart hat ihn gelesen – und Shakespeare, allerdings in unzulänglichen, zum Teil fehlerhaften Übersetzungen. Es waren Wieland, Klopstock und Gellert, Popularphilosophen wie Mendelssohn. Im schlechteren Fall aber waren es eben die minderen Dramatiker der Zeit, heute vergessen, und die zahlreichen Hofpoeten, das heißt: Librettisten, allen voran Metastasio. Ihre Diktion wurde für jene Schicht, der die Mozarts angehörten, stilprägend. Ihrem Vokabular, ihrer Syntax, Rhetorik und Evokation vertrauten jene, die sich überhaupt schriftlich artikulierten, die Empfindung der eigenen Seele an; ja, es scheint beinah, als hätten sich bestimmte Normen und Regeln der Gestalten aus der Opera seria auf das reaktive Verhalten ihres Publikums ausgewirkt; als sei individuelles Verhalten in bestimmte Modelle gezwängt worden, darunter in solch pathetische Artefakte, die den auszudrückenden Inhalt gar nicht rechtfertigten.

So bediente sich auch der musikalische Neuerer Mozart in seinen verbalen Äußerungen nur allzu gern eines vorgefundenen Phrasenschatzes und der entsprechenden Theatralik, d. h. der Identifikation mit einer Gestalt, die er zwar nicht war, als die er dem differenzierenden Empfänger wohl auch nicht erschien, als die er sich aber gewiß im Augenblick des Schreibens sah. Jedenfalls war die Korrespondenz zwischen Vater und Sohn um diese Zeit bereits spärlich geworden. Die alltäglichen Mitteilungen des vereinsamten Leopold Mozart richteten sich nunmehr an seine Tochter, die seit drei Jahren als Frau des Landpflegers Johann Baptist von Berchtold zu Sonnenburg in St. Gilgen lebte.

Sie hat wohl verschiedene Verehrer gehabt, die aber von Leopold nicht akzeptiert wurden; auch die Tochter also hat er bis zu ihrer Heirat beherrscht, ja, er hat vielleicht ihr Glück zerstört, indem er den Salzburger Hofkriegsrath Herrn d'Yppold abwies, der ihm nicht paßte, den das Nannerl vielleicht liebte, und der auch Wolfgang gefiel. So ist er an der ziemlich tristen Vernunftehe mit dem ältlichen zweifachen Witwer Herrn von Berchtold schuld, den sie 1784 geheiratet hatte. Berchtold bezahlte 500 Gulden ›Morgengabe‹ ›in praemium virginitatis‹ an die Frau, und wir dürfen annehmen, daß er der ›virginitas‹ sicher sein konnte. Er war ein geiziger Pedant; sonst ist nichts Nachteiliges über ihn bekannt, allerdings auch nichts Vorteiliges.

Die Briefe Leopolds an das Nannerl gehen zum Teil um Haushalt, er schickte ihr Stockfisch, Schokolade, Limonen etc. Was die familiären Mitteilungen über den Sohn betrifft, so erscheinen sie uns von einer eigentümlichen Kühle. Wir wollen hier dem Einsamen nicht etwa Genugtuung oder Schadenfreude unterstellen, wenngleich die Tendenz: ›Ich habe es ja vorausgesehen!‹ oft als Unterton mitzuklingen scheint. Doch müssen wir mit solchen Deutungen vorsichtig sein. Leopold Mozart war ein Meister der lakonischen Darstellung, er wußte den Gefühlsgehalt seiner Briefe genauestens zu regulieren. Man neigt dazu, die Korrespondenz zwischen Vater und Sohn mit Empfindungsinhalten zu befrachten, die sie weder hat noch haben soll. Wo es sich um sachliche Mitteilung von Neuigkeiten handelt, erscheint es uns oft, als hätten sich die beiden Briefschreiber mit ihrem Kommentar absichtlich zurückgehalten, damit der andere sich den Gegenstand des Berichtes selbst ausmale. In der Tat sind wir manchmal versucht, sie durch den Ausruf ›Stell dir vor!‹ oder ›Denk dir nur!‹ zu ergänzen.

Dennoch: Die Bemerkungen des Vaters über seinen Sohn in den Briefen an die Tochter wirken nicht liebevoll. Als Wolfgang ihm die Geburt seines dritten Kindes (18. Oktober 1786), Johann Thomas Leopold, mitteilte, schrieb Leopold am 27. Oktober an das Nannerl: ›Daß euer Leopoldl nun in Wienn einen Cammeraden bekommen hat, werdet ihr aus deines Bruders Brief lesen, den

DIE FAMILIE MOZART
Ölgemälde von Nepomuk della Croce
1780/81

MOZART
Silberstiftzeichnung von Dora Stock
April 1789

Rechte Seite:

MOZART
Ölgemälde von Barbara Krafft
1819

LEOPOLD MOZART
Ölbild, 1765

MARIA ANNA THEKLA MOZART,
das »Bäsle«. Bleistiftzeichnung
1777/78

BRIEF MOZARTS an den Abbé Bullinger vom 3. Juli 1778 (Anfang)

Brief Mozarts an seinen Vater vom 9. Mai 1781 (Anfang)

HERR UND MADAME LANGE
Mitglieder des K. K. National
Hoftheaters in Wien.

Lange del.   D. Berger Sculp. 1785.

JOSEPH UND ALOISIA LANGE
Stich von Daniel Berger
nach Lange, 1785

CONSTANZE MOZART
Ölbild von Joseph Lange
1782

MARIA ANNA (NANNERL) MOZART,
später von Berchtold zu Sonnenburg
Ölbild um 1785

JOSEPH HAYDN
Ölbild von John Hoppner

LORENZO DA PONTE
Stich von Michele Pekenino nach
Nathaniel Rogers

Anna Selina (Nancy) Storace
Stich von Pietro Bettelini
1788

H-Moll-Adagio für Klavier, K. 540 (Anfang)

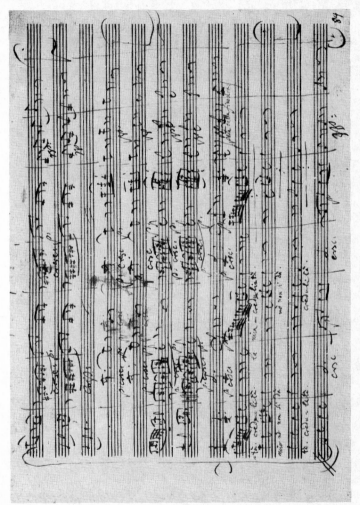

Don Giovanni. Aus dem Terzett (Nr. 16) ›Ah, taci ingiusto core‹

EMANUEL SCHIKANEDER
Stich von Philip Richter

Rechte Seite:

K. L. GIESECKE
Ölbild von Sir Henry Raeburn

CONSTANZE MOZART
Ölbild von Hans Hansen
1802

MOZARTS KINDER
Karl und Franz Xaver Wolfgang
Ölgemälde von Hans Hansen
um 1798

FRANZ XAVER WOLFGANG MOZART
Ölgemälde von Karl Schweikart
1825

ich hier beyschlüsse.‹ Ob er gratuliert hat, weiß man nicht. Das ›Leopoldl‹ war Nannerls Sohn, den der Großvater zu sich genommen hatte, um seine Einsamkeit ein wenig zu mildern. Wolfgang gegenüber freilich hat er diese Regelung zu verheimlichen gesucht, denn ihm hatte er das entsprechende Begehren abgeschlagen, als Wolfgang und Constanze eine Englandreise planten; sie kam denn auch nicht zustande. Natürlich richtete sich diese Versagung mehr gegen Constanze als gegen Wolfgang. Daß der Sohn es übel nahm, hat er den Vater nicht spüren lassen. Er hat beinah allen alles nachgesehen, und dem Vater erst recht. Arglos hat er die Geschwister Storace und Michael Kelly, die auf der Rückreise nach England Salzburg besuchten, an den Vater empfohlen. Der Vater hat sie denn auch recht unlustig empfangen und dem Nannerl gegenüber den Besuch als lästig dargestellt; sein besonderer Spott galt dem – anscheinend überaus voluminösen – Reisegepäck der Storace. Und noch kurz vor seinem Tod teilt er der Tochter mit (11. Mai 1787): ›Dein Bruder wohnt itzt auf der Landstrasse No. 224. Er schreibt mir aber keine Ursache dazu, gar nichts! das mag ich leider errathen!‹

Offensichtlich also hatte Mozart seinem Vater noch den Umzug von der geräumigen herrschaftlichen Wohnung in der Schulerstraße in eine bescheidenere Wohnung (23. April 1787) mitgeteilt, wahrscheinlich ungern. Denn er symbolisierte den Beginn des sozialen Abstiegs und der materiellen Misere. Das war es denn auch, was Leopold erraten hatte, wie er ja überhaupt so manches erraten hat: Er kannte Wolfgangs Reaktionen auf die Wechselfälle des Lebens, war ein genauer Leser zwischen den Zeilen seiner Briefe. Seine Einsicht in die Mentalität des Sohnes spricht oft von überragender Klugheit. Größere Einsicht in sich selbst – das dürfen wir von ihm nicht verlangen: Welcher Vater eines solchen Sohnes hätte sie gehabt?

DER UMZUG DER FAMILIE MOZART – Wolfgang, Constanze, Carl, Hausmagd, Star – war gewiß das Resultat einer gedrängten materiellen Lage. Dafür spricht auch, daß Mozart sich zur Unterbrechung der Arbeit am ›Don Giovanni‹ gezwungen sah, um etwas zum unmittelbaren Verkauf anbieten zu können; anders ist die Entstehung der beiden Streichquintette in C-Dur und g-Moll

(K. 515 und K. 516) kaum zu erklären, denn wer sollte sie in Auftrag gegeben haben? Aufträge aus Wiener Kreisen waren um diese Zeit schon nicht mehr zu erwarten. Erst Ende 1787 erhielt er den Dauerauftrag regelmäßiger Lieferungen von Tanzprogrammen für den Hof, für die er das Gehalt eines kaiserlichen Kammer-Compositeurs von 800 Gulden jährlich bezog.

Es wird uns freilich schwer, diese beiden Quintette als Diktat materieller Notwendigkeit zu betrachten; aber es hat ja niemals ein großes Werk Mozarts die Schäbigkeit des Anlasses verraten, dem es so oft entsprang, geschweige denn die Tatsache, daß niemand es brauchen konnte, und daß es manchmal nicht honoriert wurde.

ANHAND DIESER BEIDEN QUINTETTE erhebt sich nochmals die Frage, ob Mozart über seiner Arbeit den Anlaß vergessen oder ob er die ›düstere‹ Schwere mancher Werke selbst nicht wahrgenommen hat. Uns erscheint das C-Dur-Werk wie eine Demonstration dessen, was Mozart in der Behandlung dieser Tonart zu leisten imstande war: hier das Quintett, dort der ›Figaro‹. Freilich wird das Dur bereits vom Anfangsthema ab nach c-Moll abgewandelt, als stehe der endgültige Entscheid noch aus. Doch er fällt für ein Dur sui generis.

Exkurs: Ich sage ›abgewandelt‹, weil ich mich des Wortes ›Molleintrübung‹ der Musikwissenschaft nicht bedienen mag; es erscheint mir symbolisch für das unstatthaft Wertende musikalischer Analyse. Weshalb ›trüb‹? Der Tag ist nicht denkbar ohne die Nacht, doch welche zwölf Stunden sind objektiv die besseren? Wir haben hier auf ein bereits angeschnittenes Thema zurückzukommen, denn es ist ja ein tragender Anlaß dieses Versuches: Wenn Abert von dem Finale der frühen g-Moll-Sinfonie (K. 173dB) als einem ›Selbstbekenntnis‹ spricht, das nicht ›die befreiende Luft der Haydnschen, geschweige denn der Beethovenschen Finales kennt‹, das Werk ›pessimistisch‹ nennt, ›in einer trüben Stunde geschrieben‹[54], so verfällt er – wie wir gesehen haben, nicht das einzige Mal – der Subjekt–Objekt-Verwechslung. Denkt man den Irrtum zu Ende, so müßte man zu dem Schluß gelangen, Goethe habe Selbstmordabsichten gehegt, weil er den ›Werther‹ schrieb. Dabei

54 Abert, a.a.O., I, S. 319.

war Abert einer der wahrhaft hervorragenden Kenner aller musikalischen Grammatika. Bei ihm lesen wir zum Beispiel, daß ›Es-Dur bei den älteren Neapolitanern die Tonart des dunklen, feierlichen Pathos, namentlich bei der Anrufung von Gottheiten und bei Geisterszenen‹[55] war. Hat er Mozart die, wahrhaftig nicht leichtfertige, Übernahme von Konventionen nicht zugestehen wollen? Haben sich ihm mitunter beim Erleben des ›Stoffes‹ die Umrisse der ›Form‹ verwischt?

DAS G-MOLL-QUINTETT versetzt uns in die gleiche Stimmung wie das Dur-Werk, wenn auch hier ein noch bewegterer Gestus herrscht, es ist ›beredter‹, vor allem das erregende und erregte Es-Dur-Adagio, das Einstein in rezeptivem Überschwang das ›Gebet eines Einsamen‹ nennt. ›. . . was hier vorgeht, ist vielleicht nur der Szene im Garten Gethsemane vergleichbar. Der Kelch mit dem bitteren Trunk muß geleert werden, und die Jünger schlafen . . .‹[56] Hier halten wir uns wohl am besten an das Wort ›vielleicht‹.
Es wundert uns nicht, daß gerade diese beiden Werke ein Übermaß an emotionaler Interpretation erfahren haben, vor allem das g-Moll-Werk. In der Tat spricht es eine Sprache, die zum Mitvollzug eines unerklärbaren Vorganges auffordert, einer abwechselnd dringlichen und wieder distanzierten Mitteilung, die auf uns – es gibt da wohl kaum eine Ausnahme – tief tragisch wirkt. Es läßt sich schließlich nicht leugnen, daß unser rezeptives Potential ja nicht auf ein Abstraktum reagiert, sondern auf Suggestionen aus dem reichen Angebot eines Zauberers. Er gibt uns Erfahrungen ein, legt uns Assoziationen nah, mit Erlebtem, vergangenen Erschütterungen, die sich außermusikalischer Begrifflichkeit entziehen. Und wenn uns zum g-Moll-Quintett vielleicht auch nicht ›Gethsemane‹ einfällt, wenn wir Aberts Sichten des ›schneidenden Schmerzes‹, der ›schluchzenden Wehmut‹ oder gar den ›fatalistischen Absturz‹ als verfehlt betrachten, so können wir doch nicht leugnen, daß hier etwas mit uns geschieht. Wozu bedürften wir sonst überhaupt der Musik, wenn sie nicht eben dies bewirkt: die

55 Ebda., S. 206 FN.
56 Einstein, a.a.O., S. 226 f.

Befriedigung des Verlangens nach emotionalem Erleben, ohne in den tiefen Aufruhr ihrer Quelle verwickelt zu sein. Letzten Endes beruht darauf unser niemals nachlassendes Mozart-Erlebnis: Wir genießen – nicht anders als im Fall Beethoven – die Sublimierungen der Katastrophe eines Menschen als Katharsis.

IN DER HOFFNUNG, diese Quintette absetzen zu können, sah sich Mozart allerdings getäuscht. Im April – während der Arbeit am ›Don Giovanni‹ – bot er sie ›schön und korrekt geschrieben auf subscripzion‹ an, und zwar durch seinen Freund, Ordensbruder und wahrscheinlich schon beginnenden Gläubiger Michael Puchberg, in dessen ›Sallizinscher Niederlassungshandlung am hohen Markt‹ die Werke ab Juli zu haben wären; doch vergebens: keiner kaufte sie. Am 25. Juni 1788 verlängerte Mozart die Subskriptionszeit bis 1789, auch das war umsonst. Wien zog kleinere Geister vor, Kozeluch, Dittersdorf, Hummel, Duschek, Eberl, Gyrowetz, und wie sie alle hießen. Mit seelenaufrührender Musik wollte man nichts zu tun haben. Am 23. April 1787 war in ›Cramers Magazin der Musik‹ (Hamburg) der Bericht des Wiener Korrespondenten über den auf Abwege geratenen Mozart erschienen: ›Schade, daß er sich in seinem künstlichen und wirklich schönen Satz, um ein neuer Schöpfer zu werden, zu hoch versteigt, wobei freylich Empfindung und Herz wenig gewinnen, seine neuen Quartetten . . . . sind doch wohl zu stark gewürzt – und welcher Gaumen kann das lange aushalten.‹ Dasselbe Magazin bestätigte ihm denn auch im Jahr 1789, ›daß er einen entschiedenen Hang für das Schwere und das Ungewöhnliche hat‹, was wohl auch kaum zu leugnen ist.

OB MOZART ZUR ZEIT DIESER QUINTETTE und ihrer Ablehnung das Honorar von hundert Dukaten für den Prager Auftrag des ›Don Giovanni‹ schon ausgegeben oder noch nicht erhalten hatte, wissen wir nicht. Jedenfalls muß er sofortiger Einnahmen bedurft haben. Daher schrieb er einige Lieder für den ›liebsten besten Freund‹ Gottfried von Jacquin, die ihm dieser wahrscheinlich sofort honorierte, um später zumindest zwei von ihnen unter seinem eigenen Namen zu veröffentlichen. Doch das hat Mozart ihm wohl nicht übelgenommen. Ein Copyright gab es damals nicht; sowohl Geber als auch Nehmer waren freizügig in der

Verfügung über geistiges Eigentum des jeweils anderen. Mozart, der manchmal kleinere Kompositionen so generös verschenkte wie heute ein Schriftsteller Autogramme austeilt, nahm es darin nicht genau, ja, manche seiner größeren Werke sogar scheint er unmittelbar nach der Niederschrift vergessen zu haben. So war er zum Beispiel ›ganz surprenirt‹ über die Qualität der für Salzburg geschriebenen D-Dur-Sinfonie (K. 385, ›Haffner-Sinfonie‹), als er sie im Februar 1783, ein Jahr nach ihrer Aufführung, vom Vater zurückerhielt; er meinte, ›die muß gewis guten Effect machen‹ (15. Februar 1783). Wir können ihm nachträglich diesen ›Effect‹ bestätigen.

Auch mit Zitaten und Anleihen ging man freizügiger um. Aus dem Bläser-Divertimento in Es-Dur (K. 240a) hat man sich gleich mehrfach bedient. Das Andante des ersten Satzes benützte Herr Gruber für sein Weihnachtslied ›Stille Nacht, heilige Nacht . . .‹, das Presto assai muß Beethoven wohl den Anstoß zum Rondo des C-Dur-Klavierkonzerts gegeben haben. Gewiß hat auch Mozart selbst solche Anleihen gemacht. Doch vielleicht handelt es sich in allen Fällen um solch seltsame Koinzidenz wie der plötzliche und erstaunliche Vorgriff auf die Tristan-Chromatik im Andante con moto (As-Dur!) des Es-Dur-Streichquartetts (K. 421b).

Ende Mai 1787 schrieb Mozart an Gottfried von Jacquin:
Liebster Freund! – Ich bitte sie dem Hr: Exner zu sagen er möchte morgen um 9 uhr kommen um meiner frau Aderzulassen. – Hier schick ihnen ihren Amynt und das Kirchenlied – Die Sonate haben sie die Güte ihrer frl: Schwester nebst meiner Empfehlung zu geben; – sie möchte sich aber gleich darüber machen, denn sie seye etwas schwer. – adieu. –

ihr wahrer freund
Mozart $\frac{m}{p}$

Ich benachrichtige sie daß ich heute als ich nach haus kamm die traurige Nachricht von dem Tode meines besten Vaters bekam. – Sie können sich meine Lage vorstellen! –
Möglicherweise konnte sich Herr von Jacquin Mozarts Lage vorstellen, wir können es nicht. Wir sehen ihn einen solchen Brief nicht schreiben, erkennen nicht, was sich hinter dieser Verhalten-

heit verbirgt; ob sich überhaupt irgend etwas dahinter verbirgt. Daß der Tod des Vaters lediglich als Postskriptum einer Reihe von alltäglichen Nachrichten erscheint, mag sich daraus erklären, daß sein Bewußtsein die volle Bedeutung dieser Nachricht wohl noch nicht recht aufgenommen hatte; jedenfalls wird dadurch die banale Routine nicht hinfällig: Zuerst tritt ein Herr Exner auf, wahrscheinlich eine Art Bader, der die kränkelnde Constanze zur Ader lassen sollte – immer wieder schaudern wir bei dem Gedanken an all das abgezapfte Blut –, es folgt die Bestätigung der Sendung zweier Lieder, ›Amynt‹ und das ›Kirchenlied‹. Sie sind nicht identifiziert, wahrscheinlich hatte Jacquin sie ihm zur Begutachtung geschickt, denn er komponierte selbst. Die Sonate für das Fräulein Schwester, mit der Aufforderung an sie, sich gleich daran zu machen, all dies vor dem à propos der Trauernachricht, ist die C-Dur-Sonate für Klavier zu vier Händen (K. 521), geschrieben am 29. Mai – also einen Tag nach dem Tod des Vaters –, deren Andante in F-Dur bereits auf den ›Don Giovanni‹ hinweist, indem es den labil-koketten Zauber Zerlinas atmet, ja, ein Zitat aus ihrer Arie ›Vedrai carino‹ (Nr. 19) enthält, und zwar die Figur ›E naturale‹. Auch dieser Satz bringt den für Mozart so typischen Moll-Ausbruch, die immer wieder jähe und doch voraussehbare Anwandlung als Stilmittel. Es lohnt sich, anhand dieser Sonate eine vergleichende vertikale Skala der Wertungen aufzustellen. Abert findet sie ›weniger bedeutend‹, Einstein ›glänzend‹, Paumgartner ›ein Kleinod‹; den Zerlina-Satz findet der Franzose Saint-Foix ›liedmäßig‹, also deutsch, der Deutsche Abert ›französisch-rondo-artig‹. Dennerlein nennt ihn einen ›gelassenen Gesang‹. Niemand denkt an Zerlina, und doch ist es die einzige Behauptung, die sich beweisen läßt – womit freilich keinerlei Bedeutung verknüpft sei. Mozart hat sein Gedankenreservoir nicht bewußt verwaltet, er hat es nicht nötig gehabt, zu speichern. Wenn er zum Beispiel in der B-Dur-Arietta des Cherubino (Nr. 11) im ›Figaro‹ bei den Worten ›Donne vedete‹ auf einen vierzehn-Jahre-alten Gedanken zurückgreift (im Allegro der D-Dur-Sonate für Klavier zu vier Händen, K. 123a, 1772), so ist dies für uns ein deutliches déjà-vu, doch war es für ihn gewiß weder eine bewußte noch eine unbewußte Anknüpfung.

WENIGE TAGE NACH DEM BRIEF AN JACQUIN, am 2. Juni 1787, schrieb Mozart an seine Schwester:

Liebste Schwester!

Du kanst dir leicht vorstellen wie Schmerzhaft mir die traurige Nachricht des gähen Todfalles unseres liebsten Vatters war, da der Verlust bey uns gleich ist. – – Da ich dermalen unmöglich Wienn verlassen kann|: welches ich mehr thäte um das Vergnügen zu haben dich zu umarmen :| und die Verlassenschaft unseres Seeligen Vatters betreffend es kaum der Mühe werth seyn würde, so muss ich dir gestehen dass ich auch ganz deiner Meinung bin in betreff einer öfentlichen feilbietung; nur erwarte ich vorher das inventarium davon, um einige auswahl treffen zu können; – wenn aber, wie H. von d'Yppold schreibt, eine dispositio paterna inter liberos da ist, so muß ich nothwendig diese dispositio eher wissen, um weitere Verfügungen treffen zu könen; – – ich erwarte also nur eine genaue abschrift davon, und werde alsdann nach seiner kurzen übersicht dir auf der stelle meine Meinung mitheilen. – – Ich bitte dich unseren wahren guten freund H. von d'Yppold diesen eingeschlossenen Brief einhändigen zu lassen; – – da er sich in so vielen fällen schon als freund gegen unser haus gezeigt hat, so hoffe ich wird er mir auch die freundschaft erweisen und in den Nöthigen fällen meine *Person* vertretten. – – Lebe wohl, liebste schwester! ich bin Ewig dein

Wienn den 2:^ten Juny 1787   getreuer Bruder
                                                                         W. A. Mozart

P: S: Meine Frau empfihlt sich dir und deinem Manne wie auch ich. – –

Der Gefühlsinhalt dieses Briefes beschränkt sich auf den Anfangssatz. Doch auch dieser mutet artifiziell an, ziemlich gewaltsam, zumal der ›Todfall‹ gar nicht so ›gäh‹ war. Der Brief an den Vater vom 4. April bedeutet, daß Mozart vorbereitet gewesen sein muß. Der Rest des Schreibens ist denn auch überaus sachlich, lapidar, die Forderung ziemlich unverblümt. Er hat den Familienfreund, eben jenen Herrn d'Yppold, der das Nannerl gern geheiratet hätte, zum Vertreter seiner Interessen in Sachen Erbschaft ernannt; es handelte sich wohl um eine gesetzliche Vorschrift. Ob er darüber hinaus der Rechtschaffenheit seines Schwagers und seiner Schwester nicht traute, wissen wir nicht. Das versäumte ›Vergnügen‹, seine Schwester zu umarmen, nehmen wir ihm nicht ab. Hier hat er eines seiner Versatzstücke angewandt, eine jener Überbrückungen, die ihm ad libitum zu Gebot standen. Sie erscheinen uns vor allem dann unglaubhaft, wenn sein Geist bei anderen Dingen war – und wann wäre sein Geist nicht bei anderen Dingen gewesen als bei vordergründiger Kommunikation mit seiner sogenannten Mitwelt? Wo fände sich je beim erwachsenen Mozart auch nur ein Hinweis auf die Wirkung der charakterlichen Eigenart irgendeines Gegenübers oder auf den Eindruck, den die psychische Verfassung eines Menschen auf ihn machte! Wie fern ihm die Umarmung seiner Schwester lag, geht allein schon daraus hervor, daß er hiernach niemals den Versuch unternommen hat, sie wiederzusehen, obgleich sich ein Besuch anläßlich seiner Frankfurter Reise sehr wohl angeboten hätte. Ob er seinen Schwager überhaupt jemals zu Gesicht bekommen hat, ist nicht bekannt. Gemeinsames hatten die beiden jedenfalls gewiß nicht.

ZWEI TAGE NACH DEM BRIEF AN DIE SCHWESTER verendete im Käfig in seinem Arbeitszimmer sein Vogel Star. Ihm hat Mozart eine ausführliche Elegie gewidmet:

Hier ruht ein lieber Narr,
Ein Vogel Staar.
Noch in den besten Jahren
Mußt er erfahren
Des Todes bittern Schmerz.
Mir blu't das Herz,
Wenn ich daran gedenke.
O Leser! schenke
Auch du ein Thränchen ihm.
Er war nicht schlimm;
Nur war er etwas munter,
Doch auch mitunter
Ein lieber loser Schalk,
Und drum kein Dalk.
Ich wett, er ist schon oben,
Um mich zu loben
Für diesen Freundschaftsdienst

Ohne Gewinnst.
Denn wie er unvermuthet
Sich hat verblutet,
Dacht er nicht an den Mann,
Der so schön reimen kann.
Den 4ten Juni 1787.　　　　　Mozart

Als Leser dieses Gedichtes – wenn wir es so nennen wollen –
können wir kaum umhin, an einen würdigeren Gegenstand unserer Tränen zu denken. Doch über den Unterschied in Mozarts
Beziehungen zu diesen beiden ungleichen Opfern des Todes – Vater und Star – möchten wir hier nicht spekulieren; auch er dürfte
wohl kaum an eine Koinzidenz gedacht haben – oder vielleicht
doch? Es ist auch unwahrscheinlich, daß er sich gewaltsam von
den Gedanken an des Vaters Tod ablenken wollte, indem er ein
Ersatzobjekt besang. Mozart hatte eben gern einen Vogel in seiner
Nähe, und den Nachfolger des Staren, einen Kanarienvogel, ließ er
erst ein paar Stunden vor seinem Tod aus dem Zimmer entfernen.
Jedenfalls hat dieser Star in seinem Leben eine Rolle gespielt. Er
hatte ihn am 27. Mai 1784 für 34 Kreuzer erworben, demnach drei
Jahre mit ihm zusammengelebt, und wollen wir Mozarts Auf-
zeichnungen glauben – die Ornithologie schließt diese Möglichkeit
keineswegs aus –, so konnte der Vogel die ersten fünf Takte
des Rondo-Themas aus dem G-Dur-Klavierkonzert (K. 453)
singen.
Jedenfalls entnehmen wir der Qualität dieses Nachrufes, daß
Mozart ein Lyriker nicht war. Dennoch erscheint uns dieses
Elaborat wichtig als Einzelfall und als Beleg. Die hier behandelten
Monate werfen denn auch die Frage nach dieser geheimnisvollen
Synchronie seiner inneren Vorgänge auf, nach jener Partitur, in der
dem ›Don Giovanni‹ wie dem Disparaten, dem Tod des Vaters und
dem des Vogels, den Quintetten und der Erbschaft je eine Stimme
zukam, wenn auch ungleicher Bedeutung und ungleicher Qualität.

›EIN MUSIKALISCHER SPASS‹ (K. 522), datiert 14. Juni 1787 – und hier
wird diese Sequenz fast makaber –, war das erste musikalische Werk,
das Mozart nach der Todesnachricht niederschrieb. Ob der Titel
›Dorfmusikanten-Sextett‹ ein Diktat der Verlegenheit seiner Chronisten ist, die, angesichts des Trauerfalles, einen Rest von Pietät für

die Nachwelt retten wollten, wissen wir nicht. Von Mozart jedenfalls stammt er nicht, er paßt auch absolut nicht auf das Werk.
In seinem bösen Willen zur Banalität ist es letztlich gar nicht
durchweg komisch. Das Objekt dieser wahrhaft grandiosen Parodie ist ja nicht falsches Musizieren – damit hätte Mozart sich nicht
abgegeben –, sondern stümperhaftes Komponieren: Die wunderbar fingierte Einfallslosigkeit zielt auf das Minderwertige, nicht auf
das Groteske. In der Tat – die Kollegen, die Mozart hier treffen
wollte, führen sich als eine Synthese vor: die Modekomponisten
der Zeit, die hoffnungsarmen Schüler, alle sind die Opfer dieses
erbarmungslosen ›Spaßes‹, nur eben sind sie in parenthetische
Geister und somit in Geist verwandelt. Der synthetische Komponist, der hier aufs Korn genommen wird, dürfte der imaginäre
Generalvertreter der nicht-Mozartschen und nicht-Haydnschen
Musik jener Zeit sein, der minderrangige triviale Zeitgenosse, dem
der große Gedanke sich hartnäckig und beharrlich entzieht. ›Selten
ist in der Musik soviel Geist aufgeboten worden, um geistlos zu
erscheinen‹, sagt Abert in seiner ausführlichen Interpretation dieses Werkes[57]: Sie ist ein Meisterwerk musikalischer Analyse, wor-
aus wir ersehen, daß, wo das *bewußte* Motiv einer Musik eindeutig
nichts anderes ist als Herausforderung durch andere Musik, wo
sich demnach dem Deuter die Möglichkeit, dieses Motiv im Innenleben des Schöpfers zu suchen, entzieht, die Interpretation an
Authentizität gewinnt; hier wird die Wissenschaft fröhlich. Auf
das Geheimnis der Entstehungsgeschichte geht allerdings auch
Abert nicht ein. Keiner hat es getan, denn vielleicht paßt die
Lösung dieser Frage nicht ins ideale biographische Bild.
Die Niederschrift war zwei Wochen nach der Todesnachricht
fertig. Da Mozart aber seine Kompositionen tagelang im Kopf
trug, bevor er sie zu Papier brachte, muß das Konzept wohl schon
früher existiert haben. Die Frage, ob die Eingebung eines musikalischen Spaßes nach dem Tod des Vaters ein Zufall sei oder nicht, ist
natürlich nicht zu beantworten. Daß der Tod des ehemals so
dominierenden Leopold Mozart im Sohn irgendeine unbewußte
Reaktion ausgelöst haben muß, erscheint uns gewiß; daß es sich
um ein Gefühl der Befreiung handelte, wahrscheinlich. Sollte ihm

---

57 Abert, a.a.O., II, S. 326-330.

dieses Gefühl sogar bewußt gewesen sein? Hätte er ihm Ausdruck gegeben? Die Möglichkeit, daß der ›musikalische Spaß‹ ein selbsttherapeutischer Vollzug war, mit dem er entweder den Schmerz überwinden oder ein Schuldgefühl über mangelnde Anteilnahme überspielen wollte, besteht. Wir können die Tiefen und Untiefen der inneren Motivationen Mozarts nicht ausloten. Was fiel Mozart zum Tod seines Vaters ein? Scheinbar das lächerliche Unvermögen seiner Kollegen und Schüler. Absurd, aber nicht undenkbar. Wahrscheinlicher aber ist, daß ihm zum Tod des Vaters bewußt überhaupt nichts einfiel, dafür aber zum ›Don Giovanni‹ um so mehr.

Jedenfalls muß er mit dem ›Spaß‹ einem inneren Bedürfnis gefolgt sein, denn um einen Auftrag kann es sich nicht gehandelt haben. Zeitdruck hat anregend auf ihn gewirkt, dieses reaktive Verhalten teilt er mit vielen Künstlern. Daß der ›Spaß‹ zu Mozarts Zeiten aufgeführt wurde, ist unwahrscheinlich. Ein Privatvergnügen.

Zwei Tage nach der Niederschrift des Spasses, am 16. Juni, beschäftigte sich Mozart, notgedrungen, nochmals kurz mit dem rapide erlöschenden Nachleben seines Vaters. Auch hier war das auslösende Moment nichts anderes als der Nachdruck auf seinen Anspruch am Erbteil.

Liebste, beste Schwester! Wien, den 16. Juny 1787.
Daß Du mir den traurigen und mir ganz unvermutheten Todesfall unseres liebsten Vaters nicht selbst berichtet hast, fiel mir gar nicht auf, da ich die Ursache leicht errathen konnte. – Gott habe ihn bey sich! – Sey versichert, meine Liebe, daß, wenn Du Dir einen guten, Dich liebenden und schützenden Bruder wünschest, Du ihn gewiß bey jeder Gelegenheit in mir finden wirst. – Meine liebste, beste Schwester! wenn Du noch unversorgt wärest, so brauchte es dieses Alles nicht. Ich würde, was ich schon tausend Mal gedacht und gesagt habe, Dir Alles mit wahrem Vergnügen überlassen; da es Dir aber nun, so zu sagen, unnütz ist, mir aber im Gegentheil es zu eigenem Vortheil ist, so halte ich es für Pflicht, auf mein Weib und Kind zu denken.

Ein kühler Brief. Wahrscheinlich war er ›in Eyle‹. Wieder erscheint der Todesfall als ›unvermutet‹ – so als habe Mozart niemals daran gezweifelt, daß sein Vater bis zuletzt gesund und wohlauf gewesen sei. Doch auch sonst ist dieser erste Satz von eigentümlicher Logik: Das Schweigen der Schwester sei dem Bruder deshalb nicht aufgefallen, weil er die Ursache leicht erraten konnte? Diese Worte sind zutiefst unwahrhaftig, sein Herz war hier nicht bei der Sache, und die Vernunft auch nicht. Daran ändern auch die folgenden rhetorischen Passagen nichts, dieser volle Einsatz allzu stark aufgetragener Bruderliebe. Im Gegenteil: Er dient nur zur Einleitung des lapidaren Zweckes, eben der Andeutung, daß Mozart auf keines der ihm zustehenden Objekte aus dem Nachlaß, oder zumindest ihren entsprechenden Wert, zu verzichten gedenke. Möglicherweise hat hier Constanze mitgeschrieben, so jedenfalls sahen es jene gern, denen ihr Held hier allzu materialistisch auftritt.

Mit Mozarts Einverständnis wurde der Nachlaß versteigert. Der Schwager bot ihm 1000 Gulden an. Wahrscheinlich war es ein faires Angebot.

Am 1. August schrieb Mozart an seine Schwester:

liebste, beste Schwester! –

Ich schreibe dermalen nur, um deinen brief zu beantworten – Nicht viel, und das in Eile, weil ich gar zu viel zu thun habe. – da es deinem Manne, meinem lieben Schwagern |: welchen ich durch dich 1000mal küssen lasse :| so wie mir darum zu thun ist, der ganzen sache so bald möglich ein Ende zu machen, so nemme ich seinen antrag an. Jedoch mit der einzigen ausnahme, daß mir die 1000 gulden nicht im Reichsgeld, sondern in Wiener geld und zwar p: wechsel bezahlt werden. – künftigen Postag werde ich deinem Manne einen aufsatz einer Ceßion oder vielmehr eines Contracts zwischen uns schicken, und dann werden davon 2 originalien, eines von mir unterschrieben, das andere für ihn zu unterschreiben, folgen. – so bald möglich werde dir Neue Sachen von mir für das klavier schicken. Ich bitte dich meine *Sparten* nicht zu vergessen. – lebe tausend mal wohl. ich mus schliessen. – Meine frau und der Carl empfehlt sich deinem Manne und dir 1000mal, und ich bin Ewig

dein aufrichtig dich liebender bruder

Landstraß, den 1ten August *1787.*   W. A. Mozart

Hätte man Mozart zu diesem Zeitpunkt gefragt, ob er seine Schwester denn wirklich noch aufrichtig liebe, so wäre er wahrscheinlich sehr erstaunt gewesen. Auf den Gedanken, daß er es schon längst nicht mehr tat, ja, daß sie ihm gleichgültig geworden war, wäre er so wenig gekommen wie auf die Tatsache, daß der auslösende Faktor dieser Korrespondenz, der Vater, bereits in Vergessenheit gesunken war. Er wird, soweit wir wissen, von seinem Sohn niemals mehr erwähnt. Er verspricht der Schwester neue ›Klaviersachen‹, fordert dafür von ihr seine ›Sparten‹ – nämlich die Originale seiner Werke aus dem Nachlaß des Vaters – zurück. Vor allem aber geht es, gebettet in Beteuerungen von tausend Küssen und tausend Empfehlungen, um die tausend Gulden, und zwar in der für ihn günstigeren Währung: tausend Wiener Gulden bedeuteten tausendzweihundert Salzburgische Gulden. Über diese Errechnungen ist der Gefühlsgehalt des Briefes bereits zu unwilliger Routine geworden, die aber, gemäß der Konvention, auch die Reverenz seiner Frau und des – dreijährigen – Sohnes Carl einschließt.

Er sei in Eile, schreibt er. Das schrieb er von je als Einleitung seiner unlustigen Briefe, wir kennen es. Er habe viel zu tun. Wann hätte er das nicht gehabt! Nur weiß man niemals, was Mozart tun mußte, und was er sich selbst zu tun aufgab. Ob ihm der Kopf nach einem musikalischen Spaß stand, oder ob er seinen Stoß Menuette für den Hof abzuliefern hatte, der ihm allerdings leicht genug von der Hand ging. Möglicherweise handelte es sich hier um die ›kleine Nachtmusik‹ (K. 525, G-Dur), die zehn Tage später fertig wurde (10. August 1787): Vielleicht ein eiliges Auftragswerk, denn, soweit wir wissen, hat er dieser Art gefällige Serenaden nicht ohne Auftrag geschrieben. Meist galten sie festlichen Anlässen in den Häusern der Aristokratie. Vielleicht gedachte einer aus jenen Kreisen gerade noch dieses Mozart, und für ihn gab es ein paar Gulden zu verdienen. Heute jedenfalls könnte er von drei oder vier solcher Nachtmusiken leben, sie ist sein populärstes Werk geworden. Daß die Spatzen es von den Dächern pfeifen, ändert nichts an der hohen Qualität dieses Gelegenheitsstückes aus einer leichten, aber glücklichen Hand.

VIEL ZU TUN: In diese Monate der Arbeit am ›Don Giovanni‹ fallen nicht zuletzt die meisten seiner Lieder. Vielleicht war er durch den Auftrag Jacquins auf den Geschmack daran gekommen. Diese

Liedfolge ist unterschiedlich in der Qualität; sie schließt Bedeutendes und das absolut Nichtige ein, und auch hier die Parodie, das Lied ›Die Alte‹ (K. 517, 18. Mai 1787), in dem sich eine alte Dame in larmoyant-verfremdetem e-Moll über die ›Jugend von heute‹ beklagt: ›Zu meiner Zeit, zu meiner Zeit, bestand noch Recht und Billigkeit‹ konstatiert sie, begleitet von antikisierendem Generalbaß, und zwar ›ein bischen durch die Nase‹ singend. Im Originaltext von Hagedorn handelt es sich allerdings um einen Mann: ›Der Alte‹. Wer mag den Titel geändert haben? Noch lebte der alte Mozart, aber er lag im Sterben. Wieder eine seltsame Koinzidenz: Dieses Lied zu dieser Zeit? Zwei Tage nach dem g-Moll-Quintett niedergeschrieben, wirkt es wie das Satyrspiel nach der Tragödie. Befreiung nach dem Schmerzpensum?

Mozarts bedeutende Lieder entstanden also während der Arbeit am ›Don Giovanni‹, während der Erbschaftsabwicklungen, des Umzugs und der Quintette – das C-Dur-Quintett entstand noch in der Schulerstraße, das g-Moll-Quintett in der Landstraße –, der beginnenden Geldsorgen, der ›Nachtmusik‹, des ›Spaßes‹. ›Die Trennung‹ (K. 519, 23. Mai 1787) in f-Moll, nach einem makabren Text eines gewissen Klamer Eberhard Karl Schmidt, Kriegs- und Domänenrat in Halberstadt, Freund Gleims und offensichtlich Vorläufer der schwarzen Romantik, wenn auch ein minderer:

Die Engel Gottes weinen

....

Dies Denkmal, unter Küssen
auf meinen Mund gebissen,
das richte mich und dich!
Dies Denkmal auf dem Munde,
komm' ich zur Geisterstunde,
mich warnend anzuzeigen,
vergißt Luisa mich.

Mozarts Musik läßt hier deutlich Schubert vorausahnen, wie auch im nächsten Lied, in dem es wieder, diesmal in c-Moll, um eine Luise geht. ›Als Luise die Briefe ihres ungetreuen Liebhabers verbrannte‹ (K. 520, 26. Mai 1787, Text von Gabriele von Baumberg, die einen untreuen Liebhaber hatte). In diesen Liedern, vor allem in der wunderbaren ›Abendempfindung‹ in F-Dur (K. 523, 24. Juni 1787, Text von Joachim Heinrich Campe), hat Mozart weit über die, freilich durchweg dichterisch schwachen, Texte hinauskomponiert und ist in ein neues, gänzlich unerwartetes Gebiet vorgestoßen, den dramatischen Ausdruck des Romantischen, eine gesteigerte, oft fiebernde Leidenschaftlichkeit. Gewiß waren diese Gedichte nicht lang gesucht, sondern gefunden, und zwar in diversen Almanachs, wie sie damals zirkulierten, oder aus schon bestehenden Liedersammlungen – eine nannte sich ›Die singende Muse an der Pleisse‹ –, deren Texte von verschiedenen Komponisten aufgegriffen wurden. In ihrer Wahl war Mozart nicht anspruchsvoller als seine minderen Kollegen. Wenn wir betrachten, was er so alles in Musik gesetzt hat, müssen wir ihm das Gespür für den Wert reiner Poesie schlankweg absprechen. Freilich: den ›Bardengesang auf Gibraltar‹ (K. 386d, Dezember 1782), der mit den Worten: ›O Calpe! dir donnert's am Fuße‹ beginnt, hat er nach der Komposition von achtundfünfzig Takten denn doch weggelegt. Zwar fand er ihn ›erhaben‹ und ›schön‹, aber ›zu übertrieben schwülstig‹.

SEIN LETZTES WERK vor der Vollendung des ›Don Giovanni‹, wahrscheinlich die letzte Unterbrechung seiner Arbeit daran, war die Sonate für Klavier und Violine in A-Dur (K. 526, 24. August 1787), über deren Entstehung wir so wenig wissen wie über die Verwendung. Ein Auftragswerk? Aber für wen? Sie wirkt auf uns wie eine Atempause, der Akt einer Introversion vor dem großen Spektakel des ›Don Giovanni‹, von dem sie trotz der verwandten Tonart nichts vorwegnimmt. Im Gegenteil, sie scheint nochmals radikal von ihm wegzuführen, selbst die d-Moll-Abwandlung im D-Dur des Andante erscheint uns als ein anderes d-Moll als das des ›Don Giovanni‹. Hat Mozart die Sonate für sich selbst geschrieben? ›Don Giovanni‹ noch längst nicht fertig, die Reise nach Prag in den nächsten Tagen anzutreten, Finanzen nicht geregelt. Wir haben ja genügend Zeugnisse für die Annahme, daß er zu jenen gehörte, auf die Arbeitsballung arbeitsfördernd wirkt, so daß sie die Bürde zusätzlicher Aufgaben willkommen heißen. Aber vielleicht war es anders: Vielleicht kam irgendein Violinist daher, der etwa für den nächsten Donnerstag ein gutes Stück für seine Akademie brauchte, und sagte zu ihm: ›Du, Mozart, könntest du nicht . . .?‹ – und Mozart konnte. Daß dieses herrliche Werk eine seiner bedeutendsten Sonaten geworden ist, will nicht heißen, daß es nicht innerhalb weniger Stunden komponiert worden wäre, aus Gefälligkeit.

KURZ VOR DER ABREISE NACH PRAG (1. Oktober 1787) starb Mozarts Freund und behandelnder Arzt, Sigmund Barisani, einer der drei Primarärzte des Wiener Allgemeinen Krankenhauses, erst neunundzwanzigjährig (3. September 1787). Noch im Frühjahr desselben Jahres hatte er sich in Mozarts Stammbuch – diese Bezeichnung ist mißverständlich: es handelt sich um ein Mittelding zwischen Poesiealbum und Gästebuch – mit einem Gedicht eingetragen. Darunter schrieb Mozart nun:

Heute am 3ten Sept. dieses nemlichen Jahres war ich so unglücklich diesen Edeln Mann liebsten besten Freund und Erretter meines Lebens, ganz unvermuthet durch den Tod zu verlieren. – Ihm ist wohl! – aber mir – uns – und Allen die ihn genau kannten, – Uns wird es *nimmer* wohl werden – bis wir so glücklich sind ihn in einer beßern Welt – wieder – und auf *nimmer scheiden* – zu sehen.   Mozart

Überschwenglichkeit als Routine sind wir inzwischen aus Mozarts brieflichen Äußerungen gewohnt. Es tritt hier derselbe ›Gedanke‹ auf, der, in bezug auf den Tod des Grafen Hatzfeld, für die Echtheit des letzten Briefes an den Vater sprechen würde: Die Floskel kennen wir inzwischen zur Genüge, wie auch die Sache mit dem Liebstenbestenfreund. Wollten wir diese fast automatischen Formeln auf ihre objektive Wahrheit und Ehrlichkeit prüfen, so müßten wir uns fragen: Wieviele ›liebste beste Freunde‹ hat Mozart eigentlich gehabt? In Wirklichkeit hatte er keinen, zumindest nicht nach Hatzfelds Tod, und auch in seinem Fall wissen wir über den Grad der Freundschaft nichts. Daß auch dieser Tod ihn ›unvermutet‹ traf, wundert uns nicht, denn jeder Tod traf ihn unvermutet. Gedanken an das Wohlbefinden seiner Mitmenschen, ausgenommen Constanze, war seine Sache nicht. Immerhin: Wenn auch das Attribut des ›Lebenserretters‹ eher seinem Schatz an superlativischen Routine-Ausdrücken entspringt, so ehrt doch die Eintragung den Verstorbenen. Bedenken wir, daß Mozart einen solchen Nachruf seinem Vater, dem er wohl mehr zu verdanken hatte, nicht gewidmet hat. Jedenfalls dürfen wir annehmen, daß die Spekulation über jene ›bessere Welt‹, in der er seine Freunde ›auf nimmer scheiden‹ wiederzusehen hoffte, ihn nicht tief beschäftigt hat. Wir wagen die Behauptung, daß ihm zur Zeit des ›Don Giovanni‹ schon kein Mensch mehr nahestand, außer Constanze, der er nahezustehen glaubte.

WER WAR DA PONTE? Um ihm gerecht zu werden, sollten wir, was wohl kaum noch möglich ist, seine Beurteilung durch Mozarts Biographen weitgehend vergessen. Die ›schillernde Persönlichkeit‹, als die er überall erscheint, schließt zwar das Element mißbilligender Anfechtung, des ›Schrägen‹, in sich ein, ist aber im allgemeinen noch die günstigste Feststellung, die ihm zuteil geworden ist, allerdings ist sie auch so vieldeutig, daß sich ihr Wahrheitsgehalt kaum leugnen läßt. Meist aber geht es tiefer hinab, bis zum ›charakterlosen‹ (Erich Valentin), ›skrupellosen‹ (Schurig) durch Abenteurertum und Frauenaffairen abgebrühten Opportunisten, der vor allem, und bei allem, auf seinen Vorteil bedacht gewesen sei, vornehmlich auf seinen Anteil am Nachruhm Mozarts. Und irgendwo erscheint denn auch meist, versteckt, aber deutlich, der antisemitische Affekt, dessen Ton bereits bei seiner Konversion angeschlagen wird, der natürlich utilitaristische Motive unterschoben wurden. In Wirklichkeit hatte der Bischof von Ceneda, Monsignor da Ponte, schon eine Taufe des Neunjährigen vorgeschlagen, doch kam die Gelegenheit erst, als der Vater, der Lederhändler Geremia Conegliano, Witwer wurde und sich entschloß, eine Katholikin zu heiraten.[58] Am 29. August 1763 ließ er sich und seine drei Söhne aus erster Ehe taufen, darunter den damals vierzehnjährigen Emanuele, den der Bischof zum Priester bestimmte und dem er, gemäß dem Brauch, seinen eigenen Namen gab, Lorenzo da Ponte, und sämtliche Kosten für Studium und Unterhalt bezahlte. Lorenzo muß ein vielversprechender Junge gewesen sein.

Am 27. März 1773 empfing er die Weihen, doch hat er niemals ein Priesteramt ausgeübt, hätte sich auch kaum dazu geeignet. Dagegen muß er sich seltsamerweise zum Erzieher geeignet haben, seine Tätigkeiten als Lehrer an verschiedenen Seminaren des Veneto

58 Paolo Lecaldaro: Einführung in ›Lorenzo da Ponte: Tre libretti per Mozart‹, Milano 1956.

waren eigenartig erfolgreich; offensichtlich verstand er es, seine
Schüler anzuregen und ihnen Gebiete zu vermitteln, die er sich
selbst simultan erarbeitete: Klassische lateinische, italienische und
französische Literatur. Er wurde zum Anhänger der Aufklärung,
zum Bewunderer Rousseaus und daneben zum homme à femmes, der
einige Liebesaffairen unterhielt, und gänzlich geklärt ist es nicht,
welche Seite dieses Doppellebens ihn schließlich zur Flucht
zwang: Die Affaire mit einer hochgestellten venezianischen Dame,
die ein Kind von ihm bekam, oder die öffentliche Debatte, die er
1776 mit seinen Schülern am Seminar von Treviso abhielt, deren
Thema die Infragestellung der herrschenden Gesellschaftsordnung
war: Die Frage, ob Zivilisation durch Kirche und Staat die Menschen glücklicher gemacht habe oder nicht. Jedenfalls tauchte er
zuerst in Venedig bei seiner – oder einer – Geliebten unter, ging
von dort nach Görz, und als der Boden ihm auch dort zu heiß
wurde, nach Dresden, wo ihn der ›sächsische Hofpoet‹ Caterino
Mazzolà, der spätere Bearbeiter des ›Tito‹, in seine neue Materie ein-
arbeitete. 1782 kam da Ponte mit einer Empfehlung an Salieri nach
Wien, wo er schließlich als Librettist angestellt wurde, ›poeta dei
teatri imperiali‹, und zehn Jahre blieb. Bei seinem ›Stammesgenos-
sen‹ (Abert!), dem Baron Wetzlar, lernte er Mozart kennen, der
seinem Vater mehrmals, doch nur andeutungsweise über diese
Bekanntschaft berichtete und die Hoffnung geäußert hat, daß sich
hier vielleicht eine Zusammenarbeit ergebe. Mehr wissen wir über
diese wichtige künstlerische Beziehung nicht. Denn da Pontes
eigene Lebenserinnerungen[59] sind zwar lesenswert, doch unverläßlich und von beträchtlichem Geltungsdrang gefärbt.

Da Ponte war also in seinen späten Dreißigern, als er die drei
Libretti für Mozart schrieb, und hatte nicht nur verschiedene
Libretti für andere, sondern einige Berufe und Perioden wechselnden Glückes hinter sich. Als zufolge des Türkenkriegs Leopold II.
1790 die musikalischen Aktivitäten und Veranstaltungen in Wien
einschränkte, wurde da Ponte zu einem der ersten Opfer. Er ging
zunächst nach Triest, verliebte sich dort in eine junge Engländerin

59 ›Memorie di Lorenzo da Ponte, da Ceneda. Scritte da esso‹, New York
1829-1830. Die hier benützte Ausgabe: ›Memorie e i libretti mozartiani‹ a cura di
Giuseppe Armani, Milano 1976.

namens Nancy Grahl oder Krahl, zog mit ihr nach Paris, dann nach London, wo er dreizehn Jahre blieb und einige Libretti für zweitrangige Komponisten schrieb. 1805 wanderte er mit Nancy nach Amerika aus, inzwischen ein völlig anderer da Ponte, lebte meist in New York als Sprachlehrer, zeitweise sogar als Professor am Columbia College. Mit Nancy hatte er vier Kinder, war ein Jahr lang nicht zu trösten, als ihm eines davon starb: Der ehemalige Abenteurer war zum vorbildlichen Ehemann und liebevollen Familienvater geworden. 1838 starb er, neunundachtzigjährig.

Wir haben diese Umrisse deshalb kurz skizziert, um ein wechselhaftes, anfangs gewiß nicht ›makelloses‹, immer aber gefaßtes, zuversichtliches und letztlich ungebrochenes Leben anzudeuten, das seinen Höhepunkt um beinah fünfzig Jahre überdauert hat; einen Mann, der dieses Überdauern mitsamt seinen immerwiederkehrenden Schicksalswenden, und zwar immer zum Schlechteren, mit seltener Zuversicht und Ergebenheit hinnahm. Anders als die Lebensläufe der zahlreichen Abenteurernaturen jener Zeit, war der seine, zumal nach seiner frühen Wende, kein Kampf, um sich immer wieder in der Rolle eines Großen zu etablieren, sondern um überhaupt zu überleben und sich im Überleben zurechtzufinden. Im Alter, in Amerika, haben wir ihn uns als kleinen Mann innerhalb einer Gemeinschaft kleiner Leute, einer frühen italienischen Kolonie, vorzustellen; dieses Absinken nahm er mit Fassung in Kauf, freilich um sich in seinen Erinnerungen eine glanzvollere Vergangenheit aufzubauen. Nehmen wir ihm nicht übel, daß er seine kleinen Siege und Erfolge übertrieben hat. Mozarts Glanz strahlt auch auf ihn, seinen besten – oder, besser gesagt: seinen einzigen guten – Textdichter.

Wo trafen sich Mozart und da Ponte, wie war ihr Dialog geartet, haben sie sich gestritten oder schnell geeinigt? War der ›Welsche‹ dem ›Teutschen‹ sympathisch? Wir wissen darüber nichts, wir kennen nur einige Korrekturen der Libretti in den Partituren, geringe Änderungen der Texte oder der Regiebemerkungen, bei denen es zweifelhaft erscheint, daß der Komponist den Librettisten noch zu Rate zog; sonst nichts. Wir gäben viel für das noch so kurze Protokoll einer Unterredung, während der Mozart vielleicht auf einer Änderung beharrte, eine Kürzung vorschlug oder, in Rücksicht auf diesen oder jenen Sänger, einen Zusatz als Vorwand für dessen stimmliche Entfaltung wünschte. Auch wissen wir nichts Authentisches über seine eigene Einschätzung der drei da-Ponte-Opern. Vierzig Jahre nach der Uraufführung des ›Don Giovanni‹ hat Constanze ausgesagt, diese Oper habe er von allen seinen Werken am höchsten bewertet; es würde uns nicht erstaunen. Und doch: Wir hören Mozart nicht sagen, ›Dieser »Don Giovanni« war wohl doch das beste, was ich jemals geschrieben habe‹.

Für uns bleibt Mozart der ewig Schweigende, beredt nur in der Ablenkung und vielsagend nur in seinem Werk, das er durchweg von anderen Dingen sprechen läßt als von seinem Schöpfer. So hat er uns Gebäude nach Gebäude aufgebaut, anscheinend ohne später auf sie zurückzublicken. Hin und wieder wurde er mit diesem oder jenem Werk seiner Vergangenheit konfrontiert, einer Opernaufführung in Frankfurt oder in Schwetzingen, oder es kam ihm ein früheres Manuskript in die Hände. Dann zeigte er sich von der Qualität ›surprenirt‹. Gewiß hat er über dieses oder jenes Werk seine Befriedigung geäußert, doch in den Äußerungen des Wiener Mozart fehlt der Superlativ der Begeisterung gänzlich, nicht nur im Hinblick auf sich selbst, sondern auch auf andere. Was hielt er zum Beispiel von Gluck? Seine Verehrung Haydns ist belegt, aber welches Werk, welcher Satz, welche Wendung oder Figur haben ihn bewegt? Auf welche seiner Werke war er wirklich stolz, welchen Sonatensatz oder welche Opernnummer spielte er anderen vor? Selbst nach Vollendung seiner größten Werke hatte er niemals das Gefühl, ›der Welt etwas geschenkt‹ zu haben. Er ruhte auf seinen Erfolgen nicht aus, sondern schrieb weiter, der jeweiligen Notwendigkeit gehorchend. In seiner Werkchronik herrscht, zumindest formal, Gleichberechtigung zwischen Abendfüllendem und Disparatem, eine Wirkungschronik führte er nicht. Gewiß gab er seiner Freude darüber Ausdruck, daß in den Straßen Prags jedermann den ›Figaro‹ sang oder pfiff, solche Popularität bleibt auch dem erhabensten Genie nicht gleichgültig. Doch welcherlei Konsequenzen konnte oder sollte er daraus ziehen?

NACH DEM GROSSEN ERFOLG DES ›DON GIOVANNI‹ ging er wieder mit ein paar Liedern zur Tagesordnung über. Deren erstes trug den

Titel ›Des kleinen Friedrichs Geburtstag‹ (K. 529, 6. November 1787) und handelt von einem ›Knäblein, jung und zart‹, das ›brav‹ ›zu Schul‹ und ›Gotteshaus‹ ging, auch sonst nur Gutes tat und schließlich von Gott gesegnet wurde. Keine Pointe, auch musikalisch nicht, ein Strophenlied, sehr langweilig, F-Dur. Nach dem großen bestraften Wüstling kam also der kleine Musterknabe, es mutet uns an wie ein Witz. War es einer? Tatsächlich haben wir mitunter das Gefühl, als habe Mozart die Spuren seiner Schöpfungsprozesse verwischen wollen und uns damit aufgefordert, einen gewaltigen und einmaligen Wurf als ein von seinem Schöpfer gelöstes und losgelöstes Rätsel hinzunehmen, über das Maß seines Engagements mit ihm keinen Gedanken zu verschwenden, so wie er selbst auf sein Nachleben keinen Gedanken verschwendet hat.

Natürlich können wir uns zu einer solchen Enthaltsamkeit nicht entschließen. Der Versuch, dem kreativen Genie auf die Spur zu kommen, uns auch nur den geringsten Einblick zu verschaffen, befriedigt uns als zweckfreie Beschäftigung, das Scheitern des Versuches ist in unserem Ratespiel einkalkuliert, Gewinner kann es nicht geben.

AUCH IM ›DON GIOVANNI‹ kommen wir Mozart natürlich nicht nah. Wir müssen uns mit dem wenigen Aufschluß begnügen, den uns die Partitur hier und dort als Anhaltspunkt über den Arbeitsprozeß und damit über die Beziehung des Schöpfers zu seinen Geschöpfen gibt. Denn es sind die seinen, nicht die da Pontes. Da Ponte hat das optimale Gerüst geliefert, eine stellenweise poetisch glänzende, dramaturgisch beinah vollkommene, in den Secco-Rezitativen geistvolle Textvorlage, zwar grob-buffonesk in den individuellen Handlungsmotiven, aber reich an jenen offenen Passagen, die dem Komponisten die Freiheit einer dauernd wechselnden Distanz zu seinem Stoff gaben: Die Möglichkeit, entweder deskriptiv ›bei der Sache‹ zu bleiben, oder, sich von ihr entfernend, gleichsam kontrapunktisch, andere Ebenen zu suggerieren, unter denen die Worte als auslösende Faktoren verschwänden. Mozart hat beide Ebenen wahrgenommen und damit der Oper als Gattung eine neue Dimension erstellt.

Wenn Leporello in seiner ›Register-Arie‹ für die angeblich von seinem Herrn bevorzugten Frauentypen die entsprechenden musikalischen Figuren findet, die ›gentilezza‹ der Braunen, die ›costanza‹ der Schwarzen – wobei wir uns wundern, daß sein Herr auch die ›Standhaftigkeit‹ schätzen sollte, die er ja gar nicht brauchen kann –, so vermuten wir in der diatonisch absteigenden Skala ein parodistisches Element, das durch die chromatisch ansteigende ›dolcezza‹ der Blonden wieder ausgeglichen wird. Nur: Wer parodiert hier? Es scheint sich ja doch um Notationen genetischer Merkmale zu handeln, die das Differenzierungsvermögen des beschreibenden Voyeurs Leporello um einiges übersteigen. Hier wird nicht nur das vermeintliche feminine Attribut auskomponiert, sondern es offenbart sich dahinter eben Leporello mit seiner allzu schematischen Sicht herrschaftlicher Erotik. Wir dürfen wohl annehmen, daß sein Herr ein wenig genauere typologische Erkenntnisse besitzt; wie denn überhaupt Leporello sich selbst niemals genau definiert, sondern sich aus Erfahrungen – notgedrungen meist passiver Natur – zusammensetzt. In der Mozart-Literatur wurde er meist als zwar schlauer, aber serviler Feigling dargestellt, darüber hinaus als das willenlose Subjekt der Willkür seines Herrn; man kann seinen Namen von ›lepre‹, dem Hasen, ableiten, oder auch von ›lepore‹, von heiterem Witz, den er in der Register-Arie, und nicht ausschließlich hier, demonstriert – einem Akt doppelter Loyalität übrigens, denn er rät ja der armen Donna Elvira, die das alles natürlich gar nicht hören will, zu ihren Gunsten ab, sich weiter mit seinem Herrn abzugeben, und versucht damit gleichzeitig, seinen Herrn zu entlasten. Wir haben es also keineswegs mit dem ›pfiffigen Hohn dieses Burschen‹ (Abert) zu tun, und keineswegs mit einem Tölpel. Um keinerlei Replik verlegen, ist er hier ein Mann von Herz und von Vernunft; er hat recht, indem er versucht, sein bedauernswertes Gegenüber von seiner Verblendung zu lösen, sehr ernsthaft in seinem Nachdruck, der sich über die gesamte Grundton-Oktave erstreckt. ›Voi sapete quel che fa‹ hämmert er ihr ein, in seiner wirklich erschöpfenden D-Dur-Suada. ›Sie wissen doch selbst, meine Dame, wie er es so treibt.‹ Hier ist Geist und ratio, hier bleibt Mozart hart am Text, er wird selbst zu Leporello.

Geschunden und doch wieder unentbehrlich, so ist Leporello, und wir können uns des Eindrucks nicht erwehren, daß er nicht zuletzt seinen Herrn zu erziehen versucht, mit seiner dauernden Kündigungsdrohung. Denn schließlich demonstriert er den Gipfel an Loyalität bei dessen Untergang; nämlich indem er ihn anfleht, sich zu retten: um seines Seelenheils willen zu bereuen (wobei auch ihm das d-Moll schließlich vergönnt wird). Das buffoneske ›oibò‹, das er ängstlich ausruft, wird schließlich zum ›Dice di Sì!‹, nämlich: ›Bereue!‹ Hier also wird offensichtlich nicht Gleiches mit Gleichem vergolten; wir lernen Leporello zu schätzen (sofern wir es nicht schon immer getan haben). Und was schätzen wir an ihm? Eine Selbstverkörperung Mozarts; denn eine solche Präsenz hätte diese Figur niemals erreicht, steckte nicht in ihr die potentielle Versatilität des Schöpfers.

Freilich haben wir uns zu fragen: Würde nach diesem Ende Leporello auch in Zukunft bei derlei Schurkereien assistieren? Doch ist das nur eine sekundäre Frage innerhalb des großen Fragenkomplexes nach der psychologischen Wahrscheinlichkeit in Mozarts Opern. Sollen die beiden Bräute in ›Così fan tutte‹ mit ihren sauberen Kavalieren glücklich werden, nachdem sie sich in den Verehrer der jeweils anderen bereits verliebt hatten, und zwar in deren groteskester Verkleidung? Streifen diese Konstellationen das Unzumutbare? Nehmen wir sie nur um der Musik willen in Kauf? Oder macht hier die Musik das Psychologische erst plausibel?

SUCHEN WIR IN DEN ANDEREN GESTALTEN NACH ANHALTSPUNKTEN, zuerst natürlich im Don Giovanni selbst! Zwar ist er nicht Mozarts Schöpfung, er hat ihn von da Ponte, der hat ihn von Bertati, und der hat ihn von Tirso de Molina, und der hat ihn aus der Sage, er geistert durch die spanische dramatische Literatur, ein negativer, keineswegs in sich schlüssiger und doch zwingender und bezwingender Heldentyp, einzig in seiner Art, Don Juan Tenorio, der den Kommandanten der Stadt Ulloa tötete, nachdem er seine Tochter verführt hatte. Aber der Archetyp ist er erst durch Mozart geworden, die sprichwörtliche Modellgestalt, und somit der typisierende Gemeinplatz für den Frauenhelden schlechthin, als solcher nur allzu oft mißdeutet.

Nur durch Mozart ist er vorstellbar, nur ihn meinen wir, wenn wir die Gestalt heraufbeschwören. Niemals ist sie an ein Wort gebunden, wie Hamlet, der Archetyp, der, wenn er über Sein und

Nichtsein reflektiert, eine weit über sein Selbst hinausreichende Gedankenwelt aufreißt, in der später noch so mancher andere untergehen soll. Don Juan reflektiert nicht, Gedanken sind nicht seine Sache, sondern das Erleben seiner eigenen Existenz, die durch Rücksichtslosigkeit bedingt wird. Er ist in Worten objektiv nicht faßbar, so wie er selbst sich niemals in Worte fassen würde. Niemand, dem er gegenwärtig ist, denkt an ihn als Gedankenträger oder als Formulierer, an einen, der die Worte ›Deh, vieni a consolar il pianto mio‹ ausspricht (geschweige denn: ›O lindre meine Pein, und laß uns glücklich sein!‹). Vielmehr denken wir an ihn ausschließlich in seiner musikalischen Manifestation, an seine beharrliche d-Moll-Sequenz ›No no no no‹, die endgültige Verweigerung vor seinem Untergang, oder an das seltsam seduktive A-Dur, ›Là ci darem la mano‹, mit dem er Zerlina betört. Wir haben noch nicht einmal seine visuelle Gestalt vor Augen, wenn wir ihn uns vergegenwärtigen möchten – Kierkegaard, der noch keine Schallplatten kannte, hörte sich die Oper am liebsten im Foyer an, und wir, die wir sie kennen, bekommen sein Bild, Spitzbärtchen, Spitzenkragen, Pumphosen, ad nauseam auf dem Titelbild der Schallplattenkassetten vorgeführt – denn von ihm selbst erfahren wir zwar atemberaubende Präsenz, sonst aber nur den geringsten Ausschnitt dessen, worin sein verführerischer Alltag sich erfüllt; übrigens einen recht glücklosen Ausschnitt: Es geht dem Ende zu, Fortuna hat ihn schon verlassen, nur nimmt er es noch nicht zur Kenntnis. Es sind die anderen, in deren Berichten sich Traum und Alpdruck von dieser Figur enthüllen, das beinah globale Treiben dieses überwältigenden Unholds.

Musikalisch ist er mehrgleisig, an ihm gab es viel zu komponieren: Ein Schloßherr aus guter Familie, Kleinadel wohl, dennoch kein wahrer Gentleman; Frauenhelden haben ja immer etwas leicht Anrüchiges, wenn nicht Parvenühaftes. Es hätte sich zum Beispiel gehört, den alten Commendatore, und sei er auch ein Gespenst, selbst zum Diner einzuladen, zumal er ja neben dem Diener steht, der die Aufforderung, und zwar unter einem unverständlichen Zwang, zu übermitteln hat. Auch würde er nicht über Geld reden, wie in der Tafelszene, in der er uns und allen Beteiligten mit einiger Emphase klarmacht, daß er sich alle diese kulinarischen Genüsse auch leisten kann – als hätten wir es bezweifelt –, um dann, hämisch und allzu beharrlich, die Naschlust seines Dieners zu kommentieren, den er übrigens dauernd nachdrücklich tyrannisiert. Wir müssen uns aber fragen: Tut er das wirklich? Oder tut er es nur auf der hier sehr schmalen und eigentlich dürftigen Ebene der Worte? In seinem eigenen Übersetzungsversuch deutet Mozart an, daß in dieser Szene anonyme Damen zugegen seien; vielleicht wurde es in den ersten Inszenierungen in Prag und Wien so gehalten. Doch auch diese durchaus schlüssige pantomimische Erweiterung erklärt noch nicht den imperialen Aufschwung der Musik, den grandiosen Finale-Charakter, den orchestralen Aufwand und das strahlende D-Dur dieser Tafelszene aller Tafelszenen. All dies scheint für etwas anderes zu stehen, ein dahinterstekkendes Schicksal. Es ist, als symbolisiere dieser große Nachdruck auf dem Augenblick das letzte emphatische Verweilen bei sinnlichem Genuß vor der Katastrophe, die der Held, zumindest bewußt, noch nicht ahnt, die wir aber kommen sehen, und auf die der Komponist sich wahrscheinlich gefreut hat. In solchen Szenen also klingt der Text nur wie ein unterschwelliger Generalbaß unter dem gewaltigen verabsolutierenden musikalischen Geschehen.

MOZARTS GRAD DER IDENTIFIZIERUNG mit seinem bedeutendsten Helden werden wir noch zu prüfen haben. Zuvor aber noch zu Donna Anna. Sie konfrontiert uns mit dem größten Geheimnis und mit einem unlösbaren Rätsel. Dem Wortsinn nach schlechthin unausstehlich, angelegt zwischen Heulsuse und Racheengel, ist sie objektiv so ambivalent, daß sie eine wahre Deutungs-Exegese herausgefordert hat, die natürlich mit Mozart nicht das geringste zu tun hat. E. T. A. Hoffmann war darin der erste, indem er ihr im tiefsten eine unbekämpfbare Leidenschaft ihrem Verführer gegenüber zuschrieb. In der Tat erscheint sie uns in permanenter, meist exaltierter Erregung, eine gelassene Sprache spricht sie nie und nirgends. Bei Hoffmann und späteren war es denn wohl auch mehr der allgemeine Rausch, in den die Musik die Deuter versetzte, der ihre Einbildungskraft in Bewegung gesetzt hat. Es geht uns heute nicht anders, die wir zwanghaft mit psychologischen Kategorien laborieren und in der Musik nach Indizien suchen. Gewiß übertönt die Beredtheit ihrer Töne weitaus die Überzeugungskraft ihrer Worte, so daß wir ihr schließlich ein anderes Movens unterschieben müssen als bloß den Schmerz über den Verlust des Vaters – nämlich eben, daß sie seinem Mörder, ihrem Verführer, verfallen ist. An die Vergewaltigung, oder auch nur an den entsprechenden Versuch, mögen wir nicht recht glauben. Don Giovanni ist nicht der Mann, etwas zu rauben, das ihm nicht, als Frucht der einzigen Kunst, die er wirklich beherrscht, dargebracht würde. Das Motiv der Tochterliebe – in Wirklichkeit niemals überzeugend, noch nicht einmal bei der Liebe Cordelias zu ihrem Vater König Lear – ist auch hier zu schwach, um ihre Musik zu rechtfertigen, sie ist nur ihr Vorwand, Anlaß zweier großartiger Arien und des großen verräterischen Accompagnato ›Don Ottavio, son morta . . .‹ (Nr. 10), in dem sie mit ebenso objektiv atemberaubender wie subjektiv atemloser deklamatorischer Bravoura vier Moll-Tonarten durchläuft, wie auf der Suche nach jener Tonart, in der das Schrecklich-Wunderbare auszudrücken wäre, und doch alles geflüstert, als wolle sie nicht nur ihrem Don Ottavio, sondern auch sich selbst gegenüber das Wesentliche verschweigen, was sie wohl auch tut: Denn diese Schilderung der Tatnacht kommt, obgleich wohl soeben erst vorbei, reichlich spät, später jedenfalls als unsere Frage danach, doch hätte Don Ottavio wohl Angst vor der Antwort. Sie wird denn auch nicht befriedigend gegeben. Donna Annas musikalisches Gebaren also, eingeleitet von dem jähen c-Moll-Akkord der Blechbläser, unterstützt von dem suggestiven Stringendo der Streicher in aufsteigenden Terzen, scheint uns den großen erlebten Schicksalsmoment zu verraten, den sie so gern festgehalten hätte, wie sie anfangs den Verführer so kräftig am Ärmel festhält, daß dieser sich seltsamerweise nicht losreißen kann. Lügt Donna Anna? Wir vermögen es ihr nicht recht zu glauben, daß sie in jener Nacht – ist es nicht noch dieselbe? – Don Giovanni für ihren Verlobten Don Ottavio gehalten hätte, zumal es ja unwahrscheinlich ist, daß dieser, seiner Anlage nach, sich nachts in ihr Schlafgemach schleiche. In solchem Konflikt also wird Donna Annas Drama zu einem seelischen Monodrama.

Donna Anna führt uns zu einem Ratespiel, ergiebig im Raten, unergiebig in den Möglichkeiten der Lösung. Es betrifft jenes nur angedeutete, gleichsam unerlaubte, erotische Moment. Wie ist es zu erklären, wie kann ein Mädchen einen starken Mann so lang festhalten, bis ihr Vater kommt, um den Verführer zu stellen? Hat sie den Raub ihrer Unschuld genossen, so daß sie den Räuber nicht wieder gehen lassen will? Überdies sind schließlich ihr Vater und ihr Verführer gleichsam Gutsnachbarn, und dennoch sollte sich sein böser Ruf nicht herumgesprochen haben? Von den Tausendunddrei Opfern allein in Spanien müssen wohl einige in diese Gegend gefallen sein; und davon sollte auch ihr Verlobter, Don Ottavio, nichts wissen?

DES DON OTTAVIO ALLERDINGS werden wir auch sonst nicht recht froh. Dieses phantasiearme tugendhafte junge Herrchen sehen wir nicht als Gatten eines herrischen und leidenschaftlichen Mädchens. Zwar meinte Bernard Shaw, er werde sie heiraten und zwölf Kinder mit ihr zeugen, doch hat hier, wie oft, Shaws Wille zur Pointe über seine Wahrhaftigkeit gesiegt. Nichts weist auf Eheglück und Kindersegen hin. So agiert denn Don Ottavio einerseits in völliger Abhängigkeit von seiner Verlobten, andrerseits liegt seine Tragik ja eben darin, daß er ihr Innenleben überhaupt nicht erreicht. Es ist unwahrscheinlich, daß da Ponte ihn lächerlich gesehen haben wollte, doch können wir kaum umhin, ihn so zu sehen, ja, sogar über ihn zu lachen, ›den Bräutigam aller Bräutigame‹ (Adorno), und zwar vor allem dort, wo er dem atemlosen, vor allem für ihn reichlich spät kommenden Moll-Bericht der Angebeteten mit seinem Dur-Ausruf ›Ohimé, respiro‹ einen Trugschluß zu setzen scheint, als wolle er, nachdem er sich von ihrer Tugend überzeugt habe, nichts mehr hören, das sie noch in Zweifel ziehen könnte. Und mehr sagt sie ihm denn auch wirklich nicht. Nur spricht es immer wieder aus ihr heraus, ihr Unbewußtes formuliert sich nicht in Worten, sondern in Tönen, freilich nicht immer verständlich, auch nicht immer glücklich, so in der F-Dur-Arie (Nr. 23), in der Passage ›forse un giorno il cielo ancora sentirà pietà di me‹ (auf deutsch wohl nicht besser übersetzbar als mit dem grammatikalisch schwachen ›Laß uns hoffen, daß der Himmel sich erbarmt, der einst auch mein‹ – wohlgemerkt: das ist noch die beste Übersetzung!), einer monströsen Koloraturpassage, bei der sich das a-a-a-a- des ›sentirà‹ durch neuneinhalb Takte zieht, bis es den Quartsextakkord der Grundtonart erreicht. Diese Passage hat Berlioz, sonst ein großer Verehrer Mozarts, niemals verzeihen können. Er schrieb: ›Donna Anna scheint hier ihre Tränen zu

trocknen und sich mit einem Male unehrbaren Belustigungen hinzugeben‹, wofür er das Wort ›schändlich‹ noch zu schwach findet, ›um diese Stelle zu brandmarken. Mozart hat gegen die Leidenschaft, gegen das Gefühl, gegen den guten Geschmack und gesunden Verstand eines der häßlichsten, unsinnigsten Verbrechen begangen, die man aus der Kunstgeschichte anführen kann‹.[60] Ein hartes Urteil, eben das eines Romantikers, der die Gegebenheiten, denen sich Mozart ohne Aufhebens fügte, nicht wahrhaben wollte. Vermutlich wollte Teresa Saporiti ihr Können demonstrieren, und Aloisia Lange – die Wiener Donna Anna – wahrscheinlich ebenso. Dennoch: Daß Mozart hier entgleist ist, wollen auch wir nicht leugnen; doch handelt es sich eben um jenen Tribut an die Sängerin, wie wir ihn hin und wieder in Kauf zu nehmen haben. Wir meinen zu wissen, was Donna Anna antreibt. In ihrer Rolle haben wir denn die extreme Kontrapunktik zwischen Wort und Ton. Textlich jammert sie zwei Akte lang über den Tod ihres Vaters und frustriert über Racheplänen. Musikalisch jedoch durchläuft sie völlig andere Regionen. Aber welche?
Wir wissen es nicht. In unseren Deutungsversuchen zwar zum Scheitern verurteilt, übersetzen wir dennoch in psychologische Ratio, wir können gar nicht anders als die Handlungsmotive der Gestalten nach ihren Kategorien einzuordnen. Das heißt: Wir bauen ein dem musikalisch-dramatischen Geschehen parallel laufendes logisches System auf, in Bewegung gesetzt und in seinen Bahnen gehalten von unserer passiven Phantasie. Gewiß liegt es nah, Donna Annas Emotionen eher einer Haßliebe gegenüber dem Helden zuzuschreiben als der ermüdenden Trauer um jemanden, den wir nur in nächtlichem Dunkel als Todgeweihten und dann erst wieder als Gespenst kennenlernen, während uns die bezwingende Attraktivität des Verführers dauernd konfrontiert, auch wenn er nicht auf der Bühne ist. Unser Erleben, von der Musik gelenkt und mitunter ins Höchste gesteigert, bleibt demnach nicht ausschließlich passiv-rezeptiv, sondern es führt uns Assoziationen vor mit den möglichen und den tatsächlichen, den potentiellen und den wahrscheinlichen Ursachen des Verhaltens der Figuren. Die überragende Qualität der Musik liegt in der Vieldeutigkeit ihrer

60 Hector Berlioz: ›Lebenserinnerungen‹, München, ohne Datum, S. 68.

236

Suggestion; wenn wir uns also fragen, wie diese Musik wäre, wenn Mozart bewußt Donna Annas Leidenschaft für Don Giovanni hätte darstellen wollen, so kommen wir zu dem Schluß: Sie wäre, wie sie ist. Deutung der Aktionsmotive kennt Mozarts dramatische Musik nicht, sie untermalt nicht, sie folgt nicht dem Text, sondern gebietet ihm und führt ihn auf jene Ebene der in Musik übersetzten Parabel für das Leben. Onomatopoesie kennt sie wohl im Andeuten der Erregung, des Herzschlags, des atemverschlagenden Augenblicks oder der Darstellung der geschilderten zukünftigen Situation, wie die Hörnerdreiklänge in Figaros Arie ›Non più andrai‹. Sie ist aber niemals Programm, sondern schwingt sich, von bestimmten Punkten der Fabel ausgehend, in jene Sphäre des Absoluten, in der sie menschliche Leidenschaften vorwegnimmt, und wird somit zum Gleichnis der konkreten Handlung. Schopenhauer hat recht: kein ›malender‹ Komponist. (Freilich gehört in diese Kategorie für ihn auch Rossini, und beide werden gegen Beethoven und Haydn ausgespielt: Man wird der Äußerungen der verbalen Genies über Musik eben nicht recht froh.)

KEIN ›MALENDER‹ KOMPONIST. Sondern eben einer, der sein eigenes Geschehen aufbaut, orientiert an definierbaren Wendungen des vorliegenden Textes. Es ist also die Musik, die das Unglaubhafte und durchaus Unwahrscheinliche glaubhaft und wahrhaftig macht. Daher versteht es sich, daß die Metamorphose des Geschehens durch die Vertonung der textlichen Eindimensionalität nicht in Worten zu beschreiben ist. Es ist die Musik, die erklärt und deutet, erregt, beschwichtigt und besänftigt. Figuren – oft Figurinen – aus der Retorte, vorpsychologische Inventionen, werden erst in der Musik zu Wirklichkeit, das heißt in Mozarts Musik: vorher nicht, und nachher lange nicht. An den Fingern einer Hand können wir die Komponisten aufzählen, denen es gegeben war, Handlungsmotive und psychische Impulse ihrer Gestalten in Musik zu verabsolutieren. Von ihnen war Mozart der erste.
So können wir, bis hin zu Wagner, auch in den besten Operntexten niemals Ansätze zur Gleichberechtigung sehen, sondern Anlässe zur Entfaltung der musikalischen Partitur. Wie in Joyce' ›Finnegans Wake‹ müßte denn der einzeilige Text eine Partitur von mehreren Systemen vertreten, um eine Musik wie die Mozarts voll

auszuloten: zu deuten ist sie nicht. Don Giovannis hämische und letztlich unnötige Bemerkungen über seinen Diener reichen nicht aus, um ihren Partiturenteil zu ›rechtfertigen‹; Donna Annas Töne übertönen ihre Worte, so wie, im kleineren, Barbarinas Verlust einer Nadel im ›Figaro‹ eine zarte Skala anderer Verluste aufreißt. Gewiß hat diese Dimensionsüberschreitung sich Mozarts außermusikalischem Denken gar nicht mitgeteilt; er hat das Potentielle komponiert: das, wozu die jeweilige Gestalt, ihrer Veranlagung nach, fähig wäre. Hörend stellen wir fest, daß alle diese Gestalten eine metaphysische Komponente haben, die sich uns als etwas nicht zu Definierendes offenbart; ein Element tiefer objektiver Wahrhaftigkeit, das sie ausschließlich der Musik verdanken. Seinen Reichtum an Erfindung und Empfindung verteilt, ja, verschwendet Mozart bis in die subalternsten Figuren, selbst ein Antonio im ›Figaro‹ hat daran teil. Doch was bedeutet subaltern? So manche Figur wird erst auf der Bühne durch falsche Regie oder falsche Darstellung erniedrigt: zum Beispiel Masetto, der ewig linkische dickliche Bauernjunge, den selbst Adorno als ›stilgerechten Tölpel‹ betrachtet wissen möchte. Als ob Zerlina, der Adorno in einem unvergleichlichen Essay[61] seine Zuneigung erklärt, es nötig hätte, sich einem solchen Typ zu vermählen, als der er musikalisch auch gar nicht angelegt ist. Hat denn niemand gemerkt, daß der Masetto der F-Dur-Arie ›Ho capito‹ (Nr. 6) ein wütender Unterdrückter, ein potentieller Aufrührer ist? – dem Figaro des ›Si vuol ballare‹ ebenbürtig, nur eben hilfloser, machtloser, denn es ist noch nicht Revolutionszeit. Das ›Signor, si‹ als Redensart kennzeichnet im Italienischen eine falsche böse Unterwürfigkeit. Da Ponte hat gewußt, um was es da geht, und Mozart auch. Regisseure sollten sich dazu entschließen, den Masetto mit einem großen schlanken Darsteller zu besetzen, wenn möglich einem schönen, anstatt in das Fach ›Buffo-Tölpel‹ zu greifen. Erst dann kommt seine Musik zu ihrem Recht. Denn der ohne Zweifel nicht sehr überlegte Akt der Arglosigkeit, mit dem er dem verkleideten Don Giovanni seine Waffen aushändigt, vollzieht sich rezitativisch.

61 Th. W. Adorno: ›Huldigung an Zerlina‹, in: ›Moments musicaux‹, Frankfurt 1964, S. 37 ff.

MOZART GELINGT ES noch bis in die intrikatesten Ensembleszenen, die jeweilige Situation gleichzeitig von außen und von innen darzustellen: das subjektive Erleben der Beteiligten und das Panorama des Geschehens, wie es sich uns objektiv mitzuteilen habe. Wenn in dem grandiosesten aller Finali, dem des zweiten Aktes ›Figaro‹, unter der jähen Wendung von C-Dur nach F-Dur, der angetrunkene Gärtner Antonio hereintorkelt und seiner Empörung über die zertretenen Nelkenbeete Ausdruck zu geben versucht, so hält Mozart hier nicht nur fünf verschiedene Fäden der Charakteräußerungen fest in der Hand, sondern er suggeriert darüber, etwa durch die schwirrenden Achtel der hohen Streicher, die zunehmende Verwirrung der ohnehin schon heiklen Lage, die durch das Auftreten der drei von der Marcellina-Partei – più moto – noch gespannter wird und schließlich, im Prestissimo, in höchster Intensität ungelöst abbricht: Die Unbefriedigtheit aller Beteiligten wird zum Gegenstand unserer tiefsten Befriedigung. Vielleicht meinte Brahms vor allem diese Szene, als er zu seinem Freund, dem Chirurgen Billroth, sagte: ›Jede Nummer in Mozarts Figaro ist für mich ein Wunder; es ist mir absolut unverständlich, wie jemand etwas so Vollkommenes schaffen kann; nie wieder ist so etwas gemacht worden, auch nicht von Beethoven.‹[62]

WENN IM A-DUR-TERZETT ›Ah taci, ingiusto core‹ (Nr. 16), dieser in ihrer musikalischen Charakterisierung wunderbarsten Komposition des ›Don Giovanni‹, drei Positionen objektiv klargestellt werden, sich drei Seelen bis in ihre tiefen Hintergründigkeiten offenbaren, so geschieht es in einem beinah verhaltenen Andantino, mit einem Minimum an dynamischem Aufwand, vom Piano über das Mezzoforte der falschen Beteuerungen zurück zum Pianissimo, mit dem die Szene weggewischt wird; vier Minuten eines ungeheuerlichen Geschehens: die ohnehin schon schwer mitgenommene Elvira wird hier bis zum Exzeß mißbraucht. Don Giovanni lockt sie unter falschen Liebesbeteuerungen in den Garten, um sodann mit Leporello das Gewand zu tauschen: Der Diener soll sie ausführen oder sich nach Belieben mit ihr vergnügen, während er die Zofe verführe. Diese Nummer, subjektiv eine

62 Zitiert nach Greither, a.a.O., S. 142.

sublime Parenthese, objektiv eine Perfidie, verrät schon – buchstäblich – in der Handschrift Elemente eines wahrhaft diabolischen
Vergnügens an dem darzustellenden Täuschungsmanöver. Wir
stellen Korrekturen fest, eilige Striche, nachdrückliche Wiederholungen dynamischer Zeichen, die hier dem Zweck dienen, den
inhaltlichen Sinn interlinear bis ins letzte zu verdeutlichen, und
dadurch den Text zum Zynischen hin zu übertrumpfen. Der Wille
zum Boshaften geht sogar aus Mozarts Änderung der Regiebemerkungen da Pontes hervor. ›Con affettato dolore‹, ›mit vorgetäusch-
tem Schmerz‹, soll nach da Ponte der Held seine Zerknirschung
über das Elvira angetane Unrecht fingieren. Doch das genügte
Mozart im Prozeß des Sich-Einlebens offensichtlich nicht. In die
Partitur schrieb er: ›Con trasporto e quasi piangendo‹, ›mit äußerster Hingabe, beinah weinend‹, so als wolle der Held den darauffolgenden dreifach geäußerten Vorsatz ›M'uccido‹, ›Ich töte mich‹ im
nächsten Augenblick wahrmachen. Ursprünglich stand er in der
Partitur sogar viermal, aber das war Mozart wohl anscheinend
doch zuviel, denn das rechte Maß war ihm Gebot.

›ANIMA DI BRONZO‹, so nennt Leporello seinen Herrn während
dieses Terzetts. Übersetzen wir es mit ›Seele aus Eisen‹ oder, freier
noch, mit ›Seele aus Eis‹. Wir werden untersuchen, ob etwa
Mozart selbst, in intensiver Identifikation mit seinem Helden, zu
einer anima di bronzo wird. Die bereits genannten Beispiele würden fast darauf hinweisen. Sein Held jedenfalls bleibt dieser Bezeichnung hier in ihrer bösesten Verkörperung treu, doch immer
in kühner strahlender Konsequenz. Triumphierend demonstriert
er uns, wie das negative Prinzip siegt – bis zu seinem so unseligen
wie unerwarteten Ende, von dem ihn bezeichnenderweise nicht
nur ebendiese betrogene Geliebte, ebendieser geschundene Diener,
sondern sogar der Geist des von ihm Ermordeten und sein Verder-
ber zuletzt noch zu erretten suchen. So sehr beherrscht er sie alle,
er, dessen elementare Präsenz alle zusammenhält. Selbst wenn er
nicht auf der Bühne steht, ist er niemals fern. Während er Schuld
nach Schuld auf sich lädt, während die anderen ihm allmählich,
wenn auch ziemlich halbherzig und unmutig, zuleibe rücken,
demonstriert er, von nichts und niemanden wirksam beirrt, sein
negatives moralisches Register, kulminierend in seiner B-Dur-Arie

(Nr. 11) ›Fin ch'han dal vino . . .‹ – früher Champagner-Arie genannt, da anscheinend ungebändigte Lebenslust sich in Sekt symbolisieren mußte – in der er seine Unabhängigkeit von jeglichem Maß froh hinausruft, und in der Moll-Wendung auf ›Ed io frattanto . . .‹ sogar seine Dämonie. So herrscht denn über der gesamten Oper eine seltsame tiefe objektive Amoral, denn glücklich ist in ihr nur der Bösewicht, und zwar bis wenige Minuten vor seinem jähen Ende. Nur er lacht, die anderen nicht, sie haben auch nichts zu lachen. Sie bleiben unfroh, auch bei der endlichen Erlösung, denn nun, da der Mittelpunkt fehlt, haben sie keine dramatische, daher auch keine vitale Funktion mehr. Und da Moral bekanntlich nicht glücklich macht, bringt sie auch der falsche Trost des Schluß-Ensembles nicht mehr hoch. ›Questo è il fin di chi fà mal‹ bestätigen sie einander, ›So endet der Übeltäter‹. Doch auch diese Behauptung richtet sie nicht auf, vielleicht nicht zuletzt deshalb, weil sie nicht wahr ist.

DIESE SCENA ULTIMA ist denn auch in der Wirkungsgeschichte des ›Don Giovanni‹ immer wieder angefochten worden. Gustav Mahler hat sie bei seiner Aufführung im Jahr 1905 ausgelassen, und Adorno hat Klemperer gerügt, daß er sie bei seiner Platteneinspielung nicht ausgelassen habe:

Klemperer behält die letzte Szene, nach der Höllenfahrt, bei, aus neoklassizistischer, auf Cocteau, schließlich Nietzsche zurückdatierender intellektueller Liebe zu den Konventionen, aus Widerstand gegen das Wagnerische Musikdrama. Mittlerweile trägt die Restauration des Topos vom fröhlichen Beschluß, nur weil es gut wäre, einen zu haben, nicht mehr recht. Die Größe der Komturszene übersteigt gebietend alles vorhergegangene Spiel; danach muß das wiederhergestellte abfallen. Keine Berufung auf Stil hat Macht über ein Werk, das auf seiner Höhe sein eigenes Stilisationsprinzip außer Kraft setzt. Die Schwäche des Durfinales ist keine glückliche Rückkunft in die Form: sie bezeugt, wie unwiederbringlich durch Mozart das Dixhuitième geworden ist. Bei Aufführungen auf der Bühne sollte man auf das Finale verzichten; erklärt man es als ironisch, so wird sein Anspruch eher bestritten als bekräftigt. Schließlich hatte – wenn es schon um die ominöse Werktreue geht – Mozart selber den

241

Strich gebilligt. Zu schützen ist das Werk vor Einbrüchen einer krampfhaften Naivetät, welche die Szene des Komtur, letzte barocke Allegorie als vorweltliches Bild, rückwirkend zum Läppischen verurteilt.[63]

Hier geht Adorno hart mit Klemperer um: Ihm Cocteau als ideellen Lehrmeister zu unterstellen, grenzt ans Maliziöse. Doch darüber hinaus halten wir die gesamte Auffassung für falsch, zumal der d-Moll-Schluß-Akkord vom Akustischen her wie ein Trugschluß wirkt: von der Subdominante zur Tonika, ein Plagal-schluß. Gewiß muß gegen die wahrscheinlich größte Szene der Opernliteratur jedes Weitere abfallen, doch ist die Auffassung, daß ein Werk mit dem dramatischen Höhepunkt zu enden hätte, ein genauso großer ästhetischer Irrtum wie jener, den Adorno hier Klemperer zum Vorwurf macht: Das Abfallen des Wiederherge-stellten stellt die Desillusion unseres Erlebens wieder her, es ist einkalkuliert. Überdies aber können wir uns kaum dazu entschlie-ßen, die Scena ultima als schwach zu betrachten; in ihr werden uns schließlich durch die individuellen Charakterisierungen noch ein-mal jene Motive vorgeführt, um die es sich in der Oper handelte. Es ist daher höchst fraglich, ob Mozart bei der Wiener Aufführung den Strich ›gebilligt‹ habe oder ob er sich irgendeinem höheren oder niedrigeren Wunsch fügen mußte. Es wäre ja nicht das ein-zige Mal gewesen. Wolfgang Plath und Wolfgang Rehm, die Heraus-geber des ›Don Giovanni‹ in der ›Neuen Mozart-Ausgabe‹, sagen:

Es gibt, streng genommen, nur eine *einzige* Fassung des ›Don Giovanni‹, die unbedingten Anspruch auf Authentizität erhe-ben darf: Das ist die Oper, wie sie für Prag komponiert und dort am 29. Oktober 1787 mit beispiellosem Erfolg aufgeführt wor-den war. Zugleich ist dies auch die einzige Fassung, die sich genau definieren läßt. Denn die sogenannte ›Wiener Fassung‹ ist nach all dem, was aus dem bis jetzt vorliegenden Quellenma-terial geschlossen werden darf, nichts weniger als eindeutig zu nennen; vielmehr hat sie den Charakter des Variablen, des Experimentierens, des Nicht-Endgültigen . . .[64]

Richtig: Strenggenommen handelt es sich bei der Wiener Adaption

63 Th. W. Adorno: ›Klemperers »Don Giovanni«‹, in: Süddeutsche Zeitung, 24. Februar 1967.
64 Wolfgang Plath und Wolfgang Rehm: Einführung und Revisionsbericht zur

um gar keine ›Fassung‹, sondern um etwas ad hoc Auferlegtes, dem Mozart sich zu fügen hatte. Doch handelte es sich hier um keinen Einzelfall; gewiß hatte er es oft zu tun, nur kennen wir die Bedingungen nicht. Was also ist ›Authentizität‹? Genau genommen: Alles was Mozart komponiert hat, ob gern oder ungern, ob gelungen oder nicht, ist authentischer Mozart.

›DIE OMINÖSE WERKTREUE‹, darauf reagiert Adorno allergisch. Wir auch. Doch verstehen wir darunter etwas durchaus anderes, und gewiß nicht die – buchstäblich – folgerichtige Aufführung eines Bühnenwerkes. Wir meinen vielmehr jenes ›Musizieren‹ diverser ›Collegia‹ oder ›Cameraten‹ oder ›Consortien‹, die es sich zur Aufgabe machen, das vermeintliche Original-Ambiente zu rekonstruieren, das Spiel auf ›Original-Instrumenten‹, womöglich bei Kerzenlicht, die Resultate des ›Sich-Einlebens‹ von seiten der Reinheitsfanatiker, denen die Erforschung vergangener Aufführungspraktiken zur Manie und die Nachahmung zum Gebot wird. Wir glauben, daß Mozart, ständig auf Suche nach Verbesserungen instrumentaler Technik, selten völlig befriedigt, einen Konzertflügel von heute einem Walter-Hammerflügel von damals vorgezogen hätte. Wir wissen, daß ein Orchester ihm nicht groß genug sein konnte. Am 11. April 1781 schrieb er an seinen Vater:
. . . das habe ihnen auch neulich vergessen zu schreiben, daß die Sinfonie Magnifique gegangen ist, und allen Succés gehabt hat – 40 Violin haben gespielt – die blaß-Instrumente alle doppelt – 10 Bratschen – 10 Contre Bassi, 8 violoncelli, und 6 fagotti. – . . .
So also gefiel es ihm. Immerhin dirigierte Salieri am 17. April 1791 eine musikalische Akademie mit hundertundachtzig Mitwirkenden, bei der wahrscheinlich auch Mozarts g-Moll-Sinfonie in der Fassung mit Klarinetten aufgeführt wurde. Wir glauben nicht, daß Mozart gegen eine Überbesetzung protestiert hat.

MOZARTS MUSIKALISCHEM DENKPROZESS kommen wir nicht nah. Er gibt uns dort die größten Rätsel auf, wo uns inhaltlich eine Parenthese vorgeführt wird, die wir aber in der Musik als ernst

Partitur des ›Don Giovanni‹ in der ›Neuen Mozart-Ausgabe‹, Kassel–Basel–Tours–London 1975, S. XI.

gemeint hören. Natürlich wurden in der Rezeptionsgeschichte solche Nummern immer wieder auf ihren parodistischen Gehalt abgeklopft, doch vergebens: Er ist nicht festzustellen; selbst in ›Così fan tutte‹ werden Lust und Wehmut eins mit ihrer Vortäuschung. Wie sich manche der Figuren selbst nicht völlig verraten – ist die Gräfin Rosina auch in Gedanken ein Engel? Ist vielleicht Osmin eine zutiefst traurige Gestalt? –, verrät auch Mozart nichts von seinem Geheimnis: diesem kreativen Erahnen von Erfahrungen, die er selbst niemals gemacht hat. Als sei er selbst das Medium, fährt er menschlichen Regungen nach, versetzt sich in die seelischen Zustände seiner Gestalten, ihre Sehnsüchte, Träume und Erregungen; doch spart er die Anlässe aus: Was ist es wirklich, das Donna Anna bewegt? Was geht in Fiordiligi vor? Doch was sich für uns hier als Fragen aufwerfen mag, hat Mozart längst gelöst. Nur eben können wir die Lösungen nicht ins Außermusikalische zurücktransponieren. Sie ergeben sich aus der Musik, außerhalb ihrer bleiben sie unerklärbar. Das Psychogramm seiner Gestalten ist nur in Noten auszudrücken.

Der dramatische Denkprozeß läßt sich leichter verfolgen. Hier hat Mozart sich Vorbilder gesucht, um seine Textdichter zu korrigieren, wenn er mit ihnen nicht zufrieden war. Aus München, wo er am ›Idomeneo‹ arbeitete, schrieb er am 29. November 1780 an seinen Vater:

Sagen sie mir, finden Sie nicht, daß die Rede von der unterirdischen Stimme zu lang ist? Ueberlegen Sie es recht. – Stellen Sie sich das Theater vor, die Stimme muss schreckbar seyn – sie muss eindringen – man muss glauben, es sey wirklich so – wie kann sie das bewirken, wenn die Rede zu lang ist, durch welche Länge die Zuhörer immer mehr von dessen Nichtigkeit überzeugt werden? – Wäre im Hamlet die Rede des Geistes nicht so lang, sie würde noch von besserer Wirkung seyn. – Diese Rede hier ist auch ganz leicht abzukürzen, sie gewinnt mehr dadurch, als sie verliert.

Dieser Bühneninstinkt, diese disponierende Klugheit, ist immer wieder überraschend. Sieben Jahre vor dem ›Don Giovanni‹ haben wir hier eine Kritik an Shakespeare, die er selbst in unübertreffliche Tat umgesetzt hat. Nicht nur ist die Erscheinung des Commendatore konziser – und natürlich durch die Musik unheimlicher –, sie ist vor allem logisch konsequenter: Der Geist des Vaters im ›Hamlet‹ wird zwar von seinem Sohn und der nächtlichen Wache gesehen, seltsamerweise aber gerade nicht von der Mörderin, auf deren Gewissen er zu wirken hätte. Den Geist des Commendatore dagegen sehen alle Beteiligten, die Unschuldigen wie der Mörder, auf dessen Gewissen er zwar nicht wirkt, den er aber vernichtet. Gewiß, Mozart hat ihn nicht erfunden, auch da Ponte nicht oder dessen Vorgänger Bertati, von dem da Ponte manche Zeile dieser Szene wortgetreu übernommen hat. Aber die überwältigende Präsenz dieser Erscheinung, das kurze Aufleuchten eines unermeßlichen Jenseits, das ist einmaliger Mozart. Doch hat auch da Ponte Shakespeare gelesen – wie wir wissen, in französischer Übersetzung – und hat ihn verstanden. Den ›Hamlet‹ muß auch er genauestens gekannt haben. Im B-Dur-Quartett ›Non ti fidar, o misera‹ (Nr. 9) kommentieren Don Ottavio und Donna Anna das Erscheinen der unglücklichen Donna Elvira: ›Cieli! che aspetto nobile, che dolce maestà!‹ – ein schöner Text, der uns an Ophelias Worte angesichts des scheinbar gestörten Hamlet erinnert: ›Oh, what a noble mind is here o'erthrown!‹ (III, 1) Und Don Giovannis Feststellung nächtlicher Zeit, bevor der Geist sich regt, ›Oh ancor non sono due della notte‹, erinnert an Horatios ›I think it lacks of twelve … it then draws near the season‹ (I, 4), bevor der Geist des Vaters erscheint. Diese Affinität ist auch den Zeitgenossen nicht entgangen. Der Korrespondent der Frankfurter ›Dramaturgischen Blätter‹ befand nach einer Aufführung des ›Don Giovanni‹ 1789 die Musik ›herrlich – nur hie und da zu gekünstelt‹, und mußte gestehen, ›daß die Szene auf dem Kirchhofe‹ ihn ›mit Grauen ergrif. Mozart scheint die Sprache der Geister von Shakespeare abgelernt zu haben‹.

Der Commendatore wird erst als Gespenst real. Was er im Leben eigentlich war, wissen wir nicht genau. Mit der Übersetzung ›Komtur‹ können wir uns kaum zufrieden geben, denn das würde bedeuten, daß er nicht mehr wäre, als ein herrschaftlicher Verwalter kirchlicher Güter. Ist er Kommandeur oder Kommandant einer Garnison oder, wahrscheinlicher, Gouverneur? Jedenfalls ist er ein ›vecchio‹, ein alter Mann, verwitweter Vater einer heiratsfähigen Tochter: die klassische bequeme Ungereimtheit. Auch König

Lears drei Töchter, auch Ophelia und Miranda sind spätgeborene Halbwaisen, auch Goldonis diverse Rosauras und Beatrices, nicht zu reden von den Vollwaisen der klassischen Literatur und der Opera buffa, deren sich ein Vormund anzunehmen hat, und der Opera seria, deren Waisenschaft ungeklärt bleibt. Die einzigen Mütter Mozarts sind Marcellina im ›Figaro‹, die zu ihrem Kind wie die Jungfrau kommt, und die, allerdings gewaltige, Ur- und Über-Mutter, die Königin der Nacht der ›Zauberflöte‹, die Vertreterin des archaischen Matriarchates im Kampf gegen die Welt der Männer.

DOCH GIBT ES WOHL KAUM EIN BÜHNENWERK in der Theatergeschichte, dessen Ungereimtheiten wir lieber in Kauf nähmen, als die des ›Don Giovanni‹. So zum Beispiel die scheinbare Einheit der Zeit, die es mit sich bringt, daß eigentlich immer Nacht bleibt. In ihr wird der Commendatore ermordet, begraben und als Standbild erstellt, die ›statua gentilissima‹. In ihr kommt Donna Elvira in Reisekleidern aus Burgos angereist, klagt den Lüften ihr Leid an einer Straßenecke, zieht sich um und bezieht ein Haus. Und das einzige Liebesabenteuer, das dem Helden hier noch glückt, findet gleichsam am Rande statt und wird dem Diener, um dessen Liebchen es sich handelt, rezitativisch berichtet. Wir fragen uns, wann es, innerhalb solch gedrängter Zeit, stattgefunden hat. Interpreten und Regisseure haben natürlich versucht, diesen temporalen Ablauf in ein logisches System zu bringen – vergebens: Es ist das Geheimnis dieser Oper, daß sie durch dramaturgische Ordnung unwahrscheinlicher wird. Von der Suggestion der Musik ausgehend, zersetzt sich das konkrete Geschehen und damit unser Gefühl für Zeit und Geschichte, wir geben uns zeitlicher Ungebundenheit hin und vergessen darüber, daß in dieser atemlosen Sequenz der Ereignisse, bestärkt durch den dauernden Szenenwechsel, nur ein Element mit Konsequenz waltet, nämlich der Zufall. Nach der Wahrscheinlichkeit fragen wir nicht oder erst später; während unseres Erlebens ist alles schlüssig. In der Unfaßbarkeit des Geschehens, der Mehrdeutigkeit seiner Motive, der Erkenntnis eines Geheimnisses liegt unsere tiefe Befriedigung; nicht in der Lösung: Ihr Versuch ist ein Spiel, aber es berührt die Sache nicht.

DER EINZIGE FÜR UNS FESTSTELLBARE ANLASS zum ›Don Giovanni‹ war der Auftrag. Im Gegensatz zu Wien hatte Prag den ›Figaro‹ enthusiastisch aufgenommen. Der Prager Impresario Bondini beauftragte Mozart daher, für hundert Dukaten eine Oper zu schreiben, so schrieb Mozart für hundert Dukaten – genau 450 Gulden – den ›Don Giovanni‹. Man muß sich vergegenwärtigen, daß eine Oper ein Gebrauchswerk war, man griff auf keinen Bestand zurück, ein Repertoire wurde nicht zusammengestellt, sondern zusammengeschrieben. Hunderte von Opern entstanden pro Jahr.

Die Partitur ist zum Teil noch in Wien, zum Teil schon in Prag entstanden, einige Nummern wahrscheinlich noch während der Proben, wie zum Beispiel die Partie des Masetto. Sein Darsteller war das einzige Mitglied der Besetzung, das Mozart noch nicht gehört hatte – die meisten hatten schon im ›Figaro‹ mitgewirkt –, und das er daher zuerst in Augen- und Ohrenschein nehmen mußte, damit er wisse, was er ihm zumuten dürfe. Denn Mozart, in Fragen des Lebens alles andere als ein Praktiker, war ein Pragmatiker des Theaters, der die Verwirklichung einer Idealvorstellung, sofern er überhaupt eine hatte, den Gegebenheiten der Realität zu opfern wußte. In gewisser Weise also sind alle seine Rollen in ihrer Beschränkung auf die damalige bühnenmäßige Gegebenheit auf uns gekommen. Wie hätte die Rolle des Idomeneo ausgesehen, wäre sein erster Sänger zwanzig Jahre jünger gewesen? Signor Lolli muß wohl zumindest über ein gewisses darstellerisches Register verfügt haben, denn außer dem Masetto hatte er auch den Commendatore zu singen – für uns heute, die wir in, damals nicht bekannte, Stimmfächer einteilen, ein fast unvorstellbarer Gedanke –, und vielleicht hatte sich Mozart auch deshalb die Komposition des zweiten Finales bis zuletzt aufgespart: Seine monumentale Anlage des steinernen Gastes spricht dafür, daß er dem Sänger dieser beiden konträren Rollen einiges zugetraut, wohl auch einiges zugemutet hat. Allerdings dürfen wir den repräsentativen Aufwand, der heute dieser Szene zuteil wird, nicht mit damaligen Verhältnissen vergleichen: ein Regie-Konzept in unserem Sinne gab es nicht, Aktion, Gestik und Mimik waren kaum aufeinander abgestimmt, jeder tat, was er konnte, Improvisation ersetzte die Proben, ›es kam so genau nicht darauf an‹. An die Phantasie der Zuschauer und Zuhörer wurden höhere Ansprüche gestellt, und wahrscheinlich wurden sie erfüllt: Die passive Einbildungskraft war elementarer und naiver als die unsere.

Das Manuskript des ›Don Giovanni‹ enthält Streichungen, Korrekturen, verrät aber nirgends Hast; nur eben jene flüchtige Hand des Mannes, der schneller in Tönen denkt, als die Feder sie niederschreiben kann. Der Akt der Niederschrift, von je und immer wieder jenes notwendige Übel, die lästige Pflicht, wurde, sobald er sich zum Vollzug bequemte, ein automatischer Akt. Mozarts Gedächtnis funktionierte dabei fotografisch, während des Prozesses unterhielt er sich oder ließ sich etwas erzählen. Er hat diese phänomenale Gabe oft genug selbst bezeugt. ›. . . komponirt ist schon alles – aber geschrieben noch nicht – . . .‹, schrieb er am 30. Dezember 1780 über seine Arbeit am ›Idomeneo‹ an seinen Vater: keine Koketterie, sondern eine sachliche Mitteilung, wie meist ›in eyle‹, denn die Pflicht der Niederschrift wartete. Und an seine Schwester schrieb er am 20. April 1782:

> . . . hier schicke ich dir ein Praeludio und eine dreystimmige fuge, – das ist eben die Ursache warum ich dir nicht gleich geantwortet, weil ich – wegen des mühsammen kleinen Noten schreiben nicht habe eher fertig werden können. – es ist ungeschickt geschrieben. – das Praeludio gehört vorher, dann folgt die fuge darauf. – die ursache aber war, weil ich die fuge schon gemacht hatte, und sie, unterdessen daß ich das Praeludium ausdachte, abgeschrieben . . .

Er schrieb es seiner Schwester nicht etwa, um sich als Gehirnakrobaten darzustellen, sondern um ihr die ungewohnte Anordnung der beiden Teile zu erklären. Es handelt sich um Praeludium und Fuge für Klavier in C-Dur (K. 383a, April 1782). Demnach hat er also die im Kopf fertige Fuge aus dem Kopf abgeschrieben und währenddessen in demselben Kopf das Praeludium komponiert. Vielleicht hatte er darauf, während er dieses abschrieb, schon ein weiteres Werk im Kopf. Seltsamerweise handelt es sich gerade in diesem Praeludium um klaviertechnisch Kompliziertes, um Griffprobleme; wir stellen fest, daß er auch die potentielle Funktion der Hände im Kopf hatte.

Wir dürfen daher die, freilich anekdotisch überreich verbrämte, und damit, wie das meiste, ins Bereich des Heiteren, Unbeschwerten verwiesene Überlieferung getrost glauben, nach der Mozart die Ouvertüre des ›Don Giovanni‹ unmittelbar vor der Aufführung innerhalb zweier früher Morgenstunden niedergeschrieben habe. Dagegen dürfte wohl der Punsch, den Constanze ihm brauen, die Schnaken und Schnurren, die sie ihm dabei erzählen mußte, ins Bereich der Erfindung gehören. Er schrieb das Stück nach dem Diktat seines Gedächtnisses, ›komponirt‹ war schon alles. Die Handschrift beginnt mit einem verschmierten Tintenklecks in der Region der Hörner und Fagotte, sie enthält die üblichen Wischflecken – die Tinte trocknete ihm zu langsam –, im ganzen drei Takte Korrektur der Klarinettenstimmen, deren heftige Striche wie ein unwilliges Kopfschütteln anmuten. Sie enthält die für Mozart so typischen schwungvoll ausholenden dynamischen Zeichen, vor allem das fp des fortepiano erscheint uns immer wieder wie das stenographische Symbol einer Erregung, das eine gesamte statische und beherrschte Partiturseite in schwingende wellenhafte Bewegung setzt und somit eigentümlich belebt. Wäre das Papier nicht von der Zeit gegerbt –: Was darauf steht, sieht aus, als sei es soeben erst geschrieben, noch frisch, als sei die Tinte aus der Feder in der Hand des ›unvergleichlichen‹ Mozart noch nicht trocken. Die Handschrift ist überall gut leserlich und war gewiß keine übermäßige Anforderung an die Kopisten, die sie, gleichsam noch naß, abholen mußten. Zur Probe der Ouvertüre war ohnehin keine Zeit mehr. Wie sie geklungen hat, davon machen wir uns keinen Begriff. Es gelingt uns heute nicht mehr, uns in die Art der Rezeption damaliger Zeiten hineinzuversetzen; wir wissen nicht, was verlangt, was erwartet wurde, was dem damaligen Sinn für ›Schönheit‹ oder ›Wohlklang‹ entsprochen haben mag. Gewiß ist, daß wir wohl jede Opernaufführung als unvollkommen betrachtet hätten und, obgleich ein Ensemble weit mehr aufeinander eingespielt war als heute, als ein Stegreifspiel voller Zufälligkeiten. Die Aufführungspraktik war lax, die Darsteller durften dem momentanen gestischen Einfall gehorchen, Späße machen. Als es Mozart bei einer Aufführung der ›Zauberflöte‹ eines Abends gefiel, das Glockenspiel selbst zu bedienen und es zu ausgiebig bediente, rief ihm Schikaneder als Papageno zu: ›Halt's Maul!‹ Der durch die Taktverschiebung notwendig gewordene Neueinsatz des Orchesters wurde gewiß von niemandem übel vermerkt. Und scheinbar kam es Mozart in diesem Fall selbst so genau nicht darauf an, daß das Kontinuum gewahrt bleibe.

IN SEINEN OPERN hat Mozart Gestalten geschaffen, die an dramatischer Präsenz, in ihrer Eigenart und im Volumen ihrer Individualität denen Shakespeares ebenbürtig sind. Gewiß nähren sie sich nicht aus der Tiefe ihrer seelischen Konflikte, in der Deutung psychischer Verstrickung kann Musik die Worte nicht ersetzen, den Zwiespalt ›Sein oder Nicht-Sein‹ kann sie nicht ausmalen. Dafür gewinnen Mozarts Figuren eine andere Art der Wirkung, die mit Worten nicht zu umschreiben ist: Sobald ihre Rollen bestimmt sind, ihr Thema angeschlagen, ihr Charakter angedeutet, werden ihr Schicksal und ihre Seele völlig und ausschließlich zu Musik. Mozart brauchte sie nicht aus dem Leben zu greifen, das Libretto genügte, trotz seiner oft fatalen, bei da Ponte sich einigermaßen lockernden Beschränkung auf das Schema, auf das – damals – Wirksame und, nicht zuletzt, auf die Hilfe der allmählich erlahmenden dei ex machina. Die Gestalten der drei da-Ponte-Opern sind uns greifbarer und, trotz manchem buffoneskem Exzeß, wahrhaftiger als die seiner Opern zuvor und danach, bei denen es ja mehr um Vertreter eines Prinzips ging; greifbarer auch als alle Operngestalten bis hin zu Wagner und Richard Strauss, bei dem die Präsenz der Charaktere, ihr beseelter Zauber, zum großen Teil auf Hofmannsthals Dichtungen beruht: An reiner Kunst der Sinngebung hat eine Marschallin im ›Rosenkavalier‹ dem Dichter mehr zu verdanken als dem Komponisten, und eine Elektra sogar dem ersten Dichter mehr als dem zweiten. Wagners Hans Sachs wächst empor zu einer starken menschlichen Ausstrahlung; eine Offenbarung von Größe gestattet ihm sein Milieu nicht, doch weiß er das genau, und wir können nicht nur textlich, sondern auch musikalisch genau verfolgen, wie weit er sich über dieses Milieu erhebt. Bleiben Wagners große Sagengestalten: Auch sie sind in ihren Emotionen zutiefst menschlich, doch ist nun einmal ihre Welt nicht die unsere – die Gleichnisse sind nicht bis ins letzte vollziehbar – und ihr Erleben ist an dem unseren nicht meßbar; kaum einer von uns wird sich mit Lohengrin identifizieren können. Tristan und Isolde, von Liebe bis ins letzte beherrscht, sind überirdisch-exemplarisch. Sie sind überdimensional und einmalig, niemals werden sie Nachfolger haben. Ein Figaro dagegen, eine Susanna, eine Zerlina, ein Leporello und eine Despina bleiben weder als Konfigurationen noch als Archetypen, geschweige denn als Ideenträger haften: Sie sind Teil unserer selbst; wer überhaupt die Beglückung durch Kunst kennt, muß in ihnen einen Teil ihrer Ursache sehen.

MOZART HAT SEINE FIGUREN INTUITIV UND VORBEWUSST ERFASST. Da aber, was ihn bewegte, nicht das Leben, sondern die Musik war, oder vielmehr – es läßt sich nun einmal nicht anders sagen – da die Musik sein Leben war, hatte er, ohne sich dessen jemals bewußt zu werden, zu realen Menschen ein distanziertes Verhältnis. Er hat dieses Erfassen auf einer vorbewußten Ebene – sozusagen – abgefangen und es dort verarbeitet. In diesen Schöpfungsprozeß hat er das Leben in seiner Universalität sublimiert, ohne es zu wissen: Die fiktive Gestalt offenbart sich ihrem Publikum unter Umgehung dessen, der die Offenbarung vermittelt. Was von seiner Menschenkenntnis an die Oberfläche drang und vielleicht im täglichen Leben anzuwenden gewesen wäre, war durch diesen Prozeß der Sublimierung bereits gesiebt, war von weitaus geringerer Qualität, blasser, matter, und entweder dem äußeren Leben als Gemeinplatz mehr oder weniger angepaßt oder, ihm konträr laufend, ein das Leben bagatellisierender Kontrapunkt. So nahm sein Verhältnis anderen Menschen gegenüber einen zweitrangigen Platz ein. Gewiß, er war ein höchst sensibles anhängliches Kind gewesen. Die vielbetonte Überschwenglichkeit in seinen Zuneigungen war jedoch eher ein Teil seiner seelischen Konstitution und nicht an sein Verhältnis zu bestimmten Personen gebunden. Er hat, heranwachsend, seine Eltern verehrt, denn Elternverehrung war ihm anerzogen worden, zudem herrschte bei den Mozarts ein ausgeprägtes und bewundernswert intaktes Familienleben. Dennoch: Trotz jahrelanger Trennung von je einem Elternteil hat er niemals echte Sehnsucht empfunden. Er hat Aloisia Weber angebetet und, als sie ihn abwies, seine Liebe auf ihre jüngere Schwester Constanze übertragen, die er heiratete, und mit der er, so wie er es verstand und wie er es vermochte, glücklich war. Er hatte weder Talent noch die Muße, die Menschen und sein Verhältnis zu ihnen einer objektiven Prüfung zu unterziehen, wie er eben als Schöpfer über jegliches außermusikalische Theoretisieren erhaben war. Mozart brauchte zunehmend Gesellschaft, zuzeiten sogar dringend, er brauchte die erotische Ausstrahlung dieser oder jener Schülerin oder Sängerin, und er brauchte als eigentümliche Ersatzbefriedigung auch die ihm gegenüber erkaltende Constanze, doch diese Bedürfnisse zu analysieren ist ihm selbst dann nicht eingefallen, wenn er sich seiner subjektiven Gefühle nur allzu bewußt war. Die Briefpassage vom 7. Juli 1791 an Constanze: ›– ich kann Dir meine Empfindung nicht erklären, es ist eine gewisse Leere – die mir halt wehe thut, – ein gewisses Sehnen, welches nie befriediget wird, folglich nie aufhört – immer fortdauert, ja von Tag zu Tag wächst ...‹ – wir werden an anderer Stelle auf diese Worte eingehen – gibt eine durchaus einmalige Anwandlung wieder. Es handelt sich um die einzige Feststellung in Mozarts – erhaltenen – Briefen, in denen er auf seine Unfähigkeit, wahrscheinlich auch Unlust eingeht, eine Empfindung zu erklären. Die Empfindung selbst aber, die Leere, das Unbefriedigt-Sein, war ihm bewußt. Hier denn wäre Saint-Foix' Frage am Platz gewesen: ›Que s'est il donc passé?‹ Nur wäre hier die Antwort vielleicht leichter gewesen: Er hatte es satt. Doch das entnehmen wir nicht seiner Musik. Eben weil wir über der Musik den Schöpfer vergessen, wie es denn auch sein Wille ist, erschrecken uns die wenigen verbalen Äußerungen dieser Art. In der Musik löste er sich von sich selbst, ja er versuchte, außerhalb ihrer nicht zu existieren. So war es denn auch, daß sein Verhalten mitunter den Charakter der Selbstverleugnung annimmt, wie es uns von Zeugen berichtet wird, die dieses Verhalten meist mißverstanden oder falsch gedeutet haben.

WER STAND IHM WIRKLICH NAHE? Wenn wir auf den Behauptungen überlebender Zeitgenossen aufbauen wollen, wäre es eine beträchtliche Liste. Denn nach seinem Tod drängte es viele zur Aussage über ihn, darunter so manchen, den Mozart zu Lebzeiten durch sein anomales Gebaren verunsichert haben mag. Die Ratlosigkeit über das exzentrische, mitunter absolut rätselhafte und unberechenbare Verhalten in seinen letzten Jahren, über die sporadisch auftretende Unleidlichkeit in seinen letzten Monaten, wich jener liebevollen Verständnisinnigkeit, die ihren Gegenstand leider stets unscharf dokumentiert. Es kam den Zeugen vornehmlich darauf an, ihm nahegestanden zu haben. Man riß sich um einen Platz bei ihm, oder doch zumindest innerhalb des Radius seiner Wahrnehmung. Dennoch fragt es sich, ob ihm in den letzten Wiener Jahren überhaupt jemand nahestand; und ob er überhaupt jemals einen Freund hatte, der ihm mehr war als eine in seinen Briefen als solcher angeführte Person: Einer, den er auf keinen Fall aus den Augen verlieren wollte, dessen Schicksal ihm wirklich am Herzen lag, oder um dessen Leben er bangte; der mehr in ihm wachrief, als jene konventionell dokumentierten Empfindungen, wie wir sie in den Briefen so oft finden. Wahrscheinlich nicht; menschliche Bindungen, wie wir sie erfahren, kannte er nicht, brauchte sie auch nicht. Notwendigerweise mußte sich die Auswirkung seines nachlassenden Lebenswillens auf jenes Objekt fixieren, das – wie Mozart wohl meinte – von seinem gänzlichen Erlöschen am schwersten betroffen würde. Das war Constanze, die imaginäre Geliebte, ursprünglich Ersatz für die erste Besetzung, die Primadonna auf der Bühne und im Leben, Aloisia, eine um Wesentliches komplexere, aber auch differenziertere Erscheinung als ihre Schwester Constanze, voller Allüren, gewiß, aber auch voller künstlerischer Skrupel, unter denen sie bis an ihr Lebensende gelitten hat; denn im Gegensatz zu Constanze war sie zwar kapriziös, aber leidensfähig.

Subjektiv gesehen war Mozart – darin hatte Aloisia Recht – mit Constanze besser daran, denn sie hat keine Rolle in der Tragödie seiner Entfremdung. Es ist unwahrscheinlich, daß sie jemals psychisch gelitten hat, und auch ihre physischen Leiden betrachten wir mehr als willkommenen Vorwand zu Badekuren. Constanze war eine leichtlebige, dabei triebhafte Natur, sie gewährte Mozart – und vielleicht nicht nur ihm – erotische, zumindest sexuelle, Befriedigung, wäre aber unfähig gewesen, ihm jenes Glück zu spenden, dessen ein Geringerer zu seiner Selbstverwirklichung bedurft hätte. Darin war Mozart Egozentriker: Der Maßstab allen menschlichen Empfindens war ihm das von ihm selbst investierte Gefühl, nicht die Erwiderung des Partners, deren mehr oder weniger geringen Grad er nicht wahrnahm oder zumindest: erst dann wahrnahm, wenn er, wie von Aloisia, zurückgewiesen wurde. Seine Einsamkeit war zwar extrem, zugleich aber war sie ihm auch ein Schutz vor Verletzungen seines Ego. Seine Hoffnung auf Aloisia, vermutlich durch kein Entgegenkommen, keine Ermutigung von ihrer Seite hervorgerufen, wuchs, von der eigenen Einbildungskraft genährt, weiter, bis sie, konfrontiert mit der Wirklichkeit, erlosch; und ähnlich wird es wohl später mit mancher anderen Liebe gewesen sein. Er schätzte die eigene Beziehung zur Mitwelt falsch ein, nicht nur im erotischen Bereich. So nahm er die große Beleidigung dieser Mitwelt erst spät zur Kenntnis, am Ende seines Lebens. Dann erst war er plötzlich allein und stellte fest, daß sein Echo als Künstler längst verklungen war; kein Wunder, daß diese Erkenntnis ihn vernichtet hat. Die Werke waren weit weg, sie hörte er nicht mehr.

CONSTANZE MOZART ist der seltene Fall einer biographischen Schlüsselfigur, deren Bild wir aus keinem einzigen Selbstzeugnis zusammensetzen können, zumindest nicht, solange sie Constanze Mozart war. Und auch die Aussagen anderer über sie sind spärlich genug. Wir sind beinah ausschließlich auf die an sie adressierten Briefe angewiesen, und auf die wenigen, meist unfreundlichen Andeutungen überlebender Zeitgenossen. Aus ihren acht Jahren als Mozarts Frau haben wir kein einziges Dokument von ihr selbst. Die Briefe an ihren Mann sind verschollen, entweder von ihm selbst verloren – er scheint ein äußerst fahrlässiger Bewahrer gewesen zu sein – oder von ihr und Nissen vernichtet. Weshalb – das wissen wir nicht. Vielleicht offenbarte sich in ihnen jene Liebe und Fürsorglichkeit, die sie für ihren Gatten empfunden haben will, allzu ungenügend für die registrierende Nachwelt. Nissen behauptet, einigermaßen rätselhaft, doch nicht völlig unglaubhaft, daß sie ›mehr für sein Talent, als für seine Person fühlte, und Mitleiden mit dem Betrogenen hatte‹.[65] Von wem betrogen? Vielleicht meint er Aloisia. Demnach also hätte Constanze ihrem zweiten Mann berichtet, daß ihr in dieser Ehe eine Ersatzfunktion zugefallen wäre: nicht sehr wahrscheinlich.

Von Constanze als Frau Mozarts machen wir uns nur ein schmerzlich unvollkommenes Bild. Und als selbständige Gestalt wird sie uns

65 Georg Nikolaus Nissen: ›Biographie W. A. Mozarts‹. Zweiter unveränderter Nachdruck der Ausgabe von 1828. Hildesheim–New York 1972, S. 415.

erst 1829 vorgeführt, sechsundsechzigjährig, als Witwe Nissen, und zwar von dem Ehepaar Novello, das sie eine wohlerzogene Dame (a well-bred-lady) fand, deren Konversation ganz besonders reizend (peculiarly attractive) gewesen sei. In ihrem entzückenden Haus (delightful residence) mit schönem Garten und schöner Aussicht hielt sie damals in gemessen-bescheidenem Rahmen Hof, war zugänglich und freundlich gegenüber jedermann, der seine Bewunderung des ersten Gemahls zu ihrem Wohlgefallen ausdrückte. In ihren zehn Kopenhagener Jahren mit Nissen muß sie sich einiges an Umgangsformen, wenn auch nicht gerade an Welterfahrung, angeeignet haben.

In Wien war man, zum Erstaunen der Novellos, weniger gut auf Constanze zu sprechen. Daß der redselige und expansive Bankier von Henickstein sie eine schlechte Sängerin und eine schlechte Schauspielerin fand, ging noch an; schließlich hatte Constanze selbst niemals Ambitionen gehegt, es ihrer überragenden Schwester Aloisia gleichzutun. Aber daß ein angesehener und respektabler Mann wie der Klavierbauer Andreas Streicher – der Mitschüler und Jugendfreund Schillers und Altersfreund Beethovens - böse von ihr sprach, hat das biedere Paar in hohem Grade bestürzt. Ihr Wunsch nach maßvoller biographischer Schönheit hat es ihnen auch verboten, in dieser negativen Richtung weiterzuforschen, zumal für Streicher selbst dieses Thema ein wenig schmerzlich (›a sore one‹) war. Als taktvolle Engländer haben sie es ihm wohl auch übelgenommen, daß er den Vorhang zu dieser Schattenseite überhaupt geöffnet hatte. So notiert denn auch Vincent messerscharf in sein Büchlein: ›. . . private affairs and gossip upon matters with which the world at large has nothing to do I have not the least inclination either to learn or to record.‹[66] So weit, so gut. Nur: Dort wo die ›private affairs‹ auf der Sonnenseite stattfanden, hat er die entsprechenden Themen mit Freude aufgegriffen.

CONSTANZE WAR KEINE SÄNGERIN, war überhaupt keine Musikerin; doch konnte sie immerhin vom Blatt singen und Klavierspielen. Sie hatte Gehör und Geschmack und ihre musikalisch rezeptiven

66 Novello, a.a.O., S. 187.

Launen. So verliebte sie sich in eben jene Bachschen Fugen, die ihr Mann aus dem Haus van Swieten heimbrachte, plötzlich wollte sie nur noch Fugen hören, fand sie das ›Künstlichste und Schönste‹ in der Musik, ja, sie wurde süchtig danach, wie eine Schwangere nach bestimmter Nahrung. In der Tat scheint sich ihr Sinn für Ordnung ausschließlich im Genuß eines strengen kontrapunktischen Satzes niedergeschlagen zu haben. Sie war es denn auch, die Mozart dazu anhielt, Fugen zu schreiben.

So schrieb Mozart für Constanze Fuge für Fuge – nur sind sie fast alle Fragment geblieben. Serienweise schrieb er Viertel-, Halb- und Dreiviertel-Fugen, alle brechen sie ab, als sei er unwillig gewesen, Constanze gänzlich zufriedenzustellen; vielleicht ging ihr Ordnungssinn nicht so weit, daß es sie auch nach Vollendung verlangte. Doch tun wir wohl im ganzen besser daran, die Ursache dieser Nicht-Vollendung im Musikalischen zu suchen. Das Fragment der g-Moll-Fuge (K. 375 e) aus dem Frühjahr 1782, bei der Mozart erst eigentümlich kurz vor dem Schluß abgesetzt hat – die letzten acht Takte sind von fremder Hand, wahrscheinlich von Maximilian Stadler –, zeigt uns in ihrer starren, beinah verkrampften Stimmführung eine allzu enge, und für ihn selbst wohl kaum erträgliche Abhängigkeit von Bach, so daß er noch kurz vor der Coda versagt zu haben scheint. Vielleicht hat er Constanze ihre Vorliebe abgewöhnen wollen? Gern hätten wir diese Fuge von ihm selbst gehört: Er spielte sie nämlich allein, von anderen, späteren, wurde sie nur noch vierhändig gemeistert. Später allerdings hat er sich von seiner Bach-Hörigkeit befreien können, und zwar vor allem mit der großen Fuge in c-Moll für zwei Klaviere (K. 426, 29. Dezember 1783), einem seiner gewaltigsten Klavierwerke. Hier wird er Bach in seinem Handwerk ebenbürtig. Vierstimmig, rein abstrakt gedacht, von einer harmonischen Kühnheit sondergleichen, ist dieses Werk die Krone seiner Gattung geworden. Es ist gewiß nicht mehr zum Vergnügen Constanzes geschrieben, sondern aus irgendeinem unmittelbaren Anlaß, für sich und eine Schülerin. Vielleicht Therese von Trattnern? Oder Barbara Ployer? Wir wissen es nicht. Jedenfalls ist dieses Werk exemplarisch geblieben. Ein Sieg, über den er sich sehr wohl im klaren war.

WOLFGANG, VON JE UNPSYCHOLOGISCH und untaktisch im Umgang mit dem klugen Vater, schrieb im Laufe seines Briefes vom 5. Dezember 1781 den folgenden ominösen Satz hin:

... Ich soll denken, daß ich eine unsterbliche Seele habe – nicht allein denk ich das, sondern ich glaube es; – worinn bestünde denn sonst der unterschied zwischen Menschen und vieh? – eben weil ich das nur zu gewis weis und glaube – so habe ich nicht alle ihre Wünsche so, |: wie sie sich es gedacht hatten :| erfüllen können – ...

Anscheinend hat Leopold Mozart seinem Sohn, wahrscheinlich nach der Lektüre Moses Mendelssohns, die unsterbliche Seele nahegelegt. Jedenfalls ein geheimnisvoller, in dem sich ergebenden Zusammenhang extrem undiplomatischer Satz, nach dem Prinzip jenes Telegrammes: ›Reg dich auf, Brief folgt.‹ Und in der Tat wird der hellhörige Leopold sich sofort gefragt haben, was sich hier wohl wieder anbahne; zwar durfte er seit dem Bruch mit Salzburg nicht mehr damit rechnen, daß sein Sohn ihm willfährig, geschweige denn gehorsam sei, aber vielleicht verdrängte er die Ahnung, wie weit dieser Sohn das Gegenteil betreibe. Daß hier eine neue und schreckliche Überraschung drohe, hat er gewußt, und wahrscheinlich auch schon, von welcher Art sie sei. Er forderte den Sohn auf, diese kryptische Andeutung zu erklären; und nun kam der Brief vom 15. Dezember 1781, in dem, nach der üblichen rhetorischen Einleitung, das Bild der Verlobten Constanze gemalt wird, leider natürlich in den Farben zweckbedingter Subjektivität, daher zwar nicht verläßlich, doch voller Aufschluß über den Schreiber und seine Beziehung zur Beschriebenen:

liebster vatter! sie fordern von mir die erklärung der Worte die ich zu Ende meines lezten briefes hingeschrieben habe! – O wie gerne hätte ich ihnen nicht längst mein Herz eröfnet; aber der vorwurf welchen sie mir hätten machen können, *auf so was zur unzeit zu denken,* hielte mich davon ab – obwohlen denken niemalen zur unzeit seyn kann. – Mein bestreben ist unterdessen etwas wenig *gewisses* hier zu haben – dann lässt es sich mit der hülfe des unsichern ganz gut hier leben; – und dann – zu heyrathen! – sie erschröcken vor diesen gedanken? – ich bitte sie aber, liebster, bester vatter, hören sie mich an! – ich habe ihnen mein anliegen entdecken müssen, nun erlauben sie auch daß ich

ihnen meine ursachen und zwar sehr gegründete ursachen ent-
decke. die Natur spricht in mir so laut, wie in Jedem andern,
und vieleicht läuter als in Manchem grossen, starken limmel. Ich
kann ohnmöglich so leben wie die Meisten dermaligen Jungen
leute. – Erstens habe ich zu viel Religion, zweytens zu viel liebe
des Nächstens und zu Ehrliche gesinnungen als daß ich ein
unschuldiges Mädchen anführen könnte, und drittens zu viel
Grauen und Eckel, scheu und forcht vor die krankheiten, und
zu viel liebe zu meiner gesundheit als daß ich mich mit hurren
herum balgen könnte; dahero kann ich auch schwören daß ich
noch mit keiner frauens=Person auf diese art etwas zu thun
gehabt habe. – denn wenn es geschehen wäre, so würde ich es
ihnen auch nicht verheelen, denn, fehlen ist doch immer dem
Menschen Natürlich genug, und *einmal* zu fehlen wäre auch nur
blosse schwachheit, – obwohlen ich mir nicht zu versprechen
getrauete, daß ich es bey einmal fehlen bewenden lassen würde,
wenn ich in diesem Punckt ein einzigesmal fehlete. – darauf aber
kann ich leben und sterben. ich weis wohl daß diese ursache |: so
stark sie immer ist :| doch nicht erheblich genug dazu ist – Mein
Temperament aber, welches mehr zum ruhigen und häüslichen
leben als zum lärmen geneigt ist – ich der von Jugend auf
niemalen gewohnt war auf meine sachen, was Wäsche, kleidung
und etc: anbelangt, acht zu haben – kann mir nichts nöthigers
denken als eine frau. – Ich versichere sie, was ich nicht unützes
öfters ausgebe, weil ich auf nichts acht habe. – ich bin ganz
überzeugt, daß ich mit einer frau |: mit dem nämlichen einkom-
men, daß ich allein habe :| besser auskommen werde, als so.
– und wie viele unütze ausgaben fallen nicht weg? – man
bekommt wieder andere dafür, das ist wahr, allein – man weis
sie, kann sich darauf richten, und mit einem Worte, man führt
ein ordentliches leben. –
ein lediger Mensch lebt in meinen Augen nur halb. – ich hab halt
solche augen, ich kann nicht dafür. – ich habe es genug überlegt
und bedacht – ich muß doch immer so denken.
Nun aber wer ist der Gegenstand meiner liebe? – erschröcken
sie auch da nicht, ich bitte sie; – doch nicht eine Weberische?
– Ja eine Weberische – aber nicht Josepha – nicht Sophie
– sondern Costanza; die Mittelste. – Ich habe in keiner familie

solche ungleichheit der gemüther angetroffen wie in dieser. – die
Älteste ist eine faule, grobe, falsche Personn, die es dick hinter
den ohren hat. – die Langin ist eine falsche, schlechtdenkende
Personn, und eine Coquette. – die Jüngste – ist noch zu Jung
um etwas seyn zu können. – ist nichts als ein gutes aber zu
leichtsinniges geschöpf! gott möge sie vor verführung bewahren. – die Mittelste aber, nemlich meine gute, liebe konstanze ist
– die Marterin darunter, und eben deswegen vieleicht die gut-
herzigste, geschickteste und mit einem worte die beste darunter.
– die nimmt sich um alles im hause an – und kann doch nichts
recht thun. O Mein bester vatter, ich könnte ganze Bögen voll
schreiben, wenn ich ihnen alle die auftritte beschreiben sollte,
die mit uns beyden in diesem hause vorgegangen sind. wenn sie
es aber verlangen, werde ich es im Nächsten briefe thun. – bevor
ich ihnen von meinem gewäsche frey mache, muß ich ihnen
doch noch näher mit dem karackter meiner liebsten konstanze
bekannt machen. – sie ist nicht hässlich, aber auch nichts
weniger als schön. – ihre ganze schönheit besteht, in zwey
kleinen schwarzen augen, und in einen schönen Wachsthum. sie
hat keinen Witz, aber gesunden Menschenverstand genug, um
ihre Pflichten als eine frau und Muter erfüllen zu können. sie ist
nicht zum aufwand geneigt, das ist grundfalsch. – imgegentheil
ist sie gewohnt schlecht gekleidet zu seyn. – denn, das wenige
was die Muter ihren kindern hat thun können, hat sie den zwey
andern gethan, ihr aber niemalen. – das ist wahr daß sie gern
Nett und reinlich, aber nicht propre gekleidet wäre. – und das
Meiste was ein frauenzimmer braucht, kann sie sich selbst
machen. und sie frisirt sich auch alle Tage selbst. – versteht die
hauswirthschaft, hat das beste herz von der Welt – ich liebe sie,
und sie liebt mich vom herzen? – sagen sie mir ob ich mir eine
bessere frau wünschen könnte? –
das muß ich ihnen noch sagen, daß damals als ich quitirte
die liebe noch nicht war – sondern erst durch ihre zärtliche
sorge und bedienung |: als ich im hause wohnte :| gebohren
wurde. –
Ich wünsche also nichts mehr als daß ich nur etwas weniges
sicheres bekomme, |: wozu ich auch, gottlob, wirklich hofnung
habe :|, so werde ich nicht nachlassen sie zu bitten, daß ich diese

arme erretten – und mich zugleich mit ihr – und ich darf auch sagen, uns alle glücklich machen darf – sie sind es Ja doch auch wenn ich es bin? – und die hälfte von *dem sichern* was ich bekommen werde, sollen sie genüssen, Mein liebster vatter! – nun habe ihnen mein herz eröfnet, und ihnen meine Worte erkläret. – . . .

DER WUNSCH, CONSTANZE ZU HEIRATEN, war scheinbar das Resultat eines erfolgreichen Vorganges der Selbstsuggestion, eine Aktion, in deren Initiative Constanze selbst und ihre Mutter die Rollen unter sich aufteilten. Die Mutter betrieb die Angelegenheit mit System, ihr Intrigantentum hatte wahrhaft professionelles Format; sie war wie eine Bühnenfigur, die Schwiegermutter der Posse, boshaft und banal. Freilich spielte Constanze selbst auch ihre Rolle mit kaum minderer Fertigkeit. Mozart galt in ihren Kreisen als ein Mann mit Zukunft, den man sich rechtzeitig zu sichern hatte.

Im Laufe weniger Wochen zog das Netz sich zu, das Verhältnis des Mieters zur Tochter der Vermieterin war zu diesem Zeitpunkt bereits belastet und nicht mehr als völlig harmlos darzustellen; übrigens begegnen wir dieser spießigen Konstellation später wieder: Nissen war Constanzes Mieter, bevor er ihr Mann wurde. Bald erschien es Mozart mit seinem überstark ausgeprägten Ehrgefühl nicht mehr vereinbar, sich dieser Bande – die Anwendung des Wortes in seinem Doppelsinn ginge wohl doch zu weit – zu entziehen. Und so setzte auf seiner Seite jener Vorgang der Selbsttäuschung ein, ein unbewußter Fatalismus gegenüber der Welt und ihren Bindungen. Er begann, Constanze zu lieben, weil es sich in ihm dazu entschlossen hatte. Eine hat es sein müssen, und sie war es.

Diesen Schritt hat ihm der Vater nicht verziehen. Gewiß, Größe hat Leopold Mozart niemals gezeigt. Doch hatte er noch nicht einmal das Format, sich in Würde mit unabänderlichen Notwendigkeiten abzufinden, wenn sie nicht seinem Willen entsprachen. Daher ist ihm die eigene Härte zum eigenen Schaden geworden. Wolfgang, der Größe hatte, der Kleinlichkeit niemals verzeihen mußte, weil sie ihn nicht traf, hat ihn diesen Schaden nicht spüren lassen. Doch muß er über das frostige Verhalten des Vaters und der Schwester bestürzt gewesen sein, als er mit seiner Frau 1783 Salzburg besuchte. Constanze erhielt keinerlei Geschenke, keine gebührende Gabe oder auch Freundlichkeit. Verständlicherweise hat sie es Leopold und dem Nannerl ihr Leben lang nicht verziehen, wie das Nannerl ihr nicht verziehen hat, daß sie ihres Bruders Frau geworden war. So haben sie im Alter jahrelang nah beieinander in Salzburg gelebt, ohne einander jemals auch nur zu sehen.

EINE GEWISSE CONSTANZE WEBER ALSO ist in die Unsterblichkeit eingegangen. Darüber allerdings kann niemand erstaunter sein als sie selbst es zur Zeit ihrer Heirat gewesen wäre. Zwar hat sie Mozarts Ruhm noch erlebt, die finanzielle Auswirkung noch genossen und nach bestem Vermögen gefördert, aber die Größe ihres Mannes hat sie niemals wirklich erfaßt, auch nicht nach seinem Tod, als sein Nimbus von anderen an sie herangetragen wurde; da hat sie es dann zumindest geglaubt.
Bei dem Gedanken an sie bemächtigt sich unser eine gewisse Lethargie: Wir wären geneigt, zu konstatieren, daß uns zu Constanze Mozart nichts einfalle. Aber wie Leopold gehört auch sie untrennbar zum Leben Mozarts, nach seinem Abgang hat sie sein äußeres Nachleben bis zu einem gewissen Grad sogar gelenkt. Versuchen wir daher, so gut es geht, ihr Bild zu rekonstruieren.

ALS WOLFGANG SIE HEIRATETE, war sie zwanzig. Das Bildnis, das ihr Schwager Lange 1782 von ihr gemalt hat, zeigt sie als unschön. Die Lippenpartie ist eigentümlich verschoben, sie wirkt beinah geschwollen. Die Augen sind unverhältnismäßig groß: sehr im Gegensatz zu Wolfgangs Beschreibung dieser Augen in dem Brief an seinen Vater. Gewiß, das Bildnis ist stümperhaft gemalt, es stellt sie beinah verwachsen dar, und obgleich es zu seiner Zeit anscheinend akzeptiert wurde, darf man annehmen, daß Constanze anders aussah. Lange, wenn auch kein Dilettant, war wohl ein besserer Schauspieler als Maler, und Constanze wahrscheinlich um einiges attraktiver, denn sie hat im Laufe ihres Lebens eine Anzahl von Verehrern gehabt. Auf dem späteren Bildnis, von Hans Hansen aus dem Jahr 1802, das sie als zukünftige ›Etatsräthin von Nissen‹ vierzigjährig darstellt, zeigt sie eine gewisse damenhafte, wenn auch steife Würde. Allerdings ist auch dieses Bild kein Meisterwerk.

Jedenfalls ersieht man aus dem Brief an den Vater, daß Mozart darauf verzichtet hat, den Eindruck der Geliebten zu beschönigen. Es fragt sich sogar, im Gegenteil, ob er das Bild nicht ein wenig allzu glanzlos male, um nicht den Eindruck zu erwecken, er lasse sich von eitlem Flitter blenden. Es liegt eine gewisse Raffinesse darin, daß er an der Erwählten vor allem ihre Schlichtheit hervorhebt und damit gleichsam den eigenen kühlen sachlichen Blick betont. Er wußte nämlich gut genug, daß der Vater seinen mannigfachen euphemistischen Übertreibungen gegenüber abgestumpft war. Ob Leopold allerdings die Sache mit den ›Pflichten als Frau und Mutter‹ ernst genommen hat, ist nicht überliefert. Auf uns wirkt sie überaus komisch, wie alle diese spießbürgerlichen Anwandlungen Wolfgangs. Den Vater wird sie eher alarmiert haben, da er das Gegenteil für wahrscheinlich hielt, und zwar zu Recht. Jedenfalls hat Mozart die Zustimmung des Vaters zur Heirat nicht abgewartet, sie traf erst nach der Hochzeit ein.

Auch sonst gibt sich Mozart in diesen Briefen überaus sachlich. Die Notwendigkeit gestopfter Strümpfe und gewaschener Wäsche als Heiratsgrund verblaßt so ziemlich vor der Unverblümtheit, mit der er auf das Erwachen des Sexualtriebes zu sprechen kommt, welche Gelegenheit er wahrnimmt, um seine Virginität zu beteuern, als sei er zu dieser Zeit auch darüber seinem Vater noch Rechenschaft schuldig, ja, als hege er, wie je, das Bedürfnis, diese Rechenschaft dem Vater abzulegen, der, bei rechter Prüfung der Umstände, den Entschluß unfehlbar gutheißen werde. Hier ist keine Heuchelei im Spiel, auch kein Philistertum: Während des Schreibens sah Mozart sich rein, unschuldig und unberührt, in der Rolle des seriösen Ehemannes und des zukünftigen Vaters, modelliert am Bild Leopolds. Nur eben hat er nicht bedacht, daß es seinem eigenen Vater schwerlich gelingen würde, ihn so zu sehen. Anscheinend hat sich Mozart niemals diese Frage gestellt: Hat mein Vater eigentlich jemals einen meiner Entschlüsse gutgeheißen oder auch nur ernst genommen? Auf dem Gebiet der Vernunft war er so wenig heimisch wie in den Regionen menschlicher Bindungen. Hier richtete er sich ausschließlich nach dem jeweils angestrebten Zweck. In diesem Fall der heiklen Botschaft an den Vater war Sachlichkeit am Platz, und so wandte er das an, was er für Sachlichkeit hielt. Daß sein Vater die Sache anders sehen mußte, bedachte er nicht, über ›Lebensklugheit‹ verfügte er nicht, und er versetzte sich niemals in den Zustand des Empfängers, weder seiner Briefe noch seiner mündlichen Beteuerungen.

Von alledem, was er hier über Constanze schrieb, war das Gegenteil der Fall. Gewiß, sie mag sich einfach gekleidet, sich selbst frisiert haben, doch wohl nur, weil ihr die Mittel fehlten, sich elegant zu kleiden und sich frisieren zu lassen. Von Hauswirtschaft verstand sie nichts, zumindest verdrängte sie jegliches Verständnis dafür, solange Mozart lebte. Ob sie ihm daher wirklich die Strümpfe stopfte und die Wäsche wusch, ist nicht überliefert, doch ist es unwahrscheinlich, dazu hielten sie sich ein Dienstmädchen. Und ob sie ein ›gutes Herz‹ hatte, wagen wir nicht zu beurteilen. Das Fragezeichen hinter dem Satz ›. . . und sie liebt mich von Herzen? . . .‹ ließe sich fast als eine signifikante Fehlleistung deuten. Mozart pflegte sie in seinen Briefen sein ›Weibchen‹ zu nennen. Diese Bezeichnung trifft in einem viel weiteren Sinne zu, als er ihn gemeint hat und wie man ihn damals verstand (nämlich mehr oder weniger – wie in der ›Zauberflöte‹ – als Reim auf ›Täubchen‹). Sie war der Prototyp des Weibchens, das heißt sofern wir sie aus Wolfgangs Briefen an sie deuten können, aus seinen Beteuerungen, seinen Warnungen, seinen Bitten, Versicherungen, Evokationen, die sie oft ziemlich genau zu umreißen scheinen, indem sie sich ausschließlich, im Positiven wie im Negativen, auf ihre ›weiblichen Eigenschaften‹ beziehen, niemals neutralen Grund berühren; selten – dann aber nachdrücklich – wird an ihren Verstand appelliert oder an ihre Urteilskraft. Constanzes Gefühlsleben spielte sich auf der vordergründigen Ebene unmittelbarer Sinnesempfindung ab, auf die sie ebenso unmittelbar reagierte. Sie gab sich ihren Trieben hin, liebte das Vergnügen, war überaus beeinflußbar, und somit natürlich auch sehr anpassungsfähig, sie ›machte mit‹. Und da auch Wolfgang im äußeren Leben zu chaotischer Unordnung neigte, war es das Natürlichste für sie, sich an dieser Unordnung zu beteiligen und sie dadurch zu fördern. Hier wurde ihr von seiten der Biographen der größte Vorwurf gemacht, zu Unrecht, wie alle Vorwürfe. Zwar hat sie durch Verschwendung, nicht größer als die seine, und gewiß nicht ›Verschwendungssucht‹, zum finanziellen Ruin der Familie beigetragen – den anderen Teil der Schuld trägt Wolfgang selbst –, aber das hat sie, zumindest in den ersten sieben Jahren, in einem anderen Bereich des Ehelebens wieder gutgemacht. Denn die Eigenschaft ausgeprägter Wirtschaftlichkeit wirkt sich unfehlbar auch auf das übrige Eheverhältnis aus, und zwar auf einem Gebiet, auf dem übergroßes Haushalten Wolfgang, wenn wir ihn richtig einschätzen, schwer getroffen hätte. Die Tugend häuslicher Ordentlichkeit kommt selten allein. Sie zieht andere Eigenschaften mit sich, die nur Philistern und frigiden Naturen als Tugenden gelten können. Mozart zählte weder zu den einen noch zu den anderen. Und damit haben wir eine Erklärung, daß diese Ehe, trotz mancher Schwankung, doch acht Jahre lang mehr oder weniger gut gehalten hat: Sie wurzelte auf dem Boden erotischen Einverständnisses.

Wenn wir die Briefe seiner Reise nach Berlin, Leipzig und Dresden vom April bis Juni 1789 lesen, so finden wir außer den vielfach variierten sachlichen Mitteilungen jene intimen Passagen, die auf dieses, zwischen Zweifel und Befriedigung schwankende, Verhältnis hinweisen: eine seltsame Mischung von Pedanterie und erotischer Unverblümtheit, oft in einem einzigen Brief vereint. Am 23. Mai 1789 wirft er ihr vor, sie habe nicht genug geschrieben:

Berlin den 23:ᵗ *May*
liebstes, bestes, theuerstes Weibchen! – *1789.*
Mit ausserordentlichem vergnügen habe dein liebes Schreiben vom 13:ᵗ hier erhalten; – diesen augenblick aber erst dein vorhergehendes vom 9:ᵗᵉⁿ weil es von Leipzig retour nach Berlin machen musste. – das erste ist daß ich dir alle briefe so ich dir geschrieben herzähle, und dann die deinigen so ich erhalten. – ich schrieb dir

den 8:ᵗ april	von der Post=station budwitz. –
den 10:ᵗ –	von Prag.
den 13:ᵗ⎱ und den 17:ᵗ⎰	von Dresden.
den 22:ᵗ	|französisch :| von Leipzig.
den 28:ᵗ⎱ und den 5:ᵗ May⎰	von Potsdam
den 9:ᵗ⎱ und 16:ᵗ⎰	von Leipzig.

den 19:t   von Berlin
und izt den 23:t –   das sind also 11 briefe.
ich erhielte von dir

den von	8:t	april	den 15:t april	in Dresden. :|
den von	13:t	–	den 21:t –	in Leipzig :|.
den von	24:t	–	den 8:t May	in Leipzig. bey meiner
den von	5:t	May	den 14:t –	in Leipzig. :| Retour
den von	13:t	–	den 20:t	in Berlin.
und den von	9:t	–	den 22:t	in Berlin.

also 6 briefe.

zwischen den 13:t und 24:t april ist, wie du Siehst eine lücke, da muß nun ein briefe von dir verloren gegangen seyn – durch dies musste 17 tage ohne briefe seyn! – wenn du also auch 17 tage in diesen umständen leben musstest, so muß auch einer von meinen briefen verloren gegangen seyn; ...

Hier haben wir den Mozart zu sehen, wie er beim Stukkateur Sartory am Gendarmenmarkt in Berlin nachts in seinem, wahrscheinlich kärglichen, Gastzimmer sitzt, Constanzes Brief hervorzieht, um diese unbefriedigende Aufstellung zu errichten. Doch sind die Briefe vielleicht nicht das einzige, das er hervorzieht. In demselben Brief heißt es weiter unten:

... donnerstag den 28:t gehe ich nach dresden ab, alwo ich übernachten werde. den 1:t Juny werde ich in Prag schlafen, und den 4: – den 4:t? – *bey meinem liebsten weiberl;* – richte dein liebes schönstes nest recht sauber her, denn mein bübderl verdient es in der That, er hat sich recht gut aufgeführt und wünscht sich nichts als dein schönstes [. . . .] zu besitzen. stelle dir den Spitzbuben vor, dieweil ich so schreibe schleicht er sich auf den Tisch und [zeigt] mir mit [fragen] ich aber nicht faul [geb] ihm einen derben Nasenstüber – der [bursch] ist aber nur [. . .] jetzt brennt [auch] der Schlingel noch mehr und läßt sich fast nicht bändigen ...

Diese Zeilen waren von Nissen gestrichen worden und wurden – wie viele andere Passagen – von Ludwig Schiedermair auf photographischem Weg sichtbar gemacht.[67] Nur die gepunkteten Auslassungen konnten nicht entziffert werden. Wahrscheinlich waren

67 Ludwig Schiedermair: ›Die Briefe W. A. Mozarts und seiner Familie‹. Erste kritische Gesamtausgabe, 5 Bände, München–Leipzig 1914.

sie mehrfach und besonders nachdrücklich gestrichen. Unter den Umständen wundert man sich freilich hin und wieder über das, was Nissen und Constanze – nach gegenseitiger Absprache? – haben stehen lassen. In dem vorangegangenen Brief zum Beispiel, vom 19. Mai aus Berlin, heißt es:

... wie kannst Du denn glauben, ja, nur vermuthen, daß ich Dich vergessen hätte? – Wie würde mir das möglich seyn? – für diese Vermuthung sollst Du gleich die erste Nacht einen derben Schilling auf Deinen liebens=küßenswürdigen Aerschgen haben, zähle nur darauf ...

Wenn dieser Satz auch nicht unbedingt ein Licht auf extravagante sexuelle Gepflogenheiten des Paares wirft, so erstaunt es doch, daß die alternde Constanze und ihr würdiger Gemahl ihn ungestrichen stehengelassen haben. Möglicherweise konnte Nissen, vielleicht aus der Zeit, als Constanze noch seine junge Vermieterin war, diese Küssenswürdigkeit retrospektiv nachempfinden, obgleich wir ihn eigentlich nicht so einschätzen.

Immerhin scheint Constanze ihre Befürchtung ausgedrückt zu haben, daß Mozart sie vergessen könne; offensichtlich also eine Anwandlung von Eifersucht, und nicht die einzige; das würde jedenfalls auf Liebe hinweisen. Ob wir dagegen auf seiner Seite den Umstand, daß sich sein ›bübderl‹ nur ›recht gut‹ und nicht *sehr* gut aufgeführt habe, als eine Einschränkung betrachten sollen, wissen wir nicht; wahrscheinlich nicht, denn aus den Briefen vor allem dieser Reise spricht die erotische Bindung an Constanze besonders stark und eindeutig. Jedenfalls trägt er ihr Portrait immer bei sich, und das Zeremoniell des Aufstellens und Wieder-Einpackens scheint er auf höchst suggestive Weise zu zelebrieren; am 13. April 1789 schreibt er ihr:

... hätte ich doch auch schon einen briefe von dir! – wenn ich dir alles erzehlen wollte, was ich mit deinem lieben *Porträt* anfange, würdest du wohl oft lachen. – zum beySpiell; wenn ich es aus seinem Arrest herausnehme, so sage ich; grüss dich gott Stanzerl! – grüss dich gott, grüss dich gott; – Spizbub; – knallerballer; – Spizignas – bagatellerl – schluck und druck! – und wenn ich es wieder hinein thue; so lasse ich es so nach und nach hinein rutschen, und sage immer, Stu! – Stu! – Stu! – aber mit dem *gewissen Nachdruck,* den dieses so viel bedeutende Wort, erfordert; und bey dem lezten schneller, gute Nacht; Mauserl, schlaf gesund; – ...

Dieses ›Stu – Stu – Stu –‹ finden wir öfters, so wie auch andere Elemente dieser erotischen Geheimsprache. In ihrer Suggestivität dürfen wir sie fast als onomatopoetisch betrachten. Jedenfalls haben sie den Charakter bestimmter und bestimmbarer Bedeutungen. Dafür spricht schon der ›gewisse Nachdruck‹.

Doch über den Satyrspielen wird die ›Ehre‹ niemals vergessen; immer wieder kommt Mozart auf Constanzes Betragen zu sprechen, es läßt ihn nicht völlig ruhen, und darin hat er ihr anscheinend niemals getraut. Noch aus der Ferne scheint ihm manches zugetragen zu werden, sofern es sich nicht um Ahnung oder Befürchtung handelt. Aus Dresden schreibt er ihr am 16. April 1789:

> ... 5to bitte ich Dich nicht allein auf *Deine* und *Meine Ehre* in deinen Betragen Rücksicht zu nehmen, sondern auch auf den *Schein*. – seye nicht böse auf diese Bitte. – Du mußt mich eben dießfalls noch mehr lieben, weil ich auf Ehre halte.

Daß es, jedenfalls hier, zunächst um den ›Schein‹ geht, wollen wir ihm nicht vorhalten, es war ihm um die letzten Reste seines Rufes zu tun, der freilich auch durch Constanzes gutes Betragen kaum noch zu retten war. Auf die Ehre aber wird er auch später noch zu sprechen kommen, wenn er, wiederholt, über ihr allzu freies Benehmen in Baden klagt. Hin und wieder können wir sogar seine Bestürzung nachempfinden; zum Beispiel dann, wenn sie draußen in Baden ein Fest feiert, weil sie meint, ihr Mann habe ein günstiges Geldgeschäft getätigt, während es in Wirklichkeit nicht zustande gekommen war. Und selbst wenn es zustande gekommen wäre, so wäre es nur eine neue Anleihe gewesen – doch eben das scheint Constanze nicht gekümmert zu haben.

UNSERE SYMPATHIEN für diese oder jene Figur des Dramas können wir nicht steuern, doch haben wir unser möglichstes getan, keine Parteinahme aufkommen zu lassen und keinen Affekt; wir versuchen, aus den Fehlern der existierenden Biographik zu lernen. Im Falle Mozart vermittelt sie uns, meist schon zu Anfang, die genaue Position des Autors, die denn auch mit starrer Konsequenz eingehalten wird: Pro-Leopold und Anti-Leopold, vor allem aber Pro-

Constanze und Anti-Constanze. Sie ist der Zeiger an der Waage, die freilich weniger den Wert ihrer Gestalt wägt, als die Zu- und Abneigungen der wägenden Richter. Paumgartner findet für sie den Satz: ›Die Tatsache von Mozarts unerschütterlicher Anhänglichkeit rechtfertigt alle Schwächen Constanzes.‹[68] Eine diskutable Feststellung innerhalb jener Urteilsdimensionen, denen wir hier neue Aspekte entgegenzusetzen versuchen.

Constanze also, vielfach ungeliebt, als locker und fahrlässig kritisiert, dankbares Objekt der Trivial-Literatur, und als solches immer wieder hartnäckig verfälscht, erhält ihre eigene Stimme im Konzert der Zeitgenossen erst lang nach Mozarts Tod; als diese Zeitgenossen am Altern waren, gleichsam Überlebende, wie Constanze selbst, und Eigentümer eines fehlbaren, wenn nicht fehlerhaften Erinnerungsvermögens. Als Frau des dänischen Diplomaten Georg Nikolaus Nissen wurde sie gesetzt und gesittet, eine überlegt disponierende Verwalterin des Erbes, und als solche hat sie still, aber hörbar an der Mozart-Legende weitergewoben. Ihr verdankte nicht nur das Ehepaar Novello erstaunliche Erweiterungen des Mozartbildes, und zwar durch ungeahnte zusätzliche Attribute – zum Beispiel, daß er eigentlich für alle Künste begabt (›... had a superior talent for all the arts ...‹)[69], auch ein großer Blumenliebhaber und Naturfreund gewesen sei –, sondern sie hat auch den Gymnasiallehrer Franz Niemtschek, den zweiten Biographen Mozarts (nach Schlichtegroll) mit dieserart Stoff versorgt. ›Die Schönheit der Natur im Sommer war für sein tieffühlendes Herz ein entzückender Genuß‹[70], heißt es bei ihm; auch dies dürfte auf Constanzes Beet gewachsen sein.

Ihre Söhne lebten in der Ferne, der eine als gehobener Beamter in Mailand, der andere, den sie ermahnt hatte, ihr und seinem verstorbenen Vater nicht die Schande anzutun, ein mittelmäßiger Musiker zu werden, wurde ein mittelmäßiger Musiker, und zwar in Lemberg. Beide waren geziemende Verehrer ihres verstorbenen Vaters, in Maßen anhängliche Söhne ihrer Mutter, dem Stiefvater

68 Paumgartner, a.a.O., S. 276.
69 Novello, a.a.O., S. 80.
70 Franz Niemtschek: ›Leben des K. K. Kapellmeisters Wolfgang Gottlieb Mozart, Prag 1798, S. 79.

nicht unzugetan. Blaß bleiben beide für uns, doch geht aus verschiedenen Zeugnissen hervor, daß sie sich über die notwendige Bescheidung im klaren waren; daß sie selbst sich als unfähig erachteten, einen Platz in auch nur wahrnehmbarer Nähe ihres großen Vaters zu erobern.

Der Ältere, Carl Thomas, starb 1858 in Mailand vierundsiebzigjährig als ehrbarer und wohltätiger Pensionär. Er konnte sich freilich Wohltätigkeit leisten, denn er wurde reich: Allein von drei Aufführungen des ›Figaro‹ in Paris um die Mitte des neunzehnten Jahrhunderts konnte er sich ein Landgut nördlich von Mailand erwerben. Was hätte sein Vater dazu gesagt!

Der Jüngere, Franz Xaver Wolfgang – die ersten beiden Namen hat man später unterschlagen, es sind die Vornamen Süßmayrs – starb 1844 dreiundfünfzigjährig in Karlsbad, unverheiratet wie sein Bruder. Wenn das kleine Stückchen Klatsch zutrifft, das die Novellos in Salzburg, und zwar von Constanze selbst, erfahren und gleichsam unwillentlich verarbeitet haben, so hatte er ein Verhältnis mit einer adligen Dame. Das dürfte Josephine von Baroni-Cavalcabò gewesen sein; jedenfalls hat er einer Dame dieses Namens seinen Besitz an Mozart-Autographen hinterlassen. Dagegen habe Carl Thomas, mancher Überlieferung nach, in Mailand sogar eine uneheliche Tochter gehabt: Constanze. Sie sei 1833 an den Blattern gestorben, also hat sich das Geschlecht Mozart auch hier nicht fortgezeugt. Franz Xaver Wolfgang sei ein begabtes, aber schwächliches Kind gewesen, da seine Mutter Constanze sowohl vor als auch nach der Empfängnis gesundheitlich in schlechtem Zustand gewesen sei. Das erzählte Streicher dem Ehepaar Novello. Den Verdacht, daß Mozart gar nicht der Vater sei, hat er wohl nicht gehegt.

CONSTANZE WAR MASSVOLL FREIGEBIG im Verschenken kleinerer Autographen: Mancher, der sich um das Ansehen des Verstorbenen verdient gemacht hatte oder verdient zu machen versprach, erhielt etwas, wenn auch vielleicht nur eine Zeile, doch immerhin eine Zeile. Mit diesen Vergünstigungen verfuhr sie streng und genau, trieb regen Handel mit den Verlegern, wie es ihr gutes Recht war, und wurde schließlich wohlhabend. Sie unterstützte ihren zweiten Gemahl bei seiner – leider absolut ›ungenießbaren‹

(Jahn) – ›Biographie Mozarts‹, wurde eine würdige zweite Witwe, empfing mit Huld und würdigem Anstand die Besuche der Verehrer und ließ sich Karten drucken, auf denen sie sich als ›etatsräthin von Nissen, gewesene Witwe Mozart‹ titulierte. Nissen starb 1826 als Pensionär und brav, ohne sein Buch vollendet zu haben, Constanze hat also ausreichend Zeit gehabt, es zu ihren noch höheren Gunsten zu manipulieren. Ihre Kuraufenthalte setzte sie bis an ihr Lebensende fort und starb am 6. März 1842 achtzigjährig. Welches immer ihr Leiden war, die Bäder scheinen ihr nicht geschadet zu haben. Was ihr während Mozarts Lebzeiten Baden gewesen war, wurde ihr später das wahrscheinlich feinere und Salzburg näher gelegene Bad Gastein, wo sie viele Wochen des Jahres verbrachte, in besonnter, wenn auch ungeistiger Fassung dahinvegetierend. Maß und Art dessen, was sie bewegte, entnehmen wir ihren Tagebüchern:

Heute als am 19. September 1829 stand ich gottlob wieder frisch und gesund auf, wünschte der ganzen Menschheit einen fröhlichen Guten Morgen, machte mir meinen Caffee auf meinem Zimmer, waschte mir wie allezeit den Mund und Gesicht, frühstückte, laß bis zur Badezeit in den Stunden der Andacht laut, und kam erst um 9 Uhr zu meinem 8. Bade, weil der Fremde, der mir Briefe nach London mitnehmen will und deßen Nahmen ich noch nicht weiss, ganz nackt badet und ich als eine ehrbare Frau so nicht mit ihm baden kann. Und so brachte ich bis 10 Uhr zu; dann legte ich mich ein Viertelstündigen aufs Bette, zog mich unter Lährmen der kleinen Caroline und ihrem Hund an. Nachher strickte ich bis Tischeszeit, speiste recht gut, mit viellem Apetit, und sitze ich hier und schreibe, weil es regnet; sonst würde ich wie gewöhnlich spazieren gehen.

Wenn wir diese Protokolle lesen, können wir nicht umhin zu wünschen, daß Constanze solche Ausführlichkeit zu Lebzeiten ihres ersten Mannes hätte walten lassen. Vielleicht aber wurde ihr Artikulationsvermögen erst durch die banale Zufriedenheit der doppelten Witwe erweckt. Auf gewisse Weise wurde sie sogar religiös:

Heute als am 23. September 1829 war ich so glücklich, durch die Hülfe meines himmlischen Vaters mit seynem Segen, das 12. Mahl gebadet zu haben.

Soweit die Witwe. Als Frau Mozart müssen wir sie mühsam und letztlich erfolglos aus den Briefen ihres Mannes zusammensetzen. Nur sehr sporadisch geht aus ihnen hervor, was sie getan und was sie gelassen hat. Sie wird uns schon deshalb nicht präsent, weil diese Briefe ausschließlich jene Perioden dokumentieren, zu denen die beiden getrennt waren. Ohne Zweifel hat Mozart dieses Getrenntsein als Störung empfunden, mehr als Constanze, der es wohl leichter wurde, erotischen Ersatz zu finden, als ihm auf seinen Reisen mit den obligaten Verpflichtungen und Enttäuschungen und der sich zunehmend daraus ergebenden düsteren Stimmung. Den Briefen von den letzten beiden Reisen, 1789 nach Berlin mit Lichnowsky, und der völlig erfolglosen, eigentlich entwürdigenden Reise nach Frankfurt 1790, mit dem Schwager Hofer, haben wir entnommen, daß er ihre physische Gegenwart entbehrte; doch war diese nur eine von vielen Entbehrungen. Im letzten Sommer seines Lebens erlosch allmählich auch der Wunsch nach ihrer Gegenwart in Wien, ihrer Zeugenschaft seiner wachsenden Verwirrung im äußeren Leben; er entbehrte niemanden mehr, seine Beziehung zur Mitwelt wurde zu einem, oft hektisch forcierten, Ablauf. Constanze ging, ziemlich ungerührt, in Baden ihren ausgedehnten Kuren nach, deren angestrebter Zweck sich für sie wohl mehr oder weniger erfüllt haben muß, so vage er auch für uns bleibt. – Doch waren Krankheiten eben damals wenig definiert, chronische Leiden noch weniger, und eingebildete schon ganz und gar nicht. Von Montaigne wissen wir immerhin, daß ihm auf seiner Schweizer Reise hin und wieder ein Nierenstein abging, seine Leidensgeschichte wird also gewissermaßen durch Material bekräftigt. Constanzes Leiden bleibt eine Fiktion; aus Mozarts Kommentar und Ratschlägen ist nur ein einziges Mal etwas Genaueres zu entnehmen, nämlich daß sie sich über Verstopfung beklagt hat. Er verordnet Latwerge. Offensichtlich wurden ihre Briefe längst nicht mit der regelmäßigen Frequenz abgeschickt wie die seinen, und kein einziger hat sich erhalten. Es ist daher bis heute noch bestürzend, wenn nicht gar unheimlich, eine Korrespondenz durchzublättern, von der sich nur die eine Seite artikuliert, und die andere stumm bleibt wie eine Wand. Wir meinen mitunter, Mozart einen Partner ansprechen zu hören, der niemals existiert hat. Dadurch erhält Constanzes Bild einen gewissen rätselhaften Nimbus, einen Zug des Geheimnisvollen, der ihr als Persönlichkeit gewiß nicht zukommt. In Verklärung freilich hat sie uns nicht zu erscheinen. Daß sie in Wirklichkeit nicht erahnte, welcherlei psychische Erfahrungen ihr Mann durchlebte, können wir ihr kaum zum Vorwurf machen, denn schließlich hat er nur selten eine Ahnung durchbrechen lassen, und noch seltener hat er sie bewußt mitgeteilt. Vielmehr hat er sie meist – und zwar glanzvoll – überspielt, mit der Fassung, die eines großen Mannes würdig ist, und die doch sehr selten von einem der Großen aufgebracht worden ist. Davon hat sie nichts geahnt, doch ist das nicht ihre Schuld. Nichts ist ihre Schuld, am wenigsten, daß sie keine außerordentliche Gestalt gewesen ist. Die Vorstellung, daß sie es mit ihm leicht gehabt hätte, hieße, das Verhältnis zweier Leben zueinander verkennen. Lassen wir Constanze in Frieden. In einer gewissen Beziehung lacht sie uns posthum aus, wie es auch Goethes Christiane tut: Eine der menschlichsten Seiten ihrer beiden Männer gehörte – wenn auch vielleicht nicht ausschließlich, so doch zu einem guten Teil – ihnen; die Nachwelt hat nicht den geringsten Teil daran, dieser Vorhang bietet keinen Spalt.

DER UMGANG MIT ZEITGENÖSSISCHEN ZEUGNISSEN erfordert ebensoviel Vorsicht wie die Auswertung der Primärquellen. Wir können auf beider Sprache unser semantisches Differential nicht mehr mit Genauigkeit einstellen. Die Begriffsverschiebung zeigt sich mitunter sogar beim einzelnen Wort. Wenn Mozart über sein Lied ›Verdankt sei es dem Glanz‹ (K. 340a, eines der drei Lieder nach Gedichten aus Hermes' ›Sophiens Reisen‹) schrieb, es solle ›gleichgültig und zufrieden‹ gesungen werden, so bezeichnet hier das Wort ›gleichgültig‹ nicht das, was wir heute darunter verstehen. Und gewiß meint er etwas anderes als wir, wenn er von dieser oder jener Schülerin schreibt, sie habe ›Genie‹, mit welchem Attribut er, auch in der reduzierten Bedeutung, vielleicht allzu großzügig umgegangen ist, das hat er später manchmal selbst eingesehen. Wenn Haydn an Mozart als allerhöchste Qualität neben der größten ›Compositionswissenschaft‹ den ›Geschmack‹ lobt (Brief Leopold Mozarts vom 16. Februar 1785), so spricht er nicht von jener Eigenschaft, die wir heute in unserer Ästhetik als einen höchst ambivalenten Begriff betrachten.

Unter dem Aspekt einer noch weiter gefächerten Unverläßlichkeit haben wir denn auch meist die Augenzeugenberichte der Nahestehenden zu betrachten. Ihre Verfasser, unbedeutender als der Gegenstand ihrer Ausführungen, sind in hohem Grade subjektiv in ihrer Parteinahme, vor allem in ihrer eigenen Beziehung zur Gestalt ihrer Verehrung. Und doch gilt es auch hier zu unterscheiden: Es gibt gewisse Aufzeichnungen, deren gleichsam unfreiwillige Wahrheit eben darin liegt, daß sie in erster Linie Aufschluß über den Erstatter vermitteln, und dadurch eine von unbewußter Artikulation gefilterte Sicht auf die beschriebene Figur; Berichte, die nicht etwa deshalb glaubwürdig erscheinen, weil ihre Verfasser besonders acht- oder ehrbar, souverän oder sachlich wären, oder sich unser Vertrauen auf anderen Gebieten erarbeitet hätten, sondern weil wir ihnen die Fähigkeit der freien Erfindung weder im Positiven noch im Negativen zutrauen. Es handelt sich um jene peripheren Schattengestalten, meist Leute von beschränkter Vorstellungskraft, denen der Sinn für das Potentielle durchaus fehlt, die uns aber andrerseits als redlich und nicht als redselig erscheinen. Loyalität gebietet ihnen ein gewisses Maß an Diskretion, und nur auf Verlangen einer als Autorität anerkannten Person geben sie sich mitunter dazu her, auch die dunkleren Seiten des von ihnen verehrten Mannes zu schildern; auch das, was ihnen als nicht geheuer erscheint, das Peinliche, das Unangenehme oder vielmehr das, was sie selbst für negative oder unverständliche Eigenschaften halten.

Sophie Weber, Constanze Mozarts Schwester, ist ein Zeuge dieser Art. 1763, 1767 oder 1769 geboren, jedenfalls noch ein Kind zu Mozarts Mannheimer Zeit, erfolgte ihr Auftritt in seinem Leben spät. Als jüngste der vier ›weberischen‹ Schwestern lebte auch sie während seiner Wiener Jahre in Wien bei ihrer Mutter Cäcilie und war häufig bei ihrer Schwester und ihrem Schwager zu Gast. Mozart scheint sie geschätzt und ihr, in Maßen, vertraut zu haben. Obgleich sie für diese Annahme die einzige Quelle ist, brauchen wir die Beziehung nicht anzuzweifeln, denn er hatte viele Leute recht gern, was nicht bedeutet, daß sie den Radius seines Interesses allzu weit durchdrangen, und er duldete beinah alle. Erst 1807 heiratete sie, und zwar einen gewissen Petrus Jakob Haibl, eine

Zeitlang Mitglied des Schikanederschen Ensembles, später Chordirektor und Komponist, dessen Oper ›Der Tyroler Wastl‹ – Text von Schikaneder – zu ihrer Zeit weit erfolgreicher war als Mozarts Opern und auch am Weimarer Hoftheater immer wieder in den Spielplan aufgenommen wurde, und zwar als es unter Goethes Direktion stand: Ob wir es ihm anlasten sollen, wissen wir nicht.

1826, nach Haibls und Nissens Tod – die beiden starben am selben Tag! –, zog Sophie nach Salzburg zu ihrer Schwester Constanze. Sie starb 1846, vier Jahre nach Constanze, als letztes Relikt des Kreises um Mozart. Medioker und letzten Endes glanzlos wie ihre Schwester, auch sie wahrscheinlich ungebildet, außer in Rudimenten der Musik, erscheint sie uns verläßlicher und gutmütiger als ihre drei Schwestern, uneigennütziger und weniger berechnend; doch wird es uns immer schwer, all diesen Begleitfiguren ein Eigenleben überhaupt zuzuerkennen. In kritischen Situationen stand sie zur Verfügung; sie pflegte und betreute Constanze bei mindestens drei von sechs Kindbetten und assistierte ihr mit einiger Hingabe bei allen Verrichtungen in Mozarts Todesnacht (5. Dezember 1791), in der sie, im Gegensatz zu ihrer freilich schwerer betroffenen Schwester, einen relativ klaren Kopf behielt. Das Ehepaar Novello traf sie in Salzburg bei ihrer Schwester zwar an, doch hat keiner der beiden Partner ein Wort über ihre Erscheinung verloren. Jedenfalls hat sie ihnen, Constanzes momentane Abwesenheit ausnützend, erzählt, Mozart sei in ihren, Sophies, Armen gestorben: So besteht jeder Zeuge bis zuletzt auf seinem Anteil Unsterblichkeit.

Im Jahre 1825 forderte Nissen sie auf, zum Nutzen seiner Biographie Mozarts, über diese Nacht zu berichten, und mit diesem Bericht wurde aus einer Nebenfigur in Mozarts Leben eine Schlüsselfigur seines Nachlebens. Da dieser Bericht aber erst vierunddreißig Jahre nach dem Ereignis niedergeschrieben wurde, bleiben hier die Grenzen zwischen Aufschluß und Legende für immer verwischt, das heißt: Wahrscheinlich hat die Legende das Feld erobert. Jene Bedingungen, nach denen wir Glaubwürdigkeit aufzustellen suchen, sind hier schon deshalb nicht völlig erfüllt, weil sich – wer wüßte es nicht! – die Sicht eines großen Ereignisses auch beim verläßlichsten Zeugen im Lauf von Dekaden wandelt. Ehr-

lich mag Sophie sehr wohl gewesen sein, doch besaß sie gewiß
nicht genug Selbstkritik, um ihre Erinnerungsgabe oder den Grad
ihrer Objektivität später noch zu prüfen. Constanze hat den
Bericht zwar nicht explizite bestätigt, ihn aber auch nicht angefochten. Sie kommt gut dabei weg. Ihr aktiver Ausdruck des
Schmerzes steht im Einklang mit dem Gebotenen. Ihren letzten
Auftritt als Gattin und den Übergang zur Witwe des nachträglich
als groß erklärten Mannes scheint sie gemeistert zu haben. Wie
gesagt: Sie hat, nach Nissens Tod, die Herausgabe der Biographie
betreut.

NISSENS BUCH erschien 1828, zwei Jahre nach seinem Tod. Seine
absolut gedankenfremde Systemlosigkeit wird dadurch noch verstärkt, daß spätere Einschübe und Nachträge, als solche nicht
verzeichnet, darin wahllos verwendet werden, von Constanze
scheinbar willkürlich untergebracht. Dennoch bietet sich hier und
dort ein kurzer Aufschluß, ein Ansatz zur Deutung der Gestalt,
wie etwa dieser:
Sophie, seine noch lebende Schwägerin bestätigt seine anhaltende Geistes-Thätigkeit, indem sie von ihm und seinen späteren
Jahren erzählt: Er war immer guter Laune, aber selbst in der
besten sehr nachdenkend, einem dabei scharf ins Auge blik-
kend, auf alles, er mochte heiter oder traurig seyn, überlegt
antwortend, und doch schien er dabei an ganz etwas Anderem
tiefdenkend zu arbeiten. Selbst wenn er sich in der Frühe die
Hände wusch, ging er dabei im Zimmer auf und ab, blieb nie
ruhig stehen, schlug dabei eine Ferse an die andere und war
immer nachdenkend. Bey Tische nahm er oft eine Ecke seiner
Serviette, drehte sie fest zusammen, fuhr sich damit unter der
Nase herum und schien in seinem Nachdenken Nichts davon zu
wissen, und öfters machte er dabei noch eine Grimasse mit dem
Munde. In seinen Unterhaltungen war er für eine jede neue sehr
passioniert, wie für's Reiten und auch für Billard. Um ihn vom
Umgange misslicher Art abzuhalten, versuchte seine Frau geduldig alles mit ihm. Auch sonst war er immer in Bewegung mit
Händen und Füssen, spielte immer mit etwas, z. B. mit seinem
Chapeau, Taschen, Uhrband, Tischen, Stühlen, gleichsam Cla-
vier. Just so war sein jüngster Sohn in seiner Kindheit.

Offensichtlich haben weder Nissen noch Constanze sich die Mühe gemacht, wahrscheinlich auch nicht die Fähigkeit besessen, diesen Bericht in ein logisches, oder auch nur temporales, System zu bringen. Im Gegenteil: Sie haben die Aussagekraft durch irrelevante Zusätze entschärft; das geht wohl zu Lasten Constanzes. So gehört denn auch das scheinbare Erbgut des Sohnes nicht hierher, es sei denn, sie habe, gleichsam am Rande, seine legitime Geburt jeglicher Anfechtung entziehen und Süßmayr aus dem Spiel halten wollen, auf dessen Rolle wir zurückzukommen haben. Auch wissen wir nicht, an welches Bild wir uns halten sollen, das von Mozarts permanenter ›guter Laune‹ oder an das des darauffolgenden Nebensatzes ›er mochte heiter oder traurig sein‹. Demnach hätte jedenfalls die Traurigkeit seine gute Laune nicht beeinträchtigt – man darf sagen: ein seltener Sachverhalt. Und über allem sollte seine ›anhaltende Geistes-Thätigkeit‹, seine ›Nachdenklichkeit‹ geherrscht haben, die andrerseits wieder auf jedes neue Unterhaltungsthema so lebhaft ansprang wie aufs Reiten und aufs Billardspiel. Wie auch immer: Die dem Helden zuerkannte Geistestätigkeit war die Stärke dieses Verfassers nicht, die Methodik gleicht der eines Schulaufsatzes.

Mozart als passionierter Billardspieler ist mehrfach belegt, nicht aber, ob seine Fertigkeit seiner Begeisterung gleichkam. Der Musiker Franz von Destouches behauptet, er habe schlecht gespielt, doch sind seine Mitteilungen durch einen Dritten, den Kunstsammler Sulpiz Boisserée überliefert, in Einzelheiten falsch und im ganzen ebenso unverläßlich wie jene Michael Kellys, der behauptet, Mozart habe gut gespielt. Der Biograph Niemtschek meint, das Billard habe ihm vornehmlich zu ›körperlicher Ertüchtigung‹ gedient, er habe vor allem mit sich allein gespielt und sich dabei mit seiner Frau unterhalten, doch kommen, wie gesagt, seine Informationen von eben dieser Frau. Jedenfalls besaß Mozart sein eigenes Spiel, und dieses ›grüntuchene Billiard mit 5 Bällen und 12 Queues, einer Laterne und 4 Leuchtern‹ war denn auch nach dem ›Fortepiano mit Pedal‹ das wertvollste Stück bei der Aufstellung seines Nachlasses. Daß er beim Billardspiel Geld verloren habe, ist nicht gänzlich ausgeschlossen, doch unwahrscheinlich. Denn in diesem Fall hätten weder Nissen noch Constanze die ›Passion‹

überhaupt erwähnt. Heiklen Themen sind sie entweder aus dem Weg gegangen oder haben sie dort angeschnitten, wo das Fehlverhalten ein Stichwort gab, um Constanzes heilendes oder verzeihendes Entgegenwirken hervorzuheben.

Belegt ist überdies, daß Mozart, wahrscheinlich seit 1787, jeden Morgen ausritt. Der Arzt Barisani hatte ihm das Reiten verordnet, damit es das dauernde Sitzen ausgleiche – wahrscheinlich die einzige vernünftige Verordnung, die Mozart Zeit seines Lebens erhalten hat. Er hielt sich ein Pferd, das er zwei Monate vor seinem Tod ›um 14 duckaten‹ verkaufte (7. Oktober 1791), nicht etwa, weil er damals schon zu krank war, um zu reiten – im Gegenteil: zu dieser Zeit fühlte er sich völlig gesund –, sondern wahrscheinlich, weil er die 14 Dukaten brauchte. Mozart zu Pferd ist nur eines in der Reihe uns unvorstellbarer Bilder aus seinem Alltag, allerdings ein besonders ausgefallenes. Wie das Reiterstandbild des Commendatore wird er kaum ausgesehen haben.

›Um ihn vom Umgange misslicher Art abzuhalten, versuchte seine Frau geduldig alles mit ihm.‹ Auch diese Feststellung beruht wohl kaum auf einer Aussage Sophies, sondern entstammt vielmehr Constanze, die es scheinbar drängte, ihre Geduld zu Protokoll zu geben. Wir nehmen sie ihr dennoch nicht ab, sondern sehen in dieser Bemerkung einen Rechtfertigungsversuch der eigenen Fehlbarkeit. Die Bedeutung des Wortes ›Umgang‹, das hier plötzlich als eine sinistre Andeutung erscheint, wird an anderer Stelle zu untersuchen sein. Was das ›Alles‹ war, das sie versucht haben will, bleibt leider dunkel. Wir können es noch nicht einmal erraten.

Gewiß: Der Bericht ist nur dort von Wert, wo er Aktion wiedergibt. Wo er zu interpretieren sucht, bezeugt er den Geist der Schreiber eher als den des Beschriebenen. Er ist vom Nachleben, das heißt von der damals inzwischen bekannten Größe Mozarts beeinflußt und diktiert. Der ›scharfe Blick‹, das ›überlegte Antworten‹, das ›tiefe Denken‹, das alles ist weniger authentisch als gezielt, gedacht als vermeintliche Attribute des bedeutenden Mannes Mozart, als der er sofort nach seinem Tode zu gelten begonnen hatte. Der Wunsch, nicht nur ihn als solchen erscheinen zu lassen, sondern früh schon den rechten Blick für ihn gehabt zu haben, wirkt zurück auf die Wünschenden und wird eins mit subjektiver Sicht und Überzeugung. Vor allem hat er in die Zukunft gewirkt, er hat den Gemeinplatz aufgestellt, an dem das gesamte neunzehnte Jahrhundert das Material für sein Mozartbild bezog.

NUN GIBT ES ABER EIN WERTVOLLERES ZEUGNIS, das eine andere Sprache spricht. Zu seiner Zeit hätte es Sophies Aussage kaum unterstützt, doch für uns, die wir aus unserer Distanz hinter die Worte sehen und die Summe ihres objektiven Sinnes ziehen können, ist es eine ergänzende Bestätigung objektiver Wahrheit:

Nie war Mozart weniger in seinen Gesprächen und Handlungen als großer Mann zu erkennen, als wenn er gerade mit einem wichtigen Werk beschäftigt war. Dann sprach er nicht nur verwirrt durcheinander, sondern machte mitunter Späße einer Art, die man nicht an ihm gewohnt war, ja, er vernachlässigte sich sogar absichtlich in seinem Betragen. Dabei schien er doch über nichts zu brüten und zu denken. Entweder verbarg er vorsätzlich aus nicht zu enthüllenden Ursachen seine innere Anstrengung unter äußerer Frivolität, oder er gefiel sich darin, die göttlichen Ideen seiner Musik mit den Einfällen platter Alltäglichkeit in scharfen Kontrast zu bringen und durch eine Art von Selbstironie sich zu ergötzen. Ich begreife, daß ein so erhabener Künstler aus tiefer Verehrung für die Kunst seine Individualität gleichsam zum Spott herabziehen und vernachlässigen könne.

Aus diesen Worten weht uns ein anderer Geist entgegen als aus denen Nissens. Es ist schon der Geist der Romantik, aber darüber hinaus der einer überlegenen Einsichtigkeit und fast gemeisterten Objektivität. Er entstammt der Selbstbiographie des Schauspielers und Malers Joseph Lange[71], der die von Mozart einst angebetete Aloisia Weber geheiratet hatte. Obgleich Aloisia später behauptet hat, in Wirklichkeit habe Mozart sie sein ganzes Leben lang geliebt – und wie gern hätten es auch andere Frauen behauptet, die ihn zu Lebzeiten zurückgewiesen haben –, hat er dem begünstigten, wenn auch nicht glücklichen Rivalen, soweit wir wissen, den Sieg niemals übelgenommen. Im Gegenteil: Er hat dem ›eifersüchtigen

71 Lange, a.a.O., S. 46.

Narren‹, wie er ihn einmal, in einer seiner häufigen Anwandlungen harter Lieblosigkeit, nennt, den Sieg gegönnt, vielleicht allerdings als Fuchs angesichts der sauren Trauben. Jedenfalls blieb Mozart dem Ehepaar Lange verbunden bis zu jener Zeit, als alle Bindungen sich lockerten.

Joseph Lange, 1751 in Würzburg geboren, als Schauspieler und Maler ausgebildet, war der erste Hamlet und der erste Clavigo am Wiener Burgtheater und, wie seine Aufzeichnungen (vor allem die Auseinandersetzung mit der Rolle des Hamlet) zeigen, ein überaus ernsthafter und seriöser Künstler, nicht auf eine Ebene zu stellen etwa mit Schikaneder, der sein Leben lang ein Abenteurer und letzten Endes ein Schmierenschauspieler blieb. Er war einer der wenigen seiner Zeit, die Shakespeare im Original gelesen haben[72] und auch sonst der einzige aus Mozarts wenig illustrem Kreis, der über Bildung verfügte, darüber hinaus offensichtlich hohe Intelligenz besaß und die Sensibilität, das Gefühl für Natur des romantischen Malers; sein technisches Können als solcher war freilich von weitaus geringerer Qualität. Auch er war gereist, hatte 1784 in Hamburg Klopstock und in Berlin Moses Mendelssohn getroffen. Sein Zeugnis macht denn auch eine wesentliche Facette Mozarts sichtbar und glaubhaft. Hier hat sich ein ihm Nahestehender um eine sachliche Bestimmung bemüht und scheint sich – wenn auch ungern – die Ahnung erarbeitet zu haben, daß Genie sich nach außen als ein unberechenbares und irritierendes Element manifestiere; daß Mozarts innere Größe sich nicht in äußerer Würde offenbaren konnte, sondern, gleichsam in ungebändigter Reaktion auf sich selbst, Außenstehende peinlich berühren mußte. Lange mag der einzige Mensch in Mozarts Nähe gewesen sein, der die Notwendigkeit dieses Verhaltens erkannt hat, jenen Willen zur Selbstentblößung, zum radikalen Sichgehen-lassen: Das Ventil all dessen, was er sich in seiner Musik versagt hat. Denn *ihre* Mitteilung ist nicht die einer momentanen Verfassung, sondern des kreativen Prozesses seiner Beherrschung. In ihr ist er nicht, wie Beethoven, der Willensträger, sondern der

---

72 Emil Karl Blümml: ›Aus Mozarts Freundes- und Familien-Kreis‹, Wien–Prag–Leipzig 1923, S. 40.

Wille selbst, der nicht weiß, welchem Imperativ er gehorcht. ›Mangelhaftes Bewußtwerden‹? Sofern sich der Begriff auf das abstrakte Denken bezieht, vielleicht. Doch lag es Mozart eben fern, den äußeren oder inneren Ursprüngen seines Diktates nachzugehen; selektiv war er nicht in der Wahl seiner Anlässe, sondern in der Anwendung seines phänomenalen Registers. Niemand hat es bewußter gehandhabt als er. All dies muß Lange erahnt haben, als einziger seiner Zeit.

Die primitivere Sophie dagegen kämpft vergeblich gegen ihre eigene Beobachtung an. Nachträglich hätte sie ihren lieben Schwager Mozart gern anders gehabt, still und erhaben und eben so, wie man es gern in Büchern liest. So hätten ihn denn auch die anderen gern gesehen, die ersten Biographen: als Modellgestalt für die heraufziehende Romantik, deren Kinder sie waren oder deren Vertreter sie wurden.

VERGEBENS: Der unernste, exzentrische Mozart, der obendrein noch ›Umgang mißlicher Art‹ pflegt, wird uns präsent, auf Kosten von jenem, dessen Größe sich seinen minderen Haus- und Tisch-Genossen durch Demonstration eines scharfen Blickes und tiefen Denkens mitgeteilt haben soll. Denn diese Balance-Akte, Narrenpossen und Taschenspieleraktionen sind nichts anderes als gestische und mimische Reflexe, gleichsam physische Notwendigkeit, ein automatischer Ausgleich eines transzendierenden Geistes, somit sein unvermeidlicher Kontrapunkt, und als solcher nur allzu leicht vorstellbar. Sie sind nicht nur konform mit geistiger Abwesenheit, sondern vielmehr durch sie bedingt. Man hat, in der Tat, behauptet, es habe keine waagerechte Fläche, keinen Tisch, kein ›Fensterpolster‹ gegeben, auf denen er nicht sofort Klavier spielte. Hier sehen wir ihn, den quecksilbrig-unruhigen kleinen Mann, wie er uns zur Verzweiflung hätte bringen können. Überdies – das Auf- und Ab-Gehen beim Händewaschen, das Aneinanderschlagen der Fersen, das Grimassenschneiden, Herumfuchteln: Weder Nissen noch Constanze noch Sophie hatten das Zeug, ihrem Helden ein solches Gebaren anzudichten. Und wozu hätten sie es denn auch tun sollen? Sie haben es ja gut gemeint, haben ihn verehrt, oder zumindest: Sie verehrten ihn nachträglich und begehrten, sich von der Nachwelt als Verehrer und nachsichtig-verständige Mitmenschen betrachtet zu wissen. Verübeln wir es ihnen daher nicht, daß sie sich in Gewohnheiten und Gesetzmäßigkeiten des außerordentlichen Menschen nicht auskannten, daher seiner scheinbaren Narrheit zumindest als Andeutung ein Verhalten entgegenzusetzen suchten, das sie, als von keiner Muse so recht Begünstigte, für Symptom und Manifest der Größe hielten.

Wir haben uns also zu fragen: Wie mag Mozart auf jene gewirkt haben, die auf sein seltsames Benehmen und wie auch immer abnormales Verhalten nicht vorbereitet waren? Die ihn nicht kannten und ihrer Kenntnis entsprechend zu nehmen wußten? Auf jemanden zum Beispiel, der dem Schöpfer des ›Don Giovanni‹ zum ersten Mal gegenübersaß und in ihm auch nur eine einzige jener Eigenschaften suchte, mit denen er seine Gestalten bedacht hatte?

KAROLINE PICHLER, eine – wie man so sagt – fruchtbare Schriftstellerin, Verfasserin mehrbändiger historischer Romane und eine Zeitlang Mittelpunkt der literarischen Kreise Wiens, vermittelt uns ein bestätigendes Bild:

> Als ich einst am Flügel saß, und das *Non più andrai* aus ›Figaro‹ spielte, trat *Mozart*, der sich gerade bei uns befand, hinter mich, und ich mußte es ihm wohl Recht machen, denn er brummte die Melodie mit und schlug den Tact auf meine Schultern; plötzlich aber rückte er sich einen Stuhl heran, setzte sich, hieß mich im Basse fortspielen und begann so wunderschön aus dem Stegreife zu variieren, daß Alles mit angehaltenem Atem den Tönen des deutschen Orpheus lauschte. Auf einmal aber ward ihm das Ding zuwider, er fuhr auf und begann in seiner närrischen Laune, wie er es öfters machte, über Tisch und Sessel zu springen, wie eine Katze zu miauen und wie ein ausgelassener Junge Purzelbäume zu schlagen . . .[73]

Auch diese Aufzeichnung ist mehr als ein halbes Jahrhundert nach dem Ereignis entstanden, und doch spürt man darin die objektive Wahrheit. Nicht nur deckt sich das Bild ergänzend mit denen Sophies und Langes; es ist das Zeugnis einer Art, die man nicht

---

73 Karoline Pichler: ›Denkwürdigkeiten aus meinem Leben‹ (1843-1844), herausgegeben von E. K. Blümml, München 1915. Zitiert nach Deutsch, a.a.O., S. 472.

erfindet: Das dargestellte Kuriosum enthält keine Tendenz, es setzt seinen Gegenstand weder herauf noch herab, sondern ist der Verfasserin offensichtlich ihr Leben lang eine Quelle leicht mißbilligenden Erstaunens geblieben. Zudem aber ist alles bestens vorstellbar. Gewiß, um über Tisch und Stühle zu springen, dazu gehört ein guter Schuß akrobatischer Behendigkeit, und dennoch sehen wir den Akt, wir hören den ›deutschen Orpheus‹ wie eine Katze miauen.

Frau Pichler war eine gesittete Dame großbürgerlicher Herkunft und mit bürgerlichem Sinn für das Propre: Das, was, in ihrer Sicht, hätte sein sollen. Wo der Schauspieler Lange sich, mit beträchtlichem Erfolg, um Interpretation bemüht, erteilt sie nachsichtigmilde aber noch strenge Zensur:

> Mozart und Haydn, die ich wohl kannte, waren Menschen, in deren persönlichem Umgange sich durchaus keine hervorragende Geisteskraft und beinahe keinerlei Art von Geistesbildung, von wissenschaftlicher oder höherer Richtung zeigte. Alltägliche Sinnesart, platte Scherze, und bei dem ersten ein leichtsinniges Leben, war alles, wodurch sie sich im Umgange kundgaben, und welche Tiefen, welche Welten von Fantasie, Harmonie, Melodie und Gefühl lagen doch in dieser unscheinbaren Hülle verborgen! Durch welche innere Offenbarungen kam ihnen das Verständnis, wie sie es angreifen müßten, um so gewaltige Effekte hervorzubringen, und Gefühle, Gedanken, Leidenschaften in Tönen auszudrücken, daß jeder Zuhörer dasselbe mit ihnen zu fühlen gezwungen, und auch in ihm das Gemüth aufs tiefste angesprochen wird?[74]

Die Frage ist rhetorisch: Frau Pichler hat sich die Erkenntnis Langes nicht erarbeiten können und die scheinbare Diskrepanz nicht als das erkannt, was sie ist: der durch geistige Überleistung bedingte Kontaktverlust, wie er sich anderweitig kompensiert, und zwar für die Mitwelt an unerwarteter und unerwünschter Stelle.

IN WIRKLICHKEIT hatte Mozart einen stark ausgeprägten Sinn für die Lästigkeit und die Lächerlichkeit des Banalen. Seinen Briefnachschriften an den Vater aus Paris, 1778, haben wir die, mitunter

---

74 Karoline Pichler, a.a.O. Zitiert nach Deutsch, S. 473.

grimmige, Unlust entnommen, der Routine hergebrachter Formen und Formeln zu entsprechen. Die Lust, sie zu parodieren, zieht sich durch sein Leben: der dauernde Reiz, die Macht der Gewohnheit zumindest in ihrem verbalen Ausdruck zu durchbrechen. So schlägt sich auch die Langeweile der letzten Salzburger Jahre in seinen Eintragungen in Nannerls Tagebuch nieder. Am 27. Mai 1780 heißt es:

den 27:^{ten} in der halb acht uhr Mess oder so was, dann beym lodron oder so was, aber nicht bey den Mayrischen, sondern zu hause geblieben. nachmittag gleich zu der gräfin Wicka, trisett oder sowas gespiellt, dann mit der katherl nach hause, sie hat mich ein bischen gelauset – den beschluß machte ein Tarock spiell

oder im September desselben Jahres:

den 26ten um 9 uhr in der Mess. Beym Lodron. Nachmittag die Eberlin Waberl und schachtner bey uns. Altmann auch gekommen. vormittag geregnet. Nachmittag schön Wetter geworden. O Wetter! O worden! o schön! o Nachmittag. o regen. o vormittag.

Und wenige Monate noch vor seinem Tod ist sie wach, diese Lust an der Unlust, sich mit täglicher Banalität abzugeben. In einem Brief an den Schullehrer und Chorregenten Anton Stoll in Baden hat Mozart sich mit ödester Routine herumzuschlagen: Constanze will wieder zur Kur, und es gilt, ihr dort die Zimmer zu bestellen. In aufgesetzter Pedanterie und Umständlichkeit spielt er sämtliche Varianten und Prioritäten seiner, oder ihrer, Wünsche durch. Dieser Trivialität voll bewußt, setzt er als Postskriptum darunter: ›das ist der dumste Brief den ich in meinem leben geschrieben habe; aber für Sie ist er Just recht‹ (Ende Mai 1791). Nicht sehr freundlich, gewiß, aber man darf wohl annehmen, daß auch Stoll von Mozart dergleichen Launen gewohnt war. Überdies hat Mozart ihn für seine Gefälligkeiten belohnt, indem er ihm, gleichsam beiläufig, einer Bitte nachkommend, ein 46-taktiges Opusculum hinschrieb. Daß es eines seiner herrlichsten Werke geworden ist, hat er wohl selbst kaum zur Kenntnis genommen, geschweige denn kommentiert, vielleicht hat er es überhaupt nach der Niederschrift vergessen. Es handelt sich um die Motette ›Ave verum Corpus‹ in D-Dur (K. 618, 17. Juni 1791).

Ave, verum corpus, natum de Maria virgine:
Vere passum, immolatum in cruce pro homine;
Cujus latus perforatum unda fluxit et sanguine.
Esto nobis praegustatum in mortis examine.

Wem das Kirchenlatein nicht Gebet bedeutet, sich daher der Stilkritik zu fügen hat, dem wird es, sowohl in seinem Mangel an Transzendenz des Wortlautes als auch in seiner holprigen Metrik, ewig fremd bleiben. Für Mozart war es zwar geläufig, dennoch erscheint es uns zumindest gewagt, auch bei diesem Werk von religiöser Inbrunst zu sprechen. Wir wissen, daß ihm nichts leichter fiel, als sich in Gegenstand und Thematik der jeweiligen Aufgabe momentan einzuleben. Wollten wir hier den Grad seiner emotionalen Beteiligung an Duktus und Gestus des Notenbildes ablesen, so könnten wir sagen, daß es die unbedingte Objektivität, die Beherrschung des Nicht-Involvierten bezeugt; es handelt sich um grandiose Musik, um das Zeugnis unfehlbaren dramatischen Verstandes und Verständnisses der Materie, beseelt wie stets von seinem Thema: interlineare Deutung eines heiligen Stoffes; um ihrer Deklamation willen wird auf das Versmaß verzichtet, und auf den – unreinen – Reim auch, dessen Assonanz ohnehin nur auf den letzten beiden nicht betonten Silben liegt. Eine kleine Aufgabe ist hier wieder groß gemeistert.

Mozarts Leben besteht ja eben aus den Rollen, die er sich unbewußt anpaßt, um sein Bestes dort zu geben, wo ihm das Thema vorgegeben ist: So sind auch hier Rolle und Verkörperung und das Ich eins geworden. Diese großartigen zwei Blätter also, das Geschenk für den Schullehrer Stoll, aufrecht geschrieben, fehlerfrei, ohne jegliche Korrektur, das Werk vielleicht kaum einer Stunde, eine sublime Evokation ›sotto voce‹ als Wiedergutmachung für den ›dümmsten Brief seines Lebens‹; in diesen Disparata offenbart sich die Vielfalt der Facetten Mozarts am typischsten; dieses geheimnisvolle, und doch nur scheinbare, Doppelleben.

Wir, die wir in der Deutung äußerer Manifestation psychischer Anomalien erfahrener sind als Mozarts Zeitgenossen, die wir ihre Genese kennen oder zumindest zu erahnen meinen, glauben auch dem extremen Symptom mit Verständnis zu begegnen. Wir machen heute nicht mehr den Versuch, es retrospektiv zu mildern oder abzuschwächen, wie es die Biographen bis zum Exzeß getan haben, in ihren Anstrengungen, Mozarts Verhalten und äußeres Erscheinungsbild für die Nachwelt zu ›retten‹. Mit unserer Phantasie kommen wir ihm nicht bei: So ist es auch, in der Tat, kaum vorstellbar, daß diese hektische und unstete Gestalt keinerlei metaphysische Ausstrahlung gehabt haben sollte, wie Beethoven sie hatte und, im Wissen, daß er sie hatte, pflegte und ausspielte, während Mozart, nicht wissend, daß er sie hatte, seine Präsenz chargierte, in dauernden Ablenkungsmanövern, die ihm zur Routine wurden. Mozart muß eine irritierende, mitunter dämonische – nicht grandios-dämonische, sondern clownhaft-dämonische – Ausstrahlung gehabt haben, ermeßbar vielleicht noch nicht einmal für ›Intellektuelle‹ wie Karoline Pichler, sondern eher für einen Mann wie Lange, der das Leben vom Schauspiel zu unterscheiden wußte, und irritierend für viele, die ihn allmählich zu meiden begannen. Doch im Gegensatz zum Bild Beethovens ist das Mozarts so für uns angelegt, daß es sich der Definition von Art und Wirkung dieser Ausstrahlung entgegenstellt. So bleibt er der Fremde, der sich nicht als solcher sehen wollte, der sich der Art seiner Fremdheit niemals bewußt wurde, überdies einer, der sich nicht verriet. Und wenn wir auch aus den lückenhaften Zeugnissen eine Gestalt zu erkennen meinen, so bleibt sie auch uns, in ihrem inneren Wesen, nämlich in dem Element, das sein Kreatives und sein Äußeres zusammenhält, dunkel und rätselhaft.

Mit diesem Rätsel haben sich seine Biographen schwerer abfinden können als seine Zeitgenossen. Für sie war er zwar seltsam oder alltäglich oder unverständlich, aber sie haben sich bald jene Sicht zu eigen gemacht, die seine blasse Schwester, das Nannerl, in anscheinend ewige Worte geprägt hat: daß er, außer in seiner Musik, zeitlebens ein Kind geblieben sei. Sie hatte ihn allerdings die letzten sieben Jahre – ein Fünftel – seines Lebens nicht mehr gesehen. Die Behauptung geistert herablassend-freundlich und auf willkommene Weise sanft-giftig durch die gesamte Literatur und wird ewig an ihm haften bleiben. Doch gerade diese Sicht scheint denn auch die nach seinem Tod aufgekommene Bestürzung darüber gemildert zu haben, daß ein nunmehr als groß anerkannter Mann seine Größe in ausgeprägt exzentrischem Verhalten radikal habe verleugnen können. Nicht alle haben über die

Gabe einer geistigen Auseinandersetzung mit seiner Erscheinung verfügt wie sein Schwager Lange.

Ich habe drei Zeugnisse zitiert, die für uns im Einklang miteinander stehen. In ihnen treten die Zeugen hinter dem Bild ihres Gegenstandes zurück. Unverläßlicher sind die Zeugnisse jener, deren – mehr oder minder evidente – Absicht darin liegt, sich selbst ins Bild zu bringen. So berichten manche Schüler, oder solche, die es werden wollten oder sollten, daß ihr Vorspiel dem ›Meister‹ wohlgefallen habe. Dieser durchweg positive Bestand an Protokollen beruht wohl mehr auf der Tatsache, daß jene, die Mozart strenger beurteilte, auf einen entsprechenden Bericht wohlweislich verzichtet haben; oder aber darauf, daß er in seinem Urteil dem Beurteilten gegenüber zu Wohlwollen neigte, wahrscheinlich weniger in pädagogischer Absicht als aus freundlicher Apathie des Überlegenen. Seine wirkliche Einschätzung der Schüler und Kollegen war weit weniger freundlich, wie wir seinem ›Musikalischen Spaß‹ entnehmen können. Und umgekehrt: Nicht selten hören wir im Werk eines Schülers genau jene dürftige Qualitäts-Stufe, die Mozart durch diesen ›Spaß‹ in überlegener Parenthese kommentiert, fulminant und doch mit einer dezenten Zurückhaltung, die seinen mündlichen Äußerungen bekanntlich abgeht. Selbst Michael Kelly behauptet, Mozart habe seine Kompositionen gelobt; sehr möglich: denn der Schöpfer des ›Figaro‹ war bedacht darauf, seine Darsteller bei Laune zu halten. Objektiv sah es wahrscheinlich anders aus.

Michael Kelly, eigentlich O'Kelly, wurde übrigens schließlich Weinhändler in London. Er brachte ein Schild an seinem Hause an: ›Michael Kelly, Importer of Wines, Composer of Music‹. Der Dramatiker Richard Brinsley Sheridan meinte allerdings, der umgekehrte Wortlaut sei wohl adäquater: Composer of Wines, Importer of Music. Kellys Seriosität wurde also bereits von seiten der Zeitgenossen angezweifelt; wahrscheinlich war unter den Importartikeln manche Ware Mozartscher Provenienz untergeschmuggelt, was ihm Mozart nicht verübelt hätte, er war es ja aus Wien gewohnt, aus dem großen Kreis der Auch-Komponisten, dem Sänger, Instrumentalisten und Musikverleger angehörten. Dem Tenor Schack hat er sogar manche Komposition korrigiert, und selbst der Verleger Hoffmeister, der Mozarts Klavierquartette als zu schwer befand, hat in seinen Bläsermusiken so manchen dürftigen Aufsud Mozartscher Gedanken hergestellt.

DER ANSCHEINEND EHER GESCHWÄTZIGE BANKIER HENICKSTEIN hat den Novellos erzählt, Mozart sei in alle seine Schülerinnen verliebt gewesen. In der Tat mag die Behauptung für einige sehr wohl zutreffen, angefangen mit Rose Cannabich, der, 1777 in Mannheim, innerhalb der Skala seiner Neigungen die moderierte Stufe empfindsamen Interesses zukam. Vor allem gilt es für Therese von Trattnern, deren geheimnisvolle Aura für uns vornehmlich darauf beruht, daß kein Wort oder Bild von dieser vielleicht bedeutungsvollen Beziehung zeugt. Gewiß gilt es nicht für seine erste Wiener Schülerin Josepha Auernhammer, deren tatsächlich wohl wenig attraktives Äußere Mozart seinem Vater mit lapidarer Lieblosigkeit geschildert hat (Brief vom 22. August 1781). Leider bezeugen auch ihre Kompositionen, daß sie den anscheinend bestürzenden Mangel an Charme auf musikalischem Gebiet nicht wettgemacht hat.

MOZART ALS LEHRER ist nur ein weiteres aus der Reihe schwer vorstellbarer Bilder. Zwar hat keiner wie er das Gebiet des Lehrbaren beherrscht, auch verfügte er gewiß, dank seinem Vater und einzigen Lehrer, über einen Schatz an didaktischer Methodik, den er in mindestens zwei Fällen angewandt hat: Barbara Ployer, vor allem der Engländer Thomas Attwood, Mozarts Schüler vom Herbst 1785 bis August 1786, müssen, sofern sie das von Mozart systematisch aufgesetzte Pensum bewältigten, einiges gelernt haben. Leider hat keiner von ihnen über den Unterricht ausgesagt: ob Mozart, über das Aufgeschriebene hinaus, durch seine Präsenz etwas zu vermitteln wußte. Wie mag er, dem das nicht-verliebte Lehrersein wahrscheinlich lästig war, den diese festgesetzten Stunden vom Komponieren abhielten, das Dozieren bewältigt haben? Jedenfalls hat kein einziger der Schüler seine phänomenale geistige Ordnung bezeugt, was bedeuten mag, daß er sie beim Unterrichten nicht anzuwenden wußte. Sofern sich auf diesem Gebiet überhaupt ein Bild ergibt, so das einer gewissen Willkür und Unberechenbarkeit, Unpünktlichkeit, Ungeduld. Überdies berichten Schüler und Freunde von chaotischen Zuständen zwischen

seinen Papieren und Noten. Manchmal mußte er seine Kompositionen aus dem Gedächtnis kopieren, da er die Originale nicht
finden konnte und das Suchen ihm weit lästiger war als die
Abschrift, was bei ihm viel heißen will. Partituren stapelten sich
unter dem Klavier oder lagen im Haus herum, potentielle Kopisten
konnten sich nach Belieben bedienen und haben es wohl auch
getan; es ist einiges von seiner Hand verloren gegangen, er selbst
hat, wie wir gesehen haben, manche seiner Werke buchstäblich
vergessen.

WIR SUCHEN im Reservoir unserer passiven Phantasie nach jener
Gestalt, in der Mozart uns leiblich und in Aktion präsent würde,
doch finden wir sie seltsamerweise nur in den belegten Manifestationen seiner Exzentrizität. Wir sehen ihn eher Grimassen schnei-
den als zur Tür hereinkommen. Ich denke, nur wer über keine
Vorstellungskraft verfügt, kann ihn sich vorstellen, nur wer ohne
Phantasie ist und daher nicht darüber hinauskommt, seinen Helden mit den eigenen Attributen auszustatten, sich des eigenen
seelischen Erfahrungsschatzes zu bedienen, hat Mozart als Gestalt
aus Fleisch und Blut parat. Uns – pluralis concordiae – entzieht er
sich selbst in seinen ›normalen‹ Funktionen, wir sehen ihn noch
nicht einmal als Schläfer.
Eher vielleicht bei einem aktiven vegetativen Vollzug: als Esser
zum Beispiel. Ein kultiviert-differenzierendes Zu-Tische-Sein,
nach welchem – so stellen wir uns vor – Goethe in seinen gemesse-
nen Tageslauf zurückfand, war allerdings Mozarts Sache wohl
nicht, seine Mahlzeiten lassen sich mit denen Goethes gewiß nicht
vergleichen. Trotz des mehrmals von ihm selbst dokumentierten
›starken Appetites‹ wissen wir nicht, ob er ein starker Esser war.
Wir stellen ihn uns eher als hastigen Verschlinger vor, der mit
vollem Mund Tischgespräche führte, über denen er nicht wahrnahm, ob es ihm schmecke oder nicht.
Leopold Mozart bezeichnete die Mahlzeiten im Hause seines
Sohnes im Jahr 1785 als ›ökonomisch‹. Ob darin Mißbilligung
oder Anerkennung lag, ist nicht gewiß: Wahrscheinlich registrierte
er nur. Möglicherweise war Constanze unwillig, ihm Leibspeisen
aufzutischen. Mozart habe gern Forellen gegessen, erzählte sein
Sohn Franz Xaver Wolfgang den Novellos: Offensichtlich muß

sich dieser Sachverhalt anekdotisch fortgezeugt haben, denn der Sohn hat den Vater nicht mehr gekannt. Mozart selbst beschrieb hin und wieder, angeregt von den entsprechenden Düften, seine Gier nach diesem oder jenem Gericht, doch bleiben die Beschreibungen Nebenstimmen in der Dokumentation seiner Körperlichkeit. Das Leibgericht seiner Jugend ist als Leberknödel mit Sauerkraut bekannt und zum letzten Mal am 5. Januar 1771 dokumentiert, vielleicht hat er es darnach nicht mehr angerührt. Jedenfalls übersteigt dies alles nicht die Grenzen des Vorstellbaren, wir sehen ihn, wie er sich ein anspruchsloses Wohlsein verschafft.

Wir sehen ihn weniger in all seinen peripheren Aktivitäten, reitend oder etwa fechtend (er hatte 1767 in Olmütz Fechten gelernt). Er war ein leidenschaftlicher Tänzer. Sehen wir ihn als solchen, die Partnerin an der Hand oder im Arm? Sehen wir ihn beim Dirigieren? Bei Proben behielt er manchmal den Hut auf, stampfte mit dem Fuß den Takt und ventilierte seine Ungeduld mit dem Ausruf ›Sapperlot!‹. Hören wir ihn? Seine Stimme soll sanft gewesen sein (seine Singstimme Tenor). Er soll ein akzeptabler Violinist gewesen sein, ein besserer Bratschenspieler. Hören wir ihn?

Hören wir Mozart beim Klavierspiel? Wir machen uns von Technik und Manier und Vortrag seiner Zeit wenig Begriff, sind uns noch nicht einmal über die Tempi völlig im klaren. Dennoch erscheint uns hier noch am ehesten seine leibliche Gestalt, denn auf diesem Gebiet treffen glücklicherweise die Zeugenaussagen zusammen. Zeitgenossen berichten übereinstimmend, daß er beim Klavierspiel, vor allem beim Phantasieren, jener andere Mensch geworden wäre, als den sie ihn so gern im täglichen Leben gehabt hätten. Sein Ausdruck habe sich verändert, es habe sich in ihm gleichsam beruhigt.[75] Es ist von vielen Zeitgenossen verbürgt, daß er ohne Allüren spielte, ohne Dehnungen des Rhythmus, ohne übertriebene Rubati, ohne dynamische Extravaganzen, er habe ruhig gesessen, den Körper kaum bewegt, keine Gefühle gezeigt.

---

75 ›When playing, however, he appeared completely different. His countenance changed, his eye settled at once into a steady calm gaze, and every movement of his muscles conveyed the sentiment expressed in his playing.‹ Zitiert nach Grove's Dictionary of Music and Musicians, Fifth edition, edited by Eric Blom, London 1954: eine Zusammenfassung dessen, was tatsächlich sehr viele Zeitgenossen bestätigt haben, zu viele, als daß es unwahr sein könnte.

Dies müssen denn auch die Augenblicke gewesen sein – oft waren es Stunden –, in denen er in seliger Selbstvergessenheit schwelgte, in denen der Kontakt mit der Außenwelt abbrach; in ihnen war er der unmittelbare Mozart, der zu seiner Mitteilung keiner Zwischenträger bedurfte, keiner Sänger, Instrumentalisten oder Mitspieler, und nicht der lästigen Niederschrift. Hier, und vielleicht nur hier, gelangte er in den wahren Genuß seines eigenen Genies, hier spielte er es aus, im wahren Sinne des Wortes; er wurde der absolute Mozart.

DAS VERMÖGEN, sich in eine Gestalt der Vergangenheit zu versetzen, beherrschen wir nicht, vielmehr bleibt es ewig Gegenstand unserer Wunschvorstellung. Da es niemals durch die endliche Erscheinung der ersehnten Gestalt belohnt und geprüft wird, wuchert es im Unmeßbaren und nährt sich an seiner eigenen Unerfülltheit. In wechselnder Reihenfolge rekapitulieren wir nur immer wieder, was wir bereits wissen oder zu wissen meinen, in der Hoffnung, daß sich irgendwo zwischen diesen Fakten eine plötzliche Erleuchtung biete, eine passive Eingebung. Nicht zuletzt gehört zur Vergegenwärtigung der leiblichen Erscheinung Mozarts die Bedingung seines historischen Raumes; wohlgemerkt: nicht des Gemeinplatzes, nicht allein dessen, was man ›Epoche‹ nennt, also nicht nur der bildliche Raum, sondern der tatsächliche, der heute zum Museum erstarrt ist: das für ihn abgesteckte Aktionsfeld, darin die Handlungen und Zuwiderhandlungen der Mit- und Gegen-Spieler des Genies, die Lieferanten der Stichwörter und Anstöße, die Empfänger seiner Antworten, die stummen und verstummenden Zuhörer nicht nur seiner Musik, sondern seiner Worte, auch der banalen und der ungezähmten. Es gehören dazu alle, die ihn liebten oder haßten oder denen er gleichgültig war; alle, die ihn empfingen oder mieden und die ihn aufsuchten. Mehr noch: Es gehören dazu die Zimmer, die er durchlief, aufgerührt oder ausgelassen, ihre Akustik, Requisiten und Möbel, alles Material, das ihn mitgeprägt hat, auch das konkreteste, das Holz einer Geige oder eines Tisches, über den er sprang, oder auf den er seinen Chapeau warf, bevor er sich übers Klavier machte, und der Klang des Klaviers. Die Gestalt Mozart ist, wenn überhaupt, nur in seinem Milieu vorstellbar. Denn sein vergänglicher Teil haftete am vergänglichen Gegenstand, seine Sinne wurden von Konkretestem angeregt, die anderen Quellen der Erregung entziehen sich uns. Sein bewußtes Leben war, wie wir wissen, an die Materie gebunden, an Körperlichkeit, oft bis zum Exzeß. Es gehörte zu ihm das Essen und das Trinken, das unsublimierte physische Wohlgefühl bis hinab zur Darmentleerung, die, wie er hinreichend bezeugt hat, nicht nur seine Phantasie anregte, sondern ihm auch eine Art animalische Genugtuung bereitete. Es gehört zu ihm jede prosaische Verrichtung, der er Ausdruck gegeben hat, und es hat ihn ja bekanntlich selbst die prosaischste inspiriert. Natürlich werden wir das Ausmaß seiner Erlebnisskala niemals wirklich erfassen. Daher fehlt uns auch der Schlüssel zu jenem Motor, der diese physisch zu kurz gekommene Gestalt in Bewegung hielt. Wollen wir ihn, unter allen Vorbehalten, als statische Figur betrachten, so ergibt sich das folgende Bild des Äußeren:

Mozarts Äusseres war ›unscheinbar‹. Seine Physis wandelte sich in den letzten Lebensjahren zum Unattraktiven. Er hatte Blatternnarben im Gesicht, seine Haut wurde gelblich und gedunsen, gegen Ende seines Lebens bildete sich ein Doppelkinn. Der Kopf war zu groß für den Körper, die Nase war überdimensioniert, eine Zeitung nannte ihn einmal den ›enorm benasten Mozart‹. Seine Augen traten immer stärker hervor, er wurde dicklich. Die eigentümliche Mißbildung des äußeren Ohres hatte er von je unter der Frisur verborgen gehalten. Ob sie jemals, etwa in seiner Kindheit oder Jugend, einen Erkenntnis-Schock verursacht hat, wissen wir nicht, da wir über Traumata einer vorpsychologischen Zeit nichts wissen. Er war gewiß nicht im klinischen Sinn manisch-depressiv, doch neigte er in seinen späten Jahren zunehmend einer der beiden extremen Verfassungen zu, er wurde reizbar und labil. Die zunehmende geistige Erschöpfung seiner letzten beiden Jahre muß manches anomale Verhalten, manchen ›tic‹ in ihm noch verstärkt haben, vielleicht bis zum objektiv schwer Erträglichen. Man kann die Möglichkeit nicht ausschließen, daß zwischen seinem Gebaren und seiner wachsenden Vereinsamung eine Wechselbeziehung bestand; daß er auf seine Isolation krankhaft reagierte und diese Reaktion seine Isolation vertiefte. Offensichtlich verlor selbst Constanze die Lust an seiner Gegenwart und überließ ihn schließlich jenem ›Umgang mißlicher Art‹, von dem sie ihn abgehalten zu haben behauptet. Und es erscheint, als habe sich sein früherer Freundeskreis in seiner Gegenwart nicht mehr wohlgefühlt, das Personenregister ist beinah durchweg ein anderes als das zu seiner Glanzzeit. Mozart war demnach auf jene mindere Gesellschaft angewiesen, deren Spuren wir heute nicht mehr auftreiben, und auf die wir nur noch als sinistre Andeutungen einiger Überlebender stoßen. Er speiste oft und gern bei anderen, doch wissen wir nicht mehr, wer ihn in den letzten Monaten noch gern einlud oder wo er sich selbst eingeladen hat, denn allein bleiben wollte er nicht mehr. Er brauchte die Gesellschaft, wenn sie ihn auch nicht mehr brauchen konnte.

Fragen wir uns also dies: Hätten wir uns in seiner Gesellschaft wohlgefühlt? Hätte seine extreme, ja, oft gewaltsame, Gelockertheit unsere Lockerung gefördert oder verhindert? Vielleicht war es noch nicht einmal dieses nicht zu definierende, nach außen transzendierende Element einer Fremdheit, das uns gelähmt oder, angesichts dieses sonderbaren, schließlich verstörten und verstörenden, Gastes – ›unstet und zerstreut‹ (Niemtschek) – unsere Tafelrunde zum Verstummen gebracht hätte. Vielleicht war da viel Vordergründigeres, penetrantere Merkmale einer Selbstvernachlässigung, deren Abgewöhnung die Mühe nicht mehr gelohnt hätte, selbst wenn er sich ihrer bewußt gewesen wäre. Vielleicht wusch er sich die Hände noch nicht einmal mehr ›in der Frühe‹? Vielleicht hatte er schmutzige Fingernägel, unangenehme Tischmanieren, oder er spuckte beim Sprechen? Wer weiß, ob nicht wir gesagt hätten: ›Gewiß, der Kerl ist ein Genie, aber ist er nicht unerträglich?‹ Vielleicht hätten wir ihn gemieden, ihn nicht zum Essen eingeladen, ihn vielleicht sogar verleugnet? Die abwehrende Antwort liegt uns zwar auf der Zunge, aber wir dürfen sie uns ja ersparen: Denn wie er sich uns entzieht, entziehen wir uns ihm, indem wir unseren Gewinn abschöpfen und ihn im übrigen seinem dokumentierten und historisch gewordenen Schicksal überlassen. Zwar erkennen wir in seiner Tragik einen wesentlichen Bestandteil unserer Verehrung, doch wir verdrängen die Tatsache, daß wir die läuternde Wirkung seiner Musik ausschließlich der objektivierenden Beherrschung dieser Tragik zu verdanken haben, und zwar in ihrer extremen und einmaligen Sublimierung.

ALS KULMINATIONSPUNKT dieser Tragik gilt allgemein sein ›vorzeitiger Tod‹, auf den, nach bisheriger Sicht, dieses Leben zielgerichtet zuzulaufen hatte. Für das Ende hat man sogar, aus Zeugnissen objektiven Befundes und subjektiver Ahnung, eine Art biographischer Engführung konstruiert. Auf beide Momente, die einander, nach unserer Überzeugung, nicht berühren – weder Mozarts Zukunftspläne noch seine Entscheide zum Verzicht haben sich nach Außenstehenden gerichtet – werden wir zurückkommen. Doch sei hier festgestellt, daß Mozarts Tod so vorzeitig nicht war. Die Aufzählung großer Geister, die sein Schicksal geteilt haben, können wir uns ersparen, jeder Leser hat seinen Favoriten im Spiel. Nur eben da uns Musik immer wieder als der höchste, und dabei sich in Worten nicht artikulierende, Ausdruck des Subjektiven, des von seinem Schöpfer Nicht-Losgelösten erscheint und mit entsprechender Unmittelbarkeit auf unser Gefühl wirkt, meinen wir, die Stimme dieses Schöpfers selbst zu hören: Der Tod wird vom Hörer im Ohr behalten, als omnipräsenter Zielpunkt eines im Werk sich erfüllenden Lebens. Daß zum Beispiel Pascal keine vierzig Jahre alt wurde, Spinoza wenig darüber, ist biographisch weniger dankbar, denn ihr Gedankengut hat sich selbständig gemacht, unser Bewußtsein hat es, wenn überhaupt, als von seinem Denker losgelöstes integriert. Mozarts ›Requiem‹ dagegen oder Pergolesis ›Stabat Mater‹ oder Schuberts As-Dur-Messe bleiben ewig die Werke jener Meister, deren vorzeitiger Tod sie zu ›Frühvollendeten‹ macht; unter diesem Aspekt werden sie gehört. Dem Andante der B-Dur-Sonate Schuberts meinen wir die Trauer des Todgeweihten zu entnehmen. Die Tragik des Persönlichen ›schwingt mit‹ als Stimme eines emotionalen Zusatzes, der freilich einer Definition nicht standhielte.

Dies ist nicht, was wir hier unter ›Tragik‹ verstehen, sondern vielmehr die sich ausbreitende und immer seltener vom Lichtblick eines Kenners unterbrochene Verkennung, das beinah konsequente Übergangenwerden, das Mozart zu ertragen hatte und tatsächlich mit beispielhafter Würde und Beherrschtheit ertrug. Daß es ihn gebrochen hat, ist selbstverständlich; zwar hat er es aus seinem Bewußtsein verdrängt, doch der vernichtenden Einwirkung konnte er sich nicht entziehen. Er hat, soweit wir wissen, die diversen Demütigungen niemals kommentiert, sondern ist scheinbar mit aller Leichtigkeit, derer er noch fähig war, darüber hinweggegangen, er fand sich damit ab, daß zu den großen Gelegenheiten Geringere bevorzugt wurden, während er die Redouten mit Tanzmusik zu versorgen hatte, schließlich die einzigen Aufträge außer Musik für Spieluhren und Glasharfen. Die Komposition der ›Zauberflöte‹ war ein va-banque-Spiel, bei dem er sich mit einem Hasardeur das Risiko teilte; und das er leider zu spät gewann. Der Auftrag des ›Tito‹ kam nicht von den böhmischen Ständen selbst, sondern von einem beauftragten Operndirektor; er wurde ein Mißerfolg. Und der letzte, dunkle, Auftrag, der des ›Requiem‹, kam zwar von einem Mitglied des Adels, mußte aber streng geheim behandelt werden, da der Auftraggeber, Graf Walsegg-Stuppach, die Komposition als seine eigene auszugeben gedachte, was er auch tat. Es scheint zumindest zweifelhaft, ob er, selbst durch geheimnisvolle anonyme Mittelsmänner, mit seinem schäbigen Gesuch an einen Mozart herangetreten wäre, hätte es sich bei diesem noch um den wohlbekannten und gesuchten Musiker von 1784 gehandelt. So verlieren sich denn auch die Begleitumstände der letzten großen Werke in Zwielicht und Glanzlosigkeit, außer dem wachsenden Beifall der ›Zauberflöte‹, der letzten bescheidenen Freude des vernachlässigt Sterbenden.

Dies zumindest sind unsere Folgerungen, wie wir sie aus den uns bekannten Punkten der Chronik ziehen. Weitere, wahrscheinlich wesentliche, Faktoren bleiben uns unbekannt, nämlich Mozarts eigener Anteil der Schuld an seinem Verkommen, sofern bei einem Prozeß der Selbstzerstörung von ›Schuld‹ überhaupt die Rede sein kann. Denn auf eine solche, allerdings unfreiwillige, steht unser Verdacht. Unerwünscht und letzten Endes ungeliebt, geriet er in eben jene Kumpanei, über der, retrospektiv gesehen, trübe Düsternis herrscht. Das Geheimnis der letzten Monate wird sich wohl nicht mehr erhellen. Was er in Constanzes Abwesenheit trieb und mit wem, bleibt im Dunkel, denn Zeugnisse und Memoiren gibt es nur auf der Ebene der Respektabilität. Daß er ein Glücksspieler war, der seine nicht mehr hohen Einkünfte bei den damals gängigen Kartenspielen Pharo oder Tresette verlor, daß die Gesellschaft sich von ihm abwandte, weil er seine Schulden nicht mehr bezahlte und damit gegen ihren Ehrenkodex verstieß[76], halten wir für

76 Kraemer, a.a.O., S. 210.

unwahrscheinlich. Denn er hätte es sich kaum leisten können, in den Bittbriefen seine Unschuld zu beteuern, seine Anklage gegen Wien wäre verfehlt, die Adressaten wären über dieses Laster sehr wohl informiert gewesen, Puchberg hätte seine Darlehen nicht wiederholt, niemand hätte ihm etwas vorgestreckt, kein Hofdemel hätte seinen Wechsel akzeptiert, und der ›privilegierte Handelsmann‹ Heinrich Lackenbacher hätte sich vermutlich nach Mozarts Leumund erkundigt, bevor er ihm noch am 1. Oktober 1790 tausend Gulden lieh. Seine ›Verfehlungen‹ müssen auf anderem Gebiet gelegen haben. Doch hat sich kein Zeitgenosse bereit gefunden, über die Wochen seines letzten Sommers etwas auszusagen: Freunde und Verwandte, die ehemaligen Schüler und Verehrer sind über der Frage nach Aufschluß verstummt. Dafür sollten wir ihnen vielleicht dankbar sein, denn auf diese Weise sind uns die apologetischen Kommentare und die Hilfskonstruktionen jener Vermittler erspart geblieben, die ihren Helden von alledem gereinigt wissen wollten, was sie für Makel hielten. Durch Anwendung ihres Maßstabes hätten sie eine Jahrtausendfigur zusätzlicher Entwürdigung ausgesetzt.

DER LANGSAME WECHSEL in seinem persönlichen Verkehr begann schon zwei Jahre vor seinem Tod, die Dokumentation läßt die geläufigen Namen vermissen, neue tauchen auf. Noch ist Haydn da, Puchberg ist präsent und notwendig. Doch etwa zu einer Probe zu ›Così‹ lädt Mozart nur diese beiden ein, warum nicht Jacquin zum Beispiel oder van Swieten, obgleich der sich wahrscheinlich für die Oper nicht interessierte. Wie haben wir uns eine solche Probe vorzustellen, in privatem Kreis, reduzierten Verhältnissen, Junggesellenhaushalt selbst dann, wenn Constanze nicht in Baden war? Kamen die Sänger ins Haus? Und hat Mozart über der Darstellung seine Misere vergessen? Wahrscheinlich ja.

›COSÌ FAN TUTTE‹, diesen Titel könnte man mit hoher Berechtigung zu ›Così fan tutti‹ abwandeln. Denn der Mangel an ›Weibertreue‹, den der Text zum Thema hat – einer der beliebtesten Gemeinplätze der Zeit, dem ja schon der ›Don Giovanni‹ mit Macht entgegentritt – wird hier bei weitem übertroffen von dem Mangel an Männermoral, durch den diese Fehlbarkeit evident wird. In Wirklichkeit sind die Frauen Opfer einer elenden Intrige, die nur deshalb gut ausgeht, weil die Männer ungerechterweise in die Position gesetzt werden, den Frauen verzeihen zu dürfen, während es eigentlich umgekehrt sein müßte. Guglielmo und Ferrando, diese beiden sauberen Herren Offiziere, deren Seele mehr oder weniger in ihren Degen steckt, sind nicht etwa virile Triebnaturen wie Don Giovanni, sie halten sich auf ihre Ehre etwas zugute, obgleich sie kaum wissen, was Ehre bedeutet. Sie sind Musterbeispiele männlicher Niedertracht, mehr noch als ihr zynisch durchtriebener Anstifter Don Alfonso, der ›alte Philosoph‹. Ihm würde man gern den Denkfehler ankreiden, daß er sich, was die Vorstellungsbereitschaft seiner beiden jungen Freunde betrifft, täusche – denn, so würde man meinen, es kann ja nicht in ihrem Interesse liegen, ihre Rollen konsequent durchzuspielen –, wenn er nicht, auf Kosten jeglicher Wahrscheinlichkeit, Recht behielte. Die beiden jungen Herren spielen ihre Rolle so perfekt und perfide, als wollten sie selbst die Untreue ihrer beiden Damen beweisen und ausnützen, was sie, ohne Frage, auch bald nach der Hochzeit tun werden. Das, so könnte man sagen, übersteigt schon als solches alles Menschenmögliche und Zumutbare. Doch wollen wir hier nicht die Übertretungen aufzählen, denn damit kommen wir diesem einzigartigen Werk nicht bei.

GOETHE hat sich zu diesem Werk nicht geäußert, dafür haben Wagner und Beethoven es getan, in negativem Sinne natürlich. Sie haben es moralisch gewertet und darum noch nicht einmal, was selbst mindere Zeitgenossen taten, zwischen Stoff und Form unterschieden. Wagner meinte, notwendigerweise habe einem Mozart zu einem solchen Stoff keine gute Musik einfallen können, und sie sei ihm dazu auch nicht eingefallen, was er – Wagner – als Positivum des Menschen Mozart beurteilte. Beethoven lehnte das Werk ab, was ihn freilich nicht daran gehindert hat, das Rondo ›Per Pietà‹ (Nr. 25) mit den beiden obligaten Hörnern tonartgetreu (E-Dur) als Vorbild zu seiner großen Leonoren-Arie zu benutzen.
Eine moralische Wertung aber hatten weder da Ponte noch Mozart im Sinn. Die Absicht war vielmehr, eine Oper zu schreiben. Der Fabel läge eine wahre Begebenheit zugrunde, so wurde und wird behauptet. Kaiser Joseph habe sie da Ponte geschildert und ihm den

Auftrag eines entsprechenden Librettos gegeben. Das ist natürlich Legende, um die allgemeine Abneigung gegen den Text als force majeure darzustellen und Mozarts Mittäterschaft zu entschuldigen. Der Kaiser war um diese Zeit, Herbst und Winter 1789, bereits sterbenskrank. Einzig der unübliche Name Guglielmo scheint auf eine Figur hinzuweisen, die sehr gut Wilhelm hätte heißen können.

JEDER VERSUCH, dem Text mit Psychologie beizukommen, scheitert an der extremen Unwahrscheinlichkeit, die, wie ja meist in der Opera buffa, im Nicht-Erkennen des Naheliegenden gipfelt. Weder nehmen die Damen in den exotischen Galanen den Liebhaber der jeweils anderen wahr – sie treten als Albanier auf, Albanien ist hier, was für Shakespeare das, tatsächlich benachbarte, Illyrien ist: ein Land, das sich der bekannten Geographie entzieht und es daher gestattet, die Bewohner als regional ungebunden darzustellen –, noch erkennen sie in Arzt und Notar die eigene Zofe Despina. Überdies bleiben die beiden Herren für die Damen so namenlos wie Lohengrin für Elsa. Der temporale Ablauf bleibt unbestimmt wie im ›Don Giovanni‹, die Gefühlswandlungen vollziehen sich sogar scheinbar noch unmittelbarer. In der Tat ist der ›Figaro‹ die einzige Oper Mozarts, in der die Einheit der Zeit eingehalten wird, oder zumindest, in der periodisch alles so abläuft, daß die einzelnen Handlungsmomente in bestimmbarer Beziehung zueinander stehen.

Doch auch um diese Unwahrscheinlichkeiten handelt es sich hier nicht, sondern eben um die Hinnahme eines Stückes, dessen Ideenträger Marionetten sind, inexistent außerhalb der von ihrer Gesamtheit getragenen Idee. Es wäre natürlich sinnlos, dem Textdichter da Ponte moralische Intentionen zu unterstellen – so gern wir es auch täten –, nämlich darin, daß er die Ehre der beiden Damen und damit der Frauen überhaupt hätte retten wollen, auf Kosten der höchst zweifelhaften Männermoral. Die Frage, ob diese beiden Paare später miteinander glücklich werden, haben sich weder da Ponte noch Mozart gestellt. Es ist auch eine müßige Frage. Die Artefakte des Dixhuitième beantworten keine Fragen nach Zukunft. Aus dem Nicht-mehr-froh-werden eine fröhliche Untugend zu machen, war ein Wesenszug des Rokoko. Doch gilt die Frage für so manches, das wir vereinfachend ›Lustspiel‹ nennen; das Wort ›Lustspiel‹ ist zweideutig. Wird Shakespeares Graf Orsino in ›Twelfth Night‹ mit Viola glücklich, nachdem er vier Akte lang Olivia geliebt und Viola für einen Mann gehalten hat, der als solcher von Olivia geliebt wird, die sich nun, wohl oder übel, für Orsino entscheidet? Und wie auch immer: Tut es dem jeweiligen Stück Abbruch? Handle es sich also nun um Illyrer oder um Albanier: Es kommt nicht darauf an, ob die Konstellation wahrscheinlich ist, sondern auf die seelische Beziehung und die entsprechende Artikulation auch des unwahrscheinlichen Geschehens, wenn es von den Beteiligten als wahr und wahrhaftig erlebt wird. Logik ist weder eine Qualität der menschlichen Seele noch ihr Maßstab. Orsinos Musik ›als der Liebe Nahrung‹ wird in ›Così‹ zum Ereignis, im Sinne des ›Musikalisch-Erotischen‹ Kierkegaards, und zwar vor allem im Falle der bedauernswerten Fiordiligi: Die Komödie der anderen wird für sie zur Tragödie, was sie aber nicht weiß. Angelegt als eine Gestalt der Opera seria, wächst sie in ihrer fatalen Verstrickung weit über eine solche hinaus. Kein Zweifel: Sie liebt zum ersten Mal in ihrem Leben, und zwar leider eine Puppe, die sie, die gänzlich Unerfahrene, als solche nicht erkennt: den als absurden Ausländer verkleideten Liebhaber ihrer Freundin oder Schwester. Das kann nicht gut ausgehen und tut es auch nicht. Sie ist, in jedem Sinn, die ›prima donna‹. Ihrer hat sich da Ponte besonders angenommen, denn die Sängerin Adriana del Bene war zu dieser Zeit da Pontes Geliebte, und übrigens tatsächlich die Schwester der Louise Villeneuve, der Dorabella. Wie in der Oper waren beide aus Ferrara, weshalb sich denn auch die del Bene – übrigens auch im Leben eine Primadonna – Ferrarese del Bene nannte.

DIE QUELLEN DES TEXTES gehen auf Ovid, Ariost und Cervantes zurück.[77] Dennoch dürfen wir sie als da Pontes geistiges Eigentum betrachten, denn abgesehen von der abgekarteten Infamie dieses Spiels, der absichtlichen Kühle des sich als warm Offenbarenden, hat er zum Quartett der Damen und Herren zwei wesentliche

---

77 Kurt Kramer: ›Da Pontes »Così fan tutte«‹. In: Nachrichten der Akademie der Wissenschaften, Göttingen 1973.

Figuren erfunden, die nur scheinbar dem Buffo-Schema zuzuord-
nen sind, einzig in ihrer vordergründigsten Präsenz: Despina und
Don Alfonso. Despina, weit vom Kammerkätzchen mit silberhel-
lem schelmischen Lachen entfernt, nicht ›schnippisch‹ oder ›schel-
misch‹, ist ein mit allen Wassern gewaschenes Frauenzimmer,
realistisch disponiert, bis zum Rand des Vulgären lapidar, mit
eigenen Ansichten, nicht nur, was ihre Einstellung zum anderen
Geschlecht betrifft, sondern auch über die Ungerechtigkeit der
herrschenden sozialen Struktur, der sie freilich nur durch Naschen
entgegenwirkt. In dieser Figur suchte man nicht nach Subversion,
ihre Anlage würde der Zensur Josephs II. und seiner Kulturwäch-
ter entgehen, das wußte da Ponte. Hier war er frei, seine gesell-
schaftskritischen Ansichten zu ventilieren. Er hat es getan, und
niemand nahm es zur Kenntnis. Nach dem ›Figaro‹, der ja fast
durchweg in der Welt der Bedienten spielt, der sozusagen von den
Sorgen mit dem Personal handelt, besteht das Personal hier nur aus
einer einzigen Figur, sie ist also in der Minderzahl, von ihr ist ein
Schlag gegen die anderen fünf nicht zu erwarten. Ihre beiden
Herrinnen jedenfalls haben keinen Grund, eine soziale Umwälzung zu wünschen, auch nicht zu befürchten, im Gegenteil, es geht
ihnen ja – materiell – gut, zu gut. Reich sind die anderen alle, auch
Don Alfonso, der ›vecchio filosofo‹, der nichts besseres zu tun hat,
als die Fäden des Schicksals anderer in die Hand zu nehmen und
sie nicht nach ihrem Glück, sondern nach der Überzeugung
agieren läßt, die seinen persönlichen Einsichten entspringt; er ist
eine ›entmythologisierte Gottheit‹ (Kramer), und zwar eine der
Vernunft und der Aufklärung. Wie sein Erfinder, so ist auch er, in
seiner desillusionierten Absichtlichkeit, ein Anhänger Rousseaus.
Was er an Bosheit hat – sie offenbart sich im heuchlerischen Moll (f)
der Arie ›Vorrei dir‹ (Nr. 5) –, wird durch die C-Dur-Arie (Nr. 30)
›Tutti accusan le donne‹ zwar nicht ausgeglichen, doch um
einiges gemildert: Die Dinge sind nun einmal so, und je weniger
wir uns darüber täuschen, desto besser für uns alle, auch für die
schmerzlich Beteiligten; bleiben wir also auf der Erde. Recht hat
er, nur hat er das falsche Beispiel gewählt, das heißt, er hat es selbst
konstruiert.

DASS MOZART sich beim Einleben in den Stoff der Opernrealität und der darin vertretenen These ›So machen es alle‹ angeschlossen hat, ist gewiß: Der überzeugte Ausruf der beiden Offiziere, herausgefordert durch Don Alfonso: ›Così fan tutte!‹ steht nicht im Libretto, Mozart selbst hat ihn hinzugefügt, wohl nicht weil er dieser Überzeugung war, sondern weil er sich die frischgewonnene Überzeugung seiner Helden zu eigen machte. Über die Wahrhaftigkeit der These wird er sich kaum Gedanken gemacht haben, es sei denn, die Erfahrung – bei Constanze etwa – habe es ihn gelehrt. Jedenfalls steht sie in krassem Gegensatz zu den Thesen und ihren Vertretern in anderen Opern, vor allem zur Constanze in der ›Entführung‹, und auch zu den Damen im ›Figaro‹. Sowohl die Gräfin, deren Größe eben in ihrer moralischen Haltung liegt, als auch Susanna, die dem Grafen nicht verfällt, und auch die tödliche Anhänglichkeit der Donna Elvira im ›Don Giovanni‹ weisen eher auf das Gegenteil; sie belegen, daß Mozart auch hier tief in seinen Figuren steckte und Objektivität darüber vergaß.

DIE SOZIALKRITISCHEN IDEEN, wie sie versteckt im Libretto auftreten, sind Mozart nicht entgangen – im Gegenteil, er hat sie hervorzuheben versucht. ›Così‹ entstand zu einer Zeit, als sich ihm die Augen bereits weit geöffnet hatten und er Mißstände zur Kenntnis nahm, die ihm vorher entgangen waren, seine Weltsicht war um einiges bitterer geworden. Hier ist es nur Despina, die sozial niedriger steht. Sie ist daher in das musikalische Kontinuum weniger einbezogen; zwar setzt sie dem schwelgerischen, immer wieder elegischen Fluß der Musik keinen aufrührerischen Kontrast entgegen – im Gegenteil, ihre Solo-Nummern wirken konventioneller als die der anderen –, doch hat sich Mozart ihr auf andere Art gewidmet, er hat ihr eine eigene Komik gegeben, sie ist mehr raffiniertes Luder als Schalk. Aus der Divergenz zwischen Libretto und Partitur geht hervor, daß Mozart sich auch textlich ihrer mit besonderem Gusto angenommen hat. Auf Don Alfonsos ›Ti vo fare del ben‹ antwortet sie bei da Ponte: ›Non n'ho bisogno, un uomo come lei non può far nulla‹, was soviel heißt wie: ›Ein alter Knabe wie Sie kann nicht mehr viel ausrichten.‹ Mozart hat die Replik geändert, hat sie sogar gereimt: ›A una fanciulla | un uomo come lei non può far nulla‹, was soviel heißen soll wie: ›Ein alter

Knabe wie Sie kann es mit einem Mädchen wie mir nicht mehr treiben.‹ Der große Magnet, mit dem sie, als Arzt verkleidet, den beiden scheinbar liebestollen Albaniern das Gift aus dem Leib zu ziehen vorgibt, entspringt nicht da Pontes Invention, er kannte Mesmers Behandlungsmethode nicht. Mozart aber hatte Franz Anton Mesmer noch als Zwölfjähriger kennengelernt, sein ›Bastien und Bastienne‹ soll in dessen Garten aufgeführt worden sein, und er war mit der magnetischen Heilmethode vertraut. Hier also tut er sie als Quacksalberei ab. Diesem lateinisch salbadernden Arzt Despinetta wollte er denn auch keine wirklichen Kenntnisse zuerkennen, weshalb er in der Anredeformel das ›bonae puellae‹ in ›bones puelles‹ abwandelt: ungerechterweise, denn wenn Despina schon etwas auswendig gelernt hat, so hat sie es gewiß richtig gelernt, sie ist gescheit. Don Alfonso dagegen will er richtiges Latein in den Mund legen, daher wandelt er das abgeschliffene ›isso fatto‹, wie da Ponte es schreibt, zurück in ›ipso facto‹. Kein Zweifel, die Sache hat ihm Spaß gemacht.

Der Sieg des Rationalismus, verkörpert durch Don Alfonso und, auf einer anderen Ebene, durch Despina, zeigt, daß die wahre Liebe und ihre empfindsame Manifestation nicht nur für die beiden Paare, sondern für alle, von nun an für immer verloren sei. In Zukunft handle man mit dem Verstand. So waltet stets eine versteckte Melancholie über dieser herrlichen Musik, die sie auslöst, in der Liebe und ihre Verhöhnung zu einem werden. Hier ist Mozart Einmaliges geglückt, etwas, was er niemals zuvor oder nachher versucht hat. Die Accompagnati gewinnen jene Bedeutung, die sie in den frühen Opere serie hatten, den unmittelbaren, vom Schema der Arien und Ensembles getrennten, Gefühlsausdruck, in ihrer Freiheit der wechselnden Tempi und ihrer expressiven Dynamik. Ob es der Ausdruck von Gefühl oder nur von fingiertem Gefühl ist, steht dahin. Wenn Einstein die B-Dur-Arie der Fiordiligi ›Come scoglio . . .‹ (Nr. 14) für Parodie, Abert sie für Spott hält, so irren beide: Fiordiligis Konflikt ist von Anfang an echt, sie beginnt schon sofort als Opfer des bösen Spiels. Die Wendung ›Così ognor‹ ist übrigens die figurengetreue Wiederkehr des ›Kyrie‹ der ›Krönungsmesse‹ (K. 317). Stofflich ließe sich hier zwar kein Zusammenhang konstruieren, doch spricht die musikalische Figur gegen die Hypothese einer parodistischen Intention.

Wenn aber kurz zuvor im ersten Akt die beiden verkleideten Offiziere aus ihrem Secco ausbrechen, um in einem großangelegten Accompagnato ihrer subjektiv erlogenen Hingerissenheit objektiv hinreißenden Ausdruck zu geben (›Amor . . .‹, Takt 28 des Rezitativs ›Che susurro‹), wenn zuerst Ferrando, dann Guglielmo sich von d-Moll bis zu g-Moll durchsingen, wenn die Violinen und die Violen in einem gewaltigen Aufwärts-Crescendo die sich entfaltende Aufwallung vollziehen, so haben wir hier überlegene Parodie, Parodie als Disziplin, die ihren Gegenstand in einer einzigartigen Schönheit, einer Herrlichkeit sui generis, widerspiegelt, wie sie sich niemand anderem jemals eingegeben hat, selbst Mozart nicht, weder zuvor noch danach. Wir stellen fest: Moral ist nicht die Quelle der Musik.

Das Simulieren ist hier evident. Aber hin und wieder fragen wir uns denn doch: Auf wen beziehen sich eigentlich die Liebesäußerungen der beiden Herren, etwa die B-Dur-Arie des Ferrando ›Ah, lo veggio‹ (Nr. 24), die er ›lietissimo‹ zu singen hat? Auf die neugewonnene Dame, die ihm so leicht zufällt, oder auf die ehemalige, die, in umgekehrter Beziehung zu ihm, in Vergessenheit zu geraten droht? Verrät es die Musik? Sie verrät es nicht. Wohl haben wir hin und wieder einen scheinbaren Hinweis, doch sind wir niemals völlig sicher, auf was er hinweisen soll: auf das Komödienspiel, oder auf die Komödie innerhalb der Komödie? Guglielmos G-Dur-Arie ›Non siate ritrovi‹ (Nr. 15) mutet uns textlich insofern ungemein albern an, als wir uns kaum vorstellen können, daß diese Damen auf so vulgär-vordergründige Art zu betören sind. Auch musikalisch fällt sie ab (bezeichnenderweise geben die von Mozart meist abfällig behandelten Flöten das Thema an). Nun hatte er ursprünglich eine andere Arie in D-Dur vorgesehen, ›Rivolgete a lui lo sguardo‹ (K.584), die subjektiv textlich kaum weniger albern ist, aber musikalisch zu den bedeutendsten Buffo-Arien gehört, die er geschrieben hat, auch hier ist über den Text hinauskomponiert; in der Musik wird ein lächerlicher Galan zu einem wirklichen Mann. Warum hat er die Arie gegen eine mindere ausgetauscht? Die Biographen sagen: Mozarts Empfinden für Proportion habe ihm eine Arie dieser Dimension hier nicht gestattet, sie hätte den Rahmen des Leichten, Satirischen gesprengt. Das erscheint uns wenig einleuchtend, zumal es nicht wahr ist.

Offensichtlich mußte hier eine gewaltsame Lösung dieser Frage – vielleicht als Resultat einer Besetzungsfrage – gefunden werden. In der Tat fällt Guglielmo hier insofern aus seiner Rolle, als die außerordentliche Frivolität der Thematik, die Anpreisung der alleräußerlichsten Reize, sensible Damen, zumal in momentan sehr labilem Zustand, eher abschrecken muß. Es erscheint uns unbegreiflich, daß ein Mädchen wie Dorabella, obschon leichtsinniger als ihre Schwester, auf einen Mann hereinfällt, der sich nicht besser darzustellen weiß als ein ›Papagallo‹. Man könnte es so deuten, daß er ihr nicht gefallen wolle, um seine Wette zu gewinnen; durch Zuwiderhandlung der Anweisung Don Alfonsos. Doch das ist Spekulation; die Frage bleibt offen.

Im F-Dur-Quintett ›Di scrivermi ogni giorno‹ (Nr. 9) unterscheidet sich, unter dem durchgehenden Sechzehntel-Ostinato der Streicher, der gesangliche Duktus der fingierenden Männer in ihrem Gefühlsgehalt nicht von dem der trauernden Damen, und selbst Don Alfonsos Beiseite ›Io crepo se non rido‹ wirkt, obgleich kontrapunktisch kontrastierend, nicht wie Parodie. Intervallsprünge wie die Septimen der beiden Offiziere hat Mozart meist für die echten Gefühlsaufwallungen seiner Gestalten verwendet. Und dennoch offenbart sich in dieser Nummer, stellvertretend für einige, das Element des Spieles, so etwa die Staccato-Viertel der beiden Damen bei der Bitte, jeden Tag zu schreiben. Wer lacht hier wen aus? Die Herren die Damen, oder alle Beteiligten uns, oder wir alle Beteiligten? Im Terzettino ïn E-Dur, ›Soave sia il vento‹ (Nr. 10), auch dichterisch ein Meisterstück, wie manch andere Nummer dieser Oper, stimmt selbst Don Alfonso in den Wunsch einer glücklichen Seereise ein, den die sordinierten Streicher in ihren Sechzehnteln uns so nahelegen, als fände diese Seereise – auf einem leicht gewellten Meer – wirklich statt. Hier scheint nichts anzudeuten, daß er fingiere, er scheint unwillkürlich Teilnehmer des Spieles geworden zu sein, und schließlich werden es alle, einschließlich Mozart selbst, der tief in die Fiktion gleitet, mitgerissen von ihrem trügerischen Zauber. Die Musik ›nimmt an der Täuschung nicht teil, realisiert aber auch nicht nur die äußere Situation und Abschiedswehmut. Mozarts Musik macht vielmehr deutlich, daß in diesem Abschied, dessen Epilog das Terzettino ist, ohne daß es den handelnden Personen bewußt ist, Unwiederbring-

liches verabschiedet wird‹.[78] Später dann erscheint die Parenthese
aufgelöst, selbst instrumental, die Suggestion schwindet: Die Introduktion des Duetts ›Secondate aurete amiche‹ (Nr. 21) erscheint
uns wie ein Andante früherer Bläserserenaden, auch enthält es in
seinem Es-Dur schon Zauberflöten-Töne. Immer will der böse Spaß
in Ernst umschlagen, dieses ›Beinahe‹ zieht sich durch die gesamte
Oper, vor allem durch die vielen Ensembles, aus denen manchmal
die dramatische Akzentuierung der Arien fast aufschreckt; als
Einzelnummern stehen sie nicht selten im Gegensatz zu jenem flie-
ßenden Element der Wehmut über eine Welt, in der zwar Niedertracht herrschen mag, die wir aber auch im Gewand der Schönheit
noch zu genießen vermögen. In ihr bezieht Mozart Don Alfonsos
Position, indem er dem Realismus und der vermeintlichen Realität
seine Stimme gibt; er steckt in Fiordiligi, die das erbarmungswür-
dige Opfer wird; in Despina, die das beste aus dieser Welt macht;
letztlich steckt er in jedem subjektiv erlebten Moment, selbst wenn
er im Vollzug des ganz und gar Gemeinen besteht: Ihn aber drückt
die Musik nicht aus. Denn diese Musik wird hier, wie oft, als
solche zum Betrug: zur Darstellung des ›Schönen‹ als Vortäuschung des ›Guten‹, und damit zum Vorboten des Nicht-mehr-
Heilen – das ist die bittere Lehre, die wir zu ziehen haben.
Mozart hat diese Arbeit genossen, vielleicht diente sie ihm als
Flucht aus der Misere, die zu dieser Zeit bedrohliche Dimensionen
annahm, eine Flucht in Kunst und Künstlichkeit, zu seinen Gestalten, seinen Puppen. Er wollte auch andere an diesem Spiel teilha-
ben lassen: Daher vielleicht hat er Freunde zu Proben eingeladen,
Ähnliches ist bei keiner anderen Oper belegt.

BEDENKEN WIR NOCHMALS, daß Musik ihre eigene Logik niederlegt,
eben die Logik des ›Musikalischen‹ im Kierkegaardschen Sinn.
Doch hat die Oper nicht nur ihre spezielle Logik, sondern enthält
– in Erfüllung eines außermusikalischen Willens – ihre eigene, vom
Text losgelöste Moral. Darüber hätte Beethoven manches zu sagen
gehabt, hat es im ›Fidelio‹ ja auch gesagt. Doch das meinen wir
nicht: nicht den untransponierten Ausdruck einer ethischen Ein-

---

78 Stefan Kunze: ›Über das Verhältnis von musikalisch autonomer Struktur und
Textbau in Mozarts Opern. Das Terzettino »Soave sia il vento« (Nr. 10) aus »Così
fan tutte«‹. In: Mozart-Jahrbuch 1973/74, S. 270.

stellung, nicht das sittliche Manifest; die in der Oper enthaltene moralische Komponente – so könnten wir folgern – besteht darin, daß die Musik das Verhältnis der Distanz zu ihrem Gegenstand wiedergibt, festlegt und sich in dieser Wiedergabe unserer Wertung aussetzt. Hier, in der Tat, gibt uns ›Così‹ größere Rätsel auf als alle anderen Opern Mozarts. Und wenn ihre Musik auch die diabolischen Einfälle ihrer Träger gutzuheißen scheint und mit Juwelen besetzt, so haben wir eben aus ihr herauszulesen, daß Mozart sich selbst als diabolus ex machina gesehen wissen möchte, der uns Betrug als Schönheit beschert und aus seiner Ewigkeit heraus unsere Reaktion beobachtet.

›Così FAN TUTTE‹ hatte in Wien einen einigermaßen zufriedenstellenden Erfolg. Von Mozart selbst wissen wir nichts darüber. Er trug das Werk in das ›Verzeichnüß‹ seiner Werke ein, mit den ersten vier Takten der Ouvertüre, und damit war die Angelegenheit für ihn erledigt, zumindest soweit wir aus seiner Selbstdokumentation ersehen können.

Die Reihe der Bitt- und Bettel-Briefe an Puchberg riß dadurch noch längst nicht ab, hin und wieder steigerten sie sich zur peinlichen Selbsterniedrigung, so wenn er am 8. April 1790 schrieb: ›Sie haben recht, liebster freund, wenn Sie mich keiner antwort würdigen! – meine zudringlichkeit ist zu gros . . .‹ In demselben Brief aber erbittet er dennoch Geld, um ihn aus einer ›augenblicklichen Verlegenheit‹ zu ›reissen‹. Es wurde ein langer Augenblick, er währte bis zu seinem Tod.

IN DIESEN LETZTEN BEIDEN JAHREN seines Lebens schmilzt die Liste seiner Freunde nicht nur zusammen, sie verlagert sich zum Kleinlichen, ja, zum Schäbigen hin. Die Mäzene sind lang schon ausgeschieden – womit nicht gesagt sei, daß Schäbigkeit nicht auch unter ihnen vertreten gewesen wäre –, Logenbrüder repräsentieren die bieder-respektable Sphäre, die ›Bühnenkünstler‹ herrschen vor, dominierend unter ihnen Schikaneder, der Theaterdirektor. Weiterhin sind als Freunde feststellbar zwei Mitglieder seines Ensembles, der Bassist Franz Xaver Gerl, der erste Sarastro, und der Tenorist Benedikt Schack, der erste Tamino. Ferner Franz Hofer, der Mann seiner Schwägerin Josepha, der ersten Königin der

Nacht, ein ziemlich glückloser Violinist, der ihn auf seiner Reise nach Frankfurt, seiner letzten, begleitet und die Reise durch seine Gegenwart noch glückloser macht. Und natürlich Süßmayr, der letzte Schüler und Adlatus, unentbehrlich schon als Zielscheibe der letzten Spöttereien und verzweifelten Sarkasmen. Die großbürgerlichen Freunde haben sich abgewandt, der Adel erst recht, doch ist es nicht ausgeschlossen, daß viele seiner Mitglieder im Felde waren: Von 1788 bis 1790 fand der letzte – der sogenannte ›kleine‹ – Türkenkrieg statt, ein Nachzügler, der zwar nicht mehr ›tobte‹ oder ›wütete‹, doch immerhin den Einsatz einiger Wiener Adliger gefordert haben mag. Der Kaiser selbst verbrachte 1789 neun Monate im Hauptquartier und kam zwar nicht verwundet, doch todkrank zurück. Gewiß jedoch brachte dieser Krieg Sparmaßnahmen mit sich, die vor allem das Theater- und Musikleben Wiens berührten. Auch hier also wäre Mozart eines der ersten Opfer gewesen, der Benachteiligte, wie er es letztlich in Wien immer gewesen war: Schon zu seiner Glanzzeit, 1785, hatte er für Aufführungen seiner Werke bei Hof die Hälfte dessen erhalten, was Salieri erhielt.

Freilich lebten auch einige der früheren Gönner nicht mehr. Nur van Swieten scheint in seinem von je begrenzten Maß treu geblieben zu sein, doch von dieser Art Treue konnte sich Mozart nichts kaufen. Jacquin scheint entschwunden, die schönen Nächte in diesem Haus liegen nunmehr tief in der Vergangenheit. Baron Wetzlar wird spät noch einmal erwähnt, er lädt Mozart zum Mittagessen ein; der Name Lichnowsky erscheint nicht mehr – erst wieder bei Beethoven –, der verehrte Freund Haydn ist in England, feiert Triumphe und nimmt die Ehrendoktorwürde in Oxford in Empfang. Ihn hat Mozart vielleicht am meisten vermißt.

ÜBER DER FREUNDSCHAFT ZWISCHEN HAYDN UND MOZART liegt der Schleier mythenbildender Idealisierung, hinter dem wir die Fakten der tatsächlichen Beziehung schwerlich noch erkennen. Wie das Verhältnis Goethe zu Schiller, hat sie die Kulturgeschichte bereichert und ausgeziert. Doch haben wir auch unumstößliche Anhaltspunkte: In der Tat dürfte Mozart keinen Zeitgenossen, und schon gewiß keine Gestalt der Vergangenheit, so verehrt haben wie Haydn, und es ist auffallend, daß die menschliche Beziehung, wie eng sie auch gewesen sein mag, einer künstlerischen Verehrung entsprang. So hat Mozart ihm denn auch sechs seiner bedeutenden Quartette (K. 387, 417b, 421b, 458, 464, 465) mit einer stilisiert ehrfürchtigen Widmung gleichsam dargebracht, hat aber auch sehr dezidiert den Respekt und die Anerkennung des Empfängers gefordert. Denn diese Werke seien die ›Frucht einer langen und mühsamen Arbeit‹ (›il frutto di una lunga e laboriosa fatica‹). Ähnliches hat Mozart über keines seiner anderen Werke gesagt. Die Mühsamkeit hört man ihnen wahrlich nicht an, doch stellt man in den Partituren die Intensität und die gewaltige Konzentration des Arbeitsprozesses fest. Nirgends hat Mozart so viele Korrekturen angebracht, sie stehen verstreut über ausgestrichenen Tempi und dynamischen Zeichen, noch auf den Druckplatten hat er korrigiert, also spiegelbildlich; eine zusätzliche ›fatica‹. Er wollte eben von dem bewunderten Mann bewundert werden, und wir registrieren mit Genugtuung, daß er befriedigt wurde. Leopold Mozart, der seinen Sohn 1785 in Wien besuchte, teilte seiner Tochter, diesmal mit unverhohlenem Stolz, jene berühmte Äußerung mit, die Haydn ihm gegenüber bei einem Kammermusikabend im Hause Mozart gemacht hat (Brief vom 16. Februar 1785):

ich sage ihnen vor gott, als ein ehrlicher Mann, ihr Sohn ist der größte Componist, den ich von Person und den Nahmen nach kenne: er hat geschmack, und über das die größte Compositionswissenschaft.

Eine schöne Bemerkung, innerhalb des etwas beschränkten Artikulationsvermögens Haydns, und es spricht für seine Generosität und Güte, daß er nicht hinzufügte: ›Aber wissen Sie: ohne mich und meine Quartette hätte der Herr Sohn so etwas niemals fertiggebracht‹, womit er sachlich recht gehabt hätte.

Es wurden an diesem Abend die letzten drei der sechs Haydn gewidmeten Quartette gespielt, darunter das erst kurz zuvor (14. Januar 1785) beendete in C-Dur (K. 465), dem man, der kühnen Harmonik seiner Adagio-Introduktion wegen, den törichten Namen ›Dissonanzen-Quartett‹ gegeben hat. Diese ersten 22 Takte haben noch eine ganze Generation von Interpreten und Hörern bestürzt und erzürnt, bevor man ihre innere Logik erkannte. Bei jener Soiree jedenfalls scheint sich keiner an ihnen gestoßen zu haben, das heißt, was sich die beiden anderen Gäste, zwei Logenbrüder, die Freiherren von Tinti, dabei gedacht haben, ist nicht bekannt; Leopold fand die Quartette ›vortrefflich componiert‹ – es möge Leopold Mozart zu ewiger Ehre gereichen, daß er der erste Kenner und der erste Bewunderer des Komponisten Wolfgang Amadé Mozart gewesen ist –, und dem großen Inspirator Haydn waren ja Kühnheiten nicht fremd.

Weitere Treffen zwischen Haydn und Mozart fanden in der Wohnung der Geschwister Stephen und Nancy Storace statt, wo ebenfalls musiziert wurde. Haydn spielte die erste Violine, Dittersdorf die zweite, Mozart Viola und der Komponist Vanhal Cello. Rechnen wir den Gastgeber Stephen Storace dazu, so waren hier fünf ›Berufskomponisten‹ vereint, in nicht-rivalisierendem Zusammenspiel. Michael Kelly, der unter den Gästen war, hat berichtet, die vier hätten akzeptabel, doch keineswegs außerordentlich gespielt: ein moderiertes, dafür um so glaubwürdigeres Urteil. Wir wären dennoch gern zugegen gewesen.

Andere Zusammentreffen der beiden Großen sind nicht belegt, außer dem Abschiedsessen am Vorabend der Reise Haydns nach England, am 14. Dezember 1790. Von dieser Reise soll Mozart Haydn dringend abgeraten haben: Er, Haydn, sei für ein solches Unternehmen zu alt – Haydn war damals achtundfünfzig –, auch spreche er kein Englisch. Da nicht anzunehmen ist, daß Haydn den jüngeren Freund wegen der Reise um Rat gefragt hat, suchen wir dahinter nach Mozarts Motiven; gewiß lag ihm ein unbewußter Akt der Identifikation zugrunde: Gern wäre er selbst nach London gegangen, und gern hätte er seinen Verzicht auch dem Freund aufgezwungen, dessen Gegenwart er überdies schwer vermissen würde. Kein Zweifel: Mozart hat Haydn geliebt, auch hat er ihn anfangs für den Überlegenen gehalten, später in ihm den Ebenbürtigen erkannt, den einzigen. Die fatale Bezeichnung ›Papa Haydn‹ stammt leider von ihm, und wir können nur hoffen, daß er sie bedauert hätte, wäre ihm klar geworden, was er damit angerichtet hat; in ihr rächt sich der ›Papa‹ an dem ›ewigen Kind‹.

HAYDN, dem Kleinlichkeit fremd war, der niemanden beneidete und niemanden beneiden mußte, war nicht nur, nach Händel und Gluck, der dritte bedeutende Musiker, der seinen Ruhm als solchen bewußt erleben durfte, sondern auch einer, der ihn mit

Gleichmut und Fassung zu tragen verstand. So hat auch er seinerseits bald Mozarts Überlegenheit in seiner Universalität erkannt
und aus dieser Erkenntnis kein Geheimnis gemacht. Seinem Londoner Verleger Francis Broderip sagte er nach Mozarts Tod:
›Freunde haben mir oft geschmeichelt, daß ich Genie habe. Aber
er‹ (Mozart) ›war mir überlegen.‹ Auch hat er sich aktiv, wenn
auch vergebens, für Mozart einzusetzen versucht. Es existiert der
Wortlaut eines Briefes vom Dezember 1787 des damals Fünf-
undfünfzigjährigen an einen Herrn Franz Rott (oder Roth), Pro-
vinzialoberverwalter – nach anderen Quellen Oberverpflegs-
verwalter, vielleicht ist es in der österreichischen Beamtensprache
dasselbe? – in Prag, Musikfreund und Mäzen, der es sich leisten
konnte, bei Haydn eine Oper zu bestellen.

Sie verlangen eine Opera buffa von mir; recht herzlich gern,
wenn Sie Lust haben von meiner Singkomposition etwas für
sich allein zu besitzen. Aber um sie auf dem Theater zu Prag
aufzuführen, kann ich Ihnen dießfalls nicht dienen, weil alle
meine Opern zu viel auf unser Personale (zu Esterhaz in Ungarn) gebunden sind, und außerdem nie die Wirkung hervor-
bringen würden, die ich nach der Lokalität berechnet habe.
Ganz was anders wär es, wenn ich das unschätzbare Glück hätte
ein ganz neues Buch für das dasige Theater zu komponieren.
Aber auch da hätte ich noch viel zu wagen, in dem der grosse
Mozart schwerlich jemanden andern zur Seite haben kann.
Denn könnt, ich jedem Musikfreunde besonders aber den Großen die unnachahmlichen Arbeiten Mozarts, so tief und mit
einem solchen musikalischen Verstande, mit einer so großen
Empfindung in die Seele prägen, als ich sie begreife und empfin-
de: so würden die Nationen wetteifern ein solches Kleinod in
ihren Ringmauern zu besitzen. Prag soll den theuren Mann fest
halten – aber auch belohnen; denn ohne diese ist die Geschichte
großer Genien traurig, und giebt der Nachwelt wenig Aufmun-
terung zum fernern Bestreben; weßwegen leider! so viel hoff-
nungsvolle Geister darnieder liegen. Mich zürnet es, daß dieser
einzige Mozart noch nicht bey einem kaiserlichen oder königli-
chen Hofe engagiert ist. Verzeihen Sie, wenn ich aus dem
Geleise komme: ich habe den Mann zu lieb.

Ich bin etc. Joseph Hayden.

Dieser Brief erscheint uns beinah zu schön und didaktisch zu richtig zu sein, als daß er echt wäre. Leider ist er im Original nicht erhalten. Wir bezweifeln seine Authentizität nicht gern und hoffentlich zu unrecht. Es handelt sich um Stoff, den man leicht und gern erfindet, wie ja so vieles Glorifizierende. Nur eben: Wer sind jene, die sich solche Glorifizierung zur Aufgabe oder zum Vergnügen machen? Entscheiden wir uns also getrost für die Echtheit! Schließlich hat keiner aus dem Zitat Gewinn gezogen. Nissen zitiert den Wortlaut als erster nach Niemtschek. Niemtschek war Gymnasialprofessor, es ist daher anzunehmen, daß er die Orthographie – wahrlich nicht Haydns Stärke – korrigiert hat. Jedenfalls hätten wir hier den Brief eines großen Mannes, so groß, daß er sich mit Leidenschaft und Überzeugung für die Größe eines anderen großen Mannes einsetzte. Hier denn offenbart sich nichts von der ›alltäglichen Sinnesart‹, die Karoline Pichler an ihm auszusetzen hatte. Gewiß war er der Worte weniger mächtig als Mozart, er war kein Rhapsode, überhaupt kein Briefschreiber wie jener, sein Ausdruck war meist unbeholfen und trocken, seine Herztöne sind selten und beinah verschämt. Am 30. Mai 1790 schrieb er aus Esterhaz an Frau von Genzinger, eine Freundin:

... es wird auch diese Zeit vorüber gehen, und jene wider komen, in welcher ich das unschäzbare Vergnügen haben werde, neben Euer Gnaden am Clavier zu sitzen, Mozarts Meister Stücke spillen zu hören, und für So viel schöne Sachen die Hände zu küssen ...

Welcher Art diese vielen schönen Sachen – außer denen Mozarts – waren, wissen wir nicht. Doch sollte man wohl annehmen, daß auch einiges von Haydn selbst darunter war. Wahrscheinlich hat Frau von Genzinger sie wesentlich besser gespielt als er selbst.

Als Haydn wieder neben Frau von Genzinger am Klavier saß, also ›auch diese Zeit vorüber‹ war, und er mit ihr ›Mozarts Meister Stücke‹ spielte, war der Meister tot. Während Haydn in London Triumphe feierte und sich feiern lassen durfte, bewältigte Mozart ungefeiert – wenn auch nicht, wie die Legende es hartnäckig will, im Elend – das phänomenale Pensum seines letzten Jahres: Neben der Pflichtlieferung für den Hof erfüllte er große und kleine Aufträge für Gelegenheits- und Gefälligkeits-Werke, für zwei

Opern, deren erste ein Mißerfolg wurde, deren zweite ihm nichts mehr einbrachte, und schrieb seine letzten beiden Konzerte: das Klarinettenkonzert in A-Dur (K. 622) für seinen Freund Stadler und für sich selbst das Klavierkonzert in B-Dur (K. 595), dem das Element eines verklärten Abgesanges zugeschrieben wird. Vielleicht ist es das, vielleicht nicht: Wir wollen uns der verbalen Deutung auch der größten Meisterwerke, deren eines dieses Konzert ist, bis zum Ende enthalten.

Es war Mozart nicht mehr beschieden, dieses Konzert im Glanz seiner frühen Wiener Jahre, im Rahmen einer eigenen Akademie, vorzutragen: Er war zur Programmnummer abgesunken. In der Ankündigung für die Uraufführung zeigt sich uns, wer Mozart inzwischen geworden war:

Nachricht

Herr B ä h r, wirklicher Kammermusikus
bey Sr. russischen kaiserl. Majestät wird
künftigen Freytag den 4. März die Ehre
haben, im Saale bey Herrn Jahn sich
in einer großen musikalischen Akademie
zu verschiedenenmalen auf der Clarinette
hören zu lassen; wobei Madame Lange
singen, und Herr Kapellmeister Mozart ein
Konzert auf dem Forte piano spielen wird.
Diejenigen, so sich noch zu abbonieren Belieben tragen, können täglich bey Herrn
Jahn mit Billeten bedienet werden.
Der Anfang ist um 7 Uhr abends.

Herr Jahn war ein Restaurateur, dessen Lokal unmittelbar in der Nähe der letzten Wohnung Mozarts lag, er brauchte nur um die Ecke zu gehen, um hier am 4. März 1791 sein letztes Auftreten als Solist zu erledigen, überschattet von den Künsten des Herrn Bähr (Josef Beer). Sein letztes öffentliches Auftreten überhaupt war als Dirigent der ersten beiden Aufführungen der ›Zauberflöte‹ am 30. September und am 1. Oktober 1791, doch das war in der Vorstadt und wurde nicht als erstrangiges Ereignis der Kaiserstadt registriert; zu solcher Anerkennung kam es erst nach Mozarts Tod. Ob er am 6. September in Prag die Erstaufführung des ›Tito‹ selbst dirigiert hat, ist nicht gewiß, doch wahrscheinlich. Und so ist es auch wahrscheinlich, daß sich ihm, der da mit dem Rücken zu seinem mißbilligenden herrschaftlichen Publikum stand, sein Fiasko steigend und quälend mitteilte, von dem er sich den Rest seines auslaufenden Lebens nicht mehr erholt hat. Daß der ›Tito‹ ›den gewünschten Erfolg nicht fand‹, hat jedoch weniger mit unseren heutigen Einwänden gegen diese Oper zu tun als mit den damaligen Umständen und den hartnäckigen Vorbehalten gegen die Person des Komponisten.

›LA CLEMENZA DI TITO‹ (K. 621) war gewissermaßen schon zu ihrer Entstehungszeit ein Relikt. Daß diese Oper am Ende des achtzehnten und am Anfang des neunzehnten Jahrhunderts populär wurde, verdankt sie dem Geschmack der klassizistischen Epoche an ethisch-heroischer Allegorie. Zur Zeit der Aufführung war das Libretto von Metastasio immerhin schon sechzig Jahre alt und bereits von zwanzig Komponisten vertont worden, unter anderem von Gluck. Der ›sächsische Hofpoet‹ Caterino Mazzolà hat es zwar gestrafft und das Personenregister reduziert, aber der Fabel hatte er treu zu bleiben und damit auch dem unwandelbaren Schema der Opera seria: Erweiterung und Umrankung antiker, meist römischer, Geschichte durch Fiktionen, die den – angeblich historisch belegten – Edelmut einer Herrscherfigur als solchen in sein privates, gleichsam inoffizielles Leben übertragen. Ein symbolischer Akt devoter Darbringung, meist zu Krönungen, offiziellen Besuchen und anderen Ehrungen der Herrscher und Fürsten angebracht, eine Verbeugung dem jeweils zu Ehrenden gegenüber, der als Sagengestalt, als personifizierte Milde und Weisheit, von der Bühne herab seine Superiorität gegenüber den Beherrschten zu demonstrieren hatte. Wenn wir heute diese gestelzten Strophen der Seria lesen, wird uns klar, welcherlei Umwälzung die Opera buffa darstellen mußte, in der plötzlich ein Mann wie Figaro das große Wort in Umgangssprache führte. In der Tat ist dieser Edelmut im ›Tito‹, auf Kosten jeglicher psychologischer Wahrscheinlichkeit, besonders penetrant, da der Held selbst mehrfach nachdrücklich darauf hinweist. Eine dieser Hinweis-Arien hat

Mozart denn auch kurzerhand gestrichen, ihm wurde da der Tugend wohl zuviel getan. Zudem muß auch ihm klar gewesen sein, daß die Zeit der Opera seria vorbei war. Vieles weist also darauf hin, daß er, nach ›Figaro‹ und ›Don Giovanni‹, mit einem solchen Stoff nicht mehr viel anzufangen wußte. Der Eintragung in sein Werkregister, daß Herr Mazzolà das Libretto ›zu einer wirklichen Oper umgearbeitet‹ habe – ›ridotta à vera opera dal Sig:^{re} Mazzolà‹ –, meinte man zu entnehmen, daß er damit zufrieden gewesen sei. Das halten wir für höchst unwahrscheinlich, es muß etwas anderes bedeutet haben. Wahrscheinlicher ist, daß Mozart es, wie vorher Hunderte anderer, verworfen hätte, hätte er es sich leisten können.

Er konnte es sich nicht leisten. Der Auftrag bedeutete zwar die Unterbrechung an zwei großen Arbeiten, der ›Zauberflöte‹ und dem ›Requiem‹ – es hätte ihm relativ gleichgültig sein können, daß der böhmische Adel zur Krönung des Kaisers Leopold II. zum böhmischen König in Prag, im September 1791, eine Opera seria brauchte –, aber er brauchte die Ehre und vor allem das Geld. Das Geld erhielt er, die Ehre wurde ihm nicht zuteil. ›Una porcheria tedesca‹ – ›eine deutsche Schweinerei‹ – war das Urteil der Kaiserin und neugekrönten Königin von Böhmen, der Spanierin Maria Louisa. Offensichtlich waren Majestät eine strenge und lapidare Richterin.

VERGEBLICH SUCHEN WIR in der gesamten Rezeptionsgeschichte der Musik nach einem einzigen treffenden Urteil auch nur eines jener Fürsten, dem ein Kunstwerk dediziert wurde, oder der, als Mäzen oder auch nur Empfänger oder Nutznießer, seiner Aufführung beiwohnte. Wir finden nichts, keinen wahren Satz, geschweige denn einen Treffer, noch nicht einmal das Bonmot. Dabei haben sie sich stets das letzte Wort angemaßt, so als fielen auch die Künste in ihren Herrscherbereich. ›Reichlich viele Noten!‹ soll der Kaiser nach der Aufführung der ›Entführung‹ zu Mozart gesagt haben. Worauf Mozart erwidert habe: ›Genau so Viel wie nötig sind, Majestät!‹ Doch diese Replik dürfen wir getrost in den Bereich der Anekdote verweisen.

Jedenfalls artikulierte sich in dem harten Spruch der anscheinend nicht sehr deutschfreundlichen Kaiserin die allgemeine Bewertung des Werkes. Wahrscheinlich bezog sie sich weniger auf seine künstlerische Qualität als eben auf die Person des Schöpfers, der bei den hohen Herren nicht mehr persona grata war, sondern bereits als Mann von zweifelhafter Respektabilität galt, vielleicht sogar als ein potentieller Aufrührer, jedenfalls nicht mehr als der rechte Hofcompositeur, als welcher er ja hier auch nicht in Erscheinung getreten war: Nicht er selbst hatte den Auftrag erhalten, sondern der Prager Impresario Guardasoni, der ihn Mozart zuschanzte, weil er sich der populären Erfolge des ›Figaro‹ und des ›Don Giovanni‹ entsann und dabei die Verschiedenartigkeit dieser Aufgabe aus dem Auge verloren haben mag. Popularität war hier nicht das Gewünschte, sondern seriöse Würde.

DIE ENTSTEHUNGSGESCHICHTE DES ›TITO‹ hat zwei Versionen. Die erste, die legendenbildende, will, daß Mozart die Partitur in achtzehn Tagen geschrieben habe, da ihm mehr Zeit zwischen Auftrag und Aufführung nicht zur Verfügung stand. Und wie alle zur Legende erstarrte Chronik wird sie von der neueren Forschung angefochten, die ins entgegengesetzte Extrem verfällt und behauptet, Mozart habe während einiger Jahre die Arbeit mehrmals immer wieder aufgenommen. In der Tat hat er vier Jahre zuvor (4. November 1787), nach dem Erfolg des ›Don Giovanni‹, an seinen Freund Gottfried von Jacquin geschrieben:

> Man wendet hier alles mögliche an um mich zu bereden, ein paar Monathe noch hier zu bleiben, und noch eine Oper zu schreiben, – ich kann aber diesen antrag, so schmeichelhaft er immer ist, nicht annehmen.

Diese Briefpassage ist einigermaßen rätselhaft. Wir können sie nicht deuten. Mozart liebte Prag, dort feierte er seine größten Erfolge, nirgends fühlte er sich so wohl wie unter seinen Prager Freunden. Das Komponieren von Opern zog er allem anderen vor. In Wien hatte er nichts zu versäumen. Wie wir ihn kennen, hätte er die paar Schüler, die er noch gehabt haben mag, gern und kaltblütig einer willkommeneren Aktivität geopfert. Außer ihnen hätte ihn in Wien wahrscheinlich niemand vermißt. Warum also konnte er den Auftrag nicht annehmen? Eine Möglichkeit wäre, daß der Plan, nach London zu gehen, nochmals Gestalt angenommen hätte. Doch dann wäre der Wortlaut dieser Briefpassage wohl nicht so wehmütig gewesen. Die verbalen Äußerungen Mozarts sind immer dort höchst geheimnisvoll, wo er sich versagt, wo er schreibt: ›Ich kann nicht . . .‹ Denn er hat, soweit wir wissen, niemals geschrieben, warum nicht, es sei denn, der Absagebrief an da Ponte sei echt.

Was, zum Beispiel, mag er dem Londoner Opernunternehmer O'Reilly geantwortet haben, der ihn am 26. Oktober 1790 nach London einlud, damit er dort für 300 Pfund Sterling zwei Opern schreibe? Was hielt ihn, für den England das Traumland gewesen war, noch in Wien, das sich ihm verschloß, das seine Gesuche ablehnte, das ihn hinhielt, als warte es auf seinen Tod? Waren es etwa wirklich ›düstere Ahnungen‹? Denn ›der geheimnisvolle Zauber‹ kann es ja wohl nicht gewesen sein. Oder hat er vielleicht den Brief mit dem Angebot gar nicht zu Gesicht bekommen? Haben Neider ihn vernichtet, hat Constanze ihn verheimlicht? Wir wissen es nicht.

Doch ist es unwahrscheinlich, daß der damalige Prager Antrag sich schon auf ›La Clemenza di Tito‹ bezog. Denn, wie gesagt, dieses Textbuch hätte er, an Protagonisten wie Don Giovanni und Figaro gewöhnt, in die Ecke geschmissen. Wir neigen also weitaus mehr zu der Legendenversion, wobei wir nicht auf den achtzehn Tagen bestehen, wenn es wohl auch nicht viel mehr waren. Und viel mehr brauchte er auch nicht. Die Secco-Rezitative wurden Süßmayr aufgegeben, ihn nahm er nach Prag mit. Die Accompagnati behielt er sich selbst vor, wir entnehmen es nicht nur ihrer Qualität, sondern auch dem Autograph der Partitur. Sie enthält die obligaten Wischflecken und Kleckse, aber die Hand, die über die Seiten huscht, ist die seine, beherrscht, ruhig, leicht: keinesfalls die eines kranken Mannes, wie ihn die Biographie, gestützt auf zweifelhafte und vage Quellen und im Hinblick auf den Tod drei Monate später, es sich wünscht und uns erfolgreich suggeriert hat.

Auch entnimmt man der Handschrift nirgends Eile. Seltsamerweise wirkt ja Mozarts Duktus niemals hastig, auch dort nicht, wo wir den Daten und Fakten entnehmen, daß er in Zeitnot war, selbst die Balken seiner Zweiunddreißigstel geraten niemals aus dem Geleis. Das Rondo des d-Moll-Klavierkonzertes (K. 466, 10. Februar 1785), in höchster Eile geschrieben, so daß er es ›noch nicht einmahl durchzuspielen Zeit hatte, weil er die Copiatur übersehen mußte‹ (Leopold Mozart an seine Tochter, 16. Februar 1785), ist ein kalligraphisches Meisterwerk (und, wahrhaftig, nicht nur ein solches!). Die Handschrift des c-Moll-Konzertes (K. 491) ist nur dort flüchtig, wo der Pianist Mozart sich die Möglichkeit der Improvisation offenhalten wollte. Zwei Autographen allerdings sind uns verlorengegangen, derer wir zur Bestätigung bedurft hätten: die bereits erwähnte Nacht-musique für Bläser (K. 384a), die, in ihren acht Stimmen, innerhalb zweier Tage geschrieben werden mußte, und die C-Dur-Sinfonie (K. 425, ›Linzer‹), die Mozart ›über hals und kopf‹ schrieb: Da er auf der Rückreise von seinem Besuch in Salzburg nach Wien Ende Oktober 1783 ›beym alten Grafen Thun‹ in Linz ein Konzert geben sollte, aber nichts bei sich hatte, schrieb und probte er innerhalb dreier Tage diese Sinfonie. Wie auch immer die Manuskripte ausgesehen haben mögen: die Werke tragen nicht den Charakter der Gelegenheits-, geschweige denn der Verlegenheits-Komposition.

WIR WOLLEN DEN STELLENWERT DES ›TITO‹ NICHT SCHMÄLERN, doch verfallen wir alle unfehlbar in ein apologetisches Vokabular, wenn wir feststellen, daß diese oder jene Nummer der Oper die Qualität von ›Così‹ erreiche oder schon die ›Zauberflöte‹ vorwegnehme, d. h. wir kalkulieren bereits ein Argument des potentiellen Widersprechenden ein.[79] Wenn wir aber den allerhöchsten Maßstab der dramatischen Musik Mozarts anlegen, also den der drei da-Ponte-Opern, so trifft diese höchste Wertung, genau genommen, nur auf wenige Nummern zu: Die tiefe Befriedigung eines durch Musik vermittelten dramatischen Geschehens wird uns selten zuteil. Die Arien fallen meist in den neapolitanischen Stil der frühen Opern zurück, wenn sie freilich auch kürzer sind und keine Ritornelle enthalten. Ihnen jedenfalls ist der Zeitdruck anscheinend zugute gekommen. So dankbar wir also für das Fehlen der langen Koloraturen sind, so sind doch die Wiederholungen einzelner thematisch

---

79 Für Ernst Bloch sind ›Tito‹ und ›Idomeneo‹ beide ›keine adäquaten Mozart-opern, und das Elysium dieses Genius liegt statt in Apotheosen in der Gartenmusik des »Figaro«, aber auch die »Zauberflöte« . . . endet in dem Triumphton, Triumph-land, dem die Barockoper verschworen war‹. Ernst Bloch: ›Das Prinzip Hoffnung‹, Frankfurt 1959, S. 971. Die negative Apotheose des ›Don Giovanni‹ fügt sich natürlich dem Prinzip Hoffnung nicht.

nicht gebundener Wortsequenzen ein wenig schwer genießbar. Aber das machte Mozart offensichtlich nicht zu schaffen: Hier zeigt sich zum letzten Mal eine früh erworbene und nicht völlig glückliche Routine, eine Sache der ›linken Hand‹.

Am glücklichsten war Mozart, ebenfalls wie in den frühen Opere serie, bezeichnenderweise in den Accompagnati. Hier wieder haben wir erregendes Seelendrama, oder vielmehr: Hier erst gewinnen die Figurinen eine eigene Seele, die sich über die Worte hinaus artikulieren darf, ohne Bindung an die Fabel und unabhängig von ihrer dürftigen Handlung. Natürlich können wir bei der Oper die Musik nicht vom Thema trennen, das sie auszudrücken hat – so gern wir es auch oft täten! –, nur eben ist hier das Auszudrückende so völlig abstrus, die individuellen Handlungsmotive entbehren so sehr jeglicher Schlüssigkeit, daß man, verglichen mit dem ›Tito‹, sogar die ›Zauberflöte‹ noch ein psychologisches Drama nennen möchte. Wir müßten, um der Musik bis ins letzte gerecht zu werden, den Text ernst nehmen, was Mozart, notgedrungen, zu tun hatte, uns aber nicht gegeben ist. Gewiß, Mozart war mit derlei Thematik und der entsprechenden Problematik der Artikulation vertraut, Hasses ›Clemenza di Tito‹ hatte er überdies schon 1770 in Cremona gehört, er wußte, wie dem Stoff beizukommen sei. Wie er denn den statischen Tableau-Charakter dieser Szenen, die hohle Rhetorik dieser Puppen entfacht, das Eingefrorene aufgetaut, belebt und ihm den erfrischenden Atem der Buffa eingehaucht hat – von dem er nach den da-Ponte-Opern nicht mehr loskam –, ist genial, ist die optimale Lösung; dennoch werden wir dieser Töne nicht recht froh, da ihnen letztlich jener Deutungscharakter fehlen muß, durch den seine Geschöpfe ihren Wert und ihre Präsenz gewinnen. Uns erscheinen die Figuren der ›Clemenza‹ tatsächlich darauf angelegt, die Opera seria ad absurdum zu führen, Nachzügler einer Gattung. Hier sind die Grenzen zwischen dem Erhabenen und dem Lächerlichen beinah verwischt.

Wie zum Beispiel sollte der Komponist die Paraderolle des Sesto sehen, der seinen Busenfreund und Herrscher Tito zwar liebt, aber bereit ist, ihn zu ermorden, weil die von ihm (Sesto) geliebte Vitellia es so will, die aber ihrerseits nicht ihn (Sesto), sondern eben jenen Tito begehrt, dessen Tod sie wünscht, weil er sie nicht liebt? Die Antwort ist: Mozart sah ihn natürlich überhaupt nicht, denn er ist unsichtbar, ein totgeborenes Artefakt, das nur in jeweiligen emotionalen Situationen existiert, ohne Kontinuität. So hat Mozart ihn, der eigentlich den wilden Tieren zum Fraß vorgeworfen gehört, zart und zärtlich interpretiert, einen empfindsamen und allzu ergebenen Verliebten aus ihm gemacht, der seinen Schmerz in üppigem Belcanto artikuliert, sofern ihn nicht seine – wahrhaft berechtigten – Gewissensbisse in leidenschaftliche c-Moll-Evokationen ausbrechen lassen. Doch noch anhand der unwürdigsten Objekte ventiliert er die Skala seiner Labilität, und wenn er im Terzett des zweiten Aktes (Nr. 18) zu singen hat: ›Di sudore mi sento, o Dio, bagnar‹ – ›In Schweiß bin ich, o Gott, gebadet‹ –, so wirkt die schöne Es-Dur-Figur ziemlich inadäquat für ein unwohliges Körpergefühl. Aus mehreren Skizzen geht hervor, daß Mozart diese Rolle einem Tenor zugedacht hatte, aber der Impresario Guardasoni hatte sich in Italien einen erstrangigen Kastraten dafür besorgt, übrigens wohl den letzten der Operngeschichte: Domenico Bedini. Mozart änderte sein Konzept, wahrscheinlich ohne viel Aufhebens – wieder der Pragmatiker des Theaters, der die Dinge so nahm, wie sie sich boten. Vielleicht ist es ihm aber auch, anhand dieses Gelegenheitsauftrages, nicht allzu schwer gefallen, auf Selbstverwirklichung zu verzichten.

BEDINI WAR EINER DER LETZTEN KASTRATEN, und die Oper war wohl die letzte Seria der Musikgeschichte – das allzu späte Ende einer dramatischen Form, die eigentlich eine Totgeburt war, ja, die schon ihrer Anlage nach jeglicher thematischen Wahrscheinlichkeit und dramatischen Vitalität Hohn spricht, denn die Bühnenpräsenz der Figuren gilt wohl dem Planen und dem Reflektieren, nicht aber dem Handeln. Gewiß, Liebe und Tod sind die Themen, doch werden sie durch Sekundärthemen wie Großmut und Verzicht verwässert und ihrer Dramatik beraubt: Niemand zückt den Dolch oder umarmt seinen Partner auf der Bühne, sofern der Regisseur nicht solche Aktionen dazuerfindet. Zwar geht im ›Tito‹ Rom beinah in Flammen auf, aber keine der Bühnengestalten ist davon wirklich bestürzt, und auch die Musik kümmert es wenig; in Es-Dur begleitet sie das, freilich schöne, Gebet des Brandstifters und die Bitte an die Götter, daß dem Freund–Feind Tito nichts zustoßen möge.

Es gilt wohl für alle Disziplinen der Kunst, daß ein Werk, dessen Form schon zur Zeit der Entstehung veraltet war, diese Distanz nicht etwa im Lauf der Jahrhunderte aufholt, sondern, sofern es nicht vergessen wird, als ein ewig Veraltetes dahinvegetiert und die Last der Zeitferne, des Leblosen für immer mit sich trägt. Der ›Tito‹ hat nicht den Impetus und die Frische, daher nicht die ewig aktuelle Brisanz des zehn Jahre zuvor entstandenen ›Idomeneo‹, den auch Mozart selbst niemals übertroffen zu haben meinte: das einzige Beispiel der gesamten Opera seria, das strahlend in unsere Zeit überlebt hat, ja, jetzt erst eine Renaissance erfährt. Vergegenwärtigen wir uns aber, daß die Seria als Gattung heute nur höchstens noch den Wert des Museal-Schönen hat; daß wir sie, da wir in ihren Gestalten nicht uns selbst zu erkennen vermögen, gewissermaßen in Parenthese hören, so bleibt der ›Tito‹ dennoch ein Sonderfall: unaufführbar und aufführenswert zugleich, und immer Gegenstand des Experimentes, eine Musik zu retten, die sich an einem wertlosen Papiermonument aufrankt, ohne es, letzten Endes, gänzlich verdecken zu können.

›Mann und Weib und Weib und Mann reichen an die Gottheit an‹, und ›Ein Weib tut wenig, plaudert viel‹ – diese beiden Zitate, das erste geäußert von zwei sehr ungleichen Partnern, nämlich Pamina und Papageno, das zweite gar von einem Priester im Tempel der Weisheit, geben nur einen geringen Begriff von der Variationsbreite der in der ›Zauberflöte‹ vertretenen Ansichten, nicht zu reden von der Skala der Themen. Näher jedenfalls als in dem einigermaßen rätselhaften Wortlaut des ersten Zitates wird der Gottheitsbegriff, der hier obwaltet, nicht definiert, und doch ist die gesamte Oper davon durchdrungen. Er ist denn auch zum Anlaß unzähliger spekulativer Versuche geworden, Arbeiten, die meist dem Hinweis auf das dem Werk zutiefst innewohnende Ethos dienen. Das zweite Zitat dagegen ist nicht nur schlankweg gelogen, sondern repräsentiert auf besondere Weise die innere Unwahrhaftigkeit, die ganz und gar unreflektierte, ja, törichte Rede des Werkes. Dennoch scheint sich an diesem Mangel an innerer Wahrhaftigkeit, der dunklen Rede flachem Sinn, kaum einer der Exegeten gestoßen zu haben; in diesem Fall an der Weiberfeindschaft, ein auf penetrante Weise immer wiederkehrendes Motiv des Librettos. Dabei war Schikaneder gewiß nicht von ihr befallen, und Mozart auch nicht, vielleicht geht es zu Lasten Gieseckes, des dritten im Bunde.

Trotz des alsbaldigen populären Erfolges der Oper wurden durchaus Einwände gegen diesen Text laut. Das ›Musikalische Wochenblatt‹ in Berlin schrieb noch im Dezember 1791:

> Die neue Maschienen=Komödie: *Die Zauberflöte,* mit Musik von unserm Kapellmeister *Mozard,* die mit großen Kosten und vieler Pracht in den Dekorationen gegeben wird, findet den gehoften Beifall nicht, weil der Inhalt und die Sprache des Stücks gar zu schlecht sind.

Und Graf Zinzendorf trug am 6. November 1791 in sein Tagebuch ein: ›La musique et les Decorations sont jolies, le reste une farce incroyable.‹

Die Behauptung mangelnden Erfolges dürfte wohl unrichtig sein, und das Urteil des Grafen, alles andere als ein differenzierender Kenner, eigentlich sogar ein Banause, war vielleicht durch den für ihn abwegigen und abgelegenen Ort beeinflußt: das Theater auf der Wieden, Schikaneders Theater, dem wohl ein beachtlicher Orchester-Apparat, nicht aber die musikalischen Potenzen des italienischen Opern-Ensembles zur Verfügung standen. Wie mag Mozarts Schwägerin Josepha Hofer, der Wolfgang übrigens wenig zugetan war, die Koloraturen der Königin der Nacht gemeistert haben? Wie die inzwischen siebzehnjährige Nannina Gottlieb die Rolle der Pamina? Hoffen wir wenigstens, daß die Sänger nicht so aussahen, wie die zeitgenössische Illustration sie dargestellt hat!

KEINE ANDERE OPER MOZARTS hat das Wunschdenken der Biographen in solch reichem Maße angeregt wie die ›Zauberflöte‹. Sie gilt denn auch als sein weltlicher Schwanengesang, eine zusammenfassende Apotheose, Rückkehr zur göttlichen Einfachheit. In der Tat wird nirgendwo die außermusikalische Intention Mozarts so betont wie im Fall der ›Zauberflöte‹. Die sentimentalische Mozart-Deutung hat sich nicht damit abfinden können, daß Mozart zwar in seiner Musik den Entwicklungsstufen seines Stils – vielmehr seiner Stile – Markierungen setzt, nicht aber Markierungen seines Lebens ausstreut, an denen seine Weltsicht zu messen wäre. So haben denn jene, die auch in seinem Leben nach einer versöhnlichen Abrundung, einem harmonischen Ausklang suchen, der ›Zauberflöte‹ die Merkmale abgeklärter Weisheit, eben die Qualitäten eines Alterswerkes gewaltsam, aber erfolgreich anzudichten versucht, etwa in der Dualität Tamino–Papageno. Nach Abert ›entspricht dieser Text seinen Opernanschauungen so vollkommen, daß wir auch hier ohne weiteres einen starken Anteil des Komponisten daran voraussetzen dürfen‹.[80] Hier also wieder der Wunsch nach Entsprechung zwischen Leben und Werk, der ja bekanntlich auch zu der Konstruktion geführt hat, Shakespeare stecke im Prospero, dem Protagonisten seines ›Alterswerkes‹ ›The Tempest‹ (obgleich er erst siebenundvierzigjährig war, als er es schrieb). Uns erscheint die Arbeit an der ›Zauberflöte‹ als ein letzter energischer Versuch, sich zu sanieren, und sei es auch durch Konzession an das ›Populare‹. Denn für die Annahme, daß es Mozart schon lange nicht mehr darauf ankam, ›zu gefallen‹, haben wir genügend Beweise; wie sollten wir seinen Vogelfänger anders erklären, als daß dieser sein unbeschwert-fröhliches Wesen gewinnbringend für seinen Schöpfer anwende!

In den Entstehungsprozeß konnte sich die Legende deshalb so mächtig einschleichen, weil gerade hier über die Zusammenarbeit von Textdichter und Komponist, zu vieler Leidwesen, nichts bekannt ist, zumindest nichts Authentisches. Schikaneder soll Mozart mehr als eine Woche lang, natürlich unter Lieferung genügend leiblicher Erfrischung, zu denen, der lockeren Legende nach, auch noch zeitweilig Barbara Gerl – die erste Papagena und Frau des ersten Sarastro – gehört habe, in ein hölzernes Gartenhäuschen gesperrt haben (es wurde später nach Salzburg transportiert, wo es heute noch zu besichtigen ist), damit der Meister nicht Mangel leide und sich zufrieden bei Wein und Weib dem Gesang widme. Die Verbreiter dieser Trivialvariante haben offenbar nicht bedacht, daß sie damit eher Mozarts mangelnden Elan beweisen als seine Lust an dieser Arbeit. Jedenfalls hätte man im Fall der da-Ponte-Opern einer solchen Ausschmückung nicht bedurft, hier brauchte der gewaltige innere Antrieb nicht belebt zu werden.

80 Hermann Abert: Einführung in die Taschenpartitur der ›Zauberflöte‹, London–Zürich–New York, ohne Datum.

DIE BEHAUPTUNG DER BIOGRAPHEN, die Vertonung gerade dieses Werkes sei ihm ein inneres Bedürfnis gewesen, hier, mehr als in allen anderen Opern, habe Mozart den Ausdruck seiner humanitären Ideale verwirklichen können, entbehrt denn auch jeglicher Grundlage in der nachprüfbaren Wirklichkeit. Ebenso, daß er hier die willkommene Gelegenheit ergriffen hätte, endlich die deutsche Oper zu schreiben. Zwar war er früher in manchem Brief an seinen Vater für das ›Teutsche‹ eingetreten, und dieses scheinbare Engagement kulminiert in dem Brief an den Textdichter Anton Klein in Mannheim (21. Mai 1785), in dem er sich über die ›directeurs des theaters‹ beklagte:

> ... wäre nur ein einziger Patriot mit am brette – es sollte ein anderes gesicht bekommen! – doch da würde vielleicht das so schön aufkeimende *National=theater* zur blüthe gedeihen, und das wäre Ja ein Ewiger Schandfleck für teutschland, wenn wir teütsche einmal im Ernst anfiengen teutsch zu denken – teutsch zu handeln – teutsch zu reden, und gar teutsch – zu Singen!!! –

Dieser Satz war natürlich eine trouvaille geworden für die gesamte vaterländische und völkische Kulturgeschichtsschreibung, ›Mozarts deutscher Weg‹ (Alfred Orel) schien gesichert und ein für allemal belegt. In Wirklichkeit ist natürlich auch dieser Satz eine halbe Parenthese, eine momentane Anwandlung patriotischer Kraftmeierei. Es galt hier, Herrn Klein, der ihm einen Text, betitelt ›Kaiser Rudolf von Habsburg‹, eingeschickt hatte, mit schönen Worten abzuwimmeln. Der Gedanke an Mozart als Komponist einer Oper dieses Titels ist freilich nicht ohne absurden Reiz.

Wie wenig es ihm bei diesen sporadischen Wünschen nach Vertonung deutscher Texte um Patriotismus zu tun war, geht schon daraus hervor, daß er sich noch im Jahr 1783 unter dem Text einer solchen ›teutschen Oper‹ die Übersetzung des ›Servitore di due padroni‹ von Goldoni vorstellte (was auch wir uns gut vorstellen können). Man hat sich niemals recht daran gewöhnen können, daß alle diese brieflich geäußerten Willensakte das Resultat buchstäblich eines Augenblicks sind, der Aufwallung seines reaktiven Verhaltens gegenüber bestimmten momentanen Reizen, nicht selten aber auch des unbewußten Wunsches der Anpassung: Er wollte es dem Adressaten recht machen.

Wahrhaftig dagegen und bezeichnend sind stets jene Passagen, in denen er auf seine kompositorischen Absichten zu sprechen kommt und den Vater dringend auffordert, ihm bei der Verwirklichung beizustehen. So schrieb er ihm am 4. Februar 1778 aus Paris:

... vergessen sie meinen wunsch nicht opern zu schreiben. ich bin einen jedem neidig der eine schreibt. ich möchte ordentlich für verdruß weinen, wenn ich eine aria höre oder sehe. aber italienisch, nicht teütsch, serios nicht Buffa.

Noch wenige Tage zuvor dagegen, am 11. Januar 1778, hatte er dem Vater in einer Nachschrift geschrieben: ›wenn mir ⟨der kaiser Tausend gulden giebt⟩, so ⟨schreibe ich ihm eine teutsche opera⟩.‹ Man könnte nicht sagen, daß bei diesem Wunsch ein nationales Ideal im Vordergrund gestanden hätte. Mozart ist auf seine schriftlich geäußerten Wünsche und Meinungen nicht festzulegen, sein künstlerischer Wille hat sich stets erst nachträglich im betreffenden Werk geäußert, wobei sich herausstellt, daß er ausschließlich dem Werk selbst gegolten hat und nicht der Verwirklichung eines ›Anliegens‹.

SCHIKANEDER hieß eigentlich Johann Joseph, nannte sich aber Emanuel – als habe da Ponte seinen aufgegebenen Namen Emanuele dem nächsten Textdichter vererbt –: er war ein wahrer Mann des Theaters, und ausschließlich das. Sein ästhetischer Wille ging genauso weit wie der seines jeweiligen Publikums. Seine künstlerische Auffassung richtete sich ausschließlich danach, was der potentielle Zuschauer hören oder sehen wollte und was nicht. ›Höheres‹ strebte er nicht an, was wir ihm wahrhaftig nicht verübeln; zu ›Höherem‹ hatte er auch nicht das Zeug, denn er war zutiefst ungebildet. So manchen Klassiker hatte er zwar gelesen – darunter Lessing, den er zu eigenen Stücken verarbeitet hat –, aber nur auf seinen Nutzwert und seinen Wirkungsgehalt hin. Daß er ein beliebter Hamlet war, ist durchaus möglich, daß er ein großer Hamlet gewesen sei, wie vielfach von seinen Apologeten behauptet wird, halten wir für unwahrscheinlich. Seine größten Erfolge waren denn auch nachweislich jene Stücke, in denen er einen gewaltigen Theater-Apparat entfalten konnte, sowohl als seinen und seiner Akteure persönlichen Appell an die Emotionsfähigkeit seines Publikums, dessen Wünsche er, wo immer er war, sofort erkannte, als auch durch wirkungs-erzeugende Maschinerie, Beleuchtung, Feuerwerk und Knalleffekt. Meistens gelang ihm das gut, doch nicht immer. So entnehmen wir Nannerl Mozarts Brief an ihren Bruder vom 30. November 1780, daß Schikaneders Stück ›Rache für Rache‹, von ihm selbst verfertigt oder Gemeinschaftsarbeit seines Teams, das er in der offiziellen Ankündigung ›das schönste aller Caracterstück‹ nannte, ›mit dem besten comischen salz gewürzt, so das meine gnädige Gönner weder unschmackhaftes noch aufgewärmtes Zeug *(wie es leider deren vieles giebt.)* zu verdauen haben . . .‹ (wie man sieht, war die Sprache seine Sache nicht), in Salzburg so durchfiel, daß er die Stadt bald darauf verlassen mußte. Es ist also sinnlos, diesen Mann, der als Erscheinung ohne Zweifel kulturhistorisch ergiebig ist und als Persönlichkeit gewiß seine eigene erfrischende Ausstrahlung hatte, aus dem Treiben ambulanten Bühnenlebens emporzuziehen und ihn Mozart als einen ebenbürtigen Partner zur Seite zu stellen, wie die Biographie es tut. ›Zwei geniale Naturen hatten sich da gefunden: der Musiker, der den Sinn für das Theater hatte, und der Theatermann, der zugleich ein Musiker war.‹[81] In dieser Feststellung des als Autorität anerkannten Schikaneder-Biographen Egon Komorzynski, der das Salzburger Debakel natürlich nicht erwähnt, manifestiert sich wieder jenes Wunschdenken als beherrschendes Movens einer selbstgestellten Aufgabe: Ehrenrettung einer Gestalt, deren Ehre in Wirklichkeit nicht gerettet zu werden braucht. Schließlich ist Schikaneder ja auch keine Negativ-Figur, kein ›Gegenspieler‹.

DA WIR ALSO ÜBER MOZARTS ANTEIL am Zustandekommen des Librettos nichts wissen, können wir auch nicht ermessen, ob das hier implizite verfochtene Freimaurertum seinen aktiven Intentionen entsprach oder gar sein besonderer Wunsch gewesen sei. Mozart als Freimaurer ist viel idealisiert worden, und gewiß war er von einer kollektiven Anbruchsstimmung erfaßt, als er im Dezember 1784 der Loge ›Zur Wohltätigkeit‹ beitrat, der später auch Karl Ludwig Giesecke, der andere Textdichter der ›Zauberflöte‹, ange-

81 Egon Komorzynski: ›Der Vater der Zauberflöte‹. Wien 1948, S. 82.

hörte (Schikaneder gehörte keiner Loge an). Die Loge ›Zur Wohltätigkeit‹ war minderen Ranges als die ›Zur gekrönten Hoffnung‹, sie galt als ›Freß- und Sauf-Loge‹, doch ist nicht sicher, wer diese Bezeichnung geprägt hat.

Die Ideale der Menschenverbrüderung, zu ihrer Zeit gewiß höchst löblich (obgleich es sich eigentlich mehr um Männerverbrüderung handelte), sogar revolutionär in der intendierten moralischen Zielsetzung und der allgemeinen ethischen Grundhaltung ihrer Vertreter, gingen in ihrem Ausdruck über eine vage Proklamation ihrer Ideen nicht hinaus. Mehr eine Sache der Worte als der Taten, viel und durchgehend schlecht besungen, hat das Freimaurertum keinerlei Theorie gezeitigt, an der allerdings Mozart ohnehin kein Interesse gehabt hätte. Der ›Sinn des Lebens‹, die Aufgabe des Menschen auf der Erde waren nicht Gegenstand seiner bewußten Fragestellung. Dagegen bedurfte er zunehmend der Geselligkeit, die er in seiner Loge fand. Und wenn seine Pflicht als komponierender Logenbruder es ihm gebot, zu Festlichkeiten oder Trauerfeiern eine Musik zu schreiben, so schrieb er sie. Er bediente sich dabei seines eigenen Sakralstils, der feierlichen Gebärde, der ihm meist dort mißlang, wo er sich an die ebenso emphatischen wie gutgemeinten, aber eben hilflosen Texte der Herren Ziegenhagen oder Ratschky oder Petran – ehrenwerte Leute, aber Amateurdichter – zu halten hatte; oder des Herrn Giesecke. Die Mitteilung lag bereits im Text, er durfte musikalisch nicht verabsolutiert, der Botschaft-Charakter mußte beibehalten werden. Mozart konnte ihn höchstens pathetisch akzentuieren. Es wohnt diesen Kompositionen denn auch das Forcierte einer Pflichtübung inne. Die Vertonung des Wortes ›Menschheit‹ fiel ihm weit schwerer als Beethoven.

Anders steht es um die nicht-verbale Freimaurermusik, und hier haben wir, wenn wir von den Märschen der ›Zauberflöte‹ absehen, nur die großartige und einmalige ›Maurerische Trauermusik‹ (K. 479a) vom 10. November 1785, beauftragt nach dem Tod zweier Mitglieder der Loge ›Zur gekrönten Hoffnung‹: des Herzogs von Mecklenburg und des Grafen Esterhàzy. Dieses Stück ist eines jener wunderbaren Gelegenheitswerke wie das ›Ave verum Corpus‹, bestellt, pünktlich und perfekt geliefert; der große Lieferant so wenig involviert wie ein Maler, der eine Grablegung malt.

Zwei illustre Logenbrüder sind gestorben, Mozart hat das Bild zu malen, und er malt es, aus souveräner Distanz stellt er es hin, ein Gemälde der Trauer, groß und gefaßt, vollkommen vom Anfang mit den überdimensionalen Seufzermotiven in c-Moll über den Cantus firmus in Es-Dur bis zum Schluß-Akkord, in dem er sich in C-Dur, mit einer Verneigung zurücktretend, von seinem Werk trennt, gleichsam die Signatur setzt. Einen ›persönlichen Ausdruck des Mozartschen Todesgefühls‹ – was immer das sein mag – vermögen wir darin ebensowenig zu erkennen wie sein ›Bekenntnis zum Tode‹.[82]

NUN HANDELT ES SICH ABER BEI DER ›ZAUBERFLÖTE‹ nicht um eine Freimaurerkantate, so sehr auch die Hauptfabel von dem eigentümlichen geheimniskrämerischen maurerischen Ethos beseelt ist, sondern um ein deutsches Singspiel, ursprünglich um eine Unterhaltung im Vorstadttheater, eine ›Maschienenkomödie‹, heute würden wir sagen Musical, mit grellem krassem Bühnenzauber, an dem Schikaneder nicht gespart hat. Dennoch gelten in den ernsten Teilen Freimaurersymbolik und Freimaurermoral als das tragende Thema, die theoretische Komponente unter dem vordergründigen Geschehen: eine Verschlüsselung, prädestiniert zu einer Flut an Deutung.

Schon allein die Masse dieser Deutung steht in keinem Verhältnis zum literarischen Wert des Librettos, und eben das drückt sie auch aus. Denn es wohnt den diversen Mythographien und Analysen meist ein defensives Element inne, wenn nicht gar ein, mitunter ins Aggressive gesteigertes, Apologeticum, als müsse der Verfasser seine Sache gegen den Zugriff Unbefugter verteidigen. ›Schikaneders Genietat‹ (William Mann) wird uns apodiktisch entgegengeschleudert, und der bedeutende Regisseur Walter Felsenstein sagte in einem Probengespräch der ›Bayreuther Festspielklassen‹ 1960: ›Ich möchte niemanden dazu verleiten, meine Meinung zu teilen, doch wenn wir uns in einem anderen Zusammenhang darüber unterhalten würden, so könnte ich Ihnen beweisen, daß es sich bei der »Zauberflöte« auch von seiten Schikaneders um ein ganz

---

82 Beide Zitate aus Horst Goerges: ›Das Klangsymbol des Todes im dramatischen Werk Mozarts‹, München 1969, S. 162.

hervorragendes Stück handelt, das – im Zusammenwirken mit Mozarts Musik – zu seiner Zeit in der Gestalt, oder besser: in der Maske des Märchens, ein sehr revolutionäres, ja gefährliches Bekenntnis ablegte.‹[83] Dieses gefährliche Element scheint jedenfalls damals kein Zuschauer und auch kein Zensor erkannt zu haben.

Goethes Bemerkung zu Eckermann vom 13. April 1823, daß die ›Zauberflöte‹ voller ›Unwahrscheinlichkeiten und Späße sei, die nicht jeder zurechtzulegen und zu würdigen wisse‹, enthält zwar schon ein Element der Verteidigung gegen kommende Angriffe, doch hat gerade er den Grundstein gelegt zu jener positiven Würdigung des Textes, und damit einem Anspruch, den die Schikaneder-Verehrer sichtbar tragen wie eine Medaille, sie sind legitimiert und ausgewiesen. Goethe hat gesagt: ›Es gehört mehr Bildung dazu, den Wert dieses Opernbuches zu erkennen als ihn abzuleugnen.‹ Da haben wir es also. So beginnt denn auch die Verteidigung des Textbuches gewöhnlich mit dem Satz: ›Kein geringerer als Goethe ...‹ etc. Und es bleibt seitdem eine pietätvolle Tradition, den Widersinn des Geschehens mit dem ›höheren Sinn‹ (Goethe) hinwegzuerklären. Die ›Darüberstehenden‹ fühlen sich denn auch gleichsam als ›Eingeweihte‹ im Sinne des Textes, sie haben, wie Tamino und Pamina, die Prüfungen bestanden, während wir uneingeweihte Zweifler, die wir über die Ungereimtheiten nicht wegkommen, auf der niedrigen Ebene Papagenos verharren müssen, der die greifbare Materialwelt nicht ungesehen für eine vage versprochene Idealwelt eintauschen möchte. Uns Unbelehrbaren bleiben also die Weihen vorenthalten, und da stehen wir denn und fragen, in wessen Diensten zum Beispiel die drei Knaben stehen, oder warum die Königin der Nacht nicht seinerzeit selbst zur Zauberflöte griff, um den Raub ihrer Tochter zu verhindern. Hatte sie Schwierigkeiten mit dem Spielen des Instrumentes, das immerhin ein Fremder wie Tamino, dem sie es schenkt, sofort spielend beherrscht? Doch sind das nur willkürlich herausgegriffene Fragen.

83 Zitiert nach dem Protokoll des Probengespräches, im Programm der Mozartwoche der Deutschen Oper am Rhein, Düsseldorf 1970, S. 15.

WAS MOZART VON DEM LIBRETTO HIELT, wissen wir, allen gegentei-
ligen Behauptungen zum Trotz, nicht. Es ist jedenfalls unwahrscheinlich, daß der Gehalt an Freimaurerthematik der ausschlaggebende Impuls war. Er brauchte Geld, er mußte vorliebnehmen. Da
Zauberopern, zumal mit spektakulären Bühnenmechanismen und
Feuerwerk, in Wien die Mode waren und viel Zulauf hatten,
versprach auch diese Arbeit, etwas einzubringen. Das tat sie auch,
nach Mozarts Tod, für Schikaneder. Mozart selbst konnte sich in
seinen letzten Tagen nur noch des ideellen Erfolges erfreuen: der
Tatsache überdies, daß er den rechten Ton getroffen zu haben
schien für etwas, was bisher nicht auf seiner Linie gelegen hatte.
Bezeichnenderweise wurde also dieses Werk alsbald zu einem
großen Erfolg, und es mag ein Licht auf den Geschmack des
Premierenpublikums werfen, wenn wir uns betrachten, welche
Nummern wiederholt werden mußten. Es sind in der Tat die ein-
gängigsten, das Duett ›Bei Männern, welche Liebe fühlen‹ (Nr. 7),
die Glockenspielpassage ›Das klinget so herrlich ...‹ (Erstes
Finale), was ein Licht auf die Aufführungspraktiken wirft: Eine
Nummer konnte jederzeit durch Beifall unterbrochen werden,
ungeachtet der Tatsache, daß ihr Kontinuum zerstört wurde; daß,
wie hier, das Glockenspiel unvermittelt, und freilich unerwartet, in
ein Duett zwischen Papageno und Pamina übergeht. Ferner mußte
wiederholt werden das Terzett der drei Knaben im zweiten Akt
(Nr. 16), ›Seid uns zum zweiten Mal willkommen‹, wobei fast
anzunehmen ist, daß bei dieser Nummer, deren wahrer Zauber
subtil und versteckt ist, ein technischer Gag dazukam, vielleicht
eine Schwebemaschine, in der die drei zu Boden glitten.

AUCH EINEM MOZART konnte es natürlich nicht gelingen, dieser
Unlogik, vor allem aber dieser fatalen Diskontinuität des Geschehens, ein Korrektiv zu erstellen, das die Handlung schlüssiger
mache; ihm eine konsequente musikalische Linie zu geben, wie er
sie den da-Ponte-Opern gegeben hat, etwa die atemlos drängende
Kraft des ›Don Giovanni‹, nicht zu reden von der Souveränität
ironischer Distanz in ›Così fan tutte‹ – Libretti, bei denen er
beinah buchstäblich seine Hand im Spiel hatte. Hinzu kommt
natürlich, daß das Secco-Rezitativ, vor allem aber das Accompagnato der italienischen Oper eine tonartlich und dynamisch beding-

te Logik in der Folge der Musiknummern zu schaffen vermochte
– und bei Mozart auf wahrhaft einzigartige Weise geschaffen hat –,
wie sie dem gesprochenen Dialog des Singspiels versagt bleibt; bei
jedem gesprochenen Dialog fallen wir plötzlich in ein ernüchtern-
des Loch, nicht zuletzt deshalb, weil Opernsänger ihn ohnehin
selten meistern. Es ist schwer genug, den Tamino zu singen,
schwerer aber, ihn darzustellen; zum Beispiel das stumme Spiel zu
meistern, in dem er, gleich Orpheus, seine Geliebte gestisch und
mimisch gegen seinen Willen verschmähen muß. Und welcher
Zuschauer zuckt nicht zusammen bei dieser Überakzentuierung
der Rede, dieser Weihnachtsspiel-Emphase, dem angestrengten
hohlen Lachen der Herren oder dem silberhellen der Damen und
ihrem neckischen Soubrettengehabe? (Rhetorische Frage. Antwort: Leider kaum einer.)
Schon durch die Willkür, in der die Charaktere bald dieses, bald
jenes Prinzip vertreten und sich entsprechend artikulieren müssen,
blieb dem Komponisten ihr Aufbau und die entsprechende Führung versagt. Er mußte Nummer für Nummer nehmen, ihren
Stellenwert und ihre momentane Bedeutung bestimmen, nicht nur
um seine Musik der jeweiligen Verfassung, sondern auch dem
jeweiligen Wechsel der Positionen einer Gestalt anzupassen. So
wird denn die Vertreterin des negativen Prinzips, die Königin der
Nacht, in g-Moll als tragische Verliererin eingeführt; zum Leiden
auserkoren (Nr. 4), verspricht sie dem Helden Tamino ihre Tochter, verwandelt sich aber noch in derselben Arie in B-Dur in einen
resoluten Dämon, ist also schon nicht mehr dieselbe, um im
zweiten Akt als ins Überdimensionale gesteigerter Bösewicht in
d-Moll (›Der Hölle Rache kocht in meinem Herzen‹, Nr. 14) zum
Feind ihres erwählten Schwiegersohnes und zur Verbündeten des
bösen Mohren Monostatos aufzutreten, dem sie ihre Tochter, um
derentwillen sie gelitten zu haben vorgibt, als Frau verspricht.
Zwischen dem heissa-hopsassa-rufenden Vogelfänger Papageno in
G-Dur (Nr. 2) und dem philosophierenden Es-Dur-Papageno des
Duetts mit Pamina (Nr. 7) besteht keinerlei thematische oder
persönliche Ähnlichkeit; wir stellen fest, daß er inzwischen begonnen hat, zu denken, was ihm nicht gut bekommt: Daß ›die Liebe
im Kreise der Natur‹ wirke, begreifen wir nicht recht. Selbst der
Mohr Monostatos erfährt seine Wandlungen: ›als Mensch‹ wird er

ein anderer als in der Rolle des Niedrigsten der Niedrigen. Wahrscheinlich wollte Herr Nouseul, dem es zufiel, diesen feige-resoluten Spielverderber, des Osmin blassen Bruder, darzustellen, auch eine Arie haben, und er bekam eine: ›Alles fühlt der Liebe Freuden‹ (Nr. 13), ein musikalisch anspruchsloses rapides Allegro in C-Dur, über das Mozart in der Partitur schrieb: ›Alles wird so piano gesungen und gespielt, als wenn die Musik in weiter Ferne wäre.‹ Was mag das bedeuten? Vielleicht jene weite Distanz zum Reich der Herkunft des Exoten; in der Tat meinen wir, in der Ferne Janitscharenanklänge zu hören, die Piccoloflöte auf der gleichen Höhe wie die Flöte und die ersten Violinen erzeugen einen fremdartigen Klang, jeden Augenblick könnte es in a-Moll umschlagen, tut es aber nicht; es wird kein Panorama aufgerissen, vielmehr bleibt alles eindimensional in diesem einerseits geilen, andrerseits fahlen Ton, in dem der Mohr seine wahren Absichten mit dem weißen Mädchen Pamina gewiß um einiges verharmlost, wir glauben ihm nicht, daß er es bloß küssen will, immerhin fordert er den Mond auf, sich zu verstecken. Dieser arme Mohr bleibt denn auch von jeglichem Wohlwollen ausgeschlossen, vor ihm macht selbst großzügige Freimaurermoral halt. Einen Augenblick lang wird ihm Erbarmen geschenkt, doch wird es ihm gleichzeitig wieder entzogen.

DIE PRÄOKKUPATION MIT DEN ›WEIBERN‹ – in ›Così fan tutte‹ noch eine akzeptable Parenthese, weil umgekehrt deutbar – fällt uns in der ›Zauberflöte‹ auf die Nerven; diese Konvention wirkt nunmehr nur noch in Maßen komisch, denn die Erfahrung des Lebens hat auch hier nichts ausgerichtet: Es ist ja nicht anzunehmen, daß die Promiskuität der Damen damals schlimmer war als die der Männer, denen sie freilich zu jeder Zeit erlaubt blieb. In der ›Zauberflöte‹ werden sie uns überdies noch dauernd als ›Täubchen‹ nahegebracht, auch das verstimmt. So hat Mozart seine Constanze wohl niemals angeredet, Schikaneder seine diversen Damen wahrscheinlich auch nicht, und Giesecke, von dem wissen wir nicht, ob er überhaupt Damen gern angeredet hat. Wahrscheinlich nicht, die Weiberfeindschaft geht wohl zu seinen Lasten, denn, wie gesagt, misogyn waren weder Mozart noch Schikaneder eingestellt, und es bleibt erstaunlich, mit welcher Hartnäckigkeit sie der, freilich freimaurerisch bedingten, Männervorherrschaft das Wort redeten. Erstaunlich unter den Umständen, daß eine Pamina das positive Prinzip vertreten darf, als Einzuweihende, und schließlich Eingeweihte. Nur Papagena hat, gleich ihrem Männchen, auf einer niederen Ebene zu verharren, auf der sie sich aber wohlfühlt. Selbst der edle, parzivalhafte Jüngling Tamino wird von diesem Affekt befallen. ›Geschwätz, von Weibern nachgesagt‹ antwortet er dem Gefährten Papageno auf eine Frage nach Aufschluß; die Königin der Nacht ist ›ein Weib, hat Weibersinn‹, und wenige Stunden – soweit hier von einem Zeitsystem die Rede sein kann –, nachdem die drei Damen ihm das Leben gerettet haben, sind sie für ihn der ›gemeine Pöbel‹. Ja, er hat schnell von den Priestern Sarastros gelernt, daß der Mann der Frau überlegen sei, er bekommt es dauernd eingehämmert; so auch von den beiden Priestern in ihrem Duett ›Bewahret euch vor Weibertücken‹ (Nr. 11): In hellem, anscheinend frohem, C-Dur moralisieren diese beiden auf ihn ein, behandeln den Modellfall des Mannes, der solchem Rat nicht folgte und zu schrecklichem Ende kam. ›Tod und Verzweiflung war sein Lohn.‹ Daß es sich hier um eine Verzweiflung post mortem handelt, ist nicht die einzige inkonsistente Passage dieser Belehrung. Mit Inkonsistenz konnte aber Mozart nichts anfangen, er war ein scharfer, ein genialer musikalischer Denker, dem sich ein Wortsinn zugleich mit den Möglichkeiten der Ausdeutungen sofort erschloß. Man denke, wie er ›Tod und Verzweiflung‹ hätte interpretieren können und tatsächlich interpretiert hat: in der Höllenfahrt des Don Giovanni, der Exaltation der Donna Anna. Daß es sich hier nur um Bericht und nicht um Geschehen handelt, ändert den Sachverhalt nicht: Wir haben gesehen, daß bei Mozart das Erlebnis durch die Darstellung als Ballade oder Botenbericht oft der Bühnenaktion an Präsenz nicht nachsteht: etwa in der Esels-Arie des Basilio oder der boshaften Schilderung zukünftigen Soldatenlebens, die Figaro dem Cherubino erteilt. Hier jedoch hört man der Musik an, daß es sich um einen ganz und gar hypothetischen Fall handle: Das böse Ende des ›weisen Mannes‹, der ›sich berücken‹ ließ, drückt sich weder im Sotto-voce der beiden Stimmen, noch im seltsam verfremdeten Staccato der Posaunen aus. Im Gegenteil: Gerade dort, wo der Text die Emphase vorschreibt, wird die Musik geradezu lustig, das viertaktige Nachspiel wird zum fröhlichen Marsch. Mozart hat hier, wie so oft in der ›Zauberflöte‹, gegen den Text komponiert. Oder liegt etwa dieser Verfremdung eine nicht mehr erkennbare Absicht zugrunde?

(Betrachten wir im G-Dur-Terzett [Nr. 6] die Passage: ›das ist – der Teufel si – cherlich!‹, so stellen wir fest, daß die Komik dieses plötzlichen Schreckens, dieser gegenseitigen Verwechslung, musikalisch nicht nutzbar gemacht, sondern daß hier nur Vorausgehendes variiert wird: Mozart war wohl auch hier nicht recht bei der Sache.)

Dennoch scheint ihm die Botschaft dieser beiden Priester auf seltsame Art nachgegangen zu sein. In einem Brief vom 11. Juni an Constanze in Baden heißt es am Ende: ›Adjeu – Liebe! – heute speise ich bei Puchberg – ich küsse Dich 1000mal und sage in Gedanken mit Dir: Tod und Verzweiflung war sein Lohn! – ...‹ Offensichtlich hat ihn also diese Zeile in sein Privatleben verfolgt, doch was sie hier zu bedeuten hat, wird uns immer dunkel bleiben: eine bagatellisierte Vorahnung?

EINE STILKRITISCHE ANALYSE – soweit die Bezeichnung eines solchen Verfahrens hier anwendbar ist – würde ergeben, daß der Text der ›Zauberflöte‹ mehrere Autoren hat; wieviele, das freilich würde nicht ersichtlich. Teamwork eines Ensembles war zu Mozarts Zeiten und in Schikaneders Werkstätten etwas durchaus Übliches, viele der Mitglieder eines solchen Ensembles waren auch ›schöpferisch‹ tätig, wenn es darauf ankam; die Sänger Benedikt Schack und Franz Xaver Gerl komponierten auch, wenn es sein mußte; jeder half dort aus, wo er gebraucht wurde, und sei es als Souffleur. Und außer Schikaneder gab es zumindest ein, allerdings verhältnismäßig niedriges, Mitglied, das auch ›dichterisch‹ tätig war: Karl Ludwig Giesecke, der zwar in der ›Zauberflöte‹ nur als subalterner Mohr auftrat, vielleicht auch als Souffleur aushalf, sonst aber als Faktotum der Truppe diente und, nachweislich, oft zur Feder griff, und sei es auch nur, um ein gewünschtes Plagiat herzustellen, denn auf ›geistiges Eigentum‹ kam es nicht so genau an.

KARL LUDWIG GIESECKE (eigentlich Johann Georg Metzler)[84], geboren 1761 in Augsburg, hatte zunächst in Göttingen Jura studiert. Es zog ihn aber zum Theater, und er geriet gegen Ende der Achtzigerjahre an die Schikanedersche Truppe, der er Texte lieferte, meist freilich Bearbeitungen bereits vorliegender Stoffe. 1794 verließ er das Theater, die Leidenschaft war vorbei, vielleicht weil er es nicht sehr weit gebracht hatte, ging nach Freiberg und studierte dort Mineralogie. Nach 1800 bereiste er Dänemark und Schweden als Forscher und gründete in Kopenhagen eine mineralogische Schule. 1806 schickte ihn der dänische König zu Forschungszwecken nach Grönland. Dort blieb er mehr als sieben Jahre, dann kehrte er über Schottland und England nach Dänemark zurück, um seine Ergebnisse auszuwerten. 1814 wurde er im Wettbewerb mit drei anderen hochqualifizierten Mineralogen mit großer Mehrheit zum Professor der Mineralogie an die Royal Dublin Society gewählt; er blieb bis zu seinem Tod 1833 in Dublin. Wahrscheinlich wurde ihm der persönliche Adel verliehen; Sir Henry Raeburn, ein bedeutender Portraitist, dessen Kundschaft und Modelle Mitglieder des Adels oder der geistigen Elite waren, hat ihn in Dublin als ›Sir Charles L. Giesecke‹ gemalt. Es ist das Bildnis einer souveränen und vornehmen Figur: ein Mann des Geistes mit der Aura des Bedeutenden. In der Tat galt Giesecke in der Dubliner Gesellschaft als ein überaus einnehmender und geistvoller Mann und stand wissenschaftlich in hohem Ansehen. Meyers ›Großes Konversations-Lexikon‹ führt noch in der Ausgabe von 1905 seinen Namen als Grönlandforscher, gibt seine – dänisch geschriebenen – Publikationen an sowie ein nach ihm benanntes Gestein: Gieseckit.

Im Jahr 1818 hielt er sich, wahrscheinlich zum letzten Mal, in Wien auf, und bei dieser Gelegenheit teilte er in privatem Kreis

84 Für diesen Exkurs durfte ich mich auf deutsche und österreichische Quellen nicht verlassen, in denen, aus Gründen der Anhänglichkeit an lang etablierte Legende und gemütsbetonten Wunschdenkens die alleinige Autorschaft Schikaneders als unumstößliches Faktum beibehalten wird. Der Wille, eine einzige Gestalt zu mythologisieren, anstatt den Mythos auf mehrere Figuren zu verteilen, ist wohl so alt wie der Monotheismus. – Meine Quellen sind: Henry F. Berry: ›A History of the Royal Dublin Society‹, London 1915; Edward J. Dent: ›Mozart's Operas‹, London 1922, und die ›Enciclopedia dello spettacolo‹, Band 5, Rom 1958.

mit, daß er der Autor des überwiegenden Teiles des ›Zauberflöte‹-Textes sei. Wir haben diese Aussage keineswegs als Anspruch zu betrachten, sondern als Eingeständnis einer Jugendsünde, wehmütige Erinnerung an ein lang entrücktes Leben. Denn zu dieser Zeit stand der Zauberflöten-Text in schlechtem Ansehen: Bei einer Inszenierung im Jahr 1801 im Kärntnertortheater hatte man den Namen Schikaneder überhaupt ausgelassen, es war inzwischen Mozarts Werk geworden. Gieseckes Behauptung macht also weder den Text besser, noch macht es den Autor zum Dichter, was er vermutlich zu dieser Zeit auch nicht mehr sein wollte; als eminenter Wissenschaftler hatte er diesen Anspruch nicht nötig. Es wäre also Falschmünzerei, Giesecke zum Abenteurer oder Hochstapler stempeln zu wollen. Diesem Mann haftet durchaus ein Geheimnis an, ein Nimbus des Romantischen, hervorgerufen vielleicht durch jenen Bruch in seinem Leben, die Wendung eines schwärmerisch disponierten, unsteten, ja, labilen ›Jünglings‹, den man im neunzehnten Jahrhundert sogar zum Modell des ›Wilhelm Meister‹ stempeln wollte, Bewunderer großer Gelehrter, die sich in sein reichhaltiges Poesie-Album eintrugen, zum Forscher, der mit dokumentiert stoischer Fassung sieben Jahre lang in grönländischer Einsamkeit verbringen konnte, um danach selbst als eminenter Gelehrter aus ihr wieder aufzutauchen; als maßgebender Mineraloge, der als solcher mit Goethe korrespondiert hat. Ein Brief an Goethe über barometrische Beobachtungen war vor dem letzten Weltkrieg noch erhalten.

Möglicherweise war es bereits eine frühe Neigung zur Mineralogie, die ihn nach Wien führte, denn hier wirkte Ignaz von Born, der als hervorragender Mineraloge galt; vielleicht ist es auch dem Kontakt zwischen diesen beiden Männern zuzuschreiben, daß Giesecke Freimaurer wurde, denn Ignaz von Born war Präsident der Wiener Logen, Stuhlmeister der Loge ›Zur wahren Eintracht‹. Doch weiß man über diese Beziehung nichts Authentisches; der Altersunterschied war neunzehn Jahre. Born hatte 1786 seine Mitgliedschaft und seine Funktion als Freimaurer niedergelegt und war aus der Loge ausgetreten. Die Ursache ist rätselhaft und unbekannt. Während der Entstehung der ›Zauberflöte‹ war er bereits todkrank und starb am 24. Juli 1791 achtundvierzigjährig. Auch dieser Tod ist von Geheimnis verhüllt, er scheint so sang-

und klanglos verlaufen zu sein wie sein Austritt aus der Loge. Keinerlei Bericht über den Tod, keine Feier, keine Erwähnung in den Gazetten. Sollte Born also, wie allgemein behauptet wird, wirklich das Vorbild des Sarastro sein, so wohl nur deshalb, weil Giesecke dem verehrten Lehrer, allen Anfechtungen zum Trotz, ein Denkmal setzen wollte. In diesem Fall also wäre die symbolische Verschlüsselung der ›Zauberflöte‹ nicht das Werk Schikaneders, der, nachdem er aus unbekannten Gründen aus seiner Regensburger Loge entfernt worden war, niemals wieder einer anderen beitrat oder beitreten durfte. Somit wäre Giesecke also nicht nur der ›Schöpfer des Sarastro‹ (Edward Dent), sondern auch der Erfinder Paminas, die zwar erst durch Mozart ihre einzigartige sublime Animation erhalten hat, dennoch im Text, in ihrer konstanten Liebe und ihrer Todessehnsucht, die verhältnismäßig schlüssigste Figur geworden ist.

Nicht zuletzt spricht für Gieseckes entscheidenden Anteil am Libretto die Existenz seines eigenen durchschossenen Handexemplars (bewahrt in der österreichischen Nationalbibliothek). Denn als ›erster Sklave‹, als der er im Programm der Erstaufführung erscheint, hätte er ein solches kaum gebraucht; es muß sich um den Probedruck seines Werkes handeln. Ob er etwa anfangs noch stolz darauf war? Jedenfalls erscheint uns Giesecke glaubwürdig. Wir bezweifeln nicht, daß er der Erfinder des Sarastro und der von ihm vertretenen Sphäre in der ›Zauberflöte‹ ist. Zweifelhafter freilich erscheint uns die Behauptung, daß dieser Sarastro ›eine der anziehendsten und eigenartigsten Bühnenfiguren in der Geschichte des Musikdramas‹ (Dent) sei. Wir wollen, im Gegenteil, behaupten, daß er eine ganz und gar papierene Figur ist, Protagonist einer Art falschen Weihespiels; ein Denkmal, und auch als solches inkonsistent, selbst als Humanitätsideal unglaubhaft und unwahrhaftig. In seinen ›heil'gen Hallen‹ kennt man zwar ›die Rache nicht‹, doch läßt er sofort nach seinem ersten Auftritt dem bösen schwarzen Sklaven, den der gute Mann sich hält (sollte er etwa das alter ego der ursprünglich zwiespältigen Symbolfigur aus einer verschütteten Version dieses Stoffes sein?), und zwar ausgerechnet, um das gute geraubte Mädchen zu bewachen, siebenundsiebzig Stockschläge auf die Sohlen verabreichen, weil er sich diesem Mädchen begehrlich genähert hat, das er selbst ›zur Liebe nicht zwingen‹

kann: Ein böses Abgleiten seiner sonst geradezu statischen Güte, die ihn aber als völlig schicksalslos enthüllt, er hat sie sich nicht selbst erarbeitet, sondern ist zum ›Führer von Menschen‹ – oder besser von Männern – geboren. Gewiß entsprach er nicht Mozarts Vorstellung einer Bühnenfigur, denn auch er brauchte im Libretto zumindest den Ansatz von ›Fleisch und Blut‹, um eine Gestalt mit emotionalem Gehalt zu bereichern und ihr damit ein Schicksal und ein eigenes Leben auszubauen. Gegen die Proklamation abstrakter Lehren sträubte er sich nicht selbst, wie wir den Freimaurerkantaten entnehmen: Es sträubte sich *in ihm*. Der kategorische Imperativ der Freimaurertexte ließ ihn kälter als er es selbst wahrscheinlich wußte. Was Sarastro zu singen hat, ist nicht innere Erfahrung, sondern Moral, an deren Vollzug aber niemand teilhat, da sie auf der Bühne nicht in Aktion umzusetzen ist. So ist diese Rolle denn auch weder überzeugend darstellbar noch ohne unfreiwillige Komik singbar. Kein Baß ist in der Lage, die E-Dur-Arie (Nr. 15), die sogenannte ›Hallen-Arie‹, ohne hörbare Anstrengung zu bewältigen, die in den tiefsten Tönen ihrer Lage (›dann wandelt er an Freundes Hand‹) die Kontrabässe von unten zu stützen scheint, als habe hier der Mensch die Aussagekraft des Instrumentes zu untermauern. Keine andere Rolle Mozarts versteigt sich zu dieser Tiefe, auch der Commendatore nicht; nur Osmin, doch der ist bekanntlich anders angelegt und vertritt das gegenteilige Prinzip, seine tiefen Töne sind eine Parenthese, sie dienen der Charakterisierung der komischen Seite einer bösartigen Figur. Sarastro dagegen ist gut, und er ist ernst gemeint, nur wird es uns meist schwer, ihn so zu nehmen. So ist auch nicht einzusehen, weshalb er im B-Dur-Terzett ›Soll ich dich, Teurer, nicht mehr sehn . . .‹ (Nr. 19) überhaupt dabei zu sein hat; denn hier fällt es ihm lediglich zu, Tamino textlich und harmonisch (und moralisch) zu unterstützen, er ist Taminos wörtliches Echo.

BEIM LIBRETTO DER ›ENTFÜHRUNG‹ – es war zu beweisen – hat Mozart aktiv mitgearbeitet. Offensichtlich hat er sich darin nicht gänzlich für das ›Deutsche Singspiel‹ entscheiden können: Das herrliche d-Moll-Accompagnato zwischen Constanze und Belmonte, begleitet von Streichern, ›Welch ein Geschick!‹ (Nr. 20), hat er seinem eigenen Bereicherungsschatz der Opera seria entnommen, zum Vorteil des Werkes: Hier öffnet sich eine andere Dimension, auch hier erscheint schon Musikdrama. Dafür hat er seinen Bassa Selim, eine Figur, die es textlich an Güte beinah mit Sarastro aufnimmt, lieber sprechen als singen lassen. Mozart wird gewußt haben, warum: Tugenden sprechen sich eben besser; das reine, absolute ›Gute‹ ist musikalisch und gesanglich schwer zu meistern, sein Pathos ist nur bedingt erträglich. Freilich tritt auch Sarastro in einem ökonomisch gehaltenen Orchesteraufwand auf, die Priestermusik atmet Entbehrung, freiwillige Einschränkung, einen gewissen musikalischen Puritanismus, von anderen ›göttliche Einfachheit‹ genannt; sie ist von Sinnlichem ›gesäubert‹. Vergleichen wir den Priestermarsch (Nr. 9) mit dem überaus ähnlichen (Nr. 25) im ›Idomeneo‹ – gleiche Tonart (F-Dur), gleiches Tempo, beide ›sempre sotto voce‹ –, so stellen wir den unendlich größeren Reichtum des letzteren fest, dieses glücklichen Wurfes innerhalb eines geschlossenen Ganzen, alles von einer herrlichen ursprünglichen Kraft, die das Verhalten-Beschränkte der Männermusik in der ›Zauberflöte‹ in den Schatten stellen würde. Glücklicherweise sieht es bei den ›Weibern‹ anders aus, den drei Damen und Pamina zumal.

DAS SINGSPIEL ist niemals ein formal glückliches Gebilde gewesen. Der Sprechtext, der die Handlung zu fördern hat, fördert auch den Zerfall des musikalischen Kontinuums: Nummer bleibt Nummer. Und in der ›Zauberflöte‹ kann ihre thematische Vielfalt dem diffusen Anspruch nicht gerecht werden. Das Deklamatorische, Weihevolle, hat Mozart notgedrungen – wir wollen ihm eine betreffende Absicht nicht unterstellen – zu falscher Prosodie, falscher Phrasierung geführt. ›Du bist u n s c h u l d i g, weise, frooom‹ (Viertelnote), singt die Königin der Nacht, ›O Isis und Osirisschenket‹, so Sarastro mit seinem Männerchor. Die in das wunderbare ›Andante a tempo‹ des ersten Finales hineingezwängten Worte ›Pamina lebet n o c h‹ bringen einen falschen Sinn in das Auszudrückende: als würde sie im nächsten Augenblick nicht mehr leben. In solchen Passagen hat sich Mozart vom Text gelöst. Daß es sich bei manchen dieser vertonten Härten um grandiose Musik handelt, steht auf einem anderen Blatt. Beispiele dieser Inkongruenz ließen sich noch viele aufzählen, doch hat der Kenner der ›Zauberflöte‹ sie ohnehin parat, selbst der Liebhaber des Librettos kennt die leidigen Punkte. Relativ glücklich und oft von erfrischender Komik erscheinen uns einige Sprechtexte der Papageno-Sphäre. Dies sei zugunsten Schikaneders gesagt, denn sie sind gewiß sein Werk.

DIE BEDEUTUNG DER ›ZAUBERFLÖTE‹ innerhalb von Mozarts Gesamtwerk ist von je überschätzt worden. Dieses sakral-monumentale Element, das Palmenwedeln, das Gewändertragen, das weihevolle Wandeln, ist unmozartisch-fremd, so als sei es ihm aufgezwungen. Das rezitativische Prosodieren der Priester und Beinah-Priester, diese Strophen-Arien – ›liedhafte Gebilde‹ (Paul Nettl) – all dies läßt uns die Oper zwar als ein Werk sui generis und als etwas Einmaliges erkennen, nicht aber als etwas in sich ausgereift Geglücktes. Gewiß bewegt sich Mozarts Musik in weiten Teilen auf ihrer höchsten Höhe, dennoch: Konzipiert als anspruchslose Unterhaltung, ist sie dem Anspruch, mit dem man sie später und immer anwachsend ausgestattet hat, nicht gewachsen.

Es gibt wohl gewisse Irrtümer der Rezeption, die nicht durch das Erlebnis selbst, sondern durch theoretische Addition entstehen. Die Faktoren sind: Bedeutung des Schöpfers, von Ethos getragene Stoffwahl – ein wesentliches Element des ›Fidelio‹ –, Nimbus und Umstände der Entstehung. Sie verdrängen das Urteil über die Sache selbst, oder zumindest, sie präjudizieren es; ihr Nimbus verstärkt sich dauernd, indem jeder neue Beurteiler bereits einen Teil des Bestehenden übernimmt: Die Sache selbst *kann* nur gut sein, denn das Genie hat auch in der Verarbeitung von Minderem genial zu bleiben, bis zu seiner Todesstunde, die ja im Fall der ›Zauberflöte‹ in der Tat nicht mehr fern war. Ohne Zweifel spielt auch diese Apotheosensicht bei ihrer Beurteilung eine Rolle.

Das Pathos des Schöpferischen, das sogenannte ›Ringen mit dem Genius‹, das uns, vor allem bei Beethoven bis in seine – überlieferte – Physiognomie hinein, unermüdlich nahegebracht wurde, hat notwendigerweise zu Fehleinschätzungen der Gestalt geführt. Paradoxerweise gilt der Komponist als dort am größten, wo seine Musik sich dem Lebensumstand, dem sie, als Aufgabe und als Arbeit, entspringt, nicht etwa sublimierend enthebt, sondern dort, wo sie den Akt der positiven oder negativen Bewältigung darzustellen scheint. Und nicht nur das: Auch die Überwindung sei thematisch enthalten, als endliche Katharsis. Fast in jedem Programmheft wird das Konzertpublikum aufgefordert, den Grad der Erhabenheit zu messen, der es dem Schöpfer ermöglichte, sein Werk dem Schicksal abzutrotzen. Aber von Mozart wissen wir nicht, wie er sein Schicksal erlebte. Jedenfalls wußte er es zu beherrschen und zu kompensieren wie kein anderer. Und in seinen Opern war er nicht bei sich selbst, sondern bei seinen Gestalten, ihrer Sache und ihrem Gesetz, vorausgesetzt sie hatten ein Gesetz, das ihm dieses Eindringen ermöglichte. Es hieße dem größten aller musikalischen Genies Unrecht tun, wollten wir die ›Zauberflöte‹, ein Werk, das ihm diese Voraussetzung nicht bot, als die Summe seines Schaffens oder als weltlichen Schwanengesang werten. Sie ist vielmehr das letzte Zeugnis seines grandiosen Vermögens der Objektivierung, das glanzvolle Bestehen einer letzten Prüfung, nicht jedoch sein Testament.

BEINAH HAT ES DEN ANSCHEIN, als hätte sich Mozart unbewußt an den Regeln freimaurerischer Männerherrschaft rächen wollen, indem er sich der weiblichen Rollen mit besonderer Liebe angenommen hat. In den drei Damen zum Beispiel hat er etwas absolut Einmaliges geschaffen, einen Klangkörper für sich, der aber niemals ins rein Instrumentale abgleitet, sondern immer menschlich und weiblich bleibt. Ihre durchaus nicht platonische Betrachtung männlicher Schönheit, der offensichtlichen Augenweide Tamino, in der Es-Dur-Introduktion (Nr. 1) bezieht ihren Zauber aus der extremen musikalischen Stilisierung dessen, was Mozart an sich immer abgelehnt hat: dauerndes konsequentes Beiseitereden. Wir erinnern an den Brief an seinen Vater aus München vom 8. November 1780, in dem er anhand dramaturgischer Probleme im ›Idomeneo‹ über das ›à parte reden‹ schrieb: ›... im Dialogue sind diese Sächen ganz Natürlich – Man sagt geschwind ein paar Worte auf die Seite – aber in einer aria – wo man die wörter wiederhollen muß – macht es üble Wirkung ...‹ Nun, im Fall der drei Damen handelt es sich nicht um eine Arie, sondern um ein Terzett, doch wollte Mozart seine briefliche Bemerkung – eine Anweisung, für den Textdichter Varesco bestimmt, wie man ein Libretto zu schreiben habe – ohne Zweifel als Gegensatz zwischen Rezitativ oder Sprechtext und musikalischer Nummer verstanden wissen. Die drei Damen aber verkehren sozusagen nicht miteinander; wenn sie nicht Weisungen erteilen, sprechen sie ›à parte‹, zuerst über den Fund des ›schönen Jünglings‹, dann jede über die jeweils anderen beiden (›Sie wären gern mit ihm allein . . .‹). Wieder also hat Mozart zur Parenthese gegriffen, und offensichtlich hat es ihm Spaß gemacht. Er hat das unlösbare Problem des ›Beiseite‹ unberücksichtigt gelassen – wie alle unlösbaren Probleme der ›Zauberflöte‹ – und eine hinreißende Rivalitäts-Szene zwischen drei Mädchen komponiert, die ja an dieser Stelle noch, im Gegensatz zu späteren Situationen, durchaus feenhaften Charakter tragen.

›PAMINA GIBT DIE SÜSSESTE GESTALT ALLER TRAUMGELIEBTEN und durch die Musik ihres Vor-Scheins die wesentlichste‹ (Ernst Bloch). Doch selbst diesem seinem herrlichen musikalischen Geschöpf konnte Mozart keine logische Linie auf den Weg geben wie etwa der Gräfin Almaviva, der sie motivisch mitunter so ähnlich ist. Gewiß, was sie an psychologischer Individualität entbehrt, macht sie im Ausdruck allgemein menschlicher Empfindung wieder wett: Liebe und Trauer und Glück finden in ihr ihren unmittelbaren Ausdruck. Ihre Musik gehört zum Sublimsten, das Mozart geschrieben hat. Diese Verkörperung objektivierter Emotion ist denn auch ausschließlich sein Verdienst, textlich ist sie als die Naivste der Naiven angelegt, die, selbst wenn sie einem Rollenschema entspräche, immer noch die Erfindung eines Mannes bliebe, der, im Gegensatz zu da Ponte, von Frauen keine Ahnung hatte: eben von dem Mineralogen Giesecke.

ZWEI MINIMALE BRIEFLICHE ÄUSSERUNGEN über Mozarts geistige und seelische Beschäftigung mit der ›Zauberflöte‹ und gleichzeitig über seine Verfassung zur Zeit der Arbeit daran, geben zwar keinen Aufschluß über seinen Zustand, sind aber bezeichnend für die Beziehung zwischen jeweiligen Momenten seines Lebens und seiner Arbeit. Am 7. Juli 1791 schrieb er an Constanze, die in Begleitung Süßmayrs in Baden bei ihrer Kur war:
. . . – es freuet mich auch meine Arbeit nicht, weil, gewohnt bisweilen auszusetzen und mit Dir ein paar Worte zu sprechen,

dieses Vergnügen nun leider eine Unmöglichkeit ist – gehe ich ans Klavier und singe etwas aus der Oper, so muß ich gleich aufhören – es macht mir zu viel Empfindung – . . .

Solche Äußerungen sind bei Mozart so selten, daß ihnen besondere Bedeutung zukommt. Ohne Zweifel war er sich zu diesem Zeitpunkt der subjektiven Vergeblichkeit seines Lebens bewußt und zumindest psychisch in labilem Zustand. Jeder Versuch, zu Erfolg zu kommen, war gescheitert, man darf sagen: Er hatte aufgegeben. Die Vermutung also, daß es sich bei diesem ›etwas aus der Oper‹ um die Todessehnsucht der g-Moll-Arie Paminas ›Ach, ich fühl's . . .‹ (Nr. 17) handelt, liegt nahe, denn auch uns macht sie, wenn wir es so nennen wollen, ›viel Empfindung‹. Wir scheinen zu spüren, wie in dem Herzschlag-Rhythmus dieses Sechs-Achtel-Andantes, gleichförmig und getragen, in diesen chromatischen Alterationen der Läufe, ein Leben seine Erschöpfung geradezu ersehnt, das in den vier Takten Nachspiel sich noch einmal zum Crescendo steigert und in einem letzten Takt der Bescheidung erlischt. Gewiß, es handelt sich um Paminas Leben, um ihren Todeswunsch, nicht um den ihres Schöpfers. Hier ist es also wieder, das Geheimnis, das ewig eines bleiben wird. Ist hier ein Element der Identifikation enthalten oder nicht? g-Moll: Hier ist es wieder, dieses scheinbare Indiz, dieser Notbehelf der Deutung. Doch bedarf es dessen wirklich? Wenn wir uns die Vorläuferin dieser Arie, die Arie der Constanze (Nr. 10) aus der ›Entführung‹ vergegenwärtigen, in der das g-Moll wörtlich ›Traurigkeit‹ artikuliert, so scheinen wir tatsächlich dem Nimbus dieser Tonart näherzukommen, dem ›schmerzlichen Pessimismus‹. Und unsere Deduktion wäre: Da Mozart die traurige Gestimmtheit einiger seiner Frauengestalten mit ihr bedacht hat, muß sie für ihn auch in seiner absoluten Musik gelten, vor allem der Sinfonie (K. 550) und dem Quintett (K. 516). Die meisten scheinen sich denn auch für die Gültigkeit dieser Behauptung entschieden zu haben. Wir tun es dennoch nicht, weil wir uns als Hörer zu einem solchen Schema der Bestimmung nicht entschließen sollten. Bedenken wir zum Beispiel, daß, vielleicht in einer weniger sublimen, und doch auf ihre Art nicht minder glanzvollen Variante, auch ein Osmin in der ›Entführung‹ das g-Moll für sich beanspruchen darf: ›Wer ein Liebchen hat gefunden‹ (Nr. 2). Osmin, dieser miglior fratello des

Monostatos, Vertreter des gegnerischen Prinzips. Es ließen sich viele solcher Gegenüberstellungen anführen, doch brauchen wir wirklich diesen Gegenbeweis?

PAMINA: ›Fühlst du nicht der Liebe Sehnen, so wird Ruh' im Tode sein‹; auch dieser verschwommenen Aussage läßt erst die Musik einen Sinn erstehen, und zwar von einer Tiefe, die sich nicht in Worte zurücktransponieren läßt: eine nicht-verbale existentielle Aussage. Hier denn ist wahres Musikdrama: Pamina könnte ihre musikalische Linie auf einen einzigen Vokal singen – der Sinn wäre dennoch evident, als überwältigende subjektive Wirklichkeit der Figur, nicht ihres Schöpfers. Denn jede Feststellung einer Identifikation zwischen ihr und ihm, und wenn uns auch sein Tod sechs Monate später ein Recht darauf zu geben scheint, bleibt eine sentimentale, wenn auch verlockende Konstruktion. Mozart verrät sich uns weder in Worten noch in Musik. Wo diese ein Schlüssel zu sein scheint, sich als solcher sogar anbietet, verwischt er die Spuren ihrer Entstehung. Mozart hat es sein Leben lang vorgezogen, sich – wenn nur irgend möglich – seiner Mitwelt gegenüber als Spaßmacher darzustellen, in unbewußtem Verlangen, das, was ihn bewegte, nicht außermusikalisch und unverarbeitet weiterzugeben. Die alltäglichen Kontakte wurden von ihm auf andere Weise erledigt; ›gepflegt‹ wäre fast schon zuviel gesagt. Es war ihm in den Stunden, in denen er den Bereich der Musik verließ, meist unernst zumute, und zwar beinah bis zuletzt. Sentimentalität oder Selbstmitleid kannte er nicht, wehleidig war er nicht, und, im Gegensatz zu so vielen großen Künstlern, auch kein Hypochonder; allerdings bediente er sich nicht selten eines Leidens zu zweckbedingter Demonstration. Humor als Zwang und Maske: das eine war vom anderen nicht zu trennen. Gewiß hat er, zur Zeit der Arbeit an der ›Zauberflöte‹, notgedrungen, die Maske oft fallen lassen müssen. Es fehlte ihm zwar nicht an jener Gesellschaft, die ihm die Rolle des Spaßmachers auch damals noch zugewiesen hätte, ja, die sogar bis zum bitteren Ende damit rechnete: Wahrscheinlich war die Schikanedersche Clique, wenn wir sie richtig einschätzen, jederzeit bereit, ihn bei Laune zu halten und seine Launen in Kauf zu nehmen. Wahrscheinlich aber fehlte ihm der innere Impuls, die Initiative und die Kraft zu Späßen, wie er sie früher aufs freieste geäußert hatte. Dennoch entnehmen wir seinen Briefen bis zwei Monate vor seinem Tod, daß ihn sein Hang, sich, seine Stimmungen und vor allem seinen Zustand zu bagatellisieren, nicht verlassen hatte. Es ist daher ebensogut möglich, daß sich eine frühere Briefstelle auf diese Arie bezieht: ›Aus lauter langer weile habe ich heute von der Oper eine Arie componirt‹, schrieb Mozart am 11. Juni 1791 an Constanze. Und vielleicht war das, was ihm ›Empfindung‹ machte, die Arie ›Der Vogelfänger bin ich ja, stets lustig, heissa hopsassa‹.

ZU DIESER ZEIT ETWA, sechs Monate vor dem Tod, beginnen einige rätselhafte Anspielungen in seinen Briefen an Constanze in Baden darauf hinzuweisen, daß er zum ersten Mal irgend etwas bewußt überspielte; ein geheimnisvolles Element, das sich für uns der Definition entzieht, erscheint zwischen den Zeilen. Das Ende des Briefes vom 11. Juni 1791 haben wir bereits erwähnt: ›ich küsse Dich 1000mal und sage in Gedanken mit Dir: Tod und Verzweiflung war sein Lohn! – ‹ Hat Mozart hier etwa den Tod parodistisch bagatellisiert? Am 5. Juli wird er deutlicher, die Aussage trauriger: › – denn ich habe mir vorgenommen, in Deiner Umarmung auszuruhen; – ich werd’ es auch brauchen – denn die innerliche Sorge, Bekümmerniß und das damit verbundene Laufen mattet einen doch ein wenig ab.‹ Zu der Annahme, daß es sich um das Wissen einer Todeskrankheit handelt, können wir uns auch hier nicht entschließen, die Beweisfähigkeit der Fakten ist denn doch zu gering. ›. . . sono in procinto di spirare . . .‹: der Brief an da Ponte – sofern er echt sein sollte – wäre erst im September geschrieben worden, also schon näher am Tod, er wäre freilich ein schlagender Beweis der Todesahnung. In Constanzes Armen ausruhen: Das war vielleicht nur ein symbolisches Bild einer nicht mehr zu stillenden Sehnsucht nach etwas Unbestimmtem und Unbestimmbarem. Vielleicht wollte er nicht mehr leben; doch bedeutet es eben noch nicht das Wissen, daß er auch wirklich bald nicht mehr leben *würde*. Manche Briefzeilen an Constanze, unstet, fahrig, diese eingeflochtenen Passagen, Nebenthemen, weggewischte Ahnungen, scheinen dennoch immer wieder auf etwas hinzuweisen, das im Unbewußten präsent gewesen sein muß. Wir haben ja vom früheren Mozart keine Briefstelle, in der sich passive

Ergebung, Indolenz oder Trägheit offenbarte, und selbst die Phrase vom Tod als des Menschen bester Freund in dem zweifelhaften Brief an den Vater ist in ihrer spekulativen Selbstbeschwichtigung unmozartisch: Das Wort ›Schicksal‹ gehörte weder zu seinem Vokabular noch zu seinem Begriffsschatz.

So wie sich – bis zur Zäsur des Pariser Aufenthaltes – alles an ihm in unmittelbarer, wenn auch einseitig gefärbter Mitteilsamkeit niederschlug, als Zeugnisse intensiven Erlebens, in plastischem, dabei gänzlich unreflektiertem Ausdruck jeglicher Erfahrung, auch der alltäglichsten, hat Mozart sich später dazu angehalten, nicht ohne Grimm und Bitternis, nach Möglichkeit das gesamte Leben als komisch zu empfinden, was ihm nicht immer gelingen wollte und doch so oft gelang. Nun aber, in diesen späten Briefen, gelang es ihm nicht mehr. Noch immer sprechen sie von anscheinend unverminderter Aktivität, von Opernbesuchen, Mahlzeiten im Gasthaus ›Zur Krone‹, vom Aufstehen um 5 Uhr morgens, von standhaftem ›Mitspielen‹ bei Geselligkeiten oder einer ›Freundschaftstafel‹, Überraschungsbesuchen zum Frühstück, der Teilnahme an einer Prozession ›mit einer Kerze in der Hand‹ – einem Akt unverblümter Scheinheiligkeit, denn bei den Piaristen, zu denen die Prozession zog, wollte er seinen Sohn Carl in die Schule geben! Er schreibt von Spaziergängen, von herrlichen ›Carbonadeln‹, zu denen er sich selbst bewirtete – ›che gusto!‹ – und die er auf Constanzes Gesundheit ißt, weniger als zwei Monate vor seinem Tod. Nach zwei Partien Billard verkauft er sein Pferd, läßt sich schwarzen Kaffee holen, trinkt ihn, wozu er ›eine herrliche Pfeiffe toback schmauchte‹, danach instrumentiert er schnell den dritten Satz des Klarinettenkonzerts für den ›Stadtler‹. Oder: Er verspeist ›ein kostbares Stück Hausen‹ (Stör) und andere Delikatessen, ist aber nicht satt – und wenn sein ›Apetit . . . etwas Stark ist‹, schickt er den ›Kammerdiener‹ nach weiteren Portionen aus.

Ablenkung von seinem wahren Zustand? Wir meinen, daß Constanze nicht allzu besorgt darum gewesen sei, denn krank war Mozart nicht, und was in seinem Geist vorging, nahm sie wohl ohne allzu große Besorgnis zur Kenntnis.

Gewaltsame Demonstration eines vorgegebenen Lebenswillens? Vielleicht. Möglicherweise hatte er das Bedürfnis, sich selbst davon zu überzeugen: Hinter mancher Zeile spürt man die Anstrengung. Dennoch: Er hat gewiß diese leiblichen Genüsse zu sich genommen, hielt sie Constanze gegenüber für erwähnenswert, ja er demonstrierte ihr, seltsamerweise, daß es eben doch auch ohne sie ging.

Andrerseits zeugen diese Briefe nicht selten auch von übler Laune, dann etwa, wenn er einen Brief von Constanze wieder nicht erhalten hat – wahrscheinlich hat sie ihn nicht geschrieben – oder wenn ein potentieller Gläubiger ihn hat sitzen lassen. Unter den nunmehr meist forciert anmutenden Scherzen finden sich kurze Einblicke in ein aufgerührtes Inneres, auf Augenblicke der Depression, deren er sich hier zum ersten Mal selbst bewußt wird, die er sogar kommentiert. ›Für mich ist es gar nicht gut alleine zu seyn, wenn ich etwas im Kopfe habe.‹ Was meint Mozart mit ›im Kopfe‹? Die Schulden oder Musik? Zum ersten Mal nimmt er dieses rätselhafte Sehnen wahr, er weiß aber den Gegenstand nicht, geht ihm nicht weit nach; die Schwermut wird so manifest wie der Entschluß, sie zu überwinden. Der immer wieder ausgedrückte Wunsch, Constanze möge sich nicht sorgen, sie solle vielmehr lustig und heiter sein, bezieht sich nicht zuletzt auf ihn selbst, er versucht, sich zu ermutigen, mit wechselndem Erfolg. Dazwischen erscheinen die Ermahnungen, der Wunsch, sie möge sich sittsam aufführen, wobei wir auch hier den Grad der Identifikation nicht messen können. War auch dies zugleich Selbstermahnung? Und immer wieder erscheint, als Ursache dieser Ermahnungen, die unbekannte Komponente, eine Figur, ein Mann: N. N., rätselhaft wie ein Palimpsest, aber konstant, von Nissen konsequent und hartnäckig aus den Handschriften gestrichen, vor allem dort, wo es sich offensichtlich um Süßmayr handelt: Denn dieser geheimnisvolle ›N. N.‹ ist keineswegs immer derselbe. Nicht überall ist es Nissen gelungen, die Spuren der scheinbaren Verfehlungen zu verwischen, hin und wieder hat er es auch vergessen, und es erscheint Süßmayr; so zum Beispiel ausgerechnet in Mozarts allerletzter brieflicher Äußerung, dem Postskriptum seines Briefes an Constanze vom 14. Oktober 1791: ›. . . mit N. N. mache was du willst. adieu.‹ Mozarts letzte erhaltene schriftliche Äußerung! Constanze scheint sie befolgt zu haben, zumindest soweit es in ihren eigenen Möglichkeiten lag.

N. N. ›NOMEN NESCIO‹ oder ›Notetur nomen‹ oder wie man es deuten möchte (ursprünglich vielleicht Numerus negidius): Diese Abkürzung finden wir überall verstreut in Mozarts Briefen an Constanze der letzten Jahre. Dechiffrierbar sind außer Süßmayr, der Hauptfigur, mindestens zwei andere Herren in Baden, ferner ein Gläubiger, eine suspekte Person, ein zufälliger Bekannter. Hin und wieder finden wir zwei N. N. in einer Zeile, beide Male ein anderer, wie sich aus dem Sinn eindeutig ergibt. Wir wissen daher nicht, mit wem Mozart ein neues Geldgeschäft getätigt hat, wenn Puchberg zu wenig herausrückte; wir wissen nicht, vor wessen Aufdringlichkeiten Mozart seine Frau warnt, oder gar, wer es sein mag, der ein ›gusto‹ auf sie hat. ›N. N.|: Du weißt wen ich meine :| ist ein Hundsfott . . .‹ (2. Juni 1790). Wer mag es sein? ›. . . mit N. N. machst Du mir zu freye . . . ebenso mit N. N. als er noch in Baaden war, – bedenke nur daß N. N. mit keinem Frauenzimmer, . . . so grob sind, als mit Dir . . .‹ (August 1789). Wer sind die beiden? Konnte wohl Constanze sie auseinanderhalten, wußte sie sofort, wer da gemeint war? Hat sie sich an alle diese Personen erinnert, als sie, viele Jahre später, mit Nissen den Briefnachlaß ordnete? Und die fehlenden Briefe: Hat Constanze sie vernichtet, bevor Nissen sie zu Gesicht bekam, oder haben die beiden sie gemeinsam durchgelesen und hier und dort gesagt: ›Dies besser nicht!‹? Jedenfalls war der Name Süßmayr für beide ein Tabu.

SEIT 1789 BESUCHTE CONSTANZE BADEN zur Kur, jeweils wochen-weise, aber unregelmäßig; und zwar meist in Begleitung von Süßmayr, Mozarts Schüler, aber auch – wie Constanze den Novel-los gegenüber vielsagend betont hat – zeitweise Schüler des glück-licheren Rivalen Salieri. Was Süßmayr in Baden zu suchen hatte, wird uns heute nicht mehr klar. War es Mozart wirklich lieber, ihn als ›Beschützer‹ bei Constanze zu wissen, als ihn in der Nähe zu haben, zum Abschreiben der Stimmen in der ›Zauberflöte‹, zur Fertigstellung der Rezitative im ›Tito‹? Wie es nun aber war, mußten Partituren zwischen Baden und Wien hin und her ge-schickt werden, das kostete Geld und Zeit.

Am 26. Juli 1791 kam Constanze mit einem Sohn nieder: Franz Xaver (Süßmayrs Namen) Wolfgang. Was war Süßmayrs Rolle seit August 1789? Hatte er auf die Leidende aufzupassen? Wie leidend war sie? Gewiß doch so munter, daß Mozart sie in dem zitierten Brief vom August 1789 ermahnen mußte:

... – ein Frauenzimmer muß sich immer in Respekt erhalten – sonst kömmt sie in das Gerede der Leute – meine Liebe! – verzeihe mir daß ich so aufrichtig bin, alleine meine Ruhe erheischt es sowohl als unsre beiderseitige Glückseeligkeit – erinnere Dich nur daß Du mir einmal selbst eingestanden hast, daß Du zu *nachgebend seyst* – Du kennst die Folgen davon – erinnere Dich auch des Versprechens welches Du mir thatst – O Gott! – versuche es nur, meine Liebe! – sey lustig und vergnügt und gefällig mit mir – quäle Dich und mich nicht mit unnöthiger Eifersucht – habe Vertrauen in meine Liebe, Du hast ja doch Beweise davon! – und Du wirst sehen wie vergnügt wir seyn werden, glaube sicher, nur das kluge Betragen einer Frau kann dem Mann Fesseln anlegen – adjeu – ...

Ein seltsamer Brief. Schuld und Bezichtigung scheinen einander hier zu durchdringen, und wahrscheinlich in beiden Fällen nicht ohne eine gewisse anklägerische Berechtigung. Was uns aufhorchen läßt, ist dieses ›Fesseln anlegen‹. Bedeutet es, daß – wie die Dinge standen – er sich dieser Fesseln ledig fühlte?

Doch bleiben wir zunächst bei Constanze! Was hat sie und Nissen bewogen, zwar Süßmayrs Namen, sei er ausgeschrieben oder angedeutet, konsequent unkenntlich zu machen, andrerseits aber eine Briefpassage wie diese zu bewahren und freizugeben? Gewiß soll Constanzes Rolle für uns nur von sekundärer Wichtigkeit bleiben, doch führt die Betrachtung ihres Verhaltens zu einer zentralen Frage: Was hat Constanze bewogen, das unvollendete ›Requiem‹ nicht, wie Mozart es, ihrer eigenen Aussage vom 1. Januar 1826 nach, ausdrücklich bestimmt hatte, Süßmayr, sondern einem anderen Schüler, Joseph Eybler, zur Vollendung zu übertragen? Erst als dieser ablehnte – es ist nicht völlig gesichert, ob er sich nicht doch zunächst daran versucht hat –, gab sie es, notgedrungen, Süßmayr, denn sie brauchte das Geld. Später erst, nach Nissens Tod nochmals danach befragt, schrieb sie (4. Juli 1826): ›Das ich's Eybler'n angetragen habe, es fertig zu machen, kam daher, weil ich eben (ich weiß nicht warum) böse auf Süßmayr war.‹ Constanze also, die sich an so vieles, zum großen Teil Unwesentliches, erinnert, sollte sich nicht mehr erinnern, warum sie, in dieser kritischsten Phase ihres Lebens, mit Süßmayr böse gewesen sei? Das können wir ihr nicht glauben.

Andrerseits können wir die Frage auch nicht beantworten. Daß sie ein Liebesverhältnis mit Süßmayr hatte, ist – sagen wir vorsichtig – möglich. Möglich ist auch, daß sie ihn nach Mozarts Tod habe heiraten wollen, daß er jedoch die um vier Jahre Ältere verschmäht habe. Es wurde die Theorie vertreten, daß Franz Xaver Wolfgang Süßmayrs Sohn gewesen sei.[85] Nach Hansens Doppelportrait der beiden überlebenden Söhne Mozart aus dem Jahr 1789 läßt es sich nicht beurteilen. Jedenfalls müßte Franz Xaver Wolfgang als Mozarts Sohn zumindest siebzehn Tage zu früh geboren sein. Denn neun Monate zuvor, Oktober 1790, war Mozart auf Reisen und kehrte erst am 10. November wieder zurück. Mozarts grobe, gegen Ende geradezu polternde Herzlichkeit Süßmayr gegenüber läßt viele Möglichkeiten einer uns nicht mehr verständlichen, doch wie auch immer verqueren Beziehung offen: Ergebung, Gleichgültigkeit, Einverständnis, sogar Komplizenschaft: Möglicherweise hatte Constanze kein Liebesverhältnis mit Süßmayr und war ›böse auf ihn‹, weil er ihren Unmut erregt, indem er über ihren allzu freien Lebenswandel und ihre Affairen mit jenen anderen N. N.-Figuren seinem Freund und Lehrer Mozart Bericht erstattet hatte. Daß er demnach nicht der Gegenstand dieser wiederholten Vorwürfe des Ehemannes Mozart ist, sondern der auslösende Informant. Wem gegenüber aber soll sie ›zu nachgebend‹ gewesen sein? Vor allem aber: ›Du kennst die Folgen davon.‹ Was waren die Folgen? Ein Jahr später schreibt er: ›Mit N. N. mache was du willst. adieu.‹ Bedeutet das: ›Es ist eh alles egal‹?

Wir wollen uns nicht zu Anwälten einer chronique scandaleuse machen. Soweit es Constanze betrifft, ist das Rätsel unwesentlich und banal. Nur wüßten wir gern mehr über Mozarts standhafte Toleranz gegenüber dem, was er zumindest geahnt haben müßte; vor allem aber über jene Gründe, die ihn immer wieder dazu anhielten, diese Toleranz unter allen Umständen walten zu lassen; einiges zu dulden, was ihn geschmerzt hat.

Oder hat es ihn etwa gegen Ende seines Lebens nicht mehr geschmerzt? Hat auch er, in den letzten Monaten seines Lebens,

85 Dieter Schickling: ›W. A. Mozarts Requiem‹. In: Mozart-Jahrbuch 1976/77, S. 265–276.

im gleichen Maß Toleranz beansprucht? Wollte er sich gar am Ende keine ›Fesseln anlegen‹ lassen?

NOCH AM 7. JULI 1791 schreibt Mozart an Constanze in Baden:
... Du kannst nicht glauben wie mir die ganze Zeit her die Zeit lang um Dich war! – ich kann Dir meine Empfindung nicht erklären, es ist eine gewisse Leere – die mir halt wehe thut, – ein gewisses Sehnen, welches nie befriediget wird, folglich nie aufhört – immer fortdauert, ja von Tag zu Tag wächst ...

Es handelt sich hier vielleicht um die erschütterndste Passage in allen seinen Briefen, eben weil sie so einmalig ist und so unversehens erscheint; weil er hier auf etwas niemals Ausgedrücktem eindringlich verweilt. Spät und plötzlich stehen wir vor diesem tiefen Einblick in seine Seele, einem Einblick, wie er ihn zu früheren Zeiten selbst erschreckt hätte. Und dennoch verrät er uns nichts über die Art dieser Leere, vor allem dieses nie befriedigte, daher nie aufhörende Sehnen, dessen Ziel Constanze nicht ist, noch nicht einmal als Ersatz: ihre Anrufung bleibt ausgespart. Er schreibt über sich selbst, ohne Rücksicht auf die Beziehung des ersehnten Objektes zu ihm. Doch zwei Tage später schon (9. Juli) schreibt er:
... nur finde ich daß Baaden in dieser schönen Zeit noch sehr angenehm für Dich sein kann, und nützlich für deine Gesundheit, die prächtigen Spatziergänge betreffend – dieses mußt du am besten fühlen, – findest du, daß dir die Luft und Comotion gut anschlägt so bleibe noch ich komme dan dich abzuholen, oder Dir zu gefallen, auch etliche Tage zu bleiben ...

Dieser Ton ist anders, ist resoluter, als der von zwei Tagen zuvor. Daß, im Gegensatz zu früher, das ›du‹ plötzlich kleingeschrieben wird, ist wahrscheinlich nur Koinzidenz. Doch gewinnen wir hier jäh den Eindruck, daß Mozart seine Constanze nicht ungern in Baden weiß, in Wien halte er es auch ohne sie aus. Noch am 8. Oktober, also weniger als zwei Monate vor seinem Tod, schreibt er:
... ich hoffe daß dir das Baad einen guten Winter machen wird – denn nur dieser Wunsch, daß du gesund bleiben möchtest, hiess mich dich antreiben nach Baaden zu gehen. – mir wird izt schon die zeitlang um dich ...

349

Das klingt nach schlechtem Gewissen: Offensichtlich war er diesmal selbst die treibende Kraft; er war es, der ihr die Reise
nahegelegt hatte. Wollte Mozart, der das Alleinsein nicht vertrug,
sie los sein? War er, wenn er ›allein‹ war, nicht allein? Der
Wunsch, daß sich seine Frau in Baden für einen guten Winter
wappnen möchte, ließe jedenfalls darauf schließen, daß er zu dieser
Zeit, weniger als zwei Monate vor seinem Tod, an diesen Tod noch
nicht dachte; oder daß er den Gedanken Constanze nicht mitteilte;
nichts von den Ahnungen, die er drei Monate zuvor gehegt zu
haben scheint.

Das Dunkel über Mozarts letzten Monaten läßt sich wohl
kaum noch aufklären. Wir sind auf seine Andeutungen und die
kryptischen Bemerkungen einiger Begleiter angewiesen. Bei ihm
selbst erscheint, gleichsam als ausgesparte unbewußte Information, das Element der Auslassung: weniger die Verdrehung der
Wahrheit als die gezielte und umschriebene Verheimlichung. Wo
hat er sich im September 1790 auf der Reise nach Frankfurt
›3 Mahl Nachts ein bischen ausgeruht‹ – er, der das Kutschenreisen
gewohnt war? Denn der Reisewagen war so ›herrlich‹, daß er ›ihm
ein Busserl geben‹ wollte. Und krank war er nicht; in Regensburg
speiste er ›prächtig zu Mittag‹, hatte ›eine göttliche Tafel = Musick,
eine Englische‹ (engelhafte) ›Bewirthung und einen herrlichen
Mosler = Wein‹. Gewiß, er reiste mit seinem Schwager Hofer, doch
der war sicherlich in allem mit von der Partie. Auch einen Diener
hatten sich die beiden mitgenommen, Schererei blieb ihnen erspart. Von der Reise nach Berlin mit Lichnowsky 1789 schrieb er
Constanze aus Dresden, daß er den Tag zuvor vom Kurfürsten
von Sachsen ›eine recht scheene Dose‹ erhalten habe. Mit der
scherzhaften Nachahmung des Sächsischen überspielte er die Tatsache, daß diese Dose immerhin 100 Dukaten enthielt. Was er mit
dem Geld getan hat, wissen wir nicht. Auch wissen wir nicht, ob
Constanze ihm glaubte, daß er eine leere Dose erhalten habe.

Doch im Jahr 1791 hören fröhliche Berichte dieser Art allmählich
auf. Er sinkt ab, auf eine niedrigere Existenz-Ebene. Von den
ehemaligen Gönnern wird dieser Abstieg nicht mehr zur Kenntnis
genommen: Für die Begleitfiguren seiner Wiener Glanzzeit, die

›liebsten besten Freunde‹, scheint er nicht mehr zu existieren. So hat denn dieser Abstieg seinen Niederschlag nur noch in nachträglichen Kommentaren gefunden. Nach Mozarts Tod ging das Gerücht seiner Leichtlebigkeit in die Breite, doch vage ist es immer geblieben. Was meint Schlichtegroll, Mozarts erster Biograph, wenn er von seiner ›überwiegenden Sinnlichkeit‹[86] spricht? Und irgendwoher muß ja Karoline Pichler von Mozarts ›leichtsinnigem Leben‹ gehört haben; gewiß war Biedermeier-Prüderie im Spiel, doch muß auch sie einen Anlaß gehabt haben. Das Gerücht um Mozarts Lotterleben hielt sich hartnäckig. Noch 1827 (19. August), also sechsunddreißig Jahre nach Mozarts Tod, schrieb Carl Friedrich Zelter an Goethe:

Mozart ist zwei Jahre vor mir geboren, und wir erinnern uns der Umstände seines Ablebens nur zu wohl. Mozart, dem bei sicherer Schule das Produzieren so von Händen ging, daß ihm zu hundert Dingen Zeit blieb, die er mit Weibern und dergleichen hinter sich brachte, hatte eben dadurch seiner guten Natur zu nahe getan . . .

Man mag sich mit Recht fragen, was Zelter wohl unter Mozarts ›guter Natur‹ verstand. Auch das den ›Weibern‹ gleichgesetzte ›dergleichen‹ macht eher den Schreiber zu einem spießerhaften Tugendbold als den Beschriebenen zu einem Wüstling. Gewiß, wo die Anekdote um sich greift, ist die Wahrheit schwerlich noch zu finden. Bekanntlich ist die Anzahl der Damen, die Mozart nicht gänzlich kalt gelassen haben soll, Legion. Und doch: Über Mozarts allerletzte, vielleicht hektische, Suche nach Zerstreuung während seiner allertiefsten Einsamkeit werden wir kaum noch Authentisches erfahren können. Es wollte wohl niemand darüber berichten, und das biedere Ehepaar Novello war nicht nur zu taktvoll, um in dieser Richtung zu forschen, sondern schnitt, wie wir gesehen haben, seinen Gesprächspartnern das Wort ab, sobald es niedrigere Regionen zu berühren drohte.

›. . . wo ich geschlafen habe? – zu hause, versteht sich . . .‹, schrieb Mozart, ziemlich salopp, in einem späteren Brief (25. Juni 1791) an Constanze nach Baden, wobei die Tatsache zu berücksichtigen ist,

---

86 Friedrich Schlichtegroll: ›Mozarts Leben‹, Graz 1794. Facsimile-Nachdruck der Original-Ausgabe, Kassel–Basel–Tours–London 1974.

daß er es mit der objektiven Wahrheit niemals sehr genau genommen hat. Zu ihr hatte er kein Verhältnis, sofern ihr Ausdruck nicht in die vorgegebenen Modelle paßte. Immerhin scheint sich Constanze nach seinem Tages- und Nacht-Lauf erkundigt zu haben. Sie wußte wenig über seinen Umgang, wenn sie abwesend war, hatte sogar wenig Kontakt zur Schikanederschen Gesellschaft, die als ›liederlich‹ galt. Es gibt da übrigens eine seltsame Botschaft von Schikaneder an Mozart, vom 5. September 1790. Sie lautet: ›Lieber Wolfgang! Derweilen schicke ich Dir Dein Pa Pa Pa zurückh. Es wirds schon thun . . . Abends sehen wir uns bei den bewußten . . – weißen. Dein Schikaneder.‹[87] Das ›Pa Pa Pa‹ bezieht sich wohl auf eine Diskussion zwischen Textdichter und Komponist über die Wirksamkeit des Stotterns, das ja schon Michael Kelly im ›Figaro‹ propagiert hat. Was aber die ›bewußten . . – weißen‹ sind, können wir kaum erahnen. Der Gedankenstrich weist darauf hin, daß es sich um die Ersatzbezeichnung einer Lokalität handle, die man entweder allgemein nicht so leicht beim Namen nennt, oder auf deren ironische Chiffrierung sich Mozart und Schikaneder geeinigt hatten. Wie bereits erwähnt, kümmerte sich Schikaneder um Mozarts Wohl, weil er das künstlerische Resultat brauchte. Möglicherweise war in seinen Angeboten neben dem der ›Völlerei‹ auch das der ›Sinnlichkeit‹ enthalten.

Die Briefe der letzten Monate sind vielsagend, doch verstehen wir nicht immer, was sie sagen. Geschrieben während Wochen höchster, oft hektischer Aktivität, sowohl in Arbeit als auch in Lebensführung, entsprechen sie einer Verfassung höchster Gespanntheit, mitunter einer beinah hysterischen Energie. Gestopft voll von minuziösem tagebuchartigem Bericht, sind sie auf seltsame Weise überartikuliert. Manchmal erscheint die prosaischste Tagesnachricht, vorgetragen mit grimmiger Präzision und dekoriert von einer Art Humor, der, je näher es dem Tode geht, je intensiver Mozart mit seinen letzten großen Werken beschäftigt ist, um so violenter und gewaltsamer wirkt. Er wird immer genauer in der Angabe jener banalen Anlässe, die den Empfänger, meist Constanze, zum Lachen reizen sollen, so als brauche er diese Anlässe selbst, um zu lachen. Der Wortwitz ist zwar stumpfer geworden,

87 Zitiert nach Komorzynski, a.a.O., S. 137.

bedient sich aber dieser Stumpfheit auch in Parenthese; mitunter erscheint eine bärbeißige Aggressivität, die auf einen tieferen Aufruhr hinweist, als verberge sich dahinter die Lachlust eines, der aufgegeben hat. So schrieb er zum Beispiel an Constanze zwei Monate vor seinem Tod (7. und 8. Oktober 1791):

... Dem ... (Süßmayr, von Nissen gestrichen) (in) meinen Namen ein paar tüchtige Ohrfeigen, auch lasse ich die ... (wahrscheinlich Sophie Haibl, von Nissen gestrichen) | welche 1000mal küsse | bitten, ihm ein paar zu geben – lasst ihm nur um göttes willen keinen Mangel leiden! – ich möchte um alles in der Welt heut oder morgen von ihm den vorwurf nicht haben als hättet ihr ihn nicht gehörig bedienet und verpfleget – – gebt ihm lieber mehr schläge als zu wenig –
gut wär es, wenn ihr ihm einen krebsen an die Nase zwiktet, ein Aug ausschlüget, oder sonst eine sichtbare Wunde verursachet, damit der kerl nicht einmal das, was er von euch empfangen, abläugnen kann; – ...

Ein Ausbruch unheimlicher Scherzhaftigkeit; es ist, als sei hier eine tief versteckte und zu versteckende Wut im Spiel. Nochmals haben wir nach Süßmayrs Schuld und Vergehen zu fragen. Hätte er diese, sich geradezu rhapsodisch offenbarende, Aggressionslust tatsächlich verdient? Oder hat sich Mozarts Galgenhumor verstiegen?
So finden wir in den Briefen der letzten Monate, eng beieinanderliegend, Ausdruck neben Ausbruch, Gelassenheit neben jenem Affekt, der für uns nicht recht deutlich ist, es sei denn als Anzeichen tiefliegender Verstörung. Auch bei unsentimentaler Betrachtung, selbst wenn wir den zweifelhaften Brief an da Ponte nicht berücksichtigen, können wir den Eindruck kaum abwehren, daß Mozart zuallerletzt doch den Tod habe auf sich zukommen sehen, und zwar nicht als ›des Menschen bester Freund‹, sondern als eine gewaltige Irritation, als alles zerstörenden Spielverderber. Hier denn erhebt sich die Frage: Macht ihn das zum kranken Mann?

WENN WIR ANNEHMEN, daß ›Gesund-sein‹ ein absoluter Zustand sei, bei dem objektiver Befund mit subjektiver Empfindung zusammenfalle, und nicht nur in Relation zu dem jeweiligen Individuum bestehe, das über Wohlsein verfügt oder nicht, so müßte man vielleicht sagen, daß Mozart niemals, in unserem Sinne, gesund gewesen sei. Das Genie ist es selten – auch hier ist Goethe eine Ausnahme –, denn seine Kreativität wird ja von einer konstitutionellen Anomalie bedingt.

Wenn es wirklich der Geist ist, der sich den Körper baut, so ist es wohl kein Zufall, daß der große Geist es fast niemals für zweckmäßig erachtet hat, sich den großen Körper zu bauen. Er hat den kränkelnden schmächtigen unscheinbaren Körper vorgezogen, um seine Schwächen immer wieder aufs neue anzugreifen und zu besiegen. Wohlgemerkt: Wir sprechen hier vom *großen* Geist, nicht vom *gesunden* Geist. Der gesunde Geist mag sich sehr wohl den gesunden Körper bauen, doch interessiert das niemanden als den Spießbürger, der in dem Satz ›Mens sana in corpore sano‹ seine ideale Forderung, seinen kollektiven Wunschtraum verwirklicht sieht.

MOZART HATTE KEIN LEIDEN, das ihn daran gehindert hätte, sein gewaltiges, bis zum Chaotischen hin programmloses und immer wieder unvorhergesehenes Pensum zu bewältigen. Außer von einer kurzen Periode, 1790, während der seine Produktivität qualitativ und quantitativ reduziert war, wissen wir von keiner Einschränkung durch Leiden, keiner Reise, die der Erwachsene krankheitshalber hätte absagen müssen, von keinem Konzert, keinem Kompositionsauftrag, den der Erwachsene nicht hätte ausführen können, weil etwa sein Gesundheitszustand es nicht zugelassen hätte. Auf seiner letzten Reise, vom 28. August bis zum 25. September 1791, sei er in Prag krank gewesen, ja, er habe sich schon krank auf die Reise begeben, habe dort ständig Medizinen genommen, sein Zustand habe ihm trübe Vorahnungen aufgezwungen, so heißt es. Doch auch dafür ist Constanze die einzige Zeugin, von ihr haben es Nissen und Niemtschek übernommen und haben somit die Legende vom Sterben Mozarts aufzubauen begonnen. Immerhin schrieb er während dieser achtzehn Tage des Aufenthaltes das letzte Drittel des ›Tito‹ nieder, zum Teil in Gasthöfen während der Reise, in der Villa der Duscheks, und wo immer sich Gelegenheit bot. Er dirigierte den ›Don Giovanni‹ (2. September), vier Tage später den ›Tito‹ (6. September), besuchte vier Tage später (10. September) die Freimaurerloge ›Zur Wahrheit und Einigkeit‹, wo seine Kantate ›Die Maurerfreude‹ (K. 471) aufgeführt wurde – ob er selbst dirigiert hat, ist nicht gewiß –, und komponierte, quasi als Dreingabe, kurz vor dem Abschied jene Baß-Arie in Es-Dur ›Io ti lascio, o cara, addio‹ (K. 621a), gegen deren Echtheit Constanze energisch und vergeblich protestiert hat, was uns zu der Frage verleitet, wer diese ›cara‹ wohl gewesen sein mag, vielleicht aber auch niemand Geheimnisvolleres als Josepha Duschek. Wie auch immer: Dieses Programm erscheint uns nicht als das eines kranken Mannes. Daß die Enttäuschung über den Mißerfolg des ›Tito‹ – die ›porcheria tedesca‹ – ihm psychisch zusetzte, daß sie sich funktionell entsprechend niederschlug, halten wir für wahrscheinlich, sofern wir es wagen wollen, unser eigenes vegetatives System – oder auch das typische vegetative System des kreativen Künstlers heute – mit dem seinen zu vergleichen.

MOZART SELBST hat wohl kaum auf seine Gesundheit geachtet, sofern sie nicht vielleicht den musikalischen Aktivitäten unmittelbar zugute kam. Wenn er auch, weder als Kind noch als Erwachsener, niemals Hunger leiden mußte, so war doch seine Ernährung alles andere als nach gesundheitlichem Prinzip geordnet, sie war es wohl bei keinem seiner Zeitgenossen. Später wurde sie immer unregelmäßiger, doch auch darin war er vielleicht keine Ausnahme. In der Tat, wir können nicht beurteilen, bis zu welchem Grad die Physis eines Menschen zu seiner Zeit und in seiner Situation durch seine Lebens- und Ernährungsgewohnheiten überhaupt beeinflußt war, sofern er sich – oder man ihn – nicht vergiftete.
Nachdem er, zwei Monate vor seinem Tod, sein Pferd veräußert hatte, machte er nur noch nach Möglichkeit täglich seinen ›favorit spaziergang‹ zu Fuß, bis es ans Sterben ging. Viel hat er also für sein physisches Wohlsein nicht getan, es war weder seine Art noch lag es in der Zeit, und es war ihm von seinem Vater, obgleich dieser bei akuten Fällen selbst gern den Doktor zu spielen beliebte, nicht anerzogen worden. Doch gewiß wurde sich Mozart seiner Selbstvernachlässigung niemals bewußt, jedenfalls ist keine entsprechende Bemerkung der Einsicht bekannt, niemals finden wir auch nur den Anflug eines Gedankens, daß er, um seines physischen Wohles willen, dieses oder jenes tun oder lassen sollte – so wenig übrigens, wie um seines seelischen Heiles willen. Hin und wieder finden wir in seinen Briefen momentanes, mitunter schwe-

355

res, Unwohlsein dokumentiert, oder plötzliche Schmerzen, doch keinen bewußten Hinweis auf Symptome einer Krankheit. Gewiß: Vielleicht hat er alle Ahnung ausgespart. Doch müssen *wir* den Eindruck gewinnen, daß er sich meist körperlich wohlfühlte. Erst am Tag nach der Aufführung der ›Kleinen Freimaurerkantate‹ (K. 623), die er in der Loge ›Zur neugekrönten Hoffnung‹ am 18. November 1791 selbst dirigierte, fühlte er, ›daß es sich bald ausmusiziert‹ habe, mag im Gasthaus ›Zur silbernen Schlange‹ plötzlich seinen Wein nicht mehr trinken, fordert das Faktotum Joseph Deiner, das auch ihm stets zu Diensten ist, auf, ihn auszutrinken und legt sich endgültig hin. Wenn in diesem Bericht nicht schon Aktion und Wortlaut Anekdote sind, so sind es gewiß die mannigfachen Umrankungen dieses Sich-Niederlegens, ›um nicht mehr aufzustehen‹. Daher können wir sie getrost übergehen.

Bei manchem seiner Briefe sind wir nicht sicher, ob Mozart seinen Zustand zum Schlechten hin um einiges übertrieben habe, oder ob ihm die Flucht in die Krankheit als unbewußtes Mittel zum Zweck gedient habe. Am 14. August 1790 schrieb er an Puchberg:

liebster Freund und br:

So leidentlich als es mir gestern war, so schlecht geht es mir heute; ich habe die ganze Nacht nicht schlafen können vor Schmerzen; ich muß mich gestern von vielem gehen erhizt und dann unwissend erkältiget haben; – stellen sie sich meine laage vor – krank und voll kummer und Sorge – eine solche laage verhindert auch die genesung um ein merkliches. – in 8 oder 14 tagen wird mir geholfen werden – sicher – aber gegenwärtig habe ich mangel. – könnten Sie mir denn nicht mit einer kleinigkeit an die hand gehen? – mir wäre für den augenblick mit *allem* geholfen – Sie würden wenigstens für diesen augenblick beruhigen ihren   wahren freund diener und br:.

W: A: Mozart.

Puchberg schickte zehn Gulden, natürlich zu wenig. Doch der Brief berührt uns weniger als Wiedergabe des Krankheitsbildes – aus dem übrigens hervorgeht, daß Mozart sein augenblickliches Unwohlsein nicht mit einer durchgehenden Krankheit in Verbindung brachte, sondern mehr als ein Zeugnis seiner Not, ob unverschuldet oder nicht. Dennoch: Schmerzen durch Erkältung, diese

Diagnose mag zwar dilettantisch sein, aber wahrscheinlich ging es ihm in diesen Sommermonaten zeitweise wirklich so schlecht, daß er bettlägerig, daher physisch behindert war. Davon zeugt nicht zuletzt die magere Produktion: ein paar Sonatensätze für Klavier, meist Fragment geblieben, eine Bearbeitung des Oratoriums ›Das Alexanderfest‹ von Händel (K. 591), wahrscheinlich ein Auftrag von van Swieten, mit dem ihm ›in 8 oder 14 tagen‹ geholfen sein sollte, und, unmittelbar nach dem Brief, ein ›Komisches (!) Duett für Sopran und Baß‹ in F-Dur, ›Nun, liebes Weibchen, ziehst mit mir‹ (K. 592a), so bestürzend schwach, daß wir Mozarts Autorschaft bezweifeln wollen, es sei denn, daß diesmal tatsächlich Krankheit diesen Mißgriff entschuldige.

DOCH BIS ZU DER KRISE – gern als Apotheose gesehen – der letzten eineinhalb Jahre hat sich Mozart selten über schlechten Gesundheitszustand beklagt. Möglicherweise fallen Krankheiten in jene Perioden, während derer er sich brieflich nicht mitteilte; doch weist auch die Stetigkeit seiner Produktion nicht auf längere Leiden hin.

Als Halbwüchsiger, auf den Italienreisen, beschwerte er sich über Unpäßlichkeiten. Es wundert uns nicht: Er hatte riesige Programme zu bewältigen, auch wurde gewiß seine Aufnahmefähigkeit bis an ihre Grenzen strapaziert. Überdies teilten sich die Anstrengungen der Fahrten nicht nur seinem Körper mit; er erlebte sie bewußt und oft übelgelaunt: Die Abreise von Salzburg im Dezember 1769 bei eisiger Kälte, eine unfrohe Winterfahrt von mehreren Tagen bis Bozen (›botzen, das sauloch‹); später die mühseligen Kutschenreisen von Rom nach Neapel, die Gewaltfahrt nach Rom zurück, siebenundzwanzig Stunden ohne Unterbrechung. Dennoch hat ihm das Reisen im Süden wohlgetan: Aus seinen Briefnachschriften an die Schwester spricht ein angeregter Geist, gewitzt durch neue Erfahrungen; eine hellwache Beobachtungsgabe, gewürzt mit Kritik, von Skepsis und Zweifeln an der Qualität der eigenen Erfahrungen. Manchmal klagt er über mangelnden Schlaf und Müdigkeit. Wahrscheinlich kamen hier Wachstumserscheinungen und schöpferische Überaktivität als innerer Zwang zusammen. Er mußte seine Aufträge erfüllen, aber er wollte es auch, unabhängig von der durch den Vater auferlegten Arbeitsdisziplin.

Zwar war Mozart als Kind auf seinen Reisen zweimal schwer, möglicherweise sogar lebensgefährlich, krank, doch war er in beiden Fällen – 1765 in Den Haag Typhus, 1767 in Olmütz Blattern – das Opfer einer Epidemie. Es ist niemals überzeugend nachgewiesen worden, daß die Reisen seinen Gesundheitszustand bleibend beeinträchtigt hätten. Er war resistent genug, sie zu überstehen, so wie er, zu unserem Erstaunen, später manche extreme Situation überstanden hat.

Es GIBT WOHL KEIN LEIDEN, das sich, nachweislich und für uns alle als solches erkennbar, anwachsend und für lange Perioden latent, durch Mozarts Leben zieht. Gewiß hätte auch das deskriptive Vokabular seiner Zeit nicht ausgereicht, um uns ein Krankheitsbild kohärent zu vermitteln, schon die Bezeichnungen der Symptome klingen für uns seltsam vage, wenn nicht absurd: Eine ›Alteration‹ kann praktisch alles bedeuten; was man einen ›Catar‹ oder ›Carthar‹ nannte, ist wohl nur teilweise das, was wir heute unter einem Katarrh verstehen. So erscheint es uns meist, daß Krankheiten damals in einem anderen Gewand auftraten, oder, umgekehrt, daß hinter den uns erkennbaren Symptomen sich andere Krankheiten verbargen. Mozarts erster Sohn starb, zwei Monate alt (21. August 1783), an der ›Gedärmfrais‹, Nannerls Sohn erkrankte (September 1785) am ›Mehlhund‹, und woran seine Mutter gestorben ist, läßt sich auch aus der ausführlich angegebenen Medikamentenliste (28. Juni 1778) nicht mehr zuverlässig erkennen. Mozart selbst starb bekanntlich am ›hitzigen Frieselfieber‹. So nehmen wir denn auch die Diagnosen seiner Krankheiten, die unser Jahrhundert festgestellt hat – es gibt zumindest drei divergierende –, gern als Resultate wissenschaftlicher Akribie zur Kenntnis, wir stoßen uns mitunter höchstens an der apodiktischen Gewißheit, mit der sie vorgetragen wurden, aber sie bleiben Zeugnisse der Fehlbarkeit. In der Tat will es uns nicht gelingen, Mozart als kranken Mann in unser Bewußtsein einzuordnen. Wir sehen ihn weder als ›Leidenden‹ noch als ›Dulder‹ noch als ›Überwinder‹, auch vor seinem Tode nicht. Wir wären versucht zu behaupten, daß ihm Würde und Selbstbeherrschung verboten, sich selbst in diesen Eigenschaften zu sehen und zu artikulieren, doch das fiele ins Gebiet der vom Wunschdenken diktierten Interpretation. Es ist tatsächlich, als könnten wir ihm in seiner Befindlichkeit keine Attribute andichten, die nicht seiner eigenen Begriffswelt entstammen. Denn hier ist ja das zentrale Rätsel: Wie hat Mozart sich selbst erlebt? Man kann sich wohl im Werk objektivieren, man kann aber seine psychische und physische Erfahrung nicht gänzlich ausschalten. Wenn auch die Arbeit oft genug bewirkt haben mag, daß er sein Leiden – wenn er gelitten hat! – darüber vergaß, so muß es ja wieder über ihn gekommen sein, wenn er mit der Arbeit aufhörte. Was erlebte er dann an Schmerzen und an durch Schmerzen bedingten Ahnungen? Gingen seine Empfindungen über das unmittelbare Erleben des Augenblicks hinaus, und welcher Art waren seine Befürchtungen über die Zukunft seines Körpers?

DER REICHTUM AN DOKUMENTATION, primär durch ihn, sekundär und geringer an Gewicht, durch Zeitgenossen, hat uns dazu verleitet, ›über Mozart Bescheid zu wissen‹. Wir müssen aber bedenken, daß seine Selbstdokumentation, von ihm natürlich niemals als solche vorausgesehen, bis fast zuletzt keine bewußte Wiedergabe seines Seelenzustandes ist. Sie ist, im Gegenteil, als Mitteilsamkeit sich tarnende Diskretion. In ihr haben wir, soweit wir es bestimmen können, das bis zur Erschütterung eindringliche Zeugnis einer Selbstbeherrschung, wie man sie bei den ›Großen‹ selten findet. Was ihn bewußt tief bewegt, lesen wir außer in den ebenso lapidaren wie tragischen ›bread-and-butter-letters‹ an Puchberg oder den gleichsam beiläufigen kurzen Eröffnungen der letzten Monate an Constanze nur zwischen den Zeilen oder, wenn er gleichzeitig am Komponieren war, überhaupt nicht. Sein Vokabular der Ablenkung ist, bewußt oder unbewußt, darauf angelegt, die wahre Verfassung – und oft die wahren Absichten – nicht preiszugeben, außer dort, wo Mozart die Preisgabe zur Erreichung eines Zweckes braucht. Nicht zuletzt in dieser Kontrapunktik des Überspielens sind viele seiner Mitteilungen wahre Kompositionen, auch die Briefe an Puchberg.
Zudem aber dürfen wir nicht vergessen, daß es lange Perioden des Schweigens gab, Perioden, über die uns nur sehr spärliche Information und noch spärlichere Dokumentation vorliegt, Jahre, in denen die Familie Mozart zusammenblieb, oder in denen, nach

dem Tod des Vaters, durch die Anwesenheit Constanzes oder anderer potentieller Briefpartner, sich die Korrespondenz erübrigte. Was während dieser Perioden in Mozarts außermusikalischem Leben vorging, können wir noch nicht einmal erahnen, seine Musik gibt darüber etwa so viel oder so wenig Aufschluß wie ein Roman über das Innenleben seines Verfassers: Ahnungen werden erweckt, doch niemals erfüllt.

Es ist daher nicht ausgeschlossen, daß sein Befinden öfter schlecht war, als dokumentiert ist. Dennoch wird es uns nicht leicht, uns der These anzuschließen, daß Mozart als kranker Mann, ein früh dem Tod Geweihter, durchs Leben ging. Viele seiner ›liebsten besten Freunde‹ sind weniger alt geworden, Barisani, Therese von Trattnern, Hatzfeld, Jacquin, Stephen Storace, Sigmund Haffner der Jüngere; viele seines Kreises nicht wesentlich älter, Hunczowsky, Hofer, Marianne Kirchgäßner, Süßmayr – wir dürfen nicht Haydn als Beispiel nehmen. Wenn Mozart also wirklich krank war, muß sein Leiden jedenfalls über Jahre stationär geblieben sein: Solche Fälle kennt die Medizin, kannte sie vielleicht damals noch nicht, aber es muß sie gegeben haben. Dann hätten wir es hier mit einem gewaltigen Unterschied zwischen objektivem Befund – sofern er eindeutig festgestellt worden wäre – und jenem subjektivem Befinden zu tun, das nur Mozart selbst hätte feststellen können. Vielleicht hatte er stärkere Beschwerden als er selbst dokumentiert hat; in seinen Briefen bleiben sie ausgespart. Mozart klagte nicht und klagte nicht an, wenn es nicht um seine Ehre ging. Selbst wenn wir nicht an eine bewußte oder gar absichtliche Selbstbeherrschung denken, sondern an die unbewußte Unterdrückung jenes Teiles seiner Körperlichkeit, die ihm der Erwähnung nicht würdig erschien – im Gegensatz zu jenem Teil, dessen er sich bis spät noch mit Lust bedient hat –, manifestiert sich das rätselhafte Element der Gestalt Mozart nicht zuletzt an der Objektivierung dessen, was auch er als beinah unerträglich erfahren haben muß: des körperlichen Verfalls.

NATÜRLICH STELLT SICH HIER DIE FRAGE, ob Mozart, hätte er die erstrebten oder gar die erträumten Anstellungen erhalten, wäre ihm eine geordnete Existenz wie etwa die Haydns beschieden gewesen, länger gelebt hätte. Sie ist nicht zu beantworten, da wir uns den ›späten‹ Mozart in fürstlichen Diensten nicht vorstellen können, wir sehen ihn wohl als Künstler auftreten, doch nicht als Diener antreten. Nicht nur sind wir an das Bild des Sicherheit-Suchenden gebunden, sondern, wenn wir ein wenig tiefer blicken, drängt sich uns vor allem das Bild eines Mozart auf, der schließlich jene zurückwies, die ihm Sicherheit geboten hätten. Gewiß hat ihn die Unsicherheit aufgerieben, doch wer weiß, ob ein strenger Dienst ihm nicht einen Zwang auferlegt hätte, den er nicht hätte ertragen können. Unvorstellbar, daß er etwa, wie sein Vater es wollte, beim Erzbischof Colloredo geblieben wäre, obgleich der damals beruflich unzufriedene Vierundzwanzigjährige im privaten Leben recht vergnügt gewesen sein muß und es jedenfalls um einiges leichter hatte als später bei seinem ›freien‹ Leben in Wien. Doch letztlich hat er es wohl nicht leicht haben wollen. Die vagen Gedanken an ein ›herrliches Leben‹, das er mit Constanze führen wollte, wären auf jeden Fall schwer erkauft gewesen. ›. . . ich will arbeiten – so arbeiten – um damit ich durch unvermuthete Zufälle nicht wieder in so eine fatale Lage komme – . . .‹, schrieb er am 28. September 1790 aus Frankfurt an seine Frau. Und er arbeitete. Doch die ›fatale Lage‹ währte fort – wie fatal war sie, objektiv gesehen, und worin mag ihre Fatalität bestanden haben? –, die ›Zufälle‹ kehrten wieder, und ›unvermuthet‹ dürften sie nur in seiner eigenen Sicht gewesen sein. Die Angestellten Haydn und Salieri brauchten sich nicht abzurackern wie er, sie bezogen allerdings mehr als 800 Gulden jährlich; sie waren Kapellmeister und nicht ›Kammer-Compositeure‹. Die Feststellung, ›nichts angenehmers als wenn man etwas ruhig leben kann‹ (8. Oktober 1791), war ein halbherziger und bereits hoffnungsloser Selbstzuspruch und kam als Erkenntnis reichlich spät. Doch auch als Wunschtraum wäre sie in seinem Fall vermutlich zu keiner Zeit zu verwirklichen gewesen. Mozart war zu einem ruhigen Leben nicht geschaffen, sein innerer Motor erlaubte ihm keine passive Beschaulichkeit, er war seiner Mobilität nicht Herr, konnte noch nicht einmal seine physischen Reflexe kontrollieren. Niemals hätte er sich ausgeruht, er konnte es auch in den Armen Constanzes nicht, sondern erst im Tod. Zur Zeit dieser Einsicht wußte er, daß er sich ein ›angenehmes Leben‹ selbst mit der Annahme künstlerisch unbefriedigendster Aufträge nicht mehr erkaufen konnte, da nichts von dem, was ihm da angetragen wurde, die Summen herschaffen konnte, um seine Schulden zu bezahlen.

ZU DEN UNBEFRIEDIGENDEN AUFTRÄGEN DIESER ZEIT gehören unter anderem drei Werke für ein Instrument, das gewiß nicht viel besser geklungen hat als eine Drehorgel: das ›Adagio und Allegro für ein Orgelwerk in einer Uhr‹ (K. 594), begonnen im Oktober auf der Frankfurter Reise, beendet in Wien Dezember 1790; das ›Orgel-stück für eine Uhr‹ (Allegro und Adagio, K. 608, 3. März 1791) und das ›Andante für eine Walze in eine kleine Orgel‹ (K. 616, 4. Mai 1791). Aus diesen unbeholfenen Eintragungen ins Werkver-zeichnis geht hervor, daß Mozart selbst nicht recht wußte, wie er das ihm höchst unliebsame, ›kindisch‹ klingende mechanische Instrument eigentlich nennen sollte. Es handelt sich um Aufträge des Grafen Deym für das von ihm geschaffene Wachsfigurenkabi-nett mit Phantasiegrabmälern jüngst verstorbener Prominenter: eine Art Panoptikum. Die ersten beiden der drei Stücke sind Meisterwerke geworden, nicht nur als souveräne Bewältigung einer unliebsamen Aufgabe, Programmfutter für eine mißklingen-de automatische Musikdose, nicht größer als eine Wickelkommo-de, sondern als in sich geschlossene Stücke absoluter Musik, ja, sie leben aus diesem Absoluten, denn hier gab es ja nichts mit in-strumentenbedingter Klangfarbe auszudrücken. Die beiden ersten Stücke stehen in einem tief-ernsten, fast abweisenden f-Moll – das dritte Stück (K. 616), in F-Dur, ist schwächer, konventioneller – es sind Höhepunkte Mozartscher Bewältigung, einer einzigartigen logischen Kraft, die im zweiten Stück (K. 608) in einer erregenden Doppelfuge kulminiert: Trauermusik auf Bestellung, vollkomme-ne Lieferung des Gewünschten, wie die ›Maurerische‹, nur eben nicht für Instrumente seiner Wahl, sondern für einen Musikkasten, aus dem sie jede Stunde automatisch erklangen. Bedeutende Musik für eine Spieldose, eine beinah tragikomische Konstellation, jeden-falls ›ein Triumph des Geistes über die Materie‹.[88]
Dazu kamen jene Disparata, die er aus Gefälligkeit diesem oder

88 ›In spite, however, of the distasteful nature of the task, Mozart's integrity rose superior to the artificial medium, thus achieving in both this piece (K. 594) and K. 608, a notable triumph of mind over matter.‹ A. Hyatt King: ›Mozart in Retrospekt‹, Oxford 1970.

jenem Instrumentalisten gegenüber geschrieben hat. Jedenfalls stellen wir uns nicht vor, daß etwa das Adagio und Rondo für Glasharmonika, Flöte, Oboe, Viola und Violoncello (K. 617, 23. Mai 1791) einem inneren Bedürfnis entsprungen sei. Vielmehr hatte ihn die blinde Virtuosin Marianne Kirchgäßner darum gebeten, und er schrieb das Gewünschte für sie, ein schönes ›gefühlvolles‹ c-Moll-Adagio, das in ein – wie uns scheint – recht lustloses Rondo mündet, das kaum von innerer Beteiligung spricht. Schließlich war die wahre Attraktion des Konzertes im Burgtheater am 10. Juni 1791 die Fertigkeit einer Blinden.

Anders freilich steht es um sein letztes Instrumentalwerk und damit sein letztes großes vollendetes Werk überhaupt, das Klarinettenkonzert in A-Dur (K. 622), geschrieben im Oktober 1791, wenige Wochen vor seinem Tod; auch dies eine Gefälligkeitsarbeit, wenn man so will, für Anton Stadler, Freund und Inspirator bis zuletzt. In der Tat erscheint es uns, als hätte der sich gesagt: Dieser Mozart muß mir noch etwas Gutes liefern, bevor es mit ihm vorbei ist, der soll noch einmal singen, und sei es sein Schwanengesang.

Die Bassettklarinette, für die das Konzert geschrieben ist, hat sich nicht durchgesetzt, sie starb aus wie das Bassetthorn. Sie liegt tiefer als die Klarinette; von ihr gespielt, erzielt das Konzert durch seine ›ungebrochenen‹ Intervalle eine andere Wirkung, es wird schwerer, gewichtiger, weniger gefällig, doch transparenter. Überdies aber wird es zu einer definitiven Aussage Mozarts: Hier zeige ich euch noch – zuletzt –, wie das Bläserkonzert schlechthin auszusehen hat: kantabel, ohne virtuosen Tand, dicht, aber niemals dick. Gewiß hätte Mozart dies niemals in Worten gesagt, noch hätte er seine einzigartige Leistung auf dem Gebiet des Bläsersatzes jemals reflektiert. Den Gedanken: ›Das hat noch niemand gemacht‹, kannte er nicht. Es ist daher an uns, festzustellen, nicht nur, daß kein Komponist zuvor oder danach in dieser Gattung die Qualität der Mozartschen Bläserkonzerte auch nur annähernd erreicht hat, sondern daß die Behandlung der Bläser in der, niemals zum Schema erstarrenden, Ausgewogenheit ihrer Kombinationen und der Differenzierung von reiner Melodik und Kantabilität bis zu höchster Suggestivität in den Klangfarben – man denke an die Rolle der Bläser in den großen Klavierkonzerten! – niemals übertroffen worden ist. Und nur zwei Komponisten sind ihm darin ebenbürtig geworden: Berlioz und Mahler.

DAS AUTOGRAPH DES KLARINETTENKONZERTES ist verloren. Vielleicht ist Freund Stadler daran nicht gänzlich unschuldig, er hat wohl so manches von Mozart verschwinden lassen, Kleineres wahrscheinlich auch als sein Werk ausgegeben. So sind die letzten Notenschriften Mozarts, die wir haben, die der Freimaurerkantate (K. 623) vom 15. November 1791, die er vierzehn Tage vor seinem Tod in der Loge ›Zur neugekrönten Hoffnung‹ selbst dirigiert hat; ferner die Eintragungen der Anfangstakte seiner letzten Werke in sein Verzeichnis und, als letztes, der Torso des ›Requiem‹. Im Gegensatz zur Handschrift seiner Briefe, die, nicht zuletzt im zunehmenden Abfallen der Zeilen nach rechts, eine depressive Verfassung verrät, ist die Notenschrift klar, belebt wie je, leserlich bis in jeden Notenhals und -kopf, Balken schnurgerade gezogen; nichts Flüchtiges, alles ebenmäßig und beherrscht: Niederschrift von Gedanken aus einem klaren Kopf, von keiner Krankheit oder Verwirrung entstellt. Hier jedenfalls spricht nichts dafür, daß Mozart zwanzig Tage vor seinem Tod auch nur hinfällig gewesen sei. Wir sind geneigt, Constanze zu glauben, wenn sie den Novellos sagt, er sei an einem plötzlichen Fieber gestorben (›that fever, which kills him suddenly‹), und somit der These das Wort redet, daß Mozarts frühere Krankheiten mit seinem Tod nichts zu tun haben.[89]

RETROSPEKTIVE ANAMNESE ist für den Mediziner ein verlockendes Spiel mit vielen Möglichkeiten. Doch bleibt sie natürlich Spekulation. Da sich am Objekt nichts mehr demonstrieren, geschweige denn beweisen läßt, kann sich der Forscher, je nach Wertung des Materials, auf Ausbau oder Widerlegung konkurrierender Theorien einrichten. Kein Zweifel, das Resultat ergibt aufschlußreiche, oft faszinierende Lektüre, doch will und wird sich keine Auslegung zu beweiskräftiger Vollständigkeit fügen. Zuviele Faktoren im Leben und Sterben nicht nur Mozarts, sondern auch anderer

89 Carl Bär: ›Mozart. Krankheit – Tod – Begräbnis‹. Zweite, vermehrte Auflage, Salzburg 1972.

Gestalten der Vergangenheit vor der Zeit wissenschaftlicher Diagnose rechtfertigen die Annahme, daß durch die Jahrhunderte nicht nur die Psyche, sondern auch die Physis sich verändert, zumindest in ihrer Reaktion auf die jeweiligen Lebensumstände, ihre Regeln und ihre Unregelmäßigkeiten. Wie gesagt: Uns würde eine sechzehnstündige Fahrt mit einer schlecht gefederten Kutsche über steinige Straßen oder ein Festmenü von vierzehn überwürzten Gängen zugrunde richten. Können wir uns Konstitution und Resistenz eines Mannes wie etwa Cervantes vorstellen, dessen linke Hand in der Schlacht von Lepanto verstümmelt wurde, der trotzdem Soldat blieb, bis er in algerische Gefangenschaft geriet, in der er fünf Jahre dahinvegetierte, darauf in Spanien Bankbeamter wurde, wegen Veruntreuung nochmals fünf Jahre im Gefängnis verbrachte, und in den letzten Jahren, verarmt, ein literarisches Meisterwerk schrieb? Oder auf der Ebene des Nicht-Schöpferischen: Wie sehen wir eine Mary Stuart, die neunzehn Jahre mit kalten Wintern in eisigen, von Kot stinkenden Räumen ihrer Gefängnisse sitzt, zunehmend angefressen von Krankheit, dabei eine katholische Revolution plant, sich bemüht, ihre Tante – gemeinhin Cousine genannt – Königin Elisabeth ermorden zu lassen, der sie gleichzeitig schmeichelnde Briefe schreibt und Anagramme auf Deckchen stickt? Hier, wie in vielem, versagt unsere Vorstellungskraft sowohl vor der Seele als auch vor dem Körper. Daß die praktische Medizin – wenn man es so nennen möchte, jedenfalls gab es keine andere – gegen andere Erreger anzukämpfen hatte, dürfte erwiesen sein. Daß aber auch das Körpersubstrat einer durch Zeit und nicht nur durch Umwelt bedingten Wandlung unterliegt, ist vielleicht nicht erwiesen, kann auch nicht mehr erwiesen werden, doch wenn wir uns die Krankheitsgeschichten der Vergangenheit betrachten, so finden wir schwerlich eine andere Erklärung.

Mozarts spät, dann aber rapid einsetzender Verfall, nach langen, von Krankheit und Unpäßlichkeit selten unterbrochenen Perioden intensiver Arbeit; der kurze, gleichsam atemlose Sterbensakt, der jähe Tod nach nur zweistündigem Koma, all dies bedürfte einer besseren Erklärung als sie uns die Schulmedizin nachträglich liefert (womit wir aber nicht behaupten möchten, daß eine andere Medizin als die Schulmedizin sie uns zu liefern vermöchte). Mozart hat noch zehn Stunden vor seinem Tod mit Freunden das ›Requiem‹ zu proben versucht, wenn auch die allgemeine, durch Constanzes Berichte ins Leben gerufene Behauptung, er habe tatsächlich auf dem Totenbett noch daran geschrieben, abwegig ist. Ein Blick auf das Autograph widerlegt sie: Wir haben die Schrift eines, zumindest allem Anschein nach, gesunden Mannes vor uns, jedenfalls eines, der klar disponiert, keine Erschöpfung verrät; niemals ein Zittern – der obligatorische Reflex des Sterbenden – keinerlei Nachlassen im Duktus. Gewiß ist keine einzige Note im Liegen geschrieben.

›HITZIGES FRIESELFIEBER‹. Zunächst erscheint uns, als käme diese heute absurd klingende Diagnose der Wahrheit, einer übertragenen grimmigen Wahrheit, näher als alles andere, was man Mozart an Krankheiten zugedacht hat. Frieseln, so nannte man jenen Ausschlag, von dem Mozart im finalen Stadium der Todeskrankheit befallen wurde – heute ist der Begriff zur Diagnose einer belanglosen Hautkrankheit degradiert. Es handelt sich demnach mehr um eine Bezeichnung der Symptome als eine der Ursache. Hitziges Frieselfieber, so konstatierte man in der offiziellen Version der Fakten, im Sterberegister und im Totenbuch der Pfarrei. Jedenfalls scheint auch dies zu den Krankheiten gehört zu haben, deren Behandlung sich im wesentlichen auf Aderlässe beschränkte. Carl Bär stellt fest, daß man Mozart in seinen letzten zwölf Tagen zwei bis drei Liter Blut abgezapft hat und schließt denn auch die Möglichkeit nicht aus, daß Mozart überhaupt daran gestorben sei: Er wäre der einzige nicht (Hölderlins Vater ist nachweislich daran gestorben). Uns erscheint diese Vermutung mehr als einleuchtend. Es packt uns Entsetzen, wenn wir über die Behandlungsverfahren der Zeit lesen, über die Verabreichung von Brechmitteln als Allheilmittel, oder jenes ›schwarzen Pulvers‹, von dem auch Mozart Zeit seines Lebens weitaus mehr geschluckt haben muß als gut für ihn war.
Jedenfalls läßt uns die Spärlichkeit und Ungenauigkeit aller seiner oder anderer zeitgenössischer Angaben vermuten, daß Mozart an einer akuten Krankheit und nicht an langem Leiden gestorben ist; daß er also, welcher Genese auch immer seine früheren Indispositionen und Unpäßlichkeiten gewesen sein mögen, nicht als ein

Leidender durchs Leben ging. Unter diesem Gesichtspunkt erscheint uns auch Bärs Theorie des rheumatischen Fiebers eher annehmbar als alle anderen Theorien, immer vorausgesetzt, daß Mozart nicht an der Behandlung gestorben ist, an der Anwendung dieser radikalen, scheinbar willkürlichen, Methoden, dem Kranken, zu ungunsten seines allgemeinen Befindens, momentane Linderung zu verschaffen, koste es, was es wolle.

TOD DURCH BEHANDLUNG: Hierher gehört die, freilich sich allmählich verflüchtigende Theorie der Quecksilbervergiftung.[90] In ihrer bisher vertretenen Form ist sie schon deshalb unhaltbar, weil sie von je, doch auch noch bis tief in unser Jahrhundert, von dunkler, aber eloquenter Seite, auf die wir nicht einzugehen brauchen, zur Giftmordlegende erweitert wurde, von der sie kaum noch zu trennen ist. Daran allerdings sind nicht nur die Mystifikationen schuld; schon unter Zeitgenossen hatte sich das Gerücht des Giftmordes verbreitet, seltsam verhalten übrigens, beinah gleichgültig, wie die Erzählung eines Schicksals, das nun einmal unabänderlich gewesen sei. Wir haben festgestellt, daß die Zeitgenossen eines Genies selten objektiv glaubwürdig sind, da ihr Erinnerungsvermögen erst zu blühen beginnt, wo es Früchte zu tragen verspricht: Die Hoffnung, daß ein Schimmer der Unsterblichkeit des Erinnerten auch auf sie falle. Doch von den Augenzeugenberichten über Mozarts Tod, von dem ja keinerlei Ruhm mehr auf sie abfallen kann, zielt keiner absichtlich auf den Sachverhalt eines uns oder dem Berichtenden etwa bekannten Krankheitsbildes. Die Feststellung des urämischen Koma, in der verschiedene posthume Anamnesen übereinstimmen, ist ja das Finalstadium mehrerer Krankheiten, zu denen auch die Quecksilbervergiftung gehört.
Laut Constanze habe Mozart in seinen letzten Wochen mehrmals den Verdacht geäußert, er würde vergiftet. ›Ich weiß, ich muß sterben, jemand hat mir acqua toffana gegeben‹, habe er zu ihr gesagt, so zumindest erzählte sie es 1829 Mary Novello. Acqua Tofana war ein langsam wirkendes arsenhaltiges Gift, im 17. und im 18. Jahrhundert verbreitet, genannt nach der Erfinderin und ersten Mischerin Teofania di Adamo – ein seltener Anspruch auf

90 Dieter Kerner: ›Krankheiten großer Musiker‹, Stuttgart 1963, S. 9–51.

Unsterblichkeit –, die es nicht nur bereitete und vertrieb, sondern vor ihrer Hinrichtung das Rezept ihrer Tochter hinterließ, die das Geschäft weiterführte. Mozart muß also von der Popularität dieser Beseitigungsmethode gewußt haben, wenn auch sein Ausspruch, falls er wahr ist, von nichts anderem zeugt als von einer bereits krankhaften Einbildungskraft und psychischen Gestörtheit. Es wurde behauptet, Salieri habe auf dem Totenbett den Mord an Mozart gestanden (Mai 1825). Das ist natürlich überaus unwahrscheinlich, es sei denn, er wäre in geistiger Umnachtung gestorben, worüber nichts bekannt ist. Daß Salieri einer der wenigen gewesen sein soll, die Mozart das letzte Geleit gaben, würde noch nicht einmal gegen den Mord sprechen, wohl aber die Tatsache, daß die berüchtigte Rivalität zwischen Mozart und Salieri ein Produkt der Literatur ist und literaturfördernd gewirkt hat – erst durch die Gegnerschaft des neidischen Rivalen gewinnt der Held seine wahre und volle Tugend. Eigentlich handelt es sich hier um eine sehr typische Legende. Gewiß baut sie sich zum Teil auf Mozarts starkem und wohl nicht völlig unverständlichem Affekt auf. Salieri war ein umgänglicher und anscheinend durchaus versöhnlicher Mann, seriös als ausübender Musiker und als Lehrer. Zu seinen Schülern haben immerhin Beethoven, Schubert und Liszt gehört.

QUECKSILBER, zumal verabreicht in mehreren, über Wochen verteilten Dosen, war keine Mordmethode. Andrerseits war es verfügbar, da man zu dieser Zeit begann, venerische Krankheiten mit einem oral eingenommenen Sublimat zu behandeln. Der bedeutende holländische Mediziner Gerard van Swieten, Leibarzt Maria Theresias, hat es als erster angewandt, wenn auch vermutlich nicht an seiner kaiserlichen Patientin. Sein Sohn Gottfried, Diplomat und hoher Staatsbeamter, selbsternannter dilettierender, aber anerkannter Arbiter Musicae, war Mozarts Mäzen; doch ist nicht anzunehmen, daß Mozart von den Konzerten in seinem Haus anderes heimbrachte als Noten von Bach und Händel, gewiß kein Quecksilber.

In dieser Richtung hätten wir nur wenig weiterzudenken, und wir wären bei dem Verdacht, daß eine Quecksilberbehandlung nicht dem Mord, sondern der Behandlung einer Lues gegolten hätte. Sie schlüpft ja ins Gewand so mancher Krankheit; ein Tatbestand übrigens, der schon einigen Biographen dazu gedient hat, die Krankheitsgeschichte ihres jeweiligen Helden zu verschleiern oder zu beschönigen.

Biographisch und aus der Distanz zweier Jahrhunderte gesehen, war Mozarts Sterben kein allmähliches Erlöschen, sondern ein plötzliches Auslöschen. Kein allmählicher Verschleiß, sondern plötzlicher Schluß: keine apotheotische Endphase, kein ›letztes Aufleuchten‹, sondern Unterbrechung eines vieljährigen gewaltigen Schaffensaktes durch jähen Tod. Dies schließt nicht aus, daß Mozart diesen Tod kommen spürte. Vielleicht hat sich ihm während der letzten Lebensmonate sein Schicksal zunehmend und unerbittlich mitgeteilt. So wurde er, dessen Tage und Nächte nunmehr gezählt waren, zum Dionysiker, der den Halt verlor, zu einem sporadisch von depressiven Zuständen geplagten, subjektiv Gescheiterten, süchtig nach Zerstreuung. Der seine Vergnügungen dort suchte, wohin ihm die bürgerliche Phantasie nicht folgen will. Als einer der großen Luetiker befände er sich jedenfalls in der Gesellschaft nicht weniger der größten Geister des achtzehnten und neunzehnten Jahrhunderts. Dies müßte noch nicht einmal notwendigerweise auf eine besondere Promiskuität hindeuten, über die wir zwar nichts wissen, die wir jedoch nicht für ausgeschlossen halten – denn vor allem diese Aspekte mußten durch den großen geschichtsreinigenden Prozeß des neunzehnten Jahrhunderts hindurch –, es hat ja manchmal, wie im Fall Nietzsche, ein einziger böser Anlaß zum Ruin genügt. Auch Beethovens wahrhaft grausiger (und vielverschwiegener) Obduktionsbefund würde uns vor die Frage stellen: Welch furchtbarer physischer Zerstörungsprozeß muß diesem Tod vorausgegangen sein? Wir wissen es nicht, können die Art der bösen Anlässe noch nicht einmal erahnen.

Das Endstadium wäre also auch in Mozarts Fall jenes urämische Koma gewesen, das allerdings von dritter medizinischer Seite als die finale Phase einer anderen Krankheit dargestellt wird: der Nephrosklerose[91], als Resultat eines Nierenleidens, das seit den

---

91 Aloys Greither: ›Die Todeskrankheit Mozarts‹. In: Deutsche Medizinische Wochenschrift, 92, S. 723–726, Stuttgart 1967. Ders.: ›Die sieben großen Opern Mozarts, mit einer Pathographie Mozarts‹, Heidelberg 1970.

frühen Italienreisen in Mozart latent gewesen sei und in mehreren Schüben seinen objektiven Zustand allmählich verschlechtert habe. Wir sind nicht befugt, eine Theorie, die ernsthafter Auseinandersetzung mit der Primärliteratur entspringt, von der Hand zu weisen, doch erscheint sie uns ungenügend belegt. Denn diese Primärliteratur, Leopolds und Wolfgangs Briefe, sind zwar ausführlich in Angabe der Beschwerden und Dosierung diverser Medikamente, taugen aber wenig zur Bestimmung der Krankheit und der Definition dessen, was sie heilen sollten. Wenn wir uns dazu entschließen, in diesem Dunkel alle jene Faktoren abzustreichen, deren Ausgangspunkte im Reich der Spekulation verbleiben, so neigen wir – neige ich – zu der Annahme, daß Mozart plötzlich, an einer akuten Krankheit, vielleicht einer Epidemie, gestorben ist.

STERBENSAKT UND TOD DES GENIES unterliegen nicht zuletzt auch der ästhetischen Zensur: Für die verehrende Nachwelt haben sie das Minimum des emphatisch Schönen zu erfüllen, des Überlieferbaren, ›letzte Worte‹, letzte Gesten. Heute wissen wir, daß Goethe auf seinem Sterbebett nicht ›Mehr Licht!‹ gesagt hat. Er soll das Öffnen der Fenster verlangt haben, das hätte genügt; der Bericht des Arztes Dr. Vogel, der von ›reißendem Schmerz‹ und ›schmerzhaftem Drang zum Urinlassen‹ spricht, galt den Biographen als eine allzu radikale Beeinträchtigung seiner unsterblichen Seite. Der sterbende Mozart, der zur Markierung des letzten Pauken-Finale – nach anderen Quellen des letzten Posaunen-Finale – des ›Requiem‹ die Backen aufbläst, überdauert selbstverständlich jegliche sachliche Erörterung seines Exitus, er bleibt Sieger. Dem notwendigerweise üblen Geruch eines jeden Sterbezimmers weicht die Vorstellungskraft gern aus – ich gestehe, daß ich mich schon oft nach seiner Erträglichkeit gefragt habe –; doch wie auch immer Mozarts Tod sich vollzogen haben mag, und welcher es auch gewesen sei: Uns erscheint er vorstellbarer als sein Leben, das, allen Aufzeichnungen und Deutungen zum Trotz, in ein Geheimnis gehüllt ist und bleiben wird. Obgleich tausendfach belegt, wird uns Mozart ewig rätselhaft und unnahbar bleiben: Die beinah ständige schöpferische Agitation eines Geistes, der die Umwelt so weit überragte, und dennoch in dauernder Kommunikation mit ihr und in scheinbarer Anpassung an sie agierte; dabei in, weder von seinem Kreis noch von ihm selbst ermessener, Fremdheit und immer weiterer Entfremdung, die er selbst erst gegen sein Ende hin erahnte und bis zum Ende überspielt hat – dieses Phänomen will sich der Phantasie nicht fügen.

ÜBER MOZARTS TOD wissen wir nichts Genaueres als das, was Sophie Haibl niedergelegt hat, dreiunddreißig Jahre danach. Schon in der Bedenkenlosigkeit, mit der dieser zeitliche Abstand ignoriert wird, offenbart sich die Anomalie biographischer Scheindokumentation, wie sie, zumindest eine Zeitlang, als Faktizität übernommen wurde. Nissen nahm Sophies Bericht für bare Münze, und Constanze hat, als letzte Herausgeberin, wahrscheinlich nach Gutdünken daran noch korrigiert und die letzten Akzente gestreut. Nach anderen lückenhaften und unverbürgten Berichten waren zudem einige Freunde zugegen, Schack, Gerl, Hofer. Auch Joseph Deiner, das Faktotum, will dabei gewesen sein. Sophie aber berichtet nur von Süßmayr, mit dem der Sterbende, unter Anstrengung seiner letzten Kräfte, das ›Requiem‹ geprobt habe. So hat sie es Nissen berichtet, so hat er es geschrieben, und so hat Constanze es der Nachwelt freigegeben: Vermutlich wollte sie, angesichts der drohenden Nicht-Erfüllung des Auftrags, möglichst viel von der Authentizität dieses Werkes retten. Graf Walsegg sollte nicht ein Requiem von Süßmayr erhalten, mit dem sie ohnehin ›böse war‹. Jedenfalls hat sie der Legende vom bis zuletzt schreibenden Mozart nicht entgegengewirkt: Beide Novellos verließen sie 1829 im festen Glauben, daß buchstäblich die Feder seiner im Tod erschlaffenden Hand entfallen sei. (Vincent: ›the pen dropped from his weak hand‹. Mary: ›the pen dropped from his hand‹). Dr. Closset, der Arzt, kam, sobald er sich freimachen konnte, aus dem Theater: Glaubhaft. Sophie habe, wie sie schreibt, lange gebraucht, um einen Geistlichen aufzutreiben, der bereit sei, den Sterbenden kirchlich zu betreuen: Einigermaßen glaubhaft. Andere Einzelheiten sind überliefert, zum Beispiel die Entfernung des Kanarienvogels, dessen Töne der Sterbende nicht mehr ertragen konnte: Ein einleuchtendes Detail jener Art, die man wohl kaum erfindet. Uns wundert dabei höchstens, daß der Lebende ihn ertragen konnte.
Ob der von Sophie gesuchte Geistliche gekommen ist oder nicht,

wissen wir nicht. Wahrscheinlich nicht, denn darüber hat keiner berichtet. Wäre er gekommen, hätte sich vielleicht Sophie nicht der Bezeichnung ›geistlicher Unmensch‹ bedient, sondern das Bild versöhnlich abgerundet. Ob Mozart den Priester vermißt hat oder, wäre er bei vollem Bewußtsein gewesen, vermißt hätte, können wir ebenfalls nicht ermessen, wir glauben es nicht. Arthur Schurig, dessen in allem sehr dezidierte Sicht ihm das Recht zu jeglichem Einblick zu geben scheint, schreibt: ›Wolfgang Amadeus, tiefreligiös wie jeder germanische Künstler, bedurfte des armseligen Trostes des Christentums nicht.‹[92] Annette Kolb dagegen stellt den Satz auf: ›So starb die Glorie des Katholizismus.‹[93] Wir, denen sich solche kategorischen Einblicke nicht anbieten, fragen uns hier, reichlich spät, ob Mozart wirklich gläubig war – eine weitaus komplexere Frage als die eine eindeutige Antwort antizipierende Gretchenfrage.

GEWISS WAR MOZART vordergründig und, vor allem, retrospektiv gesehen eine ›katholische Erscheinung‹, großgeworden in einer Region, in der – atmosphärisch, geographisch und gedanklich betrachtet – der Glaube das Leben beherrschte oder zumindest eine allgegenwärtige Stimme in der Partitur des Lebensvollzugs darstellte. Oder irren wir auch hier, indem wir das ästhetische Erleben des Menschen zu dieser Zeit überbewerten? Wahrscheinlich. Der ›Rokoko-Mensch‹, der sein Zeitalter ästhetisch erlebt, entspringt dem Wunschdenken, vor allem dort, wo es um die Bestimmung seiner Religiosität geht. Ein typisches Beispiel: ›Das festliche, farbenfrohe, der Anschauung entgegenkommende Zeremoniell der katholischen Kirche, das in der heiteren Vielfalt der Architektur österreichischer und süddeutscher Barockgotteshäuser den ihm entsprechenden Rahmen findet, entsprach den aufgeschlossenen Sinnen des jungen Künstlers.‹[94] Wirklich? Gewiß entsprach es dem Verfasser in seiner Identifikation mit Mozart. Dennoch: Heute ist uns Mozart andersgläubig so wenig vorstellbar wie Bach als Katholik, wobei selbstverständlich zu bemerken

---

92 Schurig, a.a.O., II, S. 280.
93 Annette Kolb, a.a.O., S. 308.
94 Roland Tenschert: ›Mozart und die Kirche‹, in: Paul Nettl: ›W. A. Mozart‹, Frankfurt–Hamburg 1955, S. 67.

ist, daß Vorstellbarkeit auf dem Gebiet unbelegter Wesenszüge mit Fakten wenig zu tun hat, da sie auf subjektiver Überlieferung beruht; an ihrem Bild haben Generationen gemalt und die Anlässe zu Pietät lasurenweise aufgetragen. So besteht denn Bachs Leben für uns aus Daten, Fakten und didaktischem Kitsch. Denn seine Selbstzeugnisse – Gesuche, Anträge, Gutachten, Bewerbungen, Beschwerden – sprechen keine Sprache: ihre floskelhafte Stilisierung, ihr devoter Stil ersticken jegliche Empfindung. Der Mensch hat sich leider nicht verraten.

GEWISS WAR MOZART INSOFERN GLÄUBIG, als die kritische Auseinandersetzung mit Gott, mit Zweifel an ihm oder etwa Verleugnung, in seinem Gedankenleben niemals Platz gefunden hat. Wie seine jeweilige Umwelt und wie sein Vater, dessen relative Aufgeklärtheit dennoch keinerlei agnostisches Gedankengut zuließ, glaubte auch er an Gott als Autorität, als Walter über Schicksal und natürlich – was oft recht bequem für ihn war – als Zerstörer der individuellen Willensfreiheit. Wir haben es feststellen können: ›Gottes Wille‹ war oft genug die gute Gelegenheit, ein heikles oder ermüdendes Thema zu wechseln. Doch ihn anzuzweifeln, das fiel ihm nicht ein, er hatte anderes zu tun. Agnostiker oder gar Atheisten, die ihn hätten beeinflussen können, kannte er nicht. Allerdings auch keine Frömmler, außer Frau Hagenauer, die aber früh seinem Gesichtskreis entschwand und über deren Bigotterie im Salzburger Kreis bezeichnenderweise gespottet wurde. Protestanten hat Mozart wahrscheinlich als solche niemals zur Kenntnis genommen, jedenfalls nicht kommentiert; die wenigen Juden, die er kannte, waren Baron Wetzlar und da Ponte, konvertiert und ihm als Juden wohl kaum kenntlich, obgleich er den ersteren in einem Brief an den Vater (22. Januar 1783) ›einen reichen Juden‹ nennt, was in diesem Zusammenhang wohl nicht wertend gemeint ist. Wertend freilich ist sein Ausdruck ›hauptsau‹ für die ›Jüdin escules‹ (Eskeles), über deren angebliche Spionagetätigkeit, ein Gesprächsthema in Wien, er dem Vater, auf dessen Wunsch, ausführlich schrieb (11. September 1782); doch kennen wir ja seine philisterhaften Anwandlungen, wenn es galt, sich allgemein herrschenden Meinungen anzuschließen und es damit dem Vater rechtzumachen. Sonst kommt das Wort ›Jude‹ in seinem Vokabular nicht vor, im Gegensatz zu dem seines Vaters, der antisemitische Neigungen hatte, die sich aber sofort legten, sobald ein Jude bekehrt war. In London, so behauptete er, habe er selbst einen jüdischen Cellisten bekehrt, der fortan offensichtlich zum anständigen Menschen wurde.

VON DER KIRCHE als Institution wurde in Mozarts Kreisen nicht gesprochen; die Kirche als Gebäude war für ihn weniger eine geweihte Stätte als der Ort, an dem eben eine Orgel stand. Sie war nicht das Instrument seiner Wahl, aber man konnte auf ihr spielen. Wenn ihm der Mut danach stand, störte er auch bedenkenlos die Andacht einer Messe durch Späße mit Kadenzen und ex-tempore-Auszierungen und brachte potentielle Beter zum Lachen (Mannheim, 13. November 1777). Andacht war seine Sache nicht, der Verlobten, Constanze, schrieb er ins Gebetbuch: ›Seyn Sie nicht allzu andächtig . . .‹ (Wien 1781).

Wir haben keinerlei Zeugnis, daß Mozart nach 1782, außer zur Aufführung eines eigenen liturgischen Werkes, überhaupt noch jemals zur Kirche ging. Von je war die Messe für ihn eine Verrichtung gewesen, die er zu erledigen hatte, bevor es zum Kegeln oder zum Tarockspiel ging. Schon auf seinen frühen Italienreisen hat er sich kritisch und satirisch über Priester und Patres geäußert. In seinem Kreis wurde bis zuletzt abfällig von ihnen gesprochen. Außer im Rückgriff auf allgemeines erbauliches Gedankengut in Beileidsbriefen berührte ihn Kirchlich-Religiöses nicht, es gehörte nicht zu seiner Gedankenwelt, seine häufigen brieflichen Ausrufe ›O Gott!‹ haben mit Gott nichts zu tun.

Das nicht-verbale Genie ist als Typus meist monoman und besessen von einer einzigen Sache, seiner Sache (außer dem Renaissance-Genie, über dessen Innenleben wir nicht mehr wissen, als daß seine geistige Triebkraft sich aus einer neuen Weltsicht und entsprechend wachsender Erkenntnis nährte). Mozart war Musiker und Dramatiker; seine Musik beantwortet die Frage seiner Gläubigkeit nicht. Seine Messen mögen bei Gläubigen religiöse Inbrunst hervorrufen, sie waren bewußt darauf angelegt, doch nicht vom Glauben eingegeben, sondern vom Willen, ihn darzustellen. Meist klingt das Verlangen des Dramatikers mit, eine Oper zu komponieren. Dies sei nicht etwa als Schmälerung ihrer Qualität verstanden, die sich in einzelnen Kirchenwerken ins Grandiose steigert, und gewiß erleben wir Augenblicke, in denen wir Mozart kaum anders sehen können als vom Thema seines Textes aufs höchste inspiriert. Für solches Erleben wird jeder seine eigenen Belege haben; für mich sind etwa die Wendung von g-Moll zu Es-Dur am Ende des ›Qui tollis‹ der c-Moll-Messe oder das leise ostinato des doppelchorigen ›Salve nos‹ im ›Rex tremendae‹ des ›Requiem‹ atemberaubende Passagen (ich nehme mir die Freiheit des Nicht-Zünftigen: die der Hingabe an ›schöne Stellen‹). Und doch sehe ich Mozart niemals ›inbrünstig‹. Denn ›Inbrunst‹ ist ein Gefühlsmoment des Nachvollzugs, das vom Schöpfer angestrebte Resultat. Es ist das Hervorgerufene, nicht aber die Verfassung während des gedanklich-kreativen Prozesses. Der Wunsch, sie hervorzurufen, erfordert objektive Bewältigung, nicht das eigene Mitgerissensein. Es will uns erscheinen, als sei Mozart in seiner Kirchenmusik, außer vielleicht bei einigen Textwendungen, die seine Seele über das Liturgische hinaus berührt haben mögen – und selbstverständlich mag es manchem von uns naheliegen, hier an das unvollendete ›Lacrymosa‹ des ›Requiem‹ zu denken, vielleicht die letzten Noten, die er niederschrieb –, so ganz bei der Sache selbst nicht gewesen: Sofern man den schöpferischen Ausdruck eines Glaubensbekenntnisses eine ›Sache‹ nennen darf. Es fragt sich allerdings, ob auch die letzte Vollkommenheit in der Darstellung eines Themas bereits das Bekenntnis zu ihm in sich trage, oder ob es doch nichts anderes als großartiges Drama sei. Über dem ›Requiem‹ ist er wahrscheinlich gestorben. Er hat es – sehr seltsamerweise – vordatiert: ›Requiem.| di me (!) W:A: Mozart mpr. 792‹ hat er als Überschrift daran geheftet. 1792: als wüßte er, daß er zwar 1791 nicht mehr mit dieser Arbeit fertigwerde, sie aber im nächsten Jahr, doch wohl bei guter Gesundheit, vollenden werde. Oder ist auch dies eine bittere Parenthese? Wir wissen es nicht. Es hat bis heute auch niemand erklären können, warum er seine c-Moll-Messe nicht vollendet hat. Keine Lust?

DER GEISTLICHE, so wurde gesagt, sei dem Sterbebett ferngeblieben, weil Mozart als Freimaurer und Abtrünniger bekannt gewesen sei. Das zweite ist möglich, sofern man die Abtrünnigkeit aus amoralischem Lebenswandel im Sinne der Kirche zu sehen beliebt und nicht mit dem ersten in Verbindung bringt. Denn diese Zugehörigkeiten überschnitten sich in Wirklichkeit nicht; viele, nicht zuletzt sein Vater, haben Freimaurertum und, zumindest in der Ausübung gemäßigte, Religiosität zu verbinden gewußt. Die Wahrheit ist wohl, daß Mozart an der Kirche als Institution kein Interesse hatte, sie war für ihn Objekt einer aufgegebenen Gewohnheit. Es ist daher unwahrscheinlich, daß er den Geistlichen am Sterbebett vermißt hätte, selbst wenn dieses Fehlen seinem schwindenden Bewußtsein klar gewesen wäre.

Genau wissen wir demnach nicht, wer zugegen war. Gewiß Constanze und Sophie. Auch Süßmayrs Anwesenheit ist hinreichend verbürgt; sie hätte zu bedeuten, daß Mozarts Mißbilligung der Beziehung zwischen seinem Schüler und seiner Frau, wie immer sie geartet war, nicht allzu weit gegangen wäre. Letzte Worte an sie selbst hat Constanze nicht überliefert, auch keine erfunden. Der letzte Auftritt war jedenfalls der des Arztes Dr. Thomas Franz Closset. Möglicherweise war er Theaterarzt, sonst wäre er vielleicht früher gekommen. Denn als Mozarts Hausarzt mußte er wissen, wie es um seinen Patienten stände. Freilich wußte er wohl auch, daß Hilfe nicht mehr möglich war. Deshalb erscheint uns diese, anscheinend spontane, Anweisung ›kalte Umschläge über seinen glühenden Kopf‹ (Sophie Haibl) so unverständlich. Heute würde jedem Laien einleuchten, daß ein solcher Schock nicht nur dem Sterbenden nichts mehr nütze, sondern den Sterbensakt durch eine radikale Erschütterung beschleunigen müsse, was er auch tat, und zwar so, ›daß er nicht mehr zu sich kam, bis er verschieden‹ (Sophie Haibl). Doch überlassen wir die Beurteilung medizinischer Kenntnisse und Fähigkeiten Befugteren! Vielleicht sind wir ungerecht, indem wir einen geringen Mitspieler des letzten Aktes in diesem Drama als negative Figur eingehen lassen. Gewiß hat er getan, was er konnte. Aber was konnte er?

So also starb Mozart, vielleicht das größte Genie der bekannten Menschheitsgeschichte – bedienen wir uns getrost des pathetischen Gemeinplatzes, der er nur deshalb ist, weil hier der exemplarische Zusammenfall von Wirklichkeit mit ihrer abgegriffenen Notierung vorliegt –, zwar nicht ungewöhnlich früh, doch an der Schwelle des Alters, das man als das ›beste Mannesalter‹ zu bezeichnen pflegt, verarmt, gebrochen (auch diese Gemeinplätze müssen wir nach unseren Untersuchungen beibehalten), ›neigte sich mit dem Kopfe gegen die Mauer‹ – zweifelhafte Erinnerung des Faktotums Joseph Deiner, dessen Gegenwart nicht belegt ist –, und verließ seine Welt, die letztlich nur noch aus seiner Stadt bestand, dieser Stätte vergeblicher Bemühung; sein Angebot hatte sie verschmäht, Werben und Bewerbung zurückgewiesen; und doch war er ihr auf unbegreifliche Weise treu geblieben, wahrscheinlich an sie gebunden durch Schulden und elende Verpflichtung; von ihr zwar hin und wieder noch erinnert, doch wieder verkannt, von ihren minderrangigen Günstlingen überflügelt. Seine Opern ›liefen‹ in Berlin und Hamburg, Frankfurt und Mannheim, Ehrengaben wurden ihm aus Ungarn und aus Holland angeboten, doch das hat er nicht mehr erfahren, das Rettende kam, getreu den Regeln des Trauerspiels, zu spät.

Die Namen der potentiellen Retter sind nicht überliefert, gern hätten wir sie aufgezählt: Eine Handvoll Gerechter in einer Welt voller Indolenz und Verkennung, in der eine letzte, geringzählige und machtlose Gemeinde – noch nicht einmal ein ›harter Kern‹ – zwar noch zu Mozart gehalten hatte, doch die Unabwendbarkeit seines Schicksals ergeben und ohne Aufbegehren zur Kenntnis nahm: Es hat halt nun einmal so sein sollen.

Wahrscheinlich hat die Zäsur, die sein Tod bedeutete, noch nicht einmal Mozarts engste Mitwelt erschüttert, und niemand hat geahnt, als man am 6. Dezember 1791 den schmächtigen und verbrauchten Körper in ein dürftiges Grab senkte, daß hier die sterblichen Reste eines unfaßbar großen Geistes zu Grabe getragen wurden, ein unverdientes Geschenk an die Menschheit, in dem die Natur ein einmaliges, wahrscheinlich unwiederholbares – jedenfalls niemals wiederholtes – Kunstwerk hervorgebracht hat.

1756

27. Januar: Joannes Chrysostomus Wolfgangus Theophilus (lat. Amadeus) Mozart als letztes (siebentes und zweites überlebendes) Kind
des Johann Georg Leopold Mozart und seiner Frau Anna Maria
(geb. Pertl) in Salzburg geboren.
Leopold Mozart: Violinschule
Beginn des Siebenjährigen Krieges

1757

Domenico Scarlatti gestorben
Johann Stamitz gestorben

1759

Haydn: Erste Sinfonie (D-Dur)
*Voltaire: ›Candide‹ (Voltaire ruft sein ›Écrasez l'infâme‹ gegen die
katholische Kirche)*
Friedrich Schiller geboren
Georg Friedrich Händel gestorben

1760

Georg III. wird König von England (bis 1820)
Luigi Cherubini geboren

1761

Erste Komposition: Menuett und Trio für Klavier K. 1
Haydn Kapellmeister bei Fürst Esterhazy (bis 1790)
Rousseau: ›La nouvelle Héloise‹

1762

12. Januar: Leopold Mozart reist mit beiden Kindern nach München (für
drei Wochen).

18. September: Abreise der Familie Mozart nach Wien. Sechs Tage Aufenthalt in Passau, von dort am 26. September auf der Donau nach Linz. Fortsetzung der Donaufahrt am 4. Oktober über Mauthausen, Ybbs und Stein.

6. Oktober: Ankunft der Familie Mozart in Wien, wo sie bis 31. Dezember bleibt. Dazwischen (11. bis 24. Dezember) in Preßburg.

Ende Oktober: Mozart etwa zehn Tage krank (Erythema nodosum).

Gluck: >Orfeo ed Euridice< (Wien)
Rousseau: >Emile< und >Contrat social<
Katharina II. d. Gr. wird Zarin (bis 1796)

1763

Januar: Mozart eine Woche krank (Gelenk-Rheumatismus).

9. Juni: Aufbruch der Familie Mozart zur großen Europa-Reise.

12. Juni: Ankunft in München.

22. Juni bis 6. Juli: Aufenthalt in Augsburg. Leopold Mozart kauft ein Reiseklavier.

Anfang Juli bis Anfang August: Weiterreise über Ulm, Ludwigsburg, Bruchsal, Schwetzingen, Heidelberg, Mannheim, Worms, Mainz nach Frankfurt.

10. (?)-31. August: Frankfurt. Der vierzehnjährige Goethe hört ein Konzert der Mozart-Kinder.

Bis Mitte September: Zweiter Aufenthalt in Mainz.

17. bis 27. September: In Koblenz.

Ende September bis Anfang Oktober: Reise über Bonn, Brühl, Köln, Aachen, Lüttich, Tirlemont nach Brüssel.

5. Oktober bis 15. November: Aufenthalt in Brüssel.

15. bis 18. November: Reise über Mons, Bonavis, Gournay nach Paris.

18. November: Ankunft in Paris, wo Familie Mozart fünf Monate bleibt. Erste Sonaten für Violine und Klavier.

Hubertusburger Frieden beendet Siebenjährigen Krieg
Jean Paul geboren

1764

10. April: Abreise aus Paris in Richtung London (über Calais).

23. April: Ankunft der Familie Mozart in London zu einem Aufenthalt von fünfzehn Monaten. Zusammentreffen mit Karl Friedrich Abel und Johann Christian Bach.

Nach verschiedenen Kompositionen für Klavier schreibt Mozart am Ende des Jahres (oder 1765?) seine erste Sinfonie (Es-Dur, K. 16).

Winckelmann: ›Geschichte der Kunst des Altertums‹
Jean Philippe Rameau gestorben

1765

Weitere Kompositionen für Klavier zu zwei und vier Händen (z. B. Sonate C-Dur K. 19d), die Mozart – zum Teil mit seiner Schwester – öffentlich spielt. Weitere Sinfonien.

24. Juli: Familie Mozart verläßt London. Reise über Canterbury, Dover, Calais, Dünkirchen nach Lille, wo (Anfang August) zuerst Wolfgang, dann Leopold an Angina erkranken. Die Familie bleibt einen Monat in Lille.

4. September: Abreise von Lille nach Gent und über Antwerpen, Moerdijk, Rotterdam nach Den Haag.

10. September: Ankunft in Den Haag, wo die Familie Mozart sechseinhalb Monate bleibt.
Klavierkompositionen, Sinfonien (u. a. Sinfonie B-Dur K. 22).

12. September: Mozarts Schwester, das Nannerl, erkrankt an Bauchtyphus; am 21. Oktober erhält sie die letzte Ölung (Genesung Anfang November).

15. November: Mozart erkrankt an Bauchtyphus, von dem er sich vollends erst im Frühjahr 1766 erholt.
Kaiser Franz I. stirbt in Innsbruck (18. August)
Joseph II. wird Kaiser (bis 1790)

1766

Ende Januar: Übersiedlung der Familie Mozart von Den Haag nach Amsterdam, wo sie bis Anfang März bleibt.
Klavier- und Violinsonaten.

Anfang März: Zurück nach Den Haag.

Ende März: Abreise der Familie Mozart aus Den Haag nach Haarlem. Über Amsterdam, Utrecht, Antwerpen, Mechelen, Brüssel, Valenciennes, Cambrai nach Paris.

10. Mai: Ankunft in Paris. Aufenthalt bis Mitte Juli. Dazwischen (28. Mai bis 1. Juni) in Versailles.

9. Juli: Abreise aus Paris. Über Dijon (zwei Wochen), Lyon (fast vier Wochen), Genf, Lausanne (fünf Tage), Bern (acht Tage), Zürich (zwei Wochen), Winterthur, Schaffhausen (vier Tage), Donaueschingen (elf Tage), Meßkirch, Ulm, Günzburg, Dillingen, Augsburg nach München.

8. November: Ankunft in München.
12. bis 21. November: Mozart krank (Gelenk-Rheumatismus?).
29. November: Familie Mozart kehrt nach dreieinhalbjähriger Reise nach Salzburg zurück.
Klaviersonaten, disparate Werke, Fragmente.
Lessing: ›Laokoon oder über die Grenzen der Malerei und Poesie‹
Wieland: Shakespeare-Übersetzung (Prosa)

1767

12. März: ›Die Schuldigkeit des ersten Gebotes‹ (Erster Teil eines Geistlichen Singspiels, K. 35) in Salzburg aufgeführt.
13. Mai: ›Apollo et Hyacinthus seu Hyacinthi Metamorphosis‹ (lateinische Komödie für Musik, K. 38) in Salzburg aufgeführt.
Sinfonien, Kirchensonaten, erste Klavierkonzerte (Adaptationen fremder Sonatensätze).
11. bis 15. September: Reise der Familie Mozart nach Wien.
23. Oktober: Um einer Blattern-Epidemie in Wien zu entgehen, reist die Familie nach Brünn, wo sie bis 26. Oktober bleibt.
26. Oktober: Reise nach Olmütz (Aufenthalt dort bis 23. Dezember).
Mozart erkrankt an den Blattern.
10. November: Wolfgang genesen. Nannerl erkrankt.
24. Dezember: Die Familie Mozart wieder in Brünn.
Gluck: ›Alceste‹
Lessing: ›Minna von Barnhelm‹ und ›Hamburgische Dramaturgie‹
Moses Mendelssohn: ›Phädon Oder Über die Unsterblichkeit der Seele
Rousseau: ›Dictionnaire de Musique‹
Georg Philipp Telemann gestorben

1768

9. bis 10. Januar: Rückreise der Familie Mozart von Brünn über Poysdorf nach Wien.
19. Januar: Audienz bei Maria Theresia und Kaiser Joseph II.
April bis Juli: Komposition der Opera buffa ›La finta semplice‹ (K. 46a).
Spätsommer: Komposition des Singspiels ›Bastien und Bastienne‹ (K. 46b).
Herbst: Aufführung des Singspiels im Gartentheater des Dr. Franz Anton Mesmer (?).

Ende Dezember: Abreise der Familie Mozart aus Wien. Über Melk, Linz nach Salzburg.

Cooks erste Weltumseglung
Lawrence Sterne gestorben
Johann Joachim Winckelmann ermordet

1769

5. Januar: Heimkehr der Familie Mozart nach einer Abwesenheit von fünfzehn Monaten nach Salzburg.
1. Mai: ›La finta semplice‹ in Salzburg uraufgeführt.
6. August: Aufführung der Serenade B-Dur (K. 62a) in Salzburg. Weitere Serenaden und Cassationen. Kirchliche Kompositionen.
14. November: Mozart wird zum dritten (unbesoldeten) Konzertmeister der Salzburger Hofkapelle ernannt.
13. Dezember: Beginn der ersten Italienreise Mozarts mit dem Vater. Über Lofer, Wörgl, Innsbruck, Steinach, Brixen, Bozen, Neumarkt, Rovereto nach Verona.
27. Dezember: Ankunft in Verona.
Napoleon Bonaparte geboren

1770

5. Januar: Mozarts erstes Konzert in Italien: in der Accademia filarmonica di Verona.
10. Januar: Weiterreise nach Mantua.
19. Januar: Abreise von Mantua. Über Bozzolo, Cremona nach Mailand.
23. Januar: Ankunft in Mailand.
15. Februar: Der englische Forscher Daines Barrington verliest in der London Royal Society seinen Bericht über Mozart.
15. März: Abreise der beiden Mozarts aus Mailand. Aufenthalt in Lodi, wo Mozarts erstes Streichquartett (G-Dur, K. 73f) entsteht. Weiterreise über Piacenza, Parma, Modena nach Bologna.
24. März: Ankunft in Bologna. Erste Begegnung mit Padre Martini.
29. März: Die Reisenden verlassen Bologna und erreichen am 30. März Florenz.
3. und 4. April: Zusammentreffen mit dem gleichaltrigen englischen Violinisten Thomas Linley (gestorben 1778). Zusammenspiel; bedeutungsvolle Freundschaft.
6. April: Abreise von Florenz. Über Siena, Orvieto, Viterbo nach Rom.

11. April: Ankunft in Rom; Aufenthalt dort bis 8. Mai.
8. bis 14. Mai: Reise über Terracina, Sessa, Capua nach Neapel.
14. Mai bis 25. Juni: Aufenthalt der beiden Mozarts in Neapel.
Hauskonzerte bei Adel und Diplomatie.
Ausflüge nach Pompeji, Herculanum, zum Vesuv etc.
26. Juni: Wieder in Rom – nach einer Kutschenfahrt (Eilpost) von 27 Stunden und einem Wagenunfall, bei dem der Vater verletzt wird.
5. Juli: Mozart erhält die Insignien des päpstlichen Ordens: goldenes Kreuz am roten Band, Degen und Sporen.
8. Juli: Vater und Sohn Mozart werden vom Papst in Privataudienz empfangen.
Komposition mehrerer Sinfonien (darunter K. 73q in B-Dur).
10. Juli: Abreise von Rom. Über Terni, Spoleto, Foligno, Loreto, Ancona, Senigaglia, Pesaro, Rimini, Forli, Faenza, Imola nach Bologna.
20. Juli: Ankunft in Bologna.
10. August bis 1. Oktober: Aufenthalt auf dem Landgut des Feldmarschalls Pallavicini bei Bologna (Vater Mozart leidet noch an den Folgen des Unfalls). Mozart beginnt, die Opera seria ›Mitridate, Rè di Ponto‹ zu komponieren.
Oktober: Täglich Unterricht bei Padre Martini, dem bedeutendsten Kontrapunktlehrer seiner Zeit. Kanonische Studien (K. 73x), Sinfonie in G-Dur (K. 74).
10. Oktober: Mozart erhält das Diplom der Accademia filarmonica di Bologna.
12. Oktober: Zeugnis des Padre Martini.
13. Oktober: Abreise aus Bologna. Über Parma, Piacenza nach Mailand.
18. Oktober: Ankunft in Mailand.
26. Dezember: Uraufführung der Opera seria ›Mitridate, Rè di Ponto‹ (K. 74a) in Mailand. Mozart dirigiert vom Cembalo aus (die ersten drei Aufführungen!). Dauer (mit drei Balletteinlagen): sechs Stunden!
›Große Landesloge der Freimaurer von Deutschland in Berlin gegründet
Ludwig van Beethoven geboren
Georg Wilhelm Friedrich Hegel geboren
Friedrich Hölderlin geboren
Giuseppe Tartini gestorben

5. Januar: Mozart wird zum Ehrenkapellmeister der Accademia filarmonica di Verona ernannt.

14. bis 30. Januar: Aufenthalt der beiden Mozarts in Turin.

31. Januar bis 4. Februar: Wieder in Mailand.

4. Februar: Abreise aus Mailand. Über Brescia, Verona, Vicenza, Padua nach Venedig.

11. Februar: Ankunft in Venedig.

5. März: Mozart gibt ein Konzert (Akademie) in Venedig.

12. März: Abreise aus Venedig. Über Padua, Vicenza, Verona, Rovereto, Bozen, Brixen, Innsbruck nach Salzburg.

28. März: Ankunft in Salzburg.

Frühsommer: Arbeit an dem geistlichen Singspiel (›Azione sacra in due parti‹) ›La Betulia liberata‹ (K. 74c).

Geistliche Werke, Sinfonien.

13. August: Beginn der zweiten Italienreise mit dem Vater.

Über Innsbruck, Bozen, Trient, Ala, Verona, Brescia nach Mailand.

21. August: Ankunft in Mailand.

August/September: Arbeit an der Oper (›Serenata teatrale in due atti‹) ›Ascanio in Alba‹ (K. 111).

17. Oktober: Uraufführung ›Ascanio in Alba‹ in Mailand in Anwesenheit des Erzherzogs Ferdinand (zur Feier seiner Hochzeit).

22. (23.?) November: Mozart gibt eine Akademie in Mailand.

30. November: Die Mozarts werden von Erzherzog Ferdinand empfangen.

5. Dezember: Abreise aus Mailand. Über Brescia, Verona, Trient, Bozen, Brixen, Innsbruck nach Salzburg.

15. Dezember: Ankunft in Salzburg.

Haydn: ›Sonnenquartette‹
Klopstock: Oden

Sinfonien, Kirchensonaten, Lieder.

Arbeit an der Oper (›Serenata drammatica‹) ›Il sogno di Scipione‹ (K. 126).

14. März: Hieronymus Graf Colloredo wird Fürsterzbischof von Salzburg.

Anfang Mai: ›Il sogno di Scipione‹ wird in der Salzburger Residenz aufgeführt (zu Ehren Colloredos).

21. August: Mozart wird zum besoldeten Konzertmeister ernannt.
Oktober: Beginn der Arbeit an der Opera seria ›Lucio Silla‹.
24. Oktober: Vater und Sohn Mozart begeben sich auf die dritte Italienreise. Über Innsbruck, Brixen, Bozen, Ala, Verona, Brescia nach
Mailand.
4. November: Ankunft in Mailand.
26. Dezember: Die Opera seria (›Dramma per musica in tre atti‹) ›Lucio
Silla‹ (K. 135) in Mailand uraufgeführt.

Cooks zweite Weltreise
Der Göttinger Hainbund
Wieland geht an den Hof zu Weimar
Lessing: ›Emilia Galotti‹
Wieland: ›Der Goldene Spiegel‹

1773

17. Januar: Aufführung der Motette ›Exsultate, jubilate‹ (K. 158a) bei den
Theatinern in Mailand.
4. (?) März: Abreise aus Mailand. Über Brescia, Verona, Ala, Trient,
Brixen, Innsbruck nach Salzburg.
13. März: Ankunft in Salzburg.
14. Juli: Mozart reist mit dem Vater nach Wien (für mehr als zwei
Monate). Verkehr mit Dr. Mesmer. Konzerte in dessen Garten.
5. August: Die Mozarts werden von der Kaiserin in Audienz empfangen.
12. August: Audienz beim Erzbischof.
24. September: Abreise aus Wien. Über St. Pölten und Linz nach
Salzburg.
26. September: Ankunft in Salzburg.
Streichquartette, Divertimenti, Bläser-Divertimenti, Sinfonien,
darunter
Dezember: Sinfonie g-Moll (K. 173dB).
Erstes selbständiges Klavierkonzert (D-Dur, K. 175).
Goethe: ›Götz‹ und ›Urfaust‹
Klopstock: ›Messias‹ beendet

1774

Klaviersonaten, Sinfonien, Kirchenmusik.
Oktober: Arbeit an der Opera buffa ›La finta giardiniera‹.
6. Dezember: Abreise Mozarts mit dem Vater über Wasserburg nach
München (Aufenthalt dort drei Monate).

16. bis 22. Dezember: Mozart leicht erkrankt.
Gluck: ›Iphigenie in Aulis‹, Uraufführung in Paris 19. April
Am 18. Oktober wird Gluck ›wirklicher k. und k. Hofkompositeur‹
in Wien. Gehalt: 2000 fl. jährlich
Goethe: ›Werther‹ und ›Clavigo‹
Wieland: ›Die Abderiten‹
Caspar David Friedrich geboren

1775

13. Januar: Uraufführung der Opera buffa ›La finta giardiniera‹ (K. 196)
    in München, in Anwesenheit von Kurfürst Maximilian III.
 6./7. März: Rückreise nach Salzburg mit dem Vater und der Schwester
    (die am 4. Januar zur Aufführung nach München gekommen war).
23. April: Aufführung der Oper ›Il Rè pastore‹ in Salzburg.
    Finalmusiken, Klaviersonaten (darunter K. 205b, Dürnitz-Sonate in
    D-Dur). Serenaden. Missa brevis C-Dur (K. 196b, Spatzenmesse).
September bis Dezember: die Violinkonzerte.
Goethe an den Hof nach Weimar
Beaumarchais: ›Le Barbier de Seville‹
William Turner geboren

1776

18. Juni: Divertimento F-Dur (K. 247, die 1. Lodronsche Nachtmusik) in
    Salzburg aufgeführt.
21. Juli: Serenade D-Dur (K. 248b, die Haffner-Serenade) in Salzburg
    aufgeführt.
    Kirchensonaten. Divertimenti.
USA unabhängig
Cooks dritte Weltreise
Abschaffung der Folter in Österreich
E. T. A. Hoffmann geboren

1777

Januar: Komposition des Es-Dur-Klavierkonzerts (K. 271, Jeunehomme-
    Konzert).
Februar: Mozart schreibt das Divertimento B-Dur (K. 271H).
23. September: Beginn der Pariser Reise mit der Mutter. Über Wasser-
    burg nach München.

387

24. September: Ankunft in München. Aufenthalt dort bis 11. Oktober. Mehrere erfolglose Gesuche und Audienzen, kleinere Hauskonzerte.
11. Oktober: Abreise mit der Mutter aus München und Ankunft in Augsburg. Akademien in Augsburg. Zusammensein mit dem ›Bäsle‹.
26. Oktober: Abreise aus Augsburg. Über Donauwörth nach Hohen-Altheim.
28. Oktober: Weiterfahrt über Nördlingen, Ellwangen, Bruchsal, Schwetzingen nach Mannheim.
30. Oktober: Ankunft in Mannheim. Aufenthalt dort viereinhalb Monate. Verkehr mit den Mannheimer Hofmusikern: Ramm, Wendling, vor allem Cannabich, für dessen Tochter Rose Mozart die C-Dur-Klaviersonate (K. 284b) schreibt; Zusammentreffen mit Abbé Vogler. Gesuche an den Hof und Audienzen erfolglos.
21. Dezember: Missa brevis B-Dur (K. 275) in der Stiftskirche St. Peter zu Salzburg aufgeführt.
30. Dezember: Kurfürst Maximilian III. von Bayern in München gestorben
Gluck: ›Armida‹
Shakespeare: ›Hamlet‹ (in der Übersetzung von Fr. L. Schröder) in Hamburg aufgeführt
Heinrich v. Kleist geboren

1778

23. Januar: Von Mannheim macht Mozart (ohne die Mutter) mit Fridolin Weber und dessen Tochter Aloisia einen Abstecher nach Kirchheimbolanden. Sie verbringen dort mehrere Tage am Hof der Prinzessin Caroline von Nassau-Weilburg, wo Aloisia singt und Mozart spielt.
29. Januar: Rückfahrt über Worms, wo sie sich bis 2. Februar aufhalten, bevor sie nach Mannheim zurückkehren.
13. Februar: Akademie im Hause Cannabich.
20. Februar: Mozart vorübergehend krank.
14. März: Mozart und seine Mutter verlassen Mannheim. Über Metz und Clermont nach Paris.
23. März: Ankunft der beiden Mozarts in Paris.
17. Mai: Leopold Mozart führt in Salzburg die Missa brevis C-Dur (Orgelsolo-Messe, K. 259) zur Konsekration von Colloredo auf.
11. Juni: Mozarts Mutter erkrankt und bleibt vom 19. Juni an im Bett.
18. Juni: Aufführung der ›Pariser‹ Sinfonie mit großem Erfolg.
3. Juli: Tod der Mutter.

Flötenkonzerte, das Oboenkonzert (K. 285d), Sonaten, darunter die Sonaten a-Moll für Klavier (K. 300d) und e-Moll für Klavier und Violine (K. 300c).

15. August: Wiederaufführung der Pariser Sinfonie mit einem neuen Andante.

19. August: Aufenthalt in Saint-Germain (bis Ende August).

26. September: Mozart verläßt Paris. Langsame Reise über Nancy (3. Oktober) nach Straßburg (14. Oktober bis 3. November).

6. Oktober: Ankunft in Mannheim, wo Mozart bei Frau Cannabich wohnt *(Cannabich ist mit der Hofkapelle Mannheim nach München übergesiedelt, wo der Kurfürst von der Pfalz die Nachfolge des bayerischen Kurfürsten übernommen hat).*

9. Dezember: Mozart verläßt Mannheim. Reise über Heidelberg, Schwäbisch-Hall, Crailsheim, Dinkelsbühl, Wallerstein, Nördlingen.

13. Dezember: Ankunft im Kloster Kaisheim bei Donauwörth (als Gast des Reichsprälaten Angelsprugger).

24. Dezember: Weiterreise über Neuburg und Ingolstadt nach München.

25. Dezember: Ankunft in München, wo Mozart bei der Familie Weber wohnt.

Die Mailänder Scala und das National-Singspiel in Wien eröffnet
Jean-Jacques Rousseau gestorben
Voltaire (eig. François-Marie Arouet) gestorben

1779

Anfang Januar: Aloisia Weber, inzwischen in München engagiert, weist Mozarts Heiratsantrag ab.

13. Januar: Abreise aus München, wahrscheinlich in Begleitung des ›Bäsle‹.

15. Januar: Ankunft in Salzburg. Wiedereintritt in erzbischöfliche Dienste als Konzertmeister und Hoforganist.

23. März: Mozart vollendet die Missa in C-Dur (K. 317, Krönungsmesse). Kirchensonaten, Divertimenti, Sonaten.

Sommer: Konzertante Sinfonie für Violine und Viola mit Orchester in Es-Dur (K. 320d).
Kirchenmusiken (zum Teil Fragment geblieben). Das Singspiel ›Zaide‹ (K. 336b).

Im September wird Aloisia Weber in Wien engagiert
Nationaltheater Mannheim gegründet
Gluck: ›Iphigenie auf Tauris‹
Goethe: ›Iphigenie auf Tauris‹ (1. Fassung)

Lessing: ›Nathan der Weise‹
Jean-Baptiste Siméon Chardin gestorben

1780

1. Mai: ›La finta giardiniera‹ wird in Augsburg aufgeführt.
August: Sinfonie C-Dur (K. 338). ›Vesperae solennes de confessore‹ (K. 339).
2. bis 4. September: Konzerte am erzbischöflichen Hof.
6. bis 7. September: Leopold Mozart fährt mit Wolfgang und Nannerl nach St. Zeno und nach Reichenhall.
September: Schikaneder kommt mit seiner Truppe nach Salzburg.
31. Oktober: Aloisia heiratet den Schauspieler Joseph Lange.
5. November: Mozart reist zur Vorbereitung des ›Idomeneo‹ nach München (Aufenthalt vier Monate). 1. Dezember erste Orchesterprobe.
Maria Theresia gestorben (29. November); Joseph II. wird ihr Nachfolger
Wieland: ›Oberon‹
Lessing: ›Über die Erziehung des Menschengeschlechts‹

1781

26. Januar: Leopold Mozart und Tochter treffen in München ein.
29. Januar: ›Idomeneo, Rè di Creta ossia Ilia ed Idamante‹ (›Opera seria in tre atti‹) (K. 366) in München uraufgeführt.
März: Kyrie d-Moll (K. 368a). Bläser-Serenade B-Dur (›Gran Partita‹, K. 370a).
7. bis 10. März: Die drei Mozarts besuchen Augsburg.
12. März: Auf Befehl des Erzbischofs Colloredo, der in Wien weilt, reist Mozart direkt nach Wien.
16. März: Ankunft in Wien und am selben Tag Teilnahme an einem Konzert.
27. April: Letztes Salzburger Konzert in Wien vor dem Erzbischof.
Anfang Mai: Mozart zieht zu Frau Cäcilie Weber.
9. Mai: Bruch mit dem Erzbischof.
10. Mai: Mozart reicht sein Abschiedsgesuch ein.
8. Juni: Mozart erhält seinen Abschied mit einem Fußtritt des Grafen Arco.
Violinsonaten. Bläser-Serenade Es-Dur (K. 375).
Sommer: Erste Schülerinnen: Gräfin Rumbeke, Gräfin Thun, Josepha Auernhammer, Therese von Trattnern.

Akademien und Soireen in Adelshäusern.
Anfang September: Mozart bezieht ein Zimmer am Graben, Innere Stadt
Nr. 1175.
Haydn: ›Russische Quartette‹
Reformen Kaiser Josephs II.: Religionsfreiheit, Abschaffung der
Leibeigenschaft (Toleranz-Edikt)
Kant: ›Kritik der reinen Vernunft‹
Gotthold Ephraim Lessing gestorben

1782

Arbeit an der ›Entführung aus dem Serail‹.
Fugen (meist Fragment), Kanons.
3. März: Mozart gibt eine Akademie in Wien.
2. April: ›La finta giardiniera‹ in Frankfurt aufgeführt.
16. Juli: Uraufführung ›Die Entführung aus dem Serail‹ (›Komisches
Singspiel in drei Akten‹) (K. 384) im Burgtheater.
23. Juli: Mozart übersiedelt vom Graben zum ›Roten Säbel‹ an der Hohen
Brücke.
4. August: Heirat mit Constanze Weber.
Bläser-Serenade (›Nacht Musique‹) in c-Moll (K. 384a).
Sinfonie D-Dur (K. 385, Haffner-Sinfonie). Fugen.
Beginn der großen Serie von Klavierkonzerten.
Streichquartett G-Dur (K. 387).
11. November: Mozart verschiebt die mit Constanze geplante Reise nach
Salzburg.
Dezember: Umzug. Mozarts wohnen jetzt bei der Hohen Brücke
Nr. 412, 3. Stock.
Schiller: ›Die Räuber‹ in Mannheim uraufgeführt
Rousseau: ›Confessions‹ erscheinen (posthum)
Niccoló Paganini geboren
Johann Christian Bach gestorben
Pietro Antonio Metastasio gestorben

1783

Februar: Umzug. Mozarts wohnen vorübergehend auf dem Kohlmarkt,
Stadt Nr. 1179 im Haus ›Zum englischen Gruß‹.
Konzerte und Aufführungen.
Zusammentreffen mit Gluck.

24. April: Umzug. Mozarts wohnen nun auf dem Judenplatz, Stadt Nr. 244, 1. Stock, im ›Burgischen Hause‹.
17. Juni: Geburt des ersten Kindes: Raimund Leopold.
Sommer: Arbeit an der c-Moll-Messe (K. 417a).
   Streichquartett d-Moll (K. 417b).
Ende Juli: Mozart reist mit Constanze (ohne Kind) nach Salzburg.
19. August: Raimund Leopold stirbt an ›Gedärmfrais‹.
26. Oktober(?): c-Moll-Messe in der Kirche St. Peter aufgeführt. Die Messe ist unvollendet. Die fehlenden Sätze werden aus früheren Messen ergänzt (unverbürgt).
27. Oktober: Abreise Mozarts und seiner Frau aus Salzburg. Über Vöcklabruck und Lambach nach Linz.
30. Oktober: Ankunft in Linz. Quartier bei Graf Thun-Hohenstein.
   Mozart schreibt ›in Eyle‹ eine Sinfonie (C-Dur, Linzer Sinfonie, K. 425).
4. November: Aufführung der Sinfonie in Linz.
Anfang Dezember: Mozart und Constanze wieder in Wien.
   Streichquartett Es-Dur (K. 421b), ›Notturni‹.
   Stendhal (eig. Marie-Henri Beyle) geboren
   Jean le Rond d'Alembert gestorben
   J. A. Hasse gestorben

1784

Januar: Erneut Umzug. Mozarts wohnen im Trattnerhof, Am Graben, Stadt Nr. 591-596, 2. Stiege, 3. Stock.
9. Februar: Mozart beginnt sein Werkverzeichnis. Erste Eintragung: Klavierkonzert in Es-Dur (K. 449).
Frühjahr/Sommer: Konzerte in Adelshäusern, öffentliche Akademien, Mittwochs-Konzerte im Trattnerhof.
23. August: Nannerl heiratet Johann Baptist Franz von Berchtold zu Sonnenburg, Pfleger von St. Gilgen.
   Klavierkonzerte, Bläserquintett Es-Dur (K. 452), Klaviermusik für Schüler(innen).
   Streichquartett B-Dur (K. 458, Jagd-Quartett).
23. August bis Mitte September: Mozart krank (Nierenkolik? Erkältung?).
21. September: Mozarts zweites Kind wird geboren: Carl Thomas. (Gestorben 31. Oktober 1858 in Mailand.)
29. September: Umzug. Neue Adresse: Große Schulerstraße, Stadt Nr. 846, 1. Stock (sehr geräumig).

14. Dezember: Mozart wird in die Freimaurer-Loge ›Zur Wohlthätigkeit‹ aufgenommen (1. Grad: Lehrling).
Beaumarchais: ›Le mariage de Figaro‹
Schiller: ›Kabale und Liebe‹
Denis Diderot gestorben

1785

7. Januar: Mozart erreicht den 2. Grad der Freimaurer-Hierarchie: Geselle.
Streichquartette A-Dur (K. 464) und C-Dur (K. 465).
Februar/März: Klavierkonzerte d-Moll (K. 466) und C-Dur (K. 467).
11. Februar: Leopold Mozart kommt in Wien an, wohnt bei seinem Sohn.
Reges gesellschaftliches Leben. Konzerte, Akademien.
Zusammentreffen mit Haydn.
Freimaurermusiken.
Fantasie c-Moll für Klavier (K. 475).
10. März: Mozart-Konzert im Burgtheater.
6. April: Leopold Mozart wird in die Loge ›Zur Wohlthätigkeit‹ aufgenommen.
25. April: Mozarts Vater reist von Wien ab.
24. August: Nach zwei Gesuchen Mozarts (11. Februar und 15. März 1785) um Aufnahme in die Tonkünstler-Societät erhält er die Nachricht, daß der Entscheid verschoben werde (Mozart wurde niemals aufgenommen!).
1. September: Sechs Streichquartette (K. 387, 417b, 421b, 458, 464, 465) erscheinen im Druck. Für Haydn komponiert und ihm gewidmet.
Oktober: Beginn der Arbeit am ›Figaro‹. Klavierquartett g-Moll (K. 478).
Maurerische Trauermusik (K. 479a), Klavierkonzert Es-Dur (K. 482). ›Das Veilchen‹ (Text von Goethe) (K. 476).
Thomas Attwood wird Mozarts Schüler.

1786

Arbeit am ›Figaro‹. Dazwischen Arbeit am ›Schauspieldirektor‹ (K. 486).
März: Klavierkonzerte A-Dur (K. 488) und c-Moll (K. 491).
7. April: Mozarts letzte Akademie im Burgtheater.
Ende April: ›Figaro‹ vollendet.
1. Mai: Uraufführung von ›Le nozze di Figaro‹ (Opera buffa in 4 Akten) (K. 492) im Burgtheater.

Klavierquartett Es-Dur (K. 493), Streichquartett D-Dur (K. 499).
18. Oktober: Mozarts drittes Kind geboren: Johann Thomas Leopold.
15. November: Johann Thomas Leopold stirbt an ›Stickfrais‹.
Herbst: Plan einer Englandreise.
Klavierkonzert C-Dur (K. 503), Sinfonie D-Dur (K. 504, Prager Sinfonie).
Haydn: 6 Pariser Sinfonien
Soziale Selbsthilfe der Musiker: Gründung von Pensions-, Witwen- und Waisenkassen in Wien und Leipzig
Carl Maria von Weber geboren
Friedrich II. d. Gr. gestorben
Moses Mendelssohn gestorben

1787

8. Januar: Abreise Mozarts mit Constanze (und Diener) nach Prag. Der Violinist Franz Hofer und der Klarinettist Anton Stadler reisen mit.
11. Januar: Ankunft in Prag.
17. Januar: Aufführung des ›Figaro‹, der in Prag mit großem Erfolg gegeben wird, in Anwesenheit Mozarts.
19. Januar: Akademie im Prager Theater. Mitwirkung bei weiteren Konzerten.
22. Januar: Mozart dirigiert eine Aufführung des ›Figaro‹.
8. Februar: Abreise aus Prag und Mitte Februar wieder in Wien.
23. Februar: Abschiedskonzert der Nancy Storace. Mozart wirkt mit. Rondo a-Moll für Klavier (K. 511). Streichquintette C-Dur (K. 515) und g-Moll (K. 516).
4. April: Letzter (erhaltener) Brief Mozarts an seinen Vater.
7. *April: Der sechzehnjährige Beethoven in Wien, kehrt jedoch schon am 20. April nach Bonn zurück, da seine Mutter im Sterben liegt.* Lieder, darunter ›Das Lied der Trennung‹ (K. 519) und ›Abendempfindung‹ (K. 523).
24. April: Die Familie Mozart zieht um. Neue Adresse: Hauptstraße der Vorstadt Landstraße Nr. 224, Gartentrakt.
28. Mai: Leopold Mozart stirbt achtundsechzigjährig in Salzburg. ›Ein musikalischer Spaß‹ (K. 522), ›Eine kleine Nachtmusik‹ (K. 525), Violinsonate A-Dur (K. 526).
4. Juni: Mozart begräbt seinen Vogel Star.
1. Oktober: Mozart reist mit Constanze nach Prag.
14. Oktober: Mozart dirigiert den ›Figaro‹ in Anwesenheit des Erzherzogs.

29. Oktober: ›Il dissiluto punito ossia il Don Giovanni‹ (›Dramma gio-
coso in due atti‹) (K. 527) in Prag uraufgeführt.
Weitere Aufführungen im November.
13. November: Abreise aus Prag und Mitte November Mozart und
Constanze wieder in Wien.
Anfang Dezember: Umzug der Familie Mozart. Neue Adresse: Innere
Stadt, Nr. 281, ›Unter den Tuchlauben‹.
7. Dezember: Ernennung Mozarts zum ›k. u. k.-Kammermusicus‹.
27. Dezember: Mozarts viertes Kind, Theresia, geboren.
Boccherini Hofkomponist in Berlin
Goethe: ›Iphigenie‹
Schiller: ›Don Carlos‹
Christoph Willibald Gluck gestorben

1788

24. Februar: Mozart vollendet das Klavierkonzert D-Dur (K. 537,
Krönungskonzert).
7. Mai: Wiener Erstaufführung des ›Don Giovanni‹ im National-Hof-
theater.
17. Juni: Umzug. Die Familie Mozart bezieht eine Wohnung in der
Vorstadt Alsergrund Nr. 135, Währingerstraße, ›Zu den drei Ster-
nen‹, Gartenseite.
Die materiellen Sorgen nehmen zu.
29. Juni: Die Tochter Theresia stirbt an ›Gedärmfrais‹.
Sinfonien Es-Dur (K. 543), g-Moll (K. 550), C-Dur (K. 551, Jupiter-
Sinfonie). Kanons, Tänze für den Hof.
*Der 2. (sogenannte ›kleine‹) Türkenkrieg erfordert Sparmaßnahmen
im Wiener Kulturleben. So bleibt das Kärntnertor-Theater beinah das
ganze Jahr geschlossen.*
Goethe: ›Egmont‹
Schopenhauer geboren
Carl Philipp Emanuel Bach gestorben

1789

Jahresbeginn: Umzug. Neue Adresse: Innere Stadt, Nr. 245, Judenplatz
›Zur Mutter Gottes‹.
8. April: Beginn der Reise mit Fürst Karl Lichnowsky. Über Znaim,
Mährisch-Budwitz, Iglau nach Prag.
10. April: Ankunft in Prag. Kontrakt mit dem Theaterunternehmer Guardasoni für eine neue Oper.

12. April: Ankunft in Dresden.
14. April: Mozart spielt vor dem Kurfürsten Friedrich August III.
18. April: Abreise aus Dresden. Über Meißen, Hubertusburg und Wurzen nach Leipzig.
20. April: Ankunft in Leipzig.
23. April: Abstecher nach Potsdam.
8. Mai: Mozart und Lichnowsky wieder in Leipzig.
12. Mai: Mozart-Konzert im Gewandhaus.
   Lichnowsky verläßt Leipzig. Mozart bleibt bis 17. Mai.
19. Mai: Mozart kommt allein in Berlin an.
26. Mai: Konzert am Hof Friedrich Wilhelms II.
28. Mai: Abreise aus Berlin. Über Leipzig und Dresden nach Prag, wo er sich vom 31. Mai bis 2. Juni aufhält.
4. Juni: Ankunft in Wien.
Sommer: Geldsorgen. Erster Kuraufenthalt Constanzes in Baden. Mitte August besucht Mozart sie dort.
   Streichquartett D-Dur (K. 575), Klarinetten-Quintett A-Dur (K. 581).
16. November: Mozarts fünftes Kind Anna Maria geboren, stirbt nach einer Stunde.
Herbst und Winter: Arbeit an ›Così fan tutte‹.
   Beginn der Französischen Revolution
   Goethe: ›Torquato Tasso‹

1790

Geldsorgen
26. Januar: Uraufführung der Opera buffa ›Così fan tutte‹ (K. 588) am Burgtheater.
20. Februar: Kaiser Joseph II. gestorben (sein Nachfolger: Leopold II.).
Mai: Constanze in Baden.
   Mozart bemüht sich um Schüler und um Tilgung seiner Schulden; beides vergeblich.
   Streichquartette B-Dur (K. 589) und F-Dur (K. 590).
Anfang Juni: Mozart auf ein paar Wochen bei Constanze in Baden (zwischendurch tagweise nach Wien?).
23. September: Aufbruch zur letzten großen Reise. Im eigenen Wagen, in Begleitung seines Schwagers Franz Hofer (und Diener), über Eferding, Regensburg, Nürnberg, Würzburg, Aschaffenburg nach Frankfurt.
28. September: Mozart und Hofer kommen in Frankfurt an.

30. September: Umzug der Familie Mozart in Abwesenheit Wolfgangs. Neues Quartier: Rauhensteingasse, Stadt Nr. 970, 1. Stock.
9. Oktober: Krönung Leopolds II. zum deutschen Kaiser in Frankfurt. Bei den Feierlichkeiten wird Mozart übergangen.
15. Oktober: Bei einer Akademie in Frankfurt spielt Mozart seine Klavierkonzerte F-Dur (K. 459) und D-Dur (K. 537) und dirigiert eigene Werke.
16. Oktober: Mit dem Marktschiff nach Mainz.
20. Oktober: Mozart spielt im Mainzer Schloß vor dem Kurfürsten.
22. Oktober: Abreise von Mainz nach Mannheim.
24. Oktober: In Mannheim erste deutsche Aufführung des ›Figaro‹ in Anwesenheit Mozarts.
25. Oktober: Antritt der Rückreise. Von Mannheim über Bruchsal, Cannstatt, Göppingen, Ulm, Günzburg nach Augsburg.
29. Oktober: Ankunft in München. Aufenthalt bis Anfang November.
4. (5.?) November: Mitwirkung bei einer Hofakademie.
10. November: Mozart wieder in Wien.
14. Dezember: Abschiedsessen für Joseph Haydn vor dessen Abreise nach London *(erste Londoner Reise)*.
Streichquintett D-Dur (K. 593), Adagio und Allegro ›für ein Orgelwerk in einer Uhr‹ (K. 594).
Goethe: ›Römische Elegien‹
Karl Philipp Moritz: ›Anton Reiser‹

1791

Januar: Klavierkonzert B-Dur (K. 595), Menuette, Deutsche Tänze.
Anfang März: ›Orgelstück für eine Uhr‹ (K. 608).
4. März: Mozarts letztes Auftreten: In einer Akademie des Klarinettisten Bähr (oder Beer) spielt er das Klavierkonzert K. 595.
Mai: Mozart beginnt mit der Komposition der ›Zauberflöte‹.
4. Juni: Constanze mit Sohn Carl zur Kur nach Baden, wo sie bis Mitte Juli bleibt. Mozart besucht sie mehrmals.
17. Juni: Mozart schreibt in Baden die Motette ›Ave verum Corpus‹ (K. 618).
Mitte Juli: Mozart holt Frau und Sohn aus Baden zurück.
26. Juli: Geburt des sechsten Kindes: Franz Xaver Wolfgang. (Gestorben 29. Juli 1844 in Karlsbad.)
Ende Juli: Unterbrechung der Arbeit an der ›Zauberflöte‹, um das Auftragswerk ›La clemenza di Tito‹ zu schreiben.
Mitte oder Ende August: Mozart fährt mit Constanze und Süßmayr nach Prag zur Einstudierung des ›Tito‹.

2. September: Mozart dirigiert die Festvorstellung des ›Don Giovanni‹ in Prag.

6. September: Uraufführung der Opera seria ›La clemenza di Tito‹ (K. 621) als Krönungs-Oper im Nationaltheater in Prag in Anwesenheit Kaiser Leopolds II. und seiner Gemahlin. Mozart dirigiert.

Mitte September: Mozart, Constanze und Süßmayr kehren nach Wien zurück.

30. September: Uraufführung der ›Deutschen Oper‹ ›Die Zauberflöte‹ (K. 620) im Freihaus-Theater auf der Wieden in Wien. Mozart dirigiert.

Anfang Oktober: Constanze fährt wieder zur Kur nach Baden.

Klarinettenkonzert A-Dur (K. 622) für Anton Stadler.

Arbeit am ›Requiem‹ (?).

15. Oktober: Mozart fährt mit Carl nach Baden, um Constanze heimzuholen.

17. Oktober: Rückkehr der Familie Mozart nach Wien.

18. November: Mozart dirigiert seine ›Kleine Freimaurer-Kantate‹ (K. 623) zur Einweihung des neuen ›Tempels‹ der Loge ›Zur neugekrönten Hoffnung‹.

20. November: Mozart erkrankt, legt sich zu Bett.

4. Dezember: Probe des noch unvollendeten ›Requiem‹ an Mozarts Krankenbett.

Dezember: Ungarische Adlige bieten Mozart eine jährliche Ehrengabe von 1000 fl. an. Holländische Musikfreunde melden sich mit einem noch höheren Angebot unmittelbar nach seinem Tod.

5. Dezember: Mozart stirbt um ein Uhr nachts.

Haydn: ›Sinfonie mit dem Paukenschlag‹

Giacomo Meyerbeer geboren

Halbfett = die vom ursprünglichen Köchelverzeichnis (1.-3. Auflage) nicht abweichenden sowie die darin enthaltenen originalen Nummern; Normal = die ab der 3. Auflage nach Chronologie veränderten Nummern im Köchelverzeichnis.

K. 7 Sonate für Klavier oder für Klavier und Violine D-Dur 41

K. 9 Sonate für Klavier und Violine G-Dur 41

K. 16 Sinfonie Es-Dur 40, 380

K. 19 Sinfonie D-Dur 41

K. 19d Sonate für Klavier zu vier Händen C-Dur 39, 381

K. 22 Sinfonie B-Dur 40, 381

K. 46a (51) ›La finta semplice‹ Opera buffa 149, 150, 382, 383

K. 46b (50) ›Bastien et Bastienne‹ Singspiel 148, 149, 301, 382

K. 62a (100) Serenade (Final-Musik) D-Dur 176, 383

K. 74 Sinfonie G-Dur 90, 384

K. 111 ›Ascanio in Alba‹ Serenata teatrale 156, 385

K. 114 Sinfonie A-Dur 41

K. 123a (381) Sonate für Klavier zu vier Händen D-Dur 214

K. 135 ›Lucio Silla‹ Dramma per musica 54, 150 f., 152 f., 154, 157, 386

K. 135a (Anhang 109) ›Le gelosie del Serraglio‹ Skizzen zu einem Ballett 90

K. 161a (184) Sinfonie Es-Dur 92

K. 173dB (183) Sinfonie g-Moll 54, 92, 178, 210, 386

K. 196 ›La finta giardiniera‹ Opera buffa 154 f., 386, 387, 391

K. 208 ›Il Rè pastore‹ Dramma per musica 155 f., 387

K. 219 Violinkonzert A-Dur 90

K. 240a (252) Divertimento Es-Dur 213

K. 248b (250) Serenade D-Dur (Haffner) 176, 387

K. 271 Klavierkonzert Es-Dur (Jeunehomme) 92, 115, 387

K. 271H (287) Divertimento B-Dur 115, 387

K. 272 Rezitativ und Arie für Sopran ›Ah, lo previdi‹ 112

K. 284b (309) Sonate für Klavier C-Dur 133, 388

K. 285 Quartett für Flöte, Violine, Viola und Violoncello D-Dur 93

K. 297c (299) Konzert für Flöte und Harfe C-Dur 99

K. 299b (Anhang 10) Ballettmusik zur Pantomime ›Les petits riens‹ 88

K. 300a (297) Sinfonie D-Dur (Pariser) 84, 89, 138, 388, 389

K. 300b (316) Rezitativ und Arie für Sopran ›Popoli di Tessaglia‹ 112

K. 300c (304) Sonate für Klavier und Violine e-Moll 89, 389

K. 300d (310) Sonate für Klavier a-Moll 89 f., 91, 92 f., 389

K. 300e (265) Zwölf Variationen

Autoren und Kommentatoren dieses Jahrhunderts sind nur mit Namen angegeben. Dasselbe gilt für Persönlichkeiten der Kulturgeschichte, deren Wirken und Verdienste als bekannt vorausgesetzt werden, sowie für jene – freilich seltenen – Fälle, in denen die beiden Kategorien zusammentreffen.

Teyber (Teiber), Anton (1754 bis
1822), österreichischer Komponist 187
Thun, Maria Wilhelmine Gräfin
(1744-1800), Gönnerin und Klavierschülerin Mozarts 193, 390
Thun, Johann Joseph Anton Graf
(1711-1788), Gönner Mozarts
316, 392
Tieck, Ludwig (1773-1853) 100
Tinti (Tindi), Bartholomäus, Freiherr von, österreichischer Staatsbeamter 308
Tinti (Tindi), Anton Freiherr von,
Bruder des Bartholomäus, österreichischer Staatsbeamter 308
Tirso de Molina (eig. Gabriel Tél-
lez) (1571-1648), spanischer
Dramatiker 231
Trattnern, Therese von (1758 bis
1793), Klavierschülerin Mozarts
193, 256, 287, 360, 390

Valentin, Erich 225
Vanhal (Vanhall, Wanhal), Johann
Baptist (1739-1813), böhmischer
Komponist 308
Varesco, Giambattista (Abbate)
(um 1736-1813), Hofkaplan in
Salzburg, italienischer Librettist
157, 164, 166, 168, 339
Verdi, Giuseppe (1813–1901),
italienischer Komponist 42
Villeneuve, Louise 298
Vogel, Dr. Carl, Goethes Arzt 370
Voltaire 82 f., 88, 138, 379, 389

Wagner, Richard 47, 48, 56, 64,
160-163, 164, 165, 237, 241, 250,
296

Waldmüller, Ferdinand (1793 bis
1865), deutscher Maler 59
Waldstätten, Maria Elisabeth
(1744-1811), Baronin, Gönnerin
und Freundin Mozarts 126 f.,
193
Walsegg-Stuppach, Franz Georg
Graf (1763-1827), Musikdilet-
tant 294
Walter, Bruno 11
Watteau, Antoine (1684-1721),
französischer Maler 176
Weber, Aloisia s. Lange
Weber, Cäcilie (1727-1793), Mo-
zarts Schwiegermutter 21, 260,
273, 390
Weber, Constanze s. Mozart
Weber, Fridolin (1733-1779), Sän-
ger, Notenkopist und Souffleur
in Mannheim. Vater der vier
›weberischen‹ 76, 79, 132, 388
Weber, Josepha s. Hofer
Weber, Sophie s. Haibl
Weber, Familie 76, 83, 94, 110,
137, 138, 389
Weigl, Joseph (1766-1846), öster-
reichischer Komponist und
Dirigent 193, 199
Weingartner, Felix 188
Weinmann, Alexander 183 FN
Wendling, Auguste Elisabeth
(1746-1794), deutsche Sängerin,
Schwägerin von Dorothea W. 168
Wendling, Dorothea (1737 bis
1811), deutsche Sängerin, Ehe-
frau von Johann Baptist W. 168
Wendling, Johann Baptist
(1720-1797), deutscher Flötist
76, 388
Wetzlar, Raimund Freiherr von
Planckenstern (1752-1810), Wie-

MEIN DANK
für Hilfe bei diesem Buch gilt vor allem

Silvia
Christiaan Hart-Nibbrig Walter Jens (wie immer)
Dorothea Sessler Jacques Wildberger
Joseph Heinz Eibl Ursula Ebbers

Weiterer Dank gilt
Rudolf L. Beck
Carl Bär Felix von Mendelssohn
Raoul Blahacek Wilhelm Mohr
Theo Hasler Robert Münster
Beate Kayser Wolfgang Rehm
Alexander Hyatt King Wolf Rosenberg
Kurt Kramer Hans Rudolf Stalder
Stefan Kunze Inge Thurner
Ann Leiser Daniela Vitali
Walter Levin Gert Westphal